고려 불교 금석문 연구

금석에 새겨진 고려 불교사

한기문

경북대학교 사범대학 역사교육과를 졸업하고 같은 학교 대학원에서 문학 석사와 박사 학위를 받았다. 현재 경북대학교 인문대학 사학과 교수로 재직 중이다.

주요 저서·공저 및 편저로는 『고려사원의 구조와 기능』(민족사, 1998), 『일연과 삼국유사』(신서원, 2007), 『고려시대 율령의 복원과 정리』(경인문화사, 2009), 『한국금석문집성(34)고려18비문18(해설편)(도록편)』(한국국학진흥원·청명문화재단, 2013), 『고려시대 상주계수관 연구』(경인문화사, 2017), 『일연과 그의 시대』(역락, 2020), 『고려의 국도 개경의 도시 영역과 공간구성』(도서출판 이른아침, 2020), 『고려시대의 상주(尙州)』(민속원, 2021) 등이 있다.

경북대학교 학술총서 3

고려 불교 금석문 연구

금석에 새겨진 고려 불교사

찍은 날 2023년 2월 10일 | **펴낸 날** 2023년 2월 23일

지은이 한기문 | **펴낸이** 홍원화 | **펴낸 곳** 경북대학교출판부

출판등록 1973년 10월 10일 ㉑97호 | **주소** 대구광역시 북구 대학로 80

전화 053-950-3830 | **팩스** 053-953-4692

이메일 press@knu.ac.kr | **홈페이지** http://knupress.com

ISBN 978-89-7180-601-2 93910

정가는 뒤표지에 있습니다. 파본은 바꾸어 드립니다.

이 저서는 〈2022년 경북대학교 연구학술총서 집필 및 출간지원사업〉의 재원으로 출간되었습니다.

고려 불교 금석문 연구

금석에 새겨진 고려 불교사

한기문

경북대학교출판부

책머리에

필자는 고려 사원의 편제와 운영을 중심으로 불교사 연구를 시작하였다. 사원의 유형별, 세속과의 관계, 수도와 각 읍치에서의 역할 등으로 확대하면서 고려 사원의 기능을 이해하려 하였다. 이러한 제도적 연구로는 승려나 국왕, 관인 등의 사상적 내면과 사회와의 관계를 이해하는 데 미흡하였다.

고승의 생애를 기리는 비문, 사원의 개창과 중수를 주도한 승려와 세속인의 활동이 담긴 사적비, 사원 불사의 발원 내용과 그것을 주도한 동량승, 시주, 장인 등의 인명을 새긴 불상과 의식구, 문자기와를 주목하였다. 이들 불교 금석문 자료는 승려와 사원, 그리고 불사 내용의 개별적 동기와 활동이 불교 교리와 신앙으로 표명된 것인 만큼, 고려 사람들의 불교와 관련한 정신세계를 이해할 수 있다. 고승의 경우는 종단의 한 구성원이 되므로 그의 활동은 종단의 성격과 방향성, 그리고 종단 간의 사상 교류를 이해하는 사례가 될 수 있다. 이 책에서 분석한 불교 금석문은 단편적 사례지만, 고려사회의 기존 배경지식을 바탕 삼아, 금석문들 사이의 맥락적 해석을 근거로 불교사의 흐름을 새롭게 체계화할 수 있을 것으로 생각하였다.

이 책은 새로운 금석문이 발견될 때 참여하여 작성한 기발표 글들을 수정하고, 현장을 답사하거나 문헌자료를 섭렵하면서 볼 수 있었던 금석문에 대해 새롭게 쓴 글들을 추가하여 불교 금석문 유형별로 네 개의 장으로 구성하였다. 새로운 금석문을 발견하고 기존 자료에서 알 수 없었던 새로운 사실을 밝히며 가슴 뛰었던 설렘을 다시금 느낄 수 있었다. 금석문의 판독과 작은 문구에서 궁금했던 내용을 알아내는 어려움과 즐거움에 대해서는 허흥식 선생님께 학은(學恩)을 크게 입었다. 하지만 새로운 내용을 끌어내는 데 필요한 배경지식과 한자 판독력, 한문 해석 능력의 부족을 절감하였고 그 보강은 끝이 없음을 통감한다.

이 책을 내는 데 도움받은 사실을 언급하지 않을 수 없다. 경북대학교에서 저술 지원을 해 주었고, 경북대학교출판부 편집진은 까다로운 한자투성이 원고를 교정·편집해 주었다. 깊이 감사한다.

2023년 1월 17일

한기문 씀

목차

서론

서론

고려시대사 연구는 근대 역사학의 성립시기부터 주목받지 못했다. 당시 연구자들은 일제 관학자의 식민사학 극복이라는 과제에 직면하여 고대사와 조선후기사의 왜곡 부분을 주로 바로잡으려 하였기 때문이다. 한국사 연구자의 열정이 고려시대사 연구에 상대적으로 집중되지 않았다.

고려시대사 연구의 어려움에는 자료의 한계도 있었다. 물은 발원지로 거슬러 올라갈수록 맑지만, 필자의 인식과 주관에 의해 남겨지는 사료는 그 대상 시기가 올라갈수록 기록자의 주관이 더해져 더 오염될 가능성이 크다. 고대사의 경우는 자료의 현존 희소성은 있지만, 사회 기반 시설의 확충에 따라 고고학적 발굴 자료는 오히려 풍부해진 측면이 있다. 조선시기의 경우는 각 왕대 실록 자료가 충실한 『조선왕조실록』이 남아 있고, 『비변사등록』, 『승정원일기』까지 존재하고, 사족의 전통을 이어온 가문에는 문집과 고문서가 풍부하게 전래하여 온다.

고려시대사에 필요한 기본자료는 고려실록 자료를 중심으로 정리된 『고려사』와 『고려사절요』가 있지만, 조선왕조의 입장과 성리학적 인식에 따라 재정리되었기 때문에 고려시대의 실상을 파악하는 데는 그 한계가 뚜렷하다.

고려시대사 연구 자료로는 이들 史書가 기본이 되지만, 조선초기 사학자의 자료 선택과 정리에 대한 인식이 반영되었기 때문에, 사료로 이용하기 위해서 교감과 역주가 필요하여 많은 연구가 진행되고 있다. 당대 자료의 필요성에 따라 불교전적과 문집, 고문서 등의 자료도 주목되었다. 하지만 불교전적의 서와 발문은 불교사 전반을 알기에는 제한적이며, 고려시기 판본을 가진 문집은 극히 적고, 고문서 역시 극소수이다.

그런데 여기에서 주목되는 것은 고려 金石文 자료이다. 금석문은 금속과 돌에 새겨진 당대의 기록이다. 종이에 기록된 문헌 자료는 화재와 습기에 취약하여 전래가 쉽지 않았다. 금석문은 이 점에서 문적에 전해지는 것에 비해 전래가 쉬웠다. 하지만 오랜 시간 풍우에 노출되어 결락이 생기거나 인위적으로 파손되는 경우도 있다. 그리고 매우 단편적이어서 역사 맥락을 잡기가 어렵다. 역사가의 추론과 인식에 따라 정리된 사서가 아닌 1차 자료이다. 역사 복원에 귀중한 단서로서의 '극히 일부의 퍼즐 조각'에 지나지 않는다. 그런 만큼 금석문 자료는 史家의 주관에 의해 가공되지 않은 원석인 셈이다. 원석은 정밀 가공에 따라 보석으로 다시 가치가 드러난다. 따라서 금석문 자료는 분석·검토를 거쳐야 역사적 사실을 끌어낼 수 있는 자료가 될 수 있다. 여기에 금석문 연구의 필요성이 있다.

고려 금석문에는 고승비, 사적비, 불상 명문, 그리고 동종, 반자, 광명대 등의 의식구의 명문, 폐사지의 기와 명문 등 주로 불교 관련 문자자료와 주로 관인층의 일대기 관련 묘지명이 두 큰 범주를 이룬다. 전자는 건립 혹은 제작 당시에 고승 추모나 불사 發願의 동기를 알리도록 새겨진 문자자료이지만, 후자는 망자가 무덤 주인공임을 표지하기 위해 무덤 속에 매납하여 볼 수 없도록 한 것이다. 현재 전해지는 묘지명은 일제 강점기 청자를 소유하려는 일본인들의 탐욕으로 개경 인근의 고려 관인층 무덤이 파헤쳐진 결과, 노출된 것을 수습한 것이다.

불교 금석문 연구는 고려불교사 연구의 기본자료가 된다는 데에서 연구의 필요성이 더욱 크다. 고려시기 기본 사서인 『고려사』와 『고려사절요』는 조선 초 성리학적 역사의식에 따라 정리하고 성리학 이념을 강조하는 斥佛의 시각을 가진 조선초 사가들이 불교 관련 자료를 대거 누락했다는 큰 결함을 가지고 있다. 따라서 고승의 일대기 자료와 각종 불사의 발원과 시주, 제작자의 명단을 알리는 비명과 의식구 명문 등은 불교사 복원의 원자료가 될 수 있다. 특히 고승비는 중국에 비해 현전하는 高僧傳이 없는 고려시대 불교사 복원에 핵심 자료가 될 수 있다. 물론 불교전적과 佛腹藏으로 전해진 古文書 역시 불교사 복원에 귀중한 자료가 되지만 그 사례는 많지 않으며, 불교사상적 일면과 미시적 불사의 한 단면을 보여 줄 뿐이다.

성리학적 인식에 따라 불교 관계 자료가 의도적으로 인멸된 경우도 많았다. 기독교 사회가 지속된 유럽에서는 중세사회의 자료가 교회에 대부분 남아 있다가 국가기록원으로 이관되어 전해지는 양상과 달리, 고려에서 조선으로의 교체기에는 불교에서 유교로의 전환이 급격하여 이념의 단절이 너무나 컸다. 특히 불교자료를 많이 소유한 사원이 조선시기에 공적인 기반을 잃고 급감하고 폐사되었다. 그래서 현전하는 고려 금석문 자료는 더욱 소중하다.

'과거는 낯설다'라는 말은 현재의 사고와 세계관으로는 과거 당시의 세계를 이해하기 어렵다는 의미이다. 그래서 조선 시기에 작성된 다수의 사료에 담긴 인식을 따라가서는 고려 사회 특히 불교사 실상을 제대로 볼 수가 없다. 따라서 고려 불교 금석문 연구는 고려 불교사 복원의 기초라 할 수 있다.

더구나 고려시대와 조선시대는 시대를 주도하는 이념이 불교와 유교로 크게 대비된다. 어쩌면 가장 큰 단절과 전환의 시기로 볼 수 있다. 주로 자료 해석에 의존하여 역사상을 복원하는 역사가에게는 가장 큰 전제이자 반드시 염두에 두어야 할 사안이다. 자료의 부족을 극복하고 조선시기 유교이념의 강을 건너야만 고려 불교 사회의 진면목을 대면할 수 있다. 불교 금석문 연구는 불교 문헌학의 보조학으로서의 성격으로 보기보다, 고려 불교사의 세계로 들어가는 열쇠라 하여도 좋을 것이다.

고려시대 금석문 연구는 탁본 자료집을 구성하는 작업부터 진행하였다. 전근대 글씨를 연구하는 과정에서 法帖을 위한 탁본 수집 과정에서 시작하여 다수의 금석 자료집이 나왔다. 李俁의 『大東金石書』, 趙涑의 『金石淸玩』, 金正喜의 『金石過眼錄』, 吳慶錫의 『三韓金石錄』 등이 있으며, 김정희와 燕京 사신들이 문화교류 차원에서 중국으로 대거 건네준 조선 탁본을 劉承幹이 1922년에 간행한 『海東金石苑』 등이 대표적으로 꼽힌다. 『해동금석원』 간행의 중간 사본 형태로 추정되는 『海東金石文字』도 있다. 금석문 목록류로는 작자 미상의 『大東金石名考』, 李祖默의 『羅麗琳瑯攷』, 徐有榘의 『東國金石』, 劉喜海의 『海東金石存攷』 등이 보인다.

승려 비문과 당간기, 석종명 등 사원의 불교 관련 금석문의 판독문을 모아 수록한 『伽藍叢石』이 있다. 신라, 고려, 조선 항목으로 나누어 편찬하였는데 고려 항목이 22건으로 가장 많다. 한 사람의 필치로 편찬한 것인데 편찬자는 기재되어 있지 않다. 17세기 중반까지 비문이 판독되어 있어 편찬 시기는 17세기 후반 이후로 추정된다. 현존 비가 훼손되거나 판독이 불명확한 경우 이 자료로 보완할 수 있어서 사료 가치가 있다.[1]

일제시기 조선총독부에서 행정력을 동원하여 지역별 금석문 탁본을 수집·판독 활자화하였다.『朝鮮寺刹史料』(1911)가 간행되었다. 여기에는 금석문뿐만 아니라 고문서 등 전적류도 포함되었다. 금석문만 탁본 수집하여 정리한 『朝鮮金石總覽』(1919)을 펴냈다. 李能和는 『朝鮮佛教通史』(1918)에 많은 불교 금석문 자료를 수록하고 약간의 案說까지 붙였다. 葛城末治는 1924년 조선사특별강의에서 담당하였던 조선금석문의 금석학총설과 각설편에서 한국의 중요한 금석문을 시대별로 설명하였다. 『朝鮮金石攷』(1934)로 출간하였다. 비슷한 시기에 금석문을 연구한 藤田亮策의 『朝鮮金石瑣談』, 鮎貝房之進의 『俗文攷』 등이 있다. 『傳燈寺本末寺誌』(1941) 제6편 傳燈本末古蹟一覽에 비명 7, 종명 1, 묘지 5, 기문 2, 석당 1 등 16개의 금석문을 판독 활자화하였다.[2] 조선시기 1건을 제외하고 모두 고려 금석문이며 관내 사찰에 있던 탁본 등의 문자자료를 바탕으로 한 것으로 사료 가치가 있다.

한국인의 금석학 연구 첫 저술은 고유섭의 『朝鮮金石學草稿』였

1 국립중앙도서관 소장이며 청구기호는 위창古2102-54이다. 오세창이 소장했던 것이 아닌가 한다. 2001년 11월 23일부터 디지털 자료로 공개되어 있다.

2 亞細亞文化社, 『韓國寺誌叢書 傳燈寺本末寺誌 奉先寺本末寺誌』, 1978 영인.

다. 1930년에서 1940년까지 작성된 것으로 추정되는데 금석학의 의의, 역사, 자료 등으로 나누어 서술하였다. 李蘭英은 『韓國金石文追補』(1963)에서 『조선금석총람』에 빠진 묘지명 등을 추가하였다. 黃壽永은 1976년부터 『韓國金石遺文』에 새로 발견된 비명, 탑등명, 종명, 향완명, 금구명, 기명 기타로 분류하고 간행한 이래 증보하여 1994년 5판에 이르렀다. 논고까지 추가하여 『황수영전집4 금석유문』(1999)으로 간행하였다.

許興植은 고대에서 고려시대까지 금석문 총목록과 판독문 전부를 활자화한 『韓國金石全文』(1983)을 출판하였다. 趙東元은 전국을 다니면서 탁본한 것을 사진 자료집으로 출판하여 『韓國金石文大系』(1987)를 간행하였다. 金龍善은 1993년 당시까지 현전하는 묘지명 모두를 모아 『高麗墓誌銘集成』(1993)으로 간행하였다. 『역주 고려묘지명집성』(2001)을 간행하고 2021년 개정3판까지 발행하였다. 『일본에 있는 한국금석문자료』(2010), 『(속) 고려묘지명집성』(2016)을 계속 펴냈다. 한국정신문화연구원에서는 장서각 소장의 금석문 탁본의 해제, 사진, 판독문 등을 참고문헌과 함께 『藏書閣所藏拓本資料集 Ⅰ 古代·高麗編』(1997)으로 간행하였다. 국사편찬위원회에서 새로 수집한 고려묘지명, 조선묘지명을 소개한 『高麗·朝鮮墓誌 新資料』(2006)를 편찬하였다.

예술의 전당에서는 한국의 名碑古托을 전시하고 『옛 탁본의 아름다움, 그리고 우리 역사』(1998) 도록과 석비 양식, 서예, 이두, 불교사 연구 등에 관한 논문집을 간행하였다. 성균관대학교 박물관에서 『고려시대 금석문 탁본전 돌에 새겨진 고려시대 선사들의 삶』(2005)이라는 책제로 고려시대 선사들의 비문 탁본 사진과 판독문, 그리고 번역문 등 2책을 간행하였다. 2010년대에는 한국학진흥원과 청명재단에서 탁본 사진을 바탕으로 판독문, 번역문, 해제 등을 종합하여 『韓國金石文集成』을 간행하였다. 세종문화재연구원에서 학술총서로서 전국 발굴현장에서 발견한 기와명을 정리한 『高麗時代 歷年代資料集』(2015)을 간행하였다. 문화재청과 불교중앙박물관에서는 전국 금석문 탁본 조사보고서를 매년 발간하고 있다.

금석문의 교감과 역주는 고승비를 중심으로 이루어졌다. 李智冠은 『교감 역주 역대고승비문』(1993~1999) 신라편, 고려편 1~4, 조선편 1까지 총 6책을 출간하였다. 한국역사연구회에서는 나말여초의 금석문 30건을 원문교감편, 역주편 두 책 『역주 나말여초금석문(상), (하)』(1996)로 간행하였다. 국립문화재연구소에서는 2002년부터 2006년까지 전국에 산재한 선사시대부터 조선시대까지의 금석문을 모아 종합하여 웹상에 금석문종합영상DB를 구축하였다. 이에 따른 목록 일부를 2005년에 『한국금석문자료집(상)(선사~고려)』으로 간행하였다.[3] 현재는 국사편위원회 한국 금석문DB에 웹상으로 제공하고 있다. 최영성은 한국고대사 금석문을 원문교감, 역주한 『한국고대금석문선집』(2015)을 펴냈다.

탁본집의 해제로는 최근 남동신 외의 『대동금석서 연구』(2020)가 출판되었다. 일연비를 탁본으로 복원하기 위한 노력으로 한국정신문화연구원에서 황수영의 해제·판독과 함께 탁본첩을 영인하여 『普覺國師碑銘』(1981)을 간행하였다. 중앙승가대학교 불교사학연구

3 그 이전에 장충식 편, 『韓國金石總目』, 동국대학교출판부, 1984; 김동수 편저, 『金石文資料便覽』, 경인문화사, 1991 등이 출간되었다.

소에서 『麟角寺普覺國師碑帖』(1992), 『麟角寺普覺國師碑帖(續集)』(2000) 등을 간행하였다. 특히 음기에 관한 조각 탁본들을 국내 도서관, 개인 소장품, 해외 도서관 등에서 수집하여 정리하였다. 김남형은 왕희지서의 서체 판독에 유의하고 역주한 『王羲之 集字 普覺國師碑』(2001)를 간행하였다. 군위군에서는 비양과 음기를 복원하여 『인각사 보각국사 재현 연구보고서』(2004)를 낸 후 이를 바탕으로 『麟角寺普覺國師碑帖 影印 譯註』(2008)를 간행하였다.

동국대학교 박물관에서는 탁본의 영인과 함께 판독문, 역주를 함께한 『智異山斷俗寺 新羅神行禪師 高麗大鑑國師碑銘』(1984), 『보조선사 적연국사 현화사비명』(1985) 등을 간행하였다. 한국정신문화연구원에서도 탁본 영인, 판독, 역주한 『光陽 白雞山 高麗雙碑』(1987)를 간행하였다. 문화재연구소에서는 贈謚昌和公墓銘[權準 묘지명]의 발굴과정과 원문, 번역 등을 수록한 『파주 서곡리 고려벽화묘 발굴조사 보고서』(1993)를 냈다. 성환문화원에서는 奉先弘慶寺碣記 비문을 문헌·미술사적으로 종합·검토한 『봉선홍경사지 학술조사보고서』(1996)를 편찬하였다.

국립중앙박물관에서는 고려묘지명 실물을 한곳에 모아 고려 사회의 다양한 문화와 질서, 그리고 삶의 모습을 이해하도록 전시하고 도록 『다시 보는 역사 편지 高麗墓誌銘』(2006)을 출판하였다. 예술의 전당에서는 가나아트 이호재 회장이 조선총독부 관리 오가와 게이기치 주도로 금석문이 채탁 일본으로 반출된 것을 그 후손에게서 환수하여 기증한 탁본을 중심으로 전시하고 도록 『죽음을 노래하다』(2017)를 발간하였다.

이인재 主編으로 흥법사 진공대사비의 비편과 여러 탁본의 서체 분석과 교감 등을 종합한『原州金石文集』제2권(2009)을 편찬하였다. 서울역사박물관에서는 삼각산 삼천사지 탑비 구역을 발굴하고『북한산 삼천사지 탑비구역 발굴조사 약보고서』(2008),『북한산 삼천사지 발굴조사보고서』(2011)를 간행하였다. 다수의 비편을 수습하여 대지국사비의 복원과 비의 의의에 대해 서술한 김혜완과 남동신의 연구 논고가 수록되어 있다. 안성 칠장사에 현존하는 혜소국사비와 서울대도서관 소장 탁본을 대조 교감하여 파손된 비 일부를 복원하고 혜소의 사상 검토와 안성지역 역사, 그리고 비의 미술사적 검토를 종합한『안성 칠장사와 혜소국사 정현』(2011)이 남동신의 책임 편집으로 간행되었다.

고려 금석문 연구는 자료집으로 종합하고 해제, 교감, 역주 등으로 진행되어 왔다. 이와 동시에 여러 고려 불교 금석문을 바탕으로 불교사를 연구한 선구적인 연구는 金暎遂의 오교양종과 조계선종에 대한 두 글이 아닌가 한다. 고려 승정을 통한 宗派佛教論을 제시하였다.[4] 최병헌은 나말여초 특히 최치원의 四山碑銘을 중심으로 선종구산파의 성립 논고를 발표하여 선종 내 산파의 법맥과 사상적 경향을 정리한 바 있다. 玄化寺碑를 분석하여 고려중기 法相宗의 융성을 정리하였다.[5] 민현구는 慧諶의 비문 음기를 분석하여 무신정권에 대립한 교종 승려와 사원의 동향을 실증하였다.[6] 허흥식은 고승비를 통해 僧科, 國師 王師制度 등을 검토하고, 선봉사 대각국사

4 김영수,「오교양종에 대하야」,『진단학보』8, 1937;「조계선종에 취하야-오교양종의 일파, 조선불교사의 근원-」,『진단학보』9, 1938.
5 최병헌,「신라하대 선종구산파의 성립-최치원의 사산비명을 중심으로-」,『한국사연구』7, 1972;「고려중기 현화사의 창건과 법상종의 융성」,『한우근박사정년기념사학논총』, 1981.
6 민현구,「월남사지 진각국사비의 음기에 대한 일고찰」,『진단학보』36, 1973.

비음기 부분을 바탕으로 고려 불교는 승정을 바탕으로 4대종파가 주된 흐름임을 밝혔다.[7] 김두진은 여러 고승비의 검토를 토대로 고려전기 교종과 선종의 교섭사상을 고찰하였다.[8] 채상식은 일연비를 복원 분석하고 관련 불교 전적을 검토하여 일연의 생애와 사상을 밝혔다.[9] 이태진은 예천 개심사 오층석탑 난간 아래의 금석문자를 분석하여 거군적 신앙조직으로서 향도의 성격을 제시하였다.[10] 채웅석은 향도 관련 금석문을 종합 검토하여 신앙조직의 성격을 고찰하였다.[11] 이상 고려 불교 금석문을 토대로 한 불교사 연구 경향은 교단제도사, 사회사, 사상사적 업적을 중심으로 살필 수 있다.

본격적인 금석문 연구 저술은 허흥식에 의해 시작되었다. 금석학사의 시론을 위시하여 5편의 비문 탁본을 소개하고 내용을 검토하는 논문과 8건의 비명을 소개하는 '금석문 낙수' 논문을 『고려불교사연구』(1986) 책 속의 한 장으로 정리하였다. 단행본은 아니지만, 금석문 연구의 저술 형태를 가진 것으로는 갈성말치의 『조선금석고』 저술 이후 처음이었다. 그 후 이론 부분에 새로운 글과 새로운 금석문 소개를 대폭 증가하여 『한국금석학개론』(2020)으로 출판하였다. 거의 새로 발견된 고려 고승비명에 대한 검토가 주된 것이었다.

김용선은 『고려묘지명집성』을 바탕으로 금석문을 통해 본 고려 사회사 특히 삶의 자취 곧 라이프 사이클에 주목하여 『고려금석문

---

7 허흥식, 「고려시대의 국사 왕사제도와 그 기능」, 『역사학보』 67, 1975; 「고려시대의 승과제도와 그 기능」, 『역사교육』 19, 1976; 「고려전기 불교계와 천태종의 형성과정」, 『한국학보』 11, 1978. 이들 논고는 『고려불교사연구』, 일조각, 1986에 종합되어 있다.

8 김두진, 『고려전기 교종과 선종의 교섭사상사 연구』, 일조각, 2006.

9 채상식, 『일연 그의 생애와 사상』, 혜안, 2017.

10 이태진, 「예천 개심사 오층석탑기의 분석-고려전기 향도의 일례」, 『역사학보』 53·54, 1972.

11 채웅석, 「고려시대 향도의 사회적 성격과 변화」, 『국사관논총』 2, 1989.

연구-돌에 새겨진 사회사』(2004)를 출판하였다. 불교사와 관련하여서는 고려 고승의 일대기 글이 주목된다. 최영성은 한국고대사 관련 금석문을 검토한 『한국의 금석학 연구』(2014)를 내었다.

이상에서 불교사 연구는 불교 금석문의 분석을 통한 것이 주된 것임을 알 수 있다. 본서에서도 불교 금석문 검토를 바탕으로 고려 불교사의 새로운 인식 체계를 제시하고자 한다. 금석학사나 금석학 이론 부분 등에 대해서는 장과 절을 따로 두어 제시하지는 않았다. 다만 최근에 발견된 비편이나 음기, 그리고 비명을 새로이 보완할 후대 자료를 알게 된 경우 등과 같이 새로운 시각으로 종합 검토가 필요한 부분에 대하여 작성한 글을 중심으로 하였다. 분석과정에서 필요한 경우 先學의 금석학 이론과 분석 방법론을 적용하였으며 그 결과로서 기존 불교사에 약간의 知見을 붙였다. 본서는 금석학 이론과 새로운 자료의 분석, 그리고 그 결과로서 불교사에 새로운 이해의 도출이라는 과정으로 서술 방향을 잡았다.

본서는 크게 4장으로 구성하였다. 제1장은 '고승비로 보는 고승의 위상'이다. 고승비는 현재 60여 기가 있다. 비가 있었다는 기록은 있으나 탁본이나 비명 편조차 없는 비도 다수 있다. 고승비는 고승의 생애와 활동을 통해 고려 사회의 僧政과 宗派의 추이 등 제도적 틀은 물론 사상적 성격과 흐름을 이해할 수 있다는 점에서 그 중요성이 크다. 더욱이 고려 고승전으로 『海東高僧傳』이 覺訓에 의해 편찬되었지만, 현재 전하는 것은 출처가 명확하지 않은 필사본 형태이며 그나마 신라 불교 초전기의 승려 몇 명일 뿐이다. 『祖堂集』도 있으나 신라말 고려초 선승 수 명에 불과하고 행장의 형식으로 정리된 것이 아니다. 따라서 고려 고승비는 고려 고승전을 대신하는 자료라

할 수 있다.

고려 고승비는 고려말 몇 건을 제외하고는 모두 국왕의 칙명에 의해 작성된 것이다. 국왕의 명에 의해 작성된 것으로는 官誥文이 『東文選』에 소수 전하고 있으나 행장의 형식은 아니고 승직 임명에 합당한 덕행과 예찬 위주이다. 국왕의 명에 의해 작성되는데 찬자가 먼저 선정된다. 찬자는 고승의 문도가 작성한 행장을 바탕으로 국왕의 정치사상과 작성자의 불교관을 반영하여 비의 크기에 맞게 작성한다. 비의 건립 소청이 지연되어 수년이 경과한 경우도 있었다. 이로 보아 정치사상과 교단의 요청이 합치되었을 때 비문의 건립이 이루어졌음을 짐작할 수 있다.

제1장은 3개 절로 구성하였다. I은 고려초 태자사에 세워진 통진대사 비편을 판독, 해석하고 비편의 주인공 讓景의 생애와 교단에서의 활동을 다른 비의 내용과 함께 살펴 선종 굴산문 재편의 한 양상을 검토하였다. II는 고려후기 자정국존비의 특이한 형태와 그 비문에 나타난 주인공 彌授의 생애와 활동을 살폈다. 懺悔府라는 부서의 설치 배경과 승정을 전관하게 되는 과정, 그리고 그의 懺悔 사상에 대한 분석을 시도하였다. III은 고려 고승의 門徒 형성과 성격을 이해하기 위해 다양한 職名이 소개된 비음기 사례를 검토하여 문도 직명과 분류를 확인하고 이를 토대로 문도가 講會, 僧政, 結社 운동 등과 연관되어 형성되는 과정을 살폈다.

제2장은 '사적비에 보이는 사원의 개창과 중수'이다. 사적비는 사원이 개창되거나 중수되는 연유와 그 과정을 서술한 비문이다. 사원의 창건과 중수가 국왕의 허락과 지원에 따라 시행되는 만큼 사적비의 찬술도 국왕의 허락하에 지어진 것이다. 그 중심되는 역할을 한

고승의 이력과 활동이 들어 있다. 고승비에 비해 사례가 극히 적다. 현종대 현화사비, 문종대 흥왕사비 등이 꼽힌다. 흥왕사비는 현재 알 수 없고 탁본조차 전하지 않는다.

I에서는 용수사 개창비를 조선시기 『龍山誌』 서술과정에서 전해진 비문 내용과 탁본으로만 전하는 비문의 내용을 함께 검토하고 화엄종단에서 용수사를 개창한 배경과 그 후의 연혁, 그리고 화엄종단의 추이를 살폈다. II에서는 중수용문사기 비음기의 새로운 소개와 함께 중수용문사기 비문 앞면을 전면 복원하고 검토하여 용문사가 중수되면서 나타난 선종계의 새로운 동향을 파악하고자 하였다.

제3장은 '불상·의식구·기와 명문의 의미'이다. 불상은 사원이 개창되거나 중수 시에 이루어진 사원의 큰 佛事이다. 사원의 성격을 보여주는 불상이 안치되는 경우가 많다. 또 사원 내의 승려만이 아닌 신자들의 布施, 그리고 匠人이 와서 현지에서 조성되는 경우가 많다. 불상을 주조할 때 銘文도 함께하여 불상을 造像하는 과정과 발원 동기 등을 간단히 남기는 경우가 많다. 이는 조각사에서도 절대 연대를 잡는 데 긴요한 내용이다.

의식구는 사원 내의 의례를 위한 것인데 半子와 光明臺, 香垸, 鉢盂 등이다. 반자는 소리를, 광명대는 등불을, 향완은 향을, 발우는 음식을 공양하는 의식구들이다. 주로 청동으로 제작되는데 귀금속구이다. 피난 시 퇴장하거나 개인이 소장하는 경우 등으로 전래되어 왔다. 명문은 발원자와 제작자 등이 간단히 남긴 발원문, 직명, 이름 등이다.

기와명은 기와 제작 시에 용도나 제작자, 佛事 發願者 등이 새겨진 경우가 있다. 기와는 佛殿 건물의 蓋瓦를 위한 것이어서 한 번에 수천 혹은 수만 장이 제작되므로 주로 그 기와가 필요한 현지에 장인 집단이 머물면서 건물을 완성하는 목수 등과 함께 가마를 설치하여 제작한다. 따라서 기와명에 주로 보이는 寺名은 그 절의 위치를 알려주는 중요한 유물이다. 불상, 의식구, 기와 등의 제작 불사는 종단이나 좁게는 사원 소속 승이 주도하여 施主의 물적 기부를 받아 시행되는 경우가 많다. 따라서 불사를 하게 된 간단한 동기와 불사 주체자, 제작 匠人의 이름이 들어가는 구성의 간단한 명문이다. 앞의 고승비나 사적비 등의 장문의 금석문과 다르다. 국왕의 허락과 문한관의 문장력이 필요 없이 작성되는 刻字이다.

모두 6건의 금석문 분석을 하였다. 불상은 동해시 삼화사 철불 명문을 검토하였다. 동종 명문은 정우사년명 고려동종 명문을 분석하였다. 의식구로서 반자와 광명대 명문 분석은 문경 白蓮社址 출토 청동유물 명문, 경북대학교 소장 무자명 광명대 명문 등을 검토하여 제작 시기와 그 의미를 도출하고자 하였다. 기와명은 선산 元興寺銘 기와의 발견과 원흥사의 역할을 살폈다. 칠곡 僊鳳寺址 기와명문을 복원하고 그 명문이 의미하는 선봉사의 연혁과 종단에서의 위상을 살피고자 하였다.

제4장은 '문헌상 금석문의 의의'이다. 여기서는 원주 興法寺 진공대사비의 파실된 부분을 후대 문헌에 보이는 내용을 통해 복원 교감을 시도하고 비의 내용상 의의를 정리하였다. 그리고 순안 法興寺碑文을 소개하고 내용상의 의의를 제시하였다. 전자에서는 현존 비문과 후대 문헌에 전하는 구절을 종합하여 판독문의 완성도를 올리는 작업 과정을 보여주고자 하였다. 태조의 친제인 만큼 고려통일의 불교정치사상이 반영되었다. 후자는 비문의 실물이 현재 알려지지 않

은 채 문헌에서만 전하는 비문을 소개하여 비문으로서 자료적으로 신빙할 만한 것인지를 가늠하고 그 의의를 찾으려고 하였다. 서경난 후 수습과정의 입비인 만큼 불교정치사상적 의의가 반영되었다.

고려 불교 금석문 연구는 실물과 문자자료를 함께한다. 고승비는 고승의 삶을, 사적비는 사원을 개창하고 중수하는 등의 의미를 후대에 길이 전하려고 썩지 않는 돌에 남기는 것이다. 불상과 동종·반자·광명대 등은 주로 철이나 청동으로 제작하였다. 그 불교 의식구들은 나무보다 내구성이 강해 불사 발원의 간절한 마음을 그것에 새겨 명문으로 남기려는 것이다. 사명이 들어간 명문 기와편은 600여 년 이전 고려 사원의 장소성을 알려주는 귀중한 단서이다. 본서는 1차 자료 고려 불교 금석문을 정리하고 분석하여 불교사적 의미를 도출하려는 연구 여정에 놓는 하나의 디딤돌이 될 것이다.

제1장

고승비로 보는 고승의 위상

I. 태자사 통진대사 비편과 양경의 행적

讓景의 비편을 용수사에서 발견하여 통진대사의 비편임을 논증하고 그 내용을 소개한 바 있다.[1] 양경 비편의 소개 이전에 양경을 포함한 행적계의 활동에 대해서는 낭공대사비 후기의 기록을 바탕으로 태자사를 중심으로 9師가 번성했다는 내용을 검토한 바 있다.[2]

이 글은 선행 연구에서 분석한 양경 비편을 시대 상황과 교단 상황 속에서 좀 더 검토·보완한다. 이를 바탕으로 낭공대사 행적의 비와 後記[음기]에 소개된 양경 관련 기록 등을 종합하여 그의 행적과 활동을 정리한다. 그리고 양경이 속한 굴산문의 동향과 태자사에 신라말에 작성되었으나, 미건립한 행적의 비문을 양경이 독자적으로

1 허흥식, 「길주 태자사 통진대사 양경비편」, 『한국금석학개론』, 려경출판사, 2020a, pp.259~271; 「안동시 도산면 소재 세 가지 고려금석문의 연구과제」, 『영남학』 74, 2020b.

2 김두진, 「신라하대 굴산문의 형성과 사상」, 『성곡논총』 17, 1986(『신라하대 선종사상사 연구』, 일조각, 2007, pp.249~300 재수록); 한기문, 「신라말 선종 사원의 형성과 구조」, 『한국선학』 2, 2001; 최인표, 「려말선초의 태자사-낭공행적을 중심으로-」, 『안동문화』 11, 2003; 황인규, 「고려전기 사굴산문의 선종계 주도」, 『고려시대 불교계와 불교문화』, 국학자료원, 2011.

스스로 건립한 배경과 비의 건립이 의미하는 태자사의 위상을 살핀다. 이로써 광종대의 선종 각 산문이 정착을 위한 동향을 이해하는 데 도움이 되고자 한다.

1. 비편의 판독과 해석

용수사 주지 원행 스님의 말에 따르면, 1992년 용수사에 새로 대웅전 건물을 건축하기 위해 기존 3간 건물을 철거하는 과정에서 주초석으로 발견되었다. 이후 대웅전 근처에 두었다가 2000년도에 글자가 있는 것으로 인식하고 요사 건물 안으로 옮겨 보관하여 오고 있다. 주초석으로 사용된 듯 직육면형으로 다듬은 것으로 보이며 석질은 화강암이고 글자는 훼손되지 않은 듯 비교적 깨끗하다. 규격은 가로 53cm, 세로 71.5cm, 두께 16cm이다.

『신증동국여지승람』 권25 봉화현 불우 태자사 조에는 신라 병부시랑 최인연이 지은 낭공탑명과 고려 좌간의대부 김심언이 지은 통진탑명이 있다고 하였다.[3] 이 비편은 안동 태자사에 있던 두 비명 중 통진대사비명으로 태자사가 폐사된 후 어느 시기에 용수사로 옮겨졌다가 다시 어느 시기에 비편으로 건축부재로 사용되었으며 대웅전 재건축 시에 발견되어 보관된 것으로 추정된다. 비신을 받치는 귀부는 현재 태자사에 있는 도지정문화재 58호 귀부로 보인다. 이에 대한 조사는 진홍섭 교수에 의해 진행된 바 있다. 국립 중앙박물관

3 "太子寺 在太子山 有新羅兵部侍郎崔仁渷所撰 僧朗空塔銘 高麗左諫議大夫金審言所撰 僧通眞大師塔銘".

사진 1 통진대사 비편

사진 2 통진대사 비편 탁본

에 보관 중인 행적의 비와 크기를 비교한 결과 차이가 있어 행적의 비는 아니고 태자사에 있던 또 하나의 비인 통진대사의 비를 받치는 비신으로 추정하였다.[4] 허흥식 교수도 현지 답사를 통해 확인하였다. 통진대사 승탑은 알 수 없었으나 통진대사의 귀부에서 서북으로 20m쯤 떨어진 곳에서 석재 유물에 플라스틱 물탱크를 올려 놓은 부도의 몸통을 확인하였다. 승탑의 중간부와 기단으로 관찰하여 확정하였다.[5]

비편과 탁본을 비교, 판독하여 행 번호를 붙여 횡서로 바꾸어 제시하면 다음과 같다. 아울러 2019년 7월 16일 현장 조사 시 촬영한 비편과 탁본 사진을 제시한다.

[01] 眞大師朗月宣光塔碑銘幷序

[02] 翰林學士中

[03] 禪公繼揚宗旨其道貴貴足以化

[04] (俗)姓金氏法号讓景祖諱藹於斯羅國仕爲

[05] 戚之功臣致于知命之季未有承家之胤及

[06] 符六秊己亥春正月蓂抽三葉生於慶州崇孝里

[07] 右閭里咸備其孝致當束髮之期便有捨家之念

[08] 其私室公廬不觸色聲香味與同侶喟然歎曰 迦文

[09] 觸籠空辱 朝恩勿諧宿志同侶嘲之日人之所欲君

4 진홍섭, 「금석문 삼제 태자사 낭공대사 백월서운탑비」, 『한국미술외사 묵재한화』, 대원사, 1999, pp.191~192.

5 허흥식, 앞의 책, 2020a, p.271.

[10] 步出都門披野人服去投吉州太子山寺行寂 國師法門

[11] 而邊 國師云林栖谷隱漢朝卽有四皓一老之徒避世辞榮

[12] 聞非不知餌木披荷遁跡烟霞之外今欲願離二濁待悟一眞昔

[13] 眼古之何者今也何人不待三思請垂一諾 國師曰老比丘童(艸)

[14] 語今見其人若許昇堂必須覩奧入門之義吾何悋焉令其拈去

[15] 罷盡東遊要求西宦艤其慈艇涉彼鯨波問玄岸於曹溪虎溪尋

[16] 曰是心學之徒面礼爲務天成三年秋八月却返桑津初來

[17] 問罪百齊屯營巨野 大師乃如其 悉達

[18] 淸涼寺 宣許住持至其 太祖昇遐

[19] 梁九年面壁今

모두 19행 342자가 판독된다. 허흥식 교수의 판독과 달리 읽은 것은 글자 아래에 — 표시하고 더 읽은 글자는 … 표시하였다. ( )는 허흥식 교수가 더 읽은 부분이나 실물에서 확인되지 않은 미세한 글자 흔 일부를 추독한 것으로 생각된다. 이 비편 뒷면에는 글자가 확인되지 않았다. 이 비편보다 앞서 작성된 낭공대사비가 1행 83자 32행의 규모임을 감안하고 비교하면 통진대사비 전체 글자는 대략 80자 30행 2,400자 정도로 추정된다. 현재 비편의 글자 19행 342자는 전체 비의 약 14%인 셈이다. 朝, 國師, 大師, 太祖, 宣, 悉達 등 국왕 혹은 부처, 고승 관련 문구 앞에는 공격을 두어 고려시기 비문과 같은 형식을 취한다.

[01]행에서 '眞大師'는 『신증동국여지승람』에서 기록된 '通眞大師'로 추독되고 탑호는 朗月宣光임을 알 수 있다.

[02]행의 '翰林學士中'은 찬자 金審言이 이 비명을 지을 때 직명임을 알 수 있다.

[03]행은 비문의 주인공의 위대함을 말하는 도론부에 해당된다. "…공은 종지를 계승하고 드날려 그 도는 높고 높아 족히 교화…"로 해석된다. 양경은 선종의 종지를 더욱 선양하여 교화하였음을 알 수 있다.

[04]행에서는 "…성은 金氏이고 법호는 양경, 조부의 휘는 藹인데 사라국 곧 신라에서 벼슬하고…"로 해석된다. 이 비문의 주인공 법호가 양경임과 속성이 김씨이며 조부가 신라에서 벼슬한 애임을 알 수 있다.

[05]행은 "…외가 공신 知命의 나이 곧 50에 이르러 家를 이을 맏이가 아직 없어…"로 해석되는데 양경의 조부가 50세에 이르도록 후사가 없었다는 것을 말하는지, 아버지에 관한 이야기인지 분명하지 않다. 하지만 [06]행에서 양경의 출생 부분이 나오므로 양경의 부친은 조부가 50세에 이르도록 출생하지 않았던 것으로 보인다.

[06]행은 "乾符 六年 기해 봄 정월 3일에 慶州 崇孝里에서 태어나…"로 해석할 수 있다. '蓂抽三葉'은 그달 초 삼일로 해석된다. 蓂莢은 요 임금 때 났다는 성스러운 풀의 이름인데 십오일에 15엽이 나며 십육일에 하나씩 떨어지기 시작하여 그믐에 다 떨어진다고 한다.[6] 삼엽은 곧 3일인 셈이다. '符六年己亥'는 당 희종 연호 '乾符六年'으로 추독이 되는데 기해년이 되므로 확실하다. 곧 879년(헌강 5)에 해당한다.

6 『漢語大詞典』 권9, p.887, 蓂莢 참조.

[07]행에서는 "…마을 사람 모두가 그 효를 칭찬하였다. 束髮之年에 이르러 문득 집을 떠날 생각이 있어…"로 해석된다. 효성이 있어서 마을 사람들 모두가 칭찬하였으나 '속발지년'에 출가의 마음이 있었다는 내용이다. '속발'은 '成童'을 의미하고 곧 15세이다. 출생시기 879년을 감안하면 893년(진성여왕 7) 무렵이다.

[08]행은 "…사적 방에서나 공적인 곳에서 色·聲·香·味와 접촉하지 않고 同侶들과 함께 탄식하여 석가…"라 해석된다. 금욕적 생활을 한 것으로 보이며 석가를 동경하는 말을 한 것으로 생각된다.

[09]행은 "…새장에 갇힌 듯 공연히 조정의 은혜에 욕되게도 오래 품은 뜻에 부합하지 못하자 동려들이 조롱하여 하루 사람이 바라는 것은…"이라 해석된다. 벼슬살이 중에도 출가하려는 뜻과 갈등하고 있음을 알 수 있다.

[10]행은 "…걸어서 도성문을 나서서 野人服을 입고 길주의 태자산사 행적 국사에게 가서 제자가 되기로 하였다. 법문은…"으로 해석할 수 있다.

태자산사에 주석하고 있던 행적에게 나아가 제자가 되는 장면이다. '야인복을 입고'라는 표현은 '관인의 신분을 버리고'라는 표현이라 생각된다.

[11]행은 "…국사께서 이르시기를 산림에 처하고 계곡에 은거함은 漢 왕조 四皓의 한 노인이 헛되이 세속을 피하고 영광을 사양하고…"라 해석된다. 행적이 한 법문의 첫머리인 듯하다. 뒷 구절이 없어 법문 내용을 짐작할 수 없다.

[12]행은 "…듣건대 餌朮으로 입고 덮을 줄 모르지 않다면, 자취를 煙霞의 밖에 감추고 지금 二濁을 떠나기를 원하고 하나의 진실

을 깨닫기를 기다리고자 하면…"이라 해석된다.

[13]행은 "…옛은 무엇인가. 지금이다. 어떤 사람이 세 번 생각함을 기다리지 않고 한번 허락함을 내리기를 청하는가. 국사가 말하기를 늙은 비구는…"이라 해석된다. 사제 간에 무슨 내용으로 대화하는지 알 수 없다.

[14]행은 "…지금 그 사람에게 만약 昇堂을 허락하면 반드시 入門의 뜻을 깊이 볼 것이니 내가 어찌 그렇게 하는 것을 아까워하겠는가.…"로 해석된다. 양경은 행적의 입실제자가 된 것을 말하는 것으로 짐작된다.

[15]행은 "…동쪽의 유력함을 다 마치고 西宦[중국 사신]을 구하여 그 자애로운 배를 타고 저 고래 같은 파도를 건너 曹溪, 虎溪에서 깨달음의 언덕을 물었다.…"로 해석이 되는바, 국내의 유력을 다 마치고 중국으로 돌아가는 사신의 배를 타고 조계산과 호계에 이르러서 깨달음을 구하였다.

[16]행에서는 "…이르기를 그렇다. 心學의 무리는 面禮로 일을 삼는다. 天成 3년 가을 8월에 고향으로 돌아와서 처음…"으로 풀 수 있다. 선종 승려는 대면 대화로 깨달음을 묻고 인가를 받는다는 말인데 그런 수행을 했다는 의미이다. 천성 3년은 928년(태조 11)이다. 후삼국 쟁패가 절정에 달하던 때였다. 927년 태조 왕건이 공산 전투에서 견훤에게 패한 후 다소 세력을 만회하려던 시기이다.

[17]행은 "…백제에 죄를 묻고 큰 들에 군영을 두었을 때 대사는 마치 싣달다와 같이…"로 해석된다. 태조 왕건이 936년 연산 전투에서 후백제를 격파하고 항복을 받을 때 양경이 협조한 사실을 말하는 것으로 보인다. 태조와의 만남은 적어도 928년에서 936년 사이에는

있었고 936년 고려의 후백제와의 최종 전투에는 수행했던 것으로 짐작된다.

[18]행은 "…淸凉寺에 주지하기를 왕명으로 허락하고, 태조가 승하함에 이르러…"로 해석된다. 태조는 청량사에 양경이 주지하도록 왕명을 내렸고 943년(태조 26) 태조가 죽었을 때 어떤 조처가 있었다는 것은 짐작되나 비문 내용이 없어 더 이상은 알 수 없다.

[19]행은 "…梁九年 面壁하고 지금…"으로 해석된다. 면벽 수행을 짐작할 뿐 언제 어디서 정진한 것인지는 알 수 없다. 다만 '梁九年'을 후량 9년으로 보면 915년(신덕왕 4)에 해당한다.

비편에서 찬자는 명시되지 않았다. 『신증동국여지승람』에서 찬자로 지목한 김심언과 비편의 '한림학사중' 직명을 단서로 정리한다. 『고려사』 열전 김심언조와 세가에는 한림학사 직명이 나오지 않으나 겸직명으로 추측된다. 『고려사』 백관지에는 한림학사는 현종대부터 있었다고 하였다.[7] 김심언이 겸직한 직명이고 이 직위에 있었을 때 통진대사비를 지은 것으로 보인다. 『신증동국여지승람』에 김심언이 가진 좌간의대부는 비문 작성 당시 직이라면 翰林學士兼左諫議大夫로서 비명을 지었다고 볼 수 있다. 좌간의대부직은 성종 원년에 성립된 것이다.[8] 김심언 생년은 미상이나 졸년은 1018년(현종 9)이다. 성종초에 과거에 급제하고 성종 9년에 봉사를 올렸는데 한 부문은 신하의 자세에 관한 것이고 다른 한 부면은 西京에 司憲 1명을 두자는 것이었다. 유교정치 이념을 강조한 건의로 성종의 주목을 받

7 박용운, 『『고려사』 백관지 역주』, 신서원, 2009, p.209.
8 박용운, 앞의 책, 2009, p.96.

았다. 현종초에 右散騎常侍 禮部尙書가 되고 현종 5년 內史侍郎平章事 西京留守가 되었다.[9] 따라서 990년(성종 9)에서 외직으로 나가기 전인 1014년(현종 5) 사이에 지어진 것이다.

경주, 길주 지명 사용 시기를 통해서도 작성 시기를 추정할 수도 있다. 먼저 경주는 994년(성종 13)에 동경유수관으로 하였다가 현종 3년에 경주방어사로 개칭하고 동왕 21년 동경유수관으로 하였음을 참고하면,[10] 1012년(현종 3) 이후 현종 21년 이전에 작성 시기로 생각된다. 吉州 지명은 995년(성종 14) 길주자사라 칭하고 1030년(현종 21)에 안동부로 하였다.[11] 김심언의 활동 시 직명과 생몰년 그리고 경주, 길주 지명 사용을 종합하여 고려하면, 비문 작성 시기는 1012년(현종 3)에서 1014년(현종 5) 사이로 좁혀진다.

書者, 篆額, 建碑 시기 등은 이 비편으로는 알 수 없다. 찬자가 [02]행에서 끝난 것으로 보아 서자와 전액은 김심언이 모두 쓴 것으로 추정된다.[12]

2. 양경의 행적과 역할

양경에 관한 자료는 앞서 판독한 김심언이 지은 비편과 신라시기 최인연이 쓴 낭공대사 행적의 비문, 그리고 954년(광종 5) 입비 당시 쓴 행적의 法孫 純白이 쓴 후기 등이다. 순백이 서술한 후기에는 양

9 『고려사』 권93 열전6 金審言.
10 한기문, 「고려시대 慶州의 경관구성과 위상」, 『대구사학』 132, 2018, pp.183~184.
11 박종기, 『고려사 지리지 역주』, 한국학중앙연구원출판부, 2016, p.311.
12 허흥식, 앞의 책, 2020a.

경에 대한 기술을 상당 부분 할애하고 행적의 비를 건립하는 데 역할을 한 것으로 기록하였다. 그리고 양경의 쌍둥이 형제 允正은 행적의 행장을 닦은 사실과 출생과 관련된 어머니의 태몽을 적었다. 그리고 마지막으로 비문을 쓴 최인연에 대해 서술하였다. 낭공대사 비문을 짓고 세우는 데 관여한 3인을 서술하는 내용이다. 순백이 양경에 대해 서술하면서 어릴 때부터 행한 자취의 품격은 다른 기록에 갖추어져 있다고 하여 그의 생애에 관한 기록으로 '別錄'이 있음을 말하였다.

양경의 가계부터 살펴보면, 비편에는 성은 김, 법호는 양경, 조부의 휘는 애인데 사라국에 入仕하였다고 하였다. 순백의 음기에는 좀 더 자세하다. 조부 애는 원성왕의 表來孫[이종]이자 헌강왕의 外庶舅인데 청렴하고 충성스러우며 효성스럽다는 칭송이 있으며, 내직에는 執事侍郎을 맡고 외직으로 浿江都護를 맡았다. 아버지 詢禮는 재주는 6藝, 학문은 五經을 꿰뚫었고 안으로 執事舍香, 외직으로 朔州長史를 지냈다. 조부가 맡은 내직 집사시랑은 『삼국사기』 직관지 집사성조에 아찬 이하의 관등을 가진 사람이 임명되었다.[13] 후기에 적힌 직명이 관직 생활 최종의 직으로 본다면 김애는 육두품이라 할 수 있다. 외직 패강도호 역시 육두품이 맡은 직임이 밝혀진 바 있고[14] 아들이 마지막 맡은 내·외직도 육두품이 맡는 직임으로 생각된

---

13 『삼국사기』 권38 잡지7 직관 상 집사성.

14 이기동 교수는 패강진 설치는 782년(선덕왕 3)이며 頭上大監 이하 군관 조직이 있는데 두상대감은 9세기 금석문에는 都護로 바뀌었고, 四重阿飡까지 임명한다는 사실을 밝혔다. 浿江都護를 역임한 金靄 역시 주목하고 원성왕계의 왕손이지만, 朗慧가 왕손인데도 육두품으로 격하된 사례로 보아 육두품일 가능성이 크다고 생각하였다(「신라하대의 패강진」, 『신라 골품제사회와 화랑도』, 한국연구원, 1980, p.223).

다. 장사 직은 州의 都督을 보좌하는 무관으로 舍知에서 大奈麻까지의 관등이 맡는다.[15] 따라서 양경의 가계는 왕손 출신의 육두품 귀족이었다. 비편에서 조부는 知天命에 이르도록 양경의 아버지 순례를 얻지 못했던 것으로 보인다. 말하자면 조부는 아들 순례를 나이 50이 되어서야 늦둥이로 얻은 것이다.

비편에서는 양경은 879년(헌강왕 5) 정월 3일 왕경 숭효리에 태어났다고 명기하였다. 비편 [07]행에는 마을 사람이 효성을 칭찬하고 15세에 출가의 뜻이 있었다고 하였다. 효성심이 있었다는 칭찬에도 출가의 생각을 가지게 된 배경은 무엇일까. 앞서 살핀 양경의 가계를 감안하여 보면 골품제의 불만이 원인일 것으로 생각할 수 있다. 시대적 배경도 고려할 필요가 있다. 출가를 마음먹은 시기는 출생 연도를 따져 나이를 고려하면 893년(진성여왕 7) 무렵이다. 4년 전에 신라 지방으로부터 貢賦가 들어오지 못하는 대파국이 있었고, 사신을 보내 독촉하자 더욱 抗租가 촉발되었던 시기였다.[16] 시대적인 분위기도 출가의 마음을 가지게 했을 것으로 보인다.

비편 [08]행과 [09]행에 따르면, 양경은 15세 출가의 생각은 있었지만, 관직 생활을 한 듯하다. 사적, 공적 공간에서 색·성·향·미와 접촉하지 않았다고 하며 동려들과 함께 탄식하였다는 표현에서, 왕경에서의 관직의 일상생활에 적응하지 못한 것으로 보인다. 향락과는 거리가 먼 생활을 하였음을 짐작할 수 있다. 새장에 갇힌 듯 공연히 조정의 은혜에 욕되게도 오래 품은 뜻에 부합하지 못하자 동려들

15 『삼국사기』 권40 잡지9 직관 하 외관 도독.
16 『삼국사기』 권11 신라본기 진성왕 3년.

이 조롱하였다는 비편 구절에서도, 골품제의 불만과 시대풍조에 대한 실망, 그리고 출가와 관직 생활 지속에 대한 내면적 갈등, 나아가 동려들로부터 조롱을 받고 어울리지 못하는 처지로 몰리고 있었다.

비편 [10]행에는 도성문을 나서서 야인복을 입고 길주 태자산사에 머물고 있는 행적 국사에 가서 몸을 맡겼다는 구절이 보인다. 왕경에서 관직 생활을 버리고 야인복을 입고 출가한 것이다. 낭공대사 행적의 활동 상황을 정리하면서 그 시기를 짐작할 수 있다.[17] 행적은 속성 崔氏, 모는 薛氏였으며, 조부는 관직에 나가지 않았고 부는 학문에 뛰어났으나 무예를 익혀 군관직에 나아갔다. 행적은 왕경을 떠나 海印寺에서 수학 후, 조부가 왕경 출신으로 명주도독을 역임하고 김주원 세력에 자리 잡은 지역 출신인 굴산 通曉大師 범일에 나아가 입실 제자가 되었던 이력을 보면, 양경과 같은 육두품으로 출가 행로에도 비슷한 면이 있다. 양경이 행적을 찾아간 배경의 일단을 짐작할 수 있다.

그런데 행적의 비문에는 태자산사에 머문 기록이 없다. 다만 양경이 행적에게 나아간 시기를 고려하여 활동을 찾아보면, 건령(894~897) 초에 왕성에 머물렀고 광화(898~900) 말에 野郡으로 돌아갔고 효공왕이 즉위하여 선종을 존숭하여 대사가 해동에 으뜸이라고 하여 왕궁으로 초빙하여 溟郊를 떠나[18] 907년(효공왕 11) 왕경에 도착하였다. 곧 894년부터 907년 사이에는 왕성, 야군에 머물렀다고만

17 「태자사낭공대사비」, 『한국금석전문』, pp.357~362.

18 '溟郊'를 溟州로 해석한 견해도 있으나(이지관, 『교감역주 역대고승비문(고려편 1)』, 도서출판 가산문고, 1994, p.387) 왕경에서 먼 지역이라는 의미로서 '野郡'의 동어 반복을 피한 표현으로 본다.

하고 구체적으로 어디에 있었는지 명시하지 않았다.

양경이 출가하려는 생각을 가지고 관직 생활하면서 갈등하고 행적에 나아간 시기와 대략 일치한다. 양경이 왕경에서 관직 생활한 시기에 행적이 왕경의 분향하는 사찰에서 담복을 피웠다고 하므로,[19] 양경을 직접 만났거나 적어도 왕경에 있다는 소문을 듣고 행적에 대한 존숭하는 마음을 가졌을 가능성이 있다. 도성을 떠나 야군에 머문 행적을 찾아간 시기는 왕경을 떠난 898년 이후 왕경에 다시 돌아와 국사에 책봉된 시기인 907년까지의 9년여 사이로 보인다. '野郡'은 왕경에서 벗어난 군단위를 범칭한 것으로 생각되며, 太子山이 있는 奈靈郡[봉화현은 신라때 玉馬로 나령군의 영현이 되었다. 신라 나령군은 고려 때 順安縣으로 지금의 영주이다] 일대로 생각된다.[20] 太子山寺는 당시 사격을 갖추지 않고 수행을 위한 초암 정도의 규모였던 것으로 추정된다. 그래서 비문에 적시하지 않았던 것으로 생각된다. 아마 윤정의 행장에는 자세하였을 것이지만, 최인연이 비문을 작성하면서 생략했을 수도 있다.

행적의 비문에 따르면, 907년(효공왕 11) 국사로 책봉되고 요임금과 순임금의 교화를 논한 장면을 소개한 후 행적을 따라 대궐에 나아간 네 사람을 소개하였다. 行謙, 邃安, 信宗, 讓規 등이었다.[21] 이들은 행적의 제자였고 신종은 비문 말미에 제자 이름으로도 나오고 있다.

그런데 네 사람을 소개한 후 이어서 讓景은 행실이 十哲보다 뛰어

19 「태자사낭공대사비」, 『한국금석전문』, p.360, "乾寧初 至止王城 薰薝蔔於焚香之寺 光化末 旋歸野郡".

20 박종기, 앞의 책, 2016, p.323.

21 「태자사낭공대사비」, 『한국금석전문』, p.360, "有親從上殿者四人曰行謙邃安信宗讓規 讓景行超十哲 名盖三禪".

나고, 이름은 三禪을 덮는다는 구절이 이어진다. 비문의 판독에 따라 양경은 양규로 보는 판독과 양경이라는 판독으로 나뉜다.[22] 행적의 비문이 중간에 비스듬히 갈라지면서 글자가 일부 훼손되었다. 탁본으로 보면 '景' 자의 윗부분으로 읽혀짐에,[23] '景'으로 추독할 수 있다. 장서각 탁본 자료집에는 양경이 확실하다.[24] 이러한 추측이 맞다면, 양경은 양규와 같은 인물로 달리 표현되거나,[25] 양규를 양경으로 잘못 새겼을 수가 있다. 4인과는 별도로 제자 양경을 따로 소개한 것일 수도 있다.[26] 문맥상으로는 양규와 양경은 같은 인물일 가능성이 크다.

양경은 왕경에서 관직 생활을 할 정도로 교육받고 출가하였으므로, 입실제자가 되어 행적이 국사로 책봉되는 왕경길에 親從한 것으로 생각된다. 이러한 추정에 따르면 행적의 제자 중에서도 단연 두각을 나타낸 인물로 생각된다. 순백이 쓴 비후기에도 양경은 행적의 '神足'으로 불렸다. 양경이 태백산사로 행적에 나아간 시기는 양경 나이로 짐작하면, 19세에서 28세 사이가 되는데 아마도 20세 초반으로 짐작된다.

비편 [11]행에서 [14]행은 양경과 행적이 대화한 내용으로 생각된다. '國師曰'이 두 번 나온다. 국사는 곧 행적으로 보인다. [15]행의 동쪽의 유력함을 마치고 서환[중국사신]을 따라 조계와 호계에서 깨달

---

22 『조선금석총람』에는 讓□으로 판독하였으나 『한국금석전문』에는 『欽定全唐文』(卷一千)과 『海東金石苑』 卷2의 판독을 받아들여 讓景으로 판독하였다.

23 『옛탁본의 아름다움, 그리고 우리 역사』, 예술의전당, 1998, p.118.

24 한국학중앙연구원, 『장서각소장탁본자료집 I 고대 고려편』, 1997, p.118.

25 한국역사연구회 편, 『역주 나말여초금석문(상)』, 혜안, 1996, p.210.

26 4인이 아니라 양경까지 포함하여 5인으로 읽는 견해도 있다(추만호, 『나말려초 선종사상사 연구』, 이론과실천, 1992, p.95).

음의 언덕에 대해 물었다는 구절에서, 국내 유력 생활을 마치고 중국 조계산과 호계 지역으로 유학한 사실을 알 수 있다. 언제 떠나갔는지는 알 수 없다. 다만 행적이 907년(효공왕 9) 국사가 되고 908년 김해에 머무르다 915년(신덕왕4) 신덕왕의 부름으로 국사에 다시 오르고 난 뒤 917년 입적할 당시 문하제자에 신종만 보이고 양경이 보이지 않아, 이때는 적어도 중국으로 유학을 떠난 것으로 추측된다. 조계산은 남종선의 중심지역이므로 양경의 유학 선맥은 남종선일 것으로 생각된다.

[16]행에는 심학의 무리는 면례로 일삼는다는 것과 천성 3년 곧 928년(태조 11) 가을 8월에 귀국한 사실 등을 알 수 있다. 당시 선종승을 심학하는 자라 한 것으로[27] 짐작하건대, 선종승의 對面 거량으로 선의 종지를 익히는 수행을 한 일면이 짐작된다. 귀국한 시기는 927년 견훤의 신라 왕경 침공과 왕건의 구원병이 공산 전투에서 크게 패한 그 다음 해이다.[28] 스승 행적이 입적하기 전으로 보면 10여 년 유학 생활을 한 셈이다. 이때는 이미 스승 행적은 경명왕 재위연간인 917년에 교화의 인연이 마쳐져서 비문 건립이 추진되었다. 신라 왕경 출신이며 신라 국사 행적의 제자인 양경의 행로는 어디였는지 알 수 없지만, [17]행의 백제에 죄를 묻고 巨野에 군영을 두었을 때 대사는 마치 운운하는 구절에서 보면, 936년(태조 19) 일리천 전투에서 대승한 여세를 이어 연산대회전에서 후백제의 항복을 받았던 때 왕건을 수행하여 도왔을 것으로 생각된다. [18]행에는 태조가 승하하

27 「성주사낭혜화상비」, 『한국금석전문』, pp.213~215.
28 『삼국사기』 권50 열전10 견훤; 『고려사』 권1 세가 태조 10년 12월.

기 전 943년(태조 26) 이전에 태조의 왕명에 따라 청량사에 주지하였다는 내용이 있다. 아마도 여느 고승처럼 협력한 사찰에 주지하도록 배려한 것으로 짐작된다. 청량사 역시 어디에 소재한 사원인지 특정할 수 없다. 『신증동국여지승람』과 『삼국사기』 등에 인천, 한성, 안동, 陜州, 김해 등에 동명의 사찰명이 나온다.[29] 양경이 안동 지역에서 태조에게 협조했다면 안동 청량산 청량사일 가능성이 크다.

이후 10여 년간 양경의 행로는 알 수 없으나 954년(광종 5) 스승 행적의 비문을 건립하는 일을 주도한 사실이 낭공대사 행적의 비후기에 적혀있다. 행적이 교화 인연을 마침에 따라 경명왕(재위 917~923)은 시호와 탑명을 내리고 이어 시랑 최인연에게 비문을 짓게 하였다. 그러나 세상은 어지럽고 사람들은 교활하여 성대한 일은 이루기 어려웠다고 한다. 무려 30여 년 뒤인 954년(광종 5) 7월 15일에 행적 국사의 문하인 양경이 스승의 은혜에 보답하고자 스스로 비를 세웠다.[30] 순백이 쓴 후기에는 광종의 칙명을 받은 사실이 기록되지 않았고, 양경이 스스로 비를 세웠다고 하였다. 양경이 중심이 되어 행적 문도들의 활동으로 이룬 비의 건립이었다.

양경이 비의 건립에 주도적 역할을 할 수 있는 당시의 지위가 궁금하다. 다시 순백의 후기를 주목한다. 양경은 국사 문하의 신족이며, 國主寺의 僧頭이고 乾聖院의 화상이었다.[31] 그리고 스승을 위해서

29 『신증동국여지승람』에는 청량사가 김해 神魚山, 안동 淸凉山, 합천 月留峰, 한성 三角山, 인천 淸凉山 등 5곳이 보이고, 『삼국사기』 권46 열전6 최치원전에는 최치원이 소요한 陜川 청량사가 있는데 『신증동국여지승람』의 합천 월유봉 청량사와 같은 곳으로 생각된다.

30 「태자사낭공대사비」, 『한국금석전문』, p.363, "師恩雀報 自立龜碑".

31 「태자사낭공대사비」, 『한국금석전문』, p.363, "爰國師之門 神足 國主寺之僧頭 乾聖院和尙者 法諱讓景 俗姓金氏 字曰擧國". 이지관은 이 부분을 '국사의 문하에 제일 신족은 국주인 임금이고, 사찰의 승두는 건성원 화상이니 휘는 양경이요, 속성은 김씨이며, 자는 거국이다'

는 몸과 마음을 다하고, 임금을 위해서는 귀가 되기도 눈이 되기도 하였다.[32] '국주사' 승두라는 직은 국주사의 우두머리라는 의미이다. 국주는 고려 국왕을 의미한다면, 국주사는 內願堂을 의미하는 것으로 생각된다. 내원당은 궁궐 내의 원당 사원이었다.[33] 국주사 승두는 곧 양경이 내원당의 우두머리이고 궁궐 밖 건성원의 화상으로서 겸임한 것을 의미한다.

내원당은 고려 태조시 內院의 許越, 舍那內院의 利嚴 등의 구체적 사례가 있다. 광종은 즉위 후 8년까지는 淸平한 정치 교화를 시행했다는 崔承老의 논평을 보면[34] 불교계에 대해서도 여러 종파에 대해 안배하였을 것으로 생각된다. 태조의 불교계에 대한 정책을 계승하였다. 내원당 승려의 위상은 국왕을 위해서 귀가 되고 눈이 되었다는 것으로 보아, 광종의 측근의 승려이며 불교계의 내밀한 사정을 파악하여 보고하고 조처를 내리도록 한 역할을 하였다고 하겠다. 양경은 내원당의 책임자였다. 국사, 왕사는 외면적으로 드러난 역할을 하는 반면, 내원당 승려는 내면적으로 여러 불교계의 현안을 처리하는 역할을 하였다고 생각된다.

양경이 광종대에 언제부터 내원당 승려였고 그 직을 물러난 것은 언제인지 알 수는 없다. 다만 均如가 내원당에서 광종을 위해 황후

로 해석하였다(이지관, 앞의 책, 1994, p.397). 반면 윤영호는 '국주사의 승두인 건성원화상이 있었는데'라 해석하였다(한국역사연구회 편, 앞의 책, 1996, p.290). '신족'은 뛰어난 제자 한 명을 의미한다고 보고 국주 앞에 공격을 두지 않아 광종을 지칭한 것이 아닐 것이며 '國主寺之僧頭 乾聖院和尙者' 구절의 밑줄 친 부분을 유의하면, 한 명을 지칭하는 것으로 볼 수 있다. 따라서 후자의 해석을 따른다.

32 「태자사낭공대사비」, 『한국금석전문』, p.363, "爲師而或體或心 爲王而乍耳乍目".

33 한기문, 「고려시대 內願堂의 기능과 위상」, 『한국중세사연구』 38, 2014.

34 『고려사』 권93 열전6 崔承老.

의 치료, 祈晴, 祈禳 등을 하고 야반에 내도량 房中의 放光이 균여의 眼光에서 나온 것을 보고 광종이 敬重하였으므로,[35] 양경을 이어 내원당 책임자는 균여였다고 생각된다. 균여전의 내용상 대략 958년(광종 9) 무렵으로 추정된다. 따라서 양경은 광종 9년경에는 내원당의 책임직에서는 물러났거나 사거하였을 가능성이 크다. 광종 5년 행적의 입비를 추진할 당시 양경은 세속 나이로 75세였고, 광종 9년에는 80세의 고령임을 감안할 때 그러하다.

3. 굴산문의 동향과 태자사의 위상

신라하대 굴산문을 개창한 梵日에게는 두 계열의 선맥을 형성한 제자들이 있었다.[36] 開淸과 행적이 그들이다. 남겨진 각각의 비문에는 범일의 적통임을 강조하고 있다.

그런데 개청은 閔規의 초청과 후원으로 地藏禪院 곧 普賢寺에 주지하였다. 이곳에는 개청의 비문이 940년(태조 23)에 세워졌다.[37] 비문의 건립은 왕명으로 최언위가 작성하였지만 비의 건립은 비음기에 보이는 溟州都令 佐丞 王乂가 지휘하고 郞中 俊文과 官育, 員外 金乂, 色執事 仁悅, 純忠이 실제 작업에 동원된 인력을 지휘하였다. 왕예는 當州都令으로 왕건의 건국에 도움을 준 토호로 추측되며,

35 「大華嚴首座圓通兩重大師均如傳幷序」, 『韓國佛敎全書』 4, p.512.

36 김두진, 앞의 논문, 1986; 김흥삼, 『나말려초 굴산문 연구』, 강원대 박사학위논문, 2002; 조범환, 「신라 하대 범일선사와 굴산문의 개창」, 『나말려초 선종산문 개창 연구』, 경인문화사, 2008; 정동락, 『신라하대 선승의 현실인식과 대응』, 영남대 박사학위논문, 2010.

37 「지장선원낭원대사비」, 『한국금석전문』, pp.303~307.

김예는 그보다 낮은 단계에 머문 인물로 추측된다.[38]

개청이 경애왕으로부터 국사로 임명되자 왕순식이 요좌를 거느리고 찾아와 하례하고, 개청선사는 王荀息이 머문 명주 관내 치소를 방문하여 격려하였다고 한다. 이는 개청이 신라 왕실에 가기를 꺼려한 것으로 보인다고 한다.[39] 지장선원의 단월인 왕순식이 통일 후 크게 활동하지 않은 것 같다. 이점은 계청계의 굴산문의 위축을 암시한다.[40] 하지만 개청의 문도 가운데 典座僧 釋超가 있다. 眞觀禪師 석초와 동일 인물이라면,[41] 정종대 興州 숙수사에 주석하고, 광종대 강주 智谷寺에 주석하여 개청계의 고승이 활동한 사실을 알 수 있다.[42] 하지만 광종과는 직접 연결되지는 않는다.[43]

행적은 개청보다 먼저인 906년(효공왕 10)에 국사로 봉해졌다. 이때 선사를 따라 왕경에 간 제자로는 행렴, 수안, 신종, 양규 등과 양경이 있는데, 특히 양경은 행실이 10철 곧 공자제자들보다 뛰어나다고 하였다. 이듬해 왕경을 떠나 金海府에 이르러 蘇忠子와 아우 律熙의 흠모를 받고 있었다. 915년(신덕왕 4) 국왕의 초청으로 참선하는 무리를 거느리고 다시 왕경에 이르러 實際寺에 머물렀고, 여제자 明瑤夫人의 요청으로 石南山寺에 머물고 세상을 마칠 장소로 삼았다

---

38 허흥식, 「지장선원 낭원대사비음기」, 『고려불교사연구』, 일조각, 1986.
39 조범환, 「굴산문의 성장과 분화」, 『나말려초 남종선 연구』, 일조각, 2013.
40 신천식, 「한국불교사상에서 본 범일의 위치와 굴산사의 역사성 검토」, 『영동문화』 1, 1980; 김두진, 앞의 논문, 1986.
41 「지곡사진관선사비」, 『한국금석전문』, pp.422~428.
42 황인규, 앞의 논문, 2011.
43 김두진 교수도 석초는 광종의 개혁정치와 직접 관련되지 않는다고 하였다(「고려 광종대 법안종의 등장과 그 성격」, 『고려전기 선종과 교종의 교섭사상사 연구』, 일조각, 2006, pp.237~238).

가 916년(신덕왕 5)에 입적하였다.[44] 신덕왕대 행적을 왕경으로 초청한 것만 비문에 언급했지만, 최인연이 쓴 비문에는 兩朝國師라 하여 신덕왕대 국사로 책봉되었음에 틀림이 없다. 제자에는 신종, 周解, 林儼 등 500여 인이 있다고 하였다. 그런데 행적이 국사로 임명될 때 언급된 제자로서 입적할 때 제자에 다시 언급된 이는 신종밖에 없다. 행렴, 수안, 양규, 양경 등은 모두 이때 행적의 문하를 떠나 유학의 길을 떠났거나 다른 곳으로 나아갔을 것으로 짐작된다.

범일의 제자 개청과 행적 두 계열은 신라 왕실과의 관계로 보면, 행적이 효공왕, 신덕왕대에 국사로 책봉되었고 왕경에 머물고 왕족의 제자가 제공하는 석남사를 종언지소로 삼았던 것을 알 수 있다. 행적의 제자들 역시 따라와서 왕경과 석남사에 자리 잡았다. 개청은 행적보다 늦은 경애왕대 국사로 책봉되었으나 왕경에 나아가지 않았으며 그의 제자도 왕경에 이른 예가 없다. 따라서 행적은 양조국사로서 신라 왕실과 깊은 관련성을 가지고 있다. 그리고 신라 왕족 출신의 육두품 양경도 비문에 빼어난 제자임이 특기되었다. 그런데 양조국사 행적의 비는 입적한 석남사가 아닌 태자사에 세워졌다.

태자사는 지금 폐사지로 남아 있는데 안동군 도산면 태자동 일대이다. 봉화군 명호면과 안동군 태자동 경계에 위치하여 총독부박물관으로 이치한 백월서운탑비를 옮길 당시에는 봉화군 명호면에 태자동이 있었던 때문에 봉화 태자사지로 지목되었다. 『경상도속찬지리지』 봉화현 원우에 태자산리에 太子院이 있다고 하였다.[45]

---

44 「태자사낭공대사비」, 『한국금석전문』, pp.357~362.

45 태자사가 조선시기 세조의 집권과정에서 몰락하여 원으로서 태자원만 남은 것으로 보았다(허흥식, 앞의 논문, 2020b, pp.24~25).

석축은 남향하였으며 높이 2.5m 길이 약 60m의 얕은 일단이며 큼직한 야석을 사용하였다. 초석이 2~3개 산재하였으나 원위치를 떠난 것이 있어 건물의 규모를 짐작하기는 힘들다고 하였다. 이곳에서 동으로 약 100m 지점에 귀부 일기가 밭 가운데 유존하며 여기서 다시 동남 약 10m 지점에 이수가 논두렁 밑으로 전도되어 있다. 이들 귀부와 이수는 당시 경복궁 박물관에 있던 낭공대사비와 크기를 비교한 결과 맞지 않아 낭공대사의 비는 아닌 것으로 판단하였다.[46] 진홍섭 교수는 『동국여지승람』 봉화현 불우 태자사 김심언 소찬 통진대사비의 귀부와 이수로 추정하였다.[47]

신라 효공왕과 신덕왕 양조국사였던 행적의 비가 경명왕대에 건립이 추진되다가 중단한 지 30여 년이 지난 시점에서 입실제자인 양경에 의해 태자사에 세워진 이유는 무엇인가. 먼저 추론되는 것은 건비를 추진한 양경이 출가하여 찾아간 곳이 행적이 주석한 태자산사였기 때문일 것이다.

신라 경명왕의 명으로 최인연이 찬술한 비명의 말미에 행적이 열반한 곳은 명요부인이 희사한 석남산사였다. 915년(신덕왕 4) 국사로 책봉되고 남산 실제사에 머무르게 하였는데, 이 사찰은 신덕왕이 즉위하기 전에 거처하던 곳으로 즉위 후 절로 만든 것이다. 이에 여제자 중에 구림의 관족인 명요부인이 석남산사를 받아 주지할 것을 청하였다. 대사는 만족하여 머물 생각을 가졌는데 멀리 4개의 산이 연해 있고 남쪽 바다를 내려다보는 곳으로 선사가 머물기에 좋은 곳이

---

46 진홍섭, 「봉화태자사지 조사개보」, 『고고미술』, 제6권 제12호 통권65호, 1965; 송승규, 「안동지방의 폐사지」, 『폐사지조사보고』, 한국향토사연구전국협의회, 1992, pp.121~122.
47 진홍섭, 앞의 글, 1999.

었다. 대사가 세상을 마칠 장소로 삼았다.

이듬해 봄에 대사가 이곳에서 열반하였다. 문인들이 색신을 받들어 서쪽 봉우리 기슭에 임시로 묻었다. 917년(경명왕 1) 11월에 동쪽 산꼭대기에 옮겨 묻었는데 절에서 300여 보 떨어졌다. 돌문을 만들어 봉하였다. 500여 제자들이 추모하는 마음이 간절하여 비를 세우기를 청하자 경명왕이 시호를 낭공대사라 하고 탑명은 白月栖雲之塔이라 하였다. 최인연으로 하여금 비명을 지으라 하여 완성하였다.

석남산사는 그 위치를 구체적으로 알 수 없지만 왕경에 가까운 해안이 보이는 선 수행에 좋은 곳이며 행적의 승탑이 있었다. 여기에 최인연이 지은 행적의 비명을 세우려다 중단된 것이다. 현재 낭공대사의 것으로 추정되는 승탑이 울주 석남사에 전해온다. 이에 대해서는 미술사적 검토와 비문 내용을 결부시켜 확정한 연구가 있다.[48] 울주 석남사 승탑을 낭공대사의 승탑으로 보는 것을 부정하는 견해도 있다.[49]

신라 경명왕대에 찬술된 비명을 석남산사에 세워야 마땅하지만 태자산사에 세운 이유는 광종 초 정치 상황과도 관련지을 수 있다. 이 비를 세우는 일은 양경 스스로 한 것이다. 양경이 광종의 내원당승으로서 측근에 있었지만, 국왕의 승인 없이 가능하지 않았을 것이다. 광종은 형 정종으로부터 顧命으로 왕위를 물려받았지만, 즉위하

48 소재구, 『신라하대와 고려시대 승탑 연구』, 한국정신문화연구원 한국학대학원 박사학위논문, 2001, pp.170~173; 엄기표, 『신라와 고려시대 석조부도』, 학연문화사, 2003, p.291.

49 울주 석남사 승탑과 석남사적을 조사한 결과 근거를 찾지 못했다고 하고 『삼국사기』 신라악지에 '石南思內'라는 음악이름을 통해 석남사에서 기원한 향가로 추정하고 대구 금호강 가까이 금호읍 일대에 석남사가 있었을 것으로 본 견해가 있다(허흥식, 앞의 논문, 2020b, p.21).

자 定宗이 추진한 서경 천도를 중지하였다.[50] 대규모 인력 동원과 재정 부담이 이유지만, 정종의 북진 정책을 중지한 것이다. 정종의 정책에 불만을 가졌을 것으로 보이는 최승로 등의 신라계 세력을 의식한 조처로 보인다. 광종이 양경이 추진한 신라 양조국사였던 행적비문 건립을 칙명하지는 않았지만, 승인한 것은 신라계 불교세력을 포용하는 것이라 생각된다. 이 무렵에는 견훤에 협조한 慶甫의 비를 후백제 지역이었던 光州 曦陽縣 白鷄山 玉龍寺에 건립하였다.[51] 후백제계 불교세력에 대해서도 포용 조치한 것이다.

석남산사에 재집결하고 비문의 건립을 완공할 수도 있겠지만, 태자사로 하였다. 이유는 명확한 기록은 없어 알 수 없다. 고려초 신라 왕경을 경주로 격하하고 신라 지배세력이 대거 개경으로 이동하고 쓸쓸한 모습이 드러난 상황은[52] 신라 왕조의 그림자를 지우려는 고려왕조의 의도가 반영된 것이다. 신라 왕경 가까이 있었던 석남산사에 신라 양조국사 행적비를 건립하면 자칫 신라 왕조에 대한 기억을 소환할 우려가 있을 것이기 때문이다. 차선으로 후삼국 쟁패에서 대세를 가른 930년 古昌 곧 안동 전투에서[53] 그 지역민의 도움을 받아 견훤군을 이긴 지역의 태자사를 주목했을 것으로 보인다. 비편에는 아쉽게도 928년 양경이 귀국 후 930년 고창전투에 어떤 도움을 준 사실은 보이지 않는다. 다만 연산 전투에는 참여한 것으로 보인다.

---

50 『고려사』 권93 열전6 崔承老.

51 「옥룡사통진대사비」, 『한국금석전문』, pp.367~374.

52 『삼국유사』 권2 기이2 金傅大王, “新羅納土國除 阿干神會 罷外署還 見都城離潰 有黍離離嘆 乃作歌 歌亡未詳”.

53 고창전투 이후 신라 동쪽 110여 성이 고려에 來降하였다(『고려사절요』 권1 태조 13년 2월, “時新羅以東州郡部落 皆來降 自溟州至興禮府 摠百十餘城”).

이처럼 양경이 스스로 행적의 비문을 건립한 배경에는 굴산문 내부의 고려 왕조의 성립 후 재결집을 완결하려는 의도가 있었을 것으로 생각된다.

그러면 신라계통의 굴산문의 고려 광종대 태자사의 결집을 당시 문도의 분석으로 가늠해 볼 수 있다. 고려 광종대에 비문을 건립할 때 강조된 행적의 제자로는 9사가 언급되고 비후기를 작성한 행적의 손제자 순백이 언급되는데, 행적의 비문 작성 시 언급된 제자로는 양경만 언급된다. 그리고 비에서 빠진 행적의 제자를 언급하고 국사 생존 시에는 날개가 알 속에서 자라지 않아 청운의 끝에 날지 못하고 국사가 돌아간 뒤에 비로소 碧海 속에 노닐었다고 하였다. 국사가 입적하기 전에는 그들의 활약은 미약했다는 것을 알 수 있다.

그런데 사람들의 평을 인용하여 "九乳[九師]는 鐘과 같아서 九方의 불자를 기르고, 하나같이 면모는 거울[鏡] 같아서 한 나라의 임금과 신하를 바르게 한다"라고[54] 하였다. 행적계 제자들이 양경을 중심으로 고려왕조에 와서 불자에 대한 교화력이 온 나라에 넓혀 번성하고 국왕과 신하들의 국정에도 도움이 됨을 강조하여 당시 산문의 자부심과 위상, 그리고 결속성을 드러낸 것으로 해석된다.

그리고 이들이 광종 5년 비후기 작성 당시 주석한 사찰명도 명기하였다. 이들은 양경과 같은 제자였을 것이고 이들의 이력은 전혀 알 수 없다. 다만 윤정만 양경과 쌍둥이 형제임이 언급되어 있다. 이 비후기가 작성되던 무렵에는 여러 사찰에 흩어져 주석하면서 행적

---

54 「태자사낭공대사비」, 『한국금석전문』, p.364, "人謂之評曰 九乳若鐘 養九方之佛子 一面如鏡 正一國之君臣".

의 문도로서 그 계열성을 유지하고 있었던 셈이다. 龍潭寺 式照, 乾聖院 讓景, 燕□寺 惠希, 宥襟寺 允正, 靑龍寺 善觀, 靈長寺 玄甫, 石南寺 迥閑, 崇山寺 可言, 太子寺 本定 등이었다.

용담사의 위치는 개경 부근과 상주 장천지역 등이 이규보의 문집에 보인다.[55] 어느 곳이라 특정할 수 없다. 건성원은 개경에 소재한 선종 사원인 송악산 건성사로 추측된다.[56] 연□사도 그 소재지가 미상이다. 구례 燕谷寺에는 980년 건립된 玄覺禪師塔碑와 북부도가 남아 있다.[57] 현각선사가 혹 혜희가 아닌가 한다. 유금사는 영덕 有金寺址를 말하는 것으로 추정된다.[58] 청룡사는 『신증동국여지승람』에 따르면 경기도 안성, 양주 도봉산, 그리고 보각국사비가 있는 충청도 중원 소태 오양리 등으로 나오나[59] 어느 곳으로 특정할 수 없다. 영장사는 미상이다. 석남사는 낭공대사의 것으로 추정된 승탑이 있는 울주 석남사일 것으로 확실시된다. 숭산사는 고려 태조가 오백나한상을 두도록 명한 해주 숭산사일 것이다.[60] 태자사는 안동에 위치한다.

이상의 행적의 제자로서 광종대 활약한 9사는 거의 일정한 지역

---

55 『東國李相國集』 권6, 권25.

56 『東國李相國集』 권2 고율시; 『고려사절요』 권15 고종 12년 을유; 『신증동국여지승람』 권4 개성부상 불우.

57 소재구, 앞의 논문, 2001, p.166.

58 宥襟寺와 有金寺는 한자 표기는 다르나 같은 사명으로 볼 수 있다. 최근 영덕에서 발굴 조사에서 금당지에서 통일신라시대 금동여래입상이 출토되었고, 답도에서 고려 암막새, 수키와, 청자 구연부 등이 발견되어 통일신라에서 고려시기까지 사원을 유지한 것으로 추정된다 (삼한문화재연구원, 『盈德 有金寺 遺蹟』, 2019).

59 한기문, 「부표: 고려시대 사원 일람」, 『고려사원의 구조와 기능』, 민족사, 1998, p.481, p.482, p.525.

60 『고려사』 권1 세가 태조 6년 6월 계미, "福府卿尹質 使梁 還獻五百羅漢畫像 命置于海州嵩山寺".

에 집중된 사원에서 활동하지는 않았다.[61] 이들은 행적의 비문을 태자사에 건립함으로써 굴산문의 고려에서의 재편의 중심을 태자사에 두려는 것으로 해석된다. 태자사는 양경을 중심으로 굴산문 행적계열 선승들의 구심점이 된 것이다. 이후 양경 사후 역시 이곳에 문도들의 소청으로 김심언의 찬문의 비명과 승탑 건립으로 추숭되었다.

양경의 문도는 비편에서는 알 수 없어서 행적비 후기에서 추정해 볼 수 있다. 후기를 쓴 순백은 행적의 문하법손이라 하였지만, 양경의 문하일 가능성도 있다. 그리고 태자사 비 건립주도승인 句當事僧 逈虛長老, 비문 각자승 嵩太尙座, 秀規尙座, 淸直師, 惠超師, 원주승 嵩賢長老, 전좌승 淸良, 유나승 秀宗, 사승 日言, 직세승 規言 등이 보인다. 이들 11명 중에는 형허, 숭현 두 장로를 제외한 9명 정도는 양경의 직계 문도일 가능성이 크다. 아울러 태자사에는 院主, 典座, 維那, 史, 直歲 등의 관리 조직도[62] 갖추어져 있어 그 경제기반도 확보되었을 것이다. 태자사의 위상은 확고하였던 것으로 생각된다.

광종대에는 동리산문, 희양산문, 봉림산문, 그리고 사자산문 등에서 비의 건립과 '不動寺院' 지정 등으로 그 입지를 확고히 하게 된다. 951년(광종 2) 희양산문의 兢讓이 광종으로부터 師資의 예를 받고 같은 왕 4년에 曦陽院으로 귀산하였고,[63] 그 후 봉림산문의 璨幽가 사자의 예를 받다가 같은 왕 9년 高達院으로 귀산·입멸하였다.[64]

---

61 이러한 현상은 선승들이 자유롭게 유력하던 신라말 이래 선종계의 일반적 경향이었다(한기문, 앞의 논문, 2001).

62 선종 사원의 관리조직에 대해서는 김재응, 「신라말 고려초 선종사원의 삼강전」, 『진단학보』 77, 1994 참조.

63 「봉암사정진대사비」, 『한국금석전문』, pp.377~390.

64 「고달원원종대사비」, 『한국금석전문』, pp.391~400.

같은 시기에 옥룡사에 동리산문 경보의 비 건립이 있었다. 광종 9년 무렵은 사자산문의 慧炬가 국사의 지위에 있다가 道峰院으로 하산하였다.[65] 그런데 긍양, 찬유, 혜거 등은 모두 禪敎一致 사상 경향을 가졌다는 공통의 경향을 알 수 있다. 광종대 智宗을 선발하여 법안종으로의 유학길을 주선함에 긍양과 찬유가 같이 영향을 미쳤고,[66] 또한 혜거는 법안종에 유학 후 귀국하여 국사의 지위에 올랐다. 범일은 의상계 화엄사상에 정통한 인물일 것이라 한다.[67] 행적계 역시 이러한 전통을 이었다면 광종과 관계를 맺은 산문들과 같은 선교일치적 경향성을 가졌을 것이다.

이러한 광종대의 여러 선종 산문의 고려 왕조에서의 정착 노력 분위기에서 양경은 국사의 지위에 오르지는 못했지만, 내원당에 머물면서 남종선 굴산문의 재결집과 정착을 태자사에서 행적의 비문의 건립 추진으로 실현하였다. 자신의 내원당 지위는 문도의 비문과 승탑 건립이 가능하도록 하였다. 옥룡사는 동리산문의 중심으로 인정되었다. 희양산문의 희양원, 봉림산문의 고달원, 사자산문의 도봉원 등은 971년(광종 22) 10월 21일에 칙명으로 3대부동 사원으로 그 특별한 지위를 부여하여 확고히 하였다.[68] 그보다 앞선 시기에 남종선의 굴산문은 태자사를 중심으로 교단 자구적 조치로 신라계 배려의

---

65 최연식 교수는 새로 발견된 혜거비편을 분석하여 그동안 법안종으로의 유학승으로만 알려지고 국내 산문 소속을 알 수 없었던 혜거, 영준 등이 사자산문 소속임을 밝혀내었다(「고려초 도봉산 영국사 혜거의 사상경향-신발견 탑비명의 내용 검토를 중심으로」, 『한국중세사연구』 54, 2018).

66 「거돈사원공국사비」, 『한국금석전문』, pp.461~468; 김용선, 「高麗 前期의 法眼宗과 智宗」, 『江原佛敎史硏究』, 小花, 1996.

67 김두진, 앞의 논문, 1986, pp.326~328.

68 「고달원원종대사비」, 『한국금석전문』, p.299, "皇帝陛下詔曰 國內寺院唯有三處 只留不動門下弟子相續住持 代代不絶 以此爲矩 所謂高達院曦陽院道峰院".

분위기가 있던 광종 초의 상황에서 행적의 비문을 건립하여 그 지위를 확고히 한 차이점이 보인다. 이는 비문의 작성이 신라에서 완성되었지만 고려에서 비의 건립이라는 사정이 반영된 것이다. 비석을 구하고 비후기의 찬술과 김생글씨 집자 등과 각자, 이수와 귀부의 조각 등 '國工'이 동원되지 않을 수 없다는 점에서[69] 광종의 신라계 굴산문에 대한 깊은 배려 없이 가능하지 않을 것이다.

광종대 산문들의 재편에서 고승비탑 건립 양상을 보면, 옥룡사에는 신라 효공왕으로부터 了空禪師 시호와 證聖慧燈 탑호를 추증받은 道詵의 승탑이 건립되었다.[70] 희양원의 경우 신라말 건립된 신라 국사 道憲의 비문과 승탑이 있는데 고려 광종대 긍양의 비문과 승탑이 건립되었다. 고달원의 경우도 이와 유사한 과정을 밟고 있다. 신라 국사 玄昱의 비문과 승탑이 건립되었지만, 그 제자 찬유가 이곳에 하산하여 입적하고 그의 비문과 승탑이 건립된 것이다. 사자산문의 경우는 혜거가 도봉산 神靖禪師에 출가하였는데 신정선사는 折中의 제자 중의 한 명이었다.[71] 법안종 유학 후 광종대 국사를 역임하고 도봉산으로 하산하여 탑비가 건립된 것이다. 비록 신정선사의 탑비는 확인되지 않았지만, 신정은 신라말의 선승이었다.

이처럼 신라에서 고려로의 전환기 특히 광종대에 선종 각 산문에서 왕조를 달리한 師弟가 탑비 건립을 통한 선문의 중심 사원의 성

---

69 정종이 경보의 승탑 건립에 국공이 하도록 한 바 있다(「옥룡사통진대사비」, 『한국금석전문』, p.372, "故追謚洞眞大師 塔號寶雲 仍令國工攻石封層塚").

70 최인선, 「광양 옥룡사 선각국사 도선의 부도전지와 석관」, 『문화사학』 6·7, 1997. 비문은 고려 인종대 선각국사로 추봉하여 비문을 짓도록 하고 의종대 비신에 비문을 새겼으며 명종대에 立石되었다(「옥룡사선각국사비」, 『한국금석전문』, pp.824~829).

71 「흥령사징효대사비」, 『한국금석전문』, pp.342~343, "傳法弟子如宗弘可神靖智空等一千"; 박정주, 「신라말·고려초 사자산문과 정치세력」, 『진단학보』 77, 1994.

립 양상이 전개되었다. 신라 양조국사였던 행적의 입적 시 승탑이 건립된 석남사를 떠나 양경이 출가지로 추정되는 태자사에 건립하고 자신의 탑비가 후에 건립되어 남종선 굴산문의 입지를 확고히 하게 된 것이다. 태자사에는 신라 양조국사 행적의 비와 그 제자 고려 통진대사 양경의 비와 승탑이 성립된 것이다.

Ⅱ. 법주사 자정국존비와 미수의 생애 및 사상

고려후기 충숙왕대에 내전참회사로서 참회부를 두고 승정권을 전관한 바 있고 국존으로까지 책봉된 미수의 생애와 활동이 주목된다. 원간섭기가 시작되면서 선종 가지산문과 천태종이 부각된 상황에서 법상종의 침체기를 벗어나는 데 그의 활동이 어떻게 가능했는지 살펴보고자 한다.

그의 생애와 활동 및 사상을 살펴볼 수 있는 자료는 법주사 자정국존비명이다. 비의 판독문을 정리하고 비의 형태에 대해서도 살펴본다. 이를 토대로 미수의 생애와 역할을 고찰한다. 미수에 관한 선행 연구로는 미수의 유식사상을 검토한 논고, 참회부의 설치와 관련하여 살핀 연구, 고려후기 법상종단의 추이를 살피는 과정에서 고찰한 논문 등이 있다.[72] 하지만 미수의 생애사적 관점에서 전론할 필요가 있다.

72 李萬,「高麗 彌授의 唯識思想-祖丘의『慈悲道場懺法集解』를 중심으로-」,『韓國佛敎學』 20, 1995.
토니노 푸지오니,『高麗時代 法相宗敎團의 推移』, 서울대 박사학위논문, 1996.
史文卿,『高麗末·朝鮮初 佛敎機關 硏究』, 충남대 박사학위논문, 2001.

1. 자정국존비의 형태와 판독

자정국존비문은 미수가 입적한 1327년(충숙왕 14) 이후 15여 년이 경과한 1342년에 건립되었다. 입적한 지 8일에 다비하고 산호전 동쪽에 승탑을 세우고 자정국존으로 증시하고 보명이라는 탑호를 내린 것에 비해, 비를 세우는 데는 문도들의 행장 작성과 비문 건립의 요청, 그리고 조정에서의 심의를 거쳐 국왕의 허락을 받는 과정이 필요하며 찬자의 선정과 행장을 바탕으로 비문의 작성시간이 소요되기 때문이다.

더욱이 이 시기는 국왕의 重祚에 따른 정치세력의 갈등이 첨예하였고, 미수는 충선왕의 지원을 받은 고승이었던 때문에, 충숙왕과 아들 충혜왕의 갈등에 따른 정파세력의 부침의 여파가 종단에도 계속되었던 결과로 보인다. 미수가 입적한 1327년부터 1330년까지는 충선왕과 대립한 충숙왕이 재위한 시기이므로 충선왕의 측근과 대립한 충숙왕의 측근세력이 집정한 시기이고, 1330년부터 1332년 사이는 충혜왕이 즉위한 시기로 충숙왕과 그 측근이 배제되었을 수 있다. 하지만 1333년부터 1339년 사이에는 다시 충숙왕의 측근이 불교계에 영향력을 행사했을 수도 있다. 그 한 예로 기림사 소속이 유가종에서 선종으로 바뀌는 사례가 나타났다. 그런데 1339년 이후는 충혜왕의 복위 시기가 된다.[73] 이 무렵 유가종 미수의 문인들이 미수의 비문 건립을 추진하여 1342년에 실현한 것이다.

현재 자정국존비의 형태는 암벽에 감실을 만들어 비의 몸체를 안

73 한기문, 「고려시대 경주 기림사의 위상과 소속변화」, 『한국사연구』 194, 2021, p.127.

치한 형태이다. 일반적으로 귀부와 이수의 형태를 갖춘 고승비의 모습은 아니다. 원래는 귀부와 이수를 갖추었지만, 이후 어느 시기에 어떤 이유로 이와 같은 형태로 되었던 것으로 보인다. 미수의 승탑이 산호전 모퉁이에 건립하고 탑호가 내려진 사실이 비문에 있다. 그런데 현재 이 승탑의 존재는 알려지지 않았다. 승탑과 고승비는 하나의 세트를 이룬다. 승탑은 고승의 무덤이고 고승비는 승탑 주인공의 일대기를 기리는 국왕의 명으로 작성된 국왕 공인의 고승 행장인 셈이다. 승탑이 존재하지 않고, 고승비는 이례적으로 큰 암벽에 비신만 그 크기에 맞게 감실에 안치하였기 때문이다. 비의 이러한 형태로 바뀐 시기가 승탑이 알려지지 않았던 시기와 관련이 있을 것 같다. 비의 현재 형태와 탁본 사진을 <사진 3>, <사진4>, <사진 5>로 제시한다.

사진 3 자정국존비 전경

사진 4 자정국존비 세부

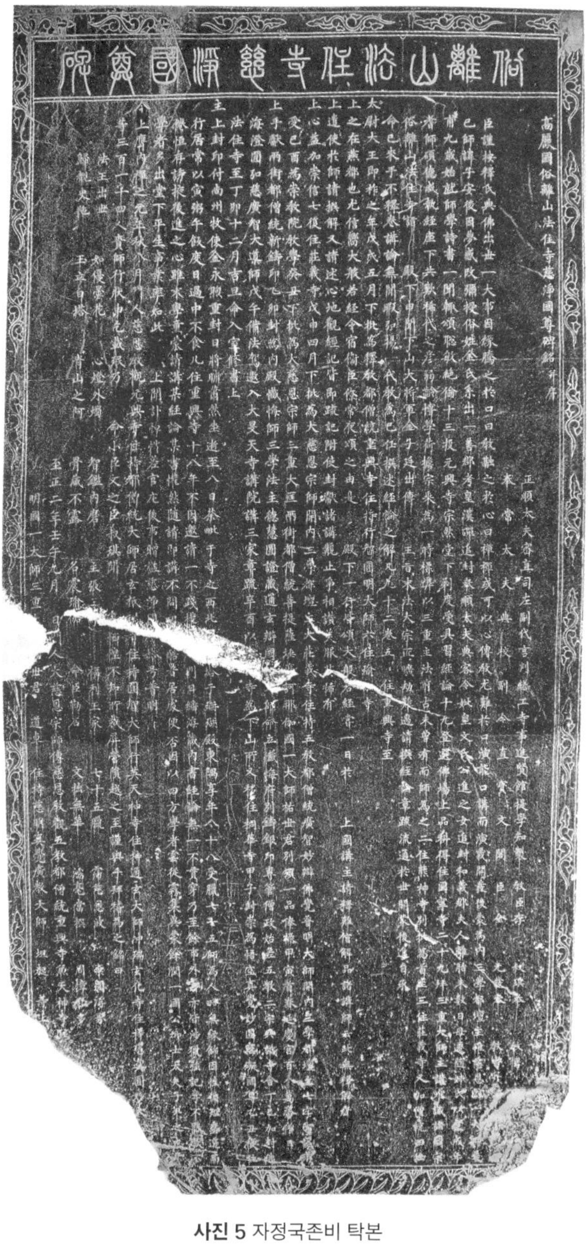

사진 5 자정국존비 탁본

비신의 일부는 파손되었다. 중단 부분에 금이 가면서 파실되었고, 좌측 하단부 모서리 부분, 우측의 하단 모서리 부분이 손상되었다. 글자의 손상이 심한 것은 중단 부분의 금이 간 부분이다. 비신의 파손과 현재 형태의 암벽감실 형태로의 변화와 관련된 것은 아닌가 한다.

비의 후면은 현재 알 수 없다. 비가 건립되던 당시의 문도 명단이 기재되었을 가능성이 크다. 현전하는 탁본을 활자화한 자료집에는 전하지 않고 있다. 부분 탁본을 소개한 『대동금석서』에도 실려 있지 않다.

비신의 비문을 판독과 교감을 통해 비의 손상 시기와 정확한 비문을 복원하고자 한다.

[제액]

俗離山法住寺慈淨國尊碑

[앞면]

[01] 高麗國俗離山法住寺慈淨國尊碑銘幷序

[02] 正順太夫密直司左副代言判
繕工寺事進賢館提學知製　敎臣李　　叔琪奉　　敎撰

[03] 奉常太夫典校
副令直寶文閣臣全元發奉　敎書幷▨

[04] 臣謹按釋氏典佛出世一大事因緣騰之於口曰敎融之於心
曰禪禪或可以心傳　敎尤難於口演能口講而演義開發後蒙
爲內三學都壇主惟慈恩國一大師是

[05] 已師諱子安後因夢感改彌授俗姓金氏系出一善郡考皇漢

碑追封奉順太夫典客令妣皇文氏公進之女追封和義郡夫人
離胎未數日母遷隨姊氏以▨成年

[06] 　甫九歲始就師學詩書一聞輒頌聰敏絶倫十三投元興寺宗然堂下剃度受具習經論十九登選佛場上品科得住國寧寺二十九拜三重大師主講唯識論▨宗

[07] 　耆師碩德咸執經座下共歎稀代之彥弱齡博學荷擔宗乘爲一時標準以三重主法前古未曾有而師爲之二住熊神寺別批爲首座三住莊義寺又加僧統四住

[08] 　俗離山法住寺詣　殿下申聞下山大將軍金子廷出傳王旨末法大宗匠曠劫難遇請撰經論章疏流通於世開蒙後進自承

[09] 　命已來手不釋卷講論無閒暇弘揚一代教爲已任撰述經論之解凡九十二卷五　住重興寺至

[10] 太尉大王卽祚之年戊戌五月下批爲釋教都僧統重興寺住持行智圓明大師六住瑜伽寺

[11] 上之在燕都也尤信嚮大般若經令宿衛臣僚常夜頌之由是殿下一行皆頌大般若經嘗一日於　上國講主請釋難信解品諸講師云此無釋解者

[12] 上遣使於師請撰解又請述心地觀經記皆卽疏記附使封獻諸講覩止爭相讚美服其稀有

[13] 上心益加崇信七復住莊義寺戊申四月下批爲大慈恩宗師開內三學都壇主大莊義寺住持五教都僧統廣智妙辯佛覺普明大師開內三學都壇主七字▨▨▨

[14] 　受己酉爲崇教院教學癸丑下批爲大慈恩宗師三重大匡兩街都僧統菩提薩埵摩訶那伽國一大師祐世君別頒一品俸祿甲寅首春延慶宮百八萬齋僧日

[15] 上手獻兩街都僧統新鑄印乙卯封爲內殿懺悔師三學法主德慧圓證藏通玄辯國▨▨師命立懺悔府別鑄銀印專管僧政始差五教二宗共議寺舍丁巳加封佛

[16] 海澄圓弘慈廣智大導師戊午備法駕邀入大旻天寺講院講三家章疏辛酉以▨▨寺爲下山所又移住桐華寺甲子封崇爲悟空眞覺妙圓無礙國尊乙丑復住

[17] 法住寺至丁卯十二月吉旦命入室修書上

[18] 主上封印付尙州牧使金永煦重封日將晡蕭然坐逝至八日茶毗于寺之西北▨▨塔于珊瑚殿東隅享年八十八受臘七十五師爲人略無緣飾因性循理▨道而

[19] 行居常以寅粥午飯度日過中不食凡住重興寺十八年不因邀請一不踐權▨▨門日繙海藏內書經論無一不貫穿乃至餘事外▨亦皆涉獵强記學不猒教不

[20] 倦恒存誘掖後進之心雖末學童蒙請講某經論某書懽然受請卽講不問▨▨酷暑居處便否因以四方學者雲從霧集冀蒙餘潤一國公卿士太夫子弟之志▨

[21] 學者多出堂下平生事業率如此　上聞訃悼惜差官庀後事贈謚慈淨國尊塔号普明

[22] 今上膺內禪之元年秋八月門人慈恩教觀元興寺住持都僧統大師居玄祇▨寺住持圓智大師行英天神寺住持通玄大師冲瑞玄化寺住持慈眞圓妙▨▨▨▨

[23] 等三百一十四人賫師行狀申乞戴珉乃　命小臣文之臣叔琪聞　▨悑惶不知所裁屛營隕越之至謹盥手拜稽爲之銘曰

[24] 法王出世　如優曇花　心燈外燭　智鑑內磨　主張三▨　福利王家　七十五臘　霈慈恩波　棄閻浮界

[25]　　　歸覲史陁　　玉立白塔　　青山之阿　　骨藏不露
名震瑜伽　　命臣勒石　　文拙無華　　濡毫當撰　　周
慞▨多

[26]　　　　　　　　　　　　　　　　　　至正二年
壬午九月　日門人大慈恩宗師傳慈恩教觀五教都僧統重興
寺兼天神寺住▨▨▨▨▨▨▨▨

[27]　　　　　　　　　　　　　　　　　　　　　明
國一大師三重▨▨▨世君　道卓　住持慈明眞覺廣教大師
坦起　等上

비문에서는 太尉大王, 上手, 上心, 上遣, 主上, 今上 등을 모두 대두하였으며 敎, 殿下, 王旨, 命, 上 등 국왕 관련 글자 앞에는 2자 공격을 두었다.

[ ] 숫자는 비문의 행을 나타낸다. ▨는 현 탁본 사진상 글자는 있으나 읽을 수 없는 부분이다. 밑줄은 교감 의견이 있는 부분이다. 국사편찬위원회 고려시대 금석문·문자자료의 판독문을 기초로 성균관대학교 박물관 탁본 사진을 바탕으로 하고 여러 판독문을 참고하여 교감하였다.[74]

[03]의 ▨는 탁본 사진으로는 읽을 수 없지만 『해』를 제외한 모든 자료집에서 篆으로 읽은바 추독으로 보인다. [04]國一大師是는 탁본 사진상 대략 읽을 수 있다. 『해』는 大자만 읽고 모두 판독 불가로 보았다. 『찰』, 『총』, 『통』, 『전』 등은 위와 같이 판독하였다. [5]

74 여러 판독문은 약호로 사용하였다. 『람』(伽藍叢石), 『해』(海東金石苑), 『찰』(朝鮮寺刹史料), 『총』(朝鮮金石總覽), 『통』(朝鮮佛敎通史), 『전』(韓國金石全文).

의 ▨는 비의 파실은 아니나 읽을 수 없다. [06] ▨는 파실은 아니지만 읽을 수 없다. 『찰』에서는 공격으로 보았다. [13] ▨▨▨는 파실은 아니지만 읽을 수 없다. 『총』, 『전』에서는 寶錄▨로 판독하였다. [15][16][18][19][20]▨▨는 현재 비문의 파실부분이다. [15]▨▨는 『람』, 『찰』에서 一大로 판독하였다. [19]▨▨는 『통』에서 貴之로 판독하였고, [20]▨▨는 『통』에서 隆寒으로 판독하였다. [15][19][20]▨▨는 추독인지 아니면 파실 되기 전의 비문이나 탁본을 본 것인지는 알 수 없다. [18]▨는 『통』에서는 遵으로 판독하였다. [19]▨는 파실은 아니나 읽을 수 없다. 『통』에서는 典으로 판독하였다. 추독인 것 같다. [20]▨는 『총』, 『전』에서는 于로 판독하였다. [22] ▨, ▨▨▨▨는 파실된 부분이다. [23]▨는 파실된 부분이나 『총』에서는 命으로 판독하였다. 『총』의 탁본에서는 손상이 되지 않은 것 같다. [24]▨는 파실부분이나 『찰』, 『해』에서는 學으로 판독하였다. 역시 파실이 반영되지 않은 탁본인 것 같다. [25]▨는 『통』,『전』에서 孔으로 판독하였다. [26]▨▨▨▨▨▨▨▨▨는 파실된 부분이다. [27]▨▨▨는 파실된 부분이다. 이상에서 비의 파실은 『해동금석원』에 실린 19세기 탁본 당시부터 파손이 된 것이며 비의 보존을 위해 암벽 감실 형태로 보존된 것도 그 무렵이 아닌가 짐작한다.

2. 미수의 생애

미수비문[75] 내용을 따라가며 그의 생애를 시대배경 속에서 복원한

75 「法住寺慈淨國尊碑」, 『한국금석전문』, pp.1154~1157.

다. 사의 이름은 子安이었으나 뒤에 꿈으로 말미암아 彌授로 고쳤다. 속성은 金氏인데 一善郡에서 그의 先系가 나왔다. 아버지는 漢磾이고 奉順大夫典客令으로 추봉되었다. 어머니는 文氏인데 公進의 딸이다. 和義郡夫人으로 추봉되었다.

미수의 생년은 비문에 언급되지 않았으나 비문 말미에 1327년(충숙왕 14) 12월에 坐逝하였는데 향년 88이라 하였다. 이를 역산하면 1240년(고종 27)에 출생한 것으로 추정된다. 최우가 1219년 집권하고 몽골의 강화 대가의 과도함에 항몽을 선언하고 1232년 강화로 천도한 지 8년이 경과한 시점이었다. 몽골의 1237년~1238년에 걸친 3차 대규모 침입이[76] 충주, 상주를 거쳐 동경 황룡사탑을 소실하였던 시기를 막 지난 시점이었다. 재조대장경 조성을 시작하여 불교계에 대한 지원과 항몽의 기반화를 시도하던 때였다. 출신 지역은 일선현임을 알 수 있고 그 성씨가 金이고 어머니 성은 文氏인데, 『세종실록지리지』 선산도호부 토성조에는 김, 문 다 토성으로 기재되어 있다.[77] 토성은 고려초까지 소급되는 토착세력으로 볼 수 있다.[78] 지역 사회에서 읍사를 운영하고 실질적 행정을 맡은 호장층을 구성한다.[79]

토성 김씨는 고려 태조의 백제와의 마지막 대전 일리천 전투에 협조한 金宣弓에 주어진 것으로 추정된다. 『신증동국여지승람』 인물 고려조에는 김선궁은 태조의 남정에 募從軍하여 태조가 사용하던 활을 하사받아 그로 인해 賜名한 것이다. 그 공으로 大匡門下侍

---

76 윤용혁, 『고려대몽항쟁사연구』, 일지사, 1991, pp.74~82.
77 『세종실록지리지』 권150 선산도호부 本府土姓 7 金郭文林沈秦白.
78 이수건, 「고려시대토성연구」, 『한국중세사회사연구』, 일조각, 1984.
79 이수건, 「고려시대 읍사 연구」, 『국사관논총』 3, 1989.

中이 되고 정종대에는 大丞으로 추증되고 順忠으로 시호를 받았다. 장자 文奉은 三司右尹으로서 고향으로 돌아와 향리가 되었고 차자 奉術은 시중을 계승하였다. 이 지역의 사족과 리족은 모두 선궁의 후예이다.[80] 위 기록은 고려후기에도 큰 변화는 없을 것으로 보인다. 따라서 미수는 김선궁의 후손으로 짐작된다.

一善縣은 『고려사』 지리지에 따르면 신라에서는 일선군이었으나 진평왕 때 주로 승격되었다가 신문왕 때 다시 주가 폐지되었고, 경덕왕 때 숭선군으로 고쳐졌다. 고려 성종 14년 선주자사가 되었다. 현종 9년 상주에 내속되었다. 인종 21년 일선현으로 고쳐져, 현령이 설치되었다. 뒤에 지선주사로 승격되었다. 별호는 和義였는데 성종 때 정한 것이다.[81]

미수가 출생한 시기의 지명은 일선현이며 상주계수관의 속현이었다. 아버지는 봉순대부전객령으로 추봉되었다. 봉순대부는 충선왕 관제개혁에 따르면 정삼품직이었다. 어머니는 和義郡夫人으로 追封되었다. 화의군은 앞서 『고려사』 지리지에서 나오는 것과 같이 성종 시 소정한 일선현의 淳化別號이다. 郡夫人은 外命婦로서 문종대 제정된 內職인데 정4품에 해당한다.[82] 미수가 충숙왕대에 국존에 책봉됨에 따른 추봉 결과임을 알 수 있다. 이때 일선현이 一善郡으로 승격된 것 같다. 『고려사』에는 一善縣이라 하였으나 미수비명에는 一善郡으로 하였기 때문이다.

---

80 『신증동국여지승람』 권29 선산도호부 인물 고려 金宣弓.

81 박종기, 『고려사 지리지 역주』, 한국학중앙연구원출판부, 2016, p.294.

82 외명부는 문종대에 성립된 것이지만(『고려사』 권77 지31 백관2 內職), 성종 7년 10월 교서로써 문무참상관 이상의 부·모·처에게 봉작하도록 한 것(『고려사』 권75 선거지3, 凡封贈之制)으로부터 마련된 것으로 짐작된다(박용운, 『『고려사』 백관지 역주』, 신서원, 2009, p.473).

미수는 출생한 후 며칠 만에 어머니가 돌아갔으므로 자씨 곧 손위 누이의 손에 의해서 자랐다. 9살 때 스승에게 나아가 詩와 書를 배웠는데 한 번 들으면 문득 외웠으며 총명하고 민첩한 재주가 무리에서 뛰어났다. 13살에 元興寺 宗然 문하로 들어가 머리를 깎고 구족계를 받았으며 경론을 수학하였다.

미수에게는 어머니를 대신한 누이가 있었고 미수와는 나이 차이가 좀 있었던 같다. 그리고 아버지는 재혼하지 않은 것으로 짐작된다. 1249년(고종 36) 9세에 스승에 나아가 시와 서를 배웠다고 하였는데 처음은 일선군 소재 향교에서 과업 공부를 한 것으로 보인다. 하지만 이때는 최우가 사망하고 최항이 집권하던 무렵이다. 최항은 권력을 승계받기 전에 그의 형 萬宗과 함께 출가하여 萬全이라는 승명으로 무뢰승을 문도로 경상도 지역을 횡행하면서 소축미 50만 석을 축적하여 지역민을 약탈하였다.[83] 이러한 상황을 보면서 과업 공부를 단념하고 출가를 선택했을 것으로 생각된다. 또 이 지역에서 과업 공부는 상주에서 치르는 계수관시를 통과해야 鄕貢으로 선발되며 강화경의 국자감시를 거쳐 최종 예부시에 합격할 수 있었다. 배정된 향공 인원도 극히 적은 데다가 상주를 거쳐 강화경으로 나아가야 하고 최종 합격하여도 문무교차제의 시행으로 발령조차 불확실한 상황에서 과업 공부를 단념하였을 것으로 생각된다.

일선군에는 원흥사가 읍치에서 멀지 않은 곳에 소재하였다. 『신증동국여지승람』 고적에는 古一善은 냉산 서쪽 余次尼津 동쪽으로

83 『고려사』 권129 열전 42 반역 3 최충헌 최이 崔沆.

일 리쯤에 있다고 하였다.[84] '古一善'은 고려시기의 일선을 의미한다면 일선군 읍치는 낙동강변의 나루에 위치하였고 원흥사 역시 낙동강 수로에 인접한 사원이므로 읍치 가까이 소재한 사원이었다. 이규보가 1196년 남유하면서 남긴 시서와 12수의 시에서 보면 낙동강 수로상에 위치하여 상선의 중간 기착지로서 또한 수로 교통의 안녕을 기원하는 역할을 한 부성한 사원이었다.[85]

미수 나이 13세 때는 1253년(고종 40)이다. 1251년 재조대장경이 완성되고 그 후속 사업으로 각 종파에서 필요한 장소류를 편찬하는 보판사업이 진행되던 시기였다.[86] 현재 발견된 보판은 일부에 해당하지만, 그 내용은 의천이 초조대장경 완성 후 후속 사업으로 교장을 조성할 때 제외한 선적은 물론 화엄종의 균여 저술이 포함되었고 천태종 저술 등 각 종단의 다양한 장소류를 망라하여 출판하는 사업이었다. 미수는 이러한 분위기에 일선군 내의 원흥사에 출가하여 경론을 공부하였다.

1259년(원종 즉위) 19살에 선불장 상품과에 올랐고 國寧寺에 머물 수 있었다. 1258년 유경과 김준이 함께 일으킨 무오정변으로 오랜 최씨무인 정권이 막을 내린 그다음 해이다. 다시 왕정이 복고된 시기이기도 하다. 이 시기에 미수는 승과 본고시에 우수한 성적으로 합격하였다. 1269년(원종 10)인 29세에 三重大師에 배수되고 유식론을 주강할 수 있었다. 100여 년에 걸친 무인정권이 끝날 무렵에 승

84 『신증동국여지승람』 권29 선산도호부 고적 古一善.
85 한기문, 「高麗時期 善山 元興寺의 立地와 役割-원흥사 명문와의 발견-」, 『文化史學』 26, 2006.
86 남권희, 『고려시대 기록문화 연구』, 청주고인쇄박물관, 2002, pp.168~207.

려로서는 고위 승계인 삼중대사에 배수된 것이다. 삼중대사는 국왕의 官誥가 있고 拜授되는 고위 승계이다. "29세에 삼중대사에 배수되고, 유식론을 주강하였다. 종문의 오래된 스님과 큰 스님들이 경을 가지고 좌하에 앉아 희대의 학승으로 弱齡에 박학하여 宗乘을 짊어지고 한때의 표준이 되어 三重主法은 전고에 일찍이 없었는데 사가 그것을 담당하였다고 칭탄하였다."[87] 비문에서 미수의 삼중대사 직급으로 唯識論 강론에 대한 특별한 설명으로 보아, 그는 법상종단에서 유식론에 밝아 크게 명성을 떨쳤다.

두 번째 주석한 熊神寺에 있을 때 首座가 되고, 세 번째 주석처 莊義寺에 있으면서는 僧統이 되었다. 네 번째 속리산 法住寺에 주석하자 국왕에 나아가 下山을 청하였는데 대장군 金子廷으로 하여금 王旨를 전하기를 "말대에 大宗匠을 만나기 어려우니 經論章疏를 지어 세간에 유통하여 후진에게 끼치도록 하라" 하였다.[88] 미수는 왕명을 이어 손에서 서권을 놓지 않고 강론하기를 멈추지 않아 一代敎를 널리 드날리는 것을 자신의 맡은 일로 하였다. 경론의 해석서를 92권을 찬술하였다.

웅신사, 장의사 주석기와 법주사 주석과 곧 이은 하산한 시기는 비명에 연기 표시가 없어 어느 왕대인지 자세하지 않다. 충렬왕은 1274년 즉위하자 정계와 교계를 재편하고 일본 東征 지원에 집중하였다. 미수는 최고 승계인 승통에 올라 법주사 주석을 사양하고 저

87 「법주사자정국존비」, 『한국금석전문』, p.1154, "二十九拜三重大師 主講唯識論 □宗耆師碩德 咸執經座下 共歎稀代之彦 弱齡博學 荷擔宗乘 爲一時標準 以三重主法 前古未曾有而師爲之".

88 「법주사자정국존비」, 『한국금석전문』, p.1155, "末法大宗匠 曠劫難遇 請撰經論章疏 流通於世間 蒙後進".

술에 몰두하였던 시기로 짐작된다. 어려운 시기에 주지로서 활동을 사양하고 은둔한 셈이다. 구체적으로 하산지가 어디인지 밝혀져 있지는 않지만, 법주사 속암에서 저술에 몰두한 것으로 추정된다. 왕지를 전달받고 그 일을 자임한 것으로 보아 저술에 필요한 경전과 장소 등의 환경적 지원을 받았던 것으로 생각된다. 정계와 교계 재편을 시도한 충렬왕이 왕지를 내리고 저술에 몰두하도록 배려한 것이라 짐작된다. 다섯 번째 주석한 사원으로 重興寺가 그 이후 비명에 언급되기 때문이다.

太尉大王이 즉위한 무술 오월에 釋敎都僧統 重興寺住持 行智圓明大師가 되었다. 태위대왕은 곧 충선왕을 가리킨다. 1298년 무술년 정월에 충렬왕의 세자는 高麗國王이 되고 그해 8월에 독단을 빌미로 다시 고려국왕인을 부왕 충렬왕에 넘겨주고 원으로 소환되었다.[89] 태위왕은 왕위를 물려주고 칭하는 제후국 상왕을 의미한다. 충렬왕은 충선왕에 고려국왕을 물려주고 원으로부터 받은 '推忠宣力定遠保節功臣開府儀同三司太尉駙馬上柱國逸壽王'에서 약칭한 태위왕이 되었다. 충선왕 역시 瀋王位를 조카인 暠에게 물려주고 스스로 王太尉라 하였다.[90] 미수에게 1298년 오월 석교도승통을 下批한 태위대왕은 곧 충선왕이다. 이미 승통에 올랐던 미수에게 석교도승통이라는 최고위 승계를 부여하였다.

여섯 번째 주석한 瑜伽寺에 있을 때 충선왕의 부탁으로 『大般若經 難信解品記』와 『心地觀經記』를 저술하였다. 충선왕은 燕都에

89 『고려사절요』 권22 충렬왕 24년 8월.
90 『고려사절요』 권24 충숙왕 3년 3월.

있으면서 『大般若經』을 신향하여 숙위하는 신료로 하여금 밤에는 늘 독송하게 하여 이로 말미암아 전하 일행은 모두 『대반야경』을 독송하였다. 하루는 상국 곧 원 강주가 『대반야경』 난신해품의 풀이를 요청하자 여러 강사들이 이르기를 '이에 대한 해석자는 없습니다'라고 하였다. 충선왕은 미수사에게 사자를 보내 풀이를 청하고 또한 『心地觀經』에 대한 기문을 서술하도록 청하였다. 미수는 모두에 대해 疏記를 작성하여 사자에게 붙여 봉헌하였다. 여러 강사가 그 소기를 보고 다툼을 그치고 찬미하고 그 드문 일에 탄복하였다. 충선왕은 미수를 더욱 숭신하게 되었다.[91] 일곱 번째 다시 장의사에 머무르게 하였다.

1298년 정월부터 8월까지 충선왕은 고려의 누적된 문제를 혁신하려는 정책을 시행하였으나 독단한다는 참소를 받고 원으로 소환되었다. 그 후로도 충렬왕과 충선왕의 신료들은 갈등하고 부자의 관계는 악화되었다. 충선왕은 원에서 생활하면서 이러한 우울감을 『대반야경』 독송으로 달래었을 가능성이 크다. 『고려사』나 『고려사절요』에는 그의 일상 행적이 알려지지 않았지만, 미수의 비문에 『대반야경』 난신해품에 대한 풀이를 미수에 부탁하는 이야기가 전해진 것에서 짐작된다.

충선왕은 부왕 충렬왕이 죽자 고려국왕으로서 고려에 돌아와 즉위하였다. 그해 1308년(충선왕 즉위) 무신년 4월에 미수에게 大慈恩宗師

91 「법주사자정국존비」, 『한국금석전문』, p.1155, "上之在燕都也 尤信嚮大般若經 令宿衛臣僚 常夜頌之 由是殿下一行 皆頌大般若經 嘗一日於上國講主 請釋難信解品 諸講師云 此無釋解者 上遣使於師 請撰解 又請述心地觀經記 皆卽疏記 附使封獻 諸講觀止爭 相讚美服其稀有 上心益加崇信".

開內三學都壇主大莊義寺住持五教都僧統廣智妙辯佛覺普明大師로 하비하였다. '대자은' 곧 법상종을 대표하는 '종사'로서, 교종승으로서는 오교도승통의 최고위 승계를 내렸다. '개내삼학도단주'가 의미하는 바는 무엇인가. 삼학은 戒·定·慧로 보통 알려져 있고 도단주는 최고 강설자라는 의미로 생각된다. 말하자면 불교수행과 경전 이해에서 최고의 강설자임을 의미하는 것으로 보인다. 충선왕이 미수의 경전 해석에 대한 탁월한 능력을 기억하여 발탁한 것이라 생각한다. 이는 1309년(충선왕 1) 기유년 崇敎院敎學으로 하여 다음 해까지 예우를 계속하였다. '교학'은 경전 이해에 밝고 강설할 수 있는 고승에 부과된 직책이다. 법상종 중앙교단의 최고 사원에 소속된 것이다.

1313년(충선왕 5) 계축년에는 大慈恩宗師三重大匡兩街都僧統菩提薩埵摩訶那伽國一大師祐世君別頒一品俸祿으로 하비하였다. '대자은종사'라는 법상종 대표승으로서 인정은 물론 '삼중대광'이라는 문산계 종1품을 내렸다.[92] 그리고 '양가도승통'이라는 승록사 고위직을 내렸으며 '국일대사'라는 법호에다가 '우세군'이라는 봉군호까지 더하였으며[93] 일품직에 해당하는 봉록을 내렸다. 예우가 법상종단은 물론 승적관리를 비롯한 승려에 관한 행정 실무를 관장하는 승록사 승관으로서 최고위직을 내리고 최고의 세속적 우대를 더한 셈이다. 이는 앞서 고승비에는 사례가 없던 예우였다.[94] 무신집권기 이후 불

---

92 삼중대광은 원래 鄕職이었으나 충선왕 2년 관계를 고칠 때 文散階 종1품명으로 하였다(『고려사』 권77 지31 백관2 文散階).

93 종실과 공로 관료에게 황제국의 왕실 藩屛으로서의 위상을 부여하기 위해 公·侯·伯으로 내리던 封爵制를 충렬왕 때 제후국에 맞게 大君·院君·君으로 내리는 封君制로 바꾸었다(김기덕, 『고려시대 봉작제 연구』, 청년사, 1998).

94 원래 종실이지만 승려의 경우는 봉작을 하지 않았으나 충선왕 5년 用宣에게 壽福君, 彌授에게 祐世君의 사례가 처음 나타났다(이정훈, 「고려후기 승려에 대한 봉군(封君)과 그 의미」,

교계의 개혁과 운영에 승려들 스스로 하도록 세속 우대를 더하는 과정에서 봉군이 성립된 것으로 보았다.[95]

그런데 원간섭기에 원에서의 고승 예우의 관행 곧 불교계를 帝師에 직속하게 하고 그 사무 처리를 하는 기구 宣政院과 출장기관 行宣政院을 두어 불교계를 국가 권력에 종속시키고 체제지향적 불교로 변화하도록 하였다.[96] 고려에서도 이러한 원의 경향성에 영향 받은 것으로 생각된다. 원대 라마승은 세속 정치에 깊이 관여하였다. 충선왕이 재원 생활하면서 원의 고승들의 역할과 예우를 도입한 결과로 생각된다.

1314년(충숙왕 1) 갑인년 이른 봄에 延慶宮百八萬僧齋日에 국왕이 손수 양가도승통 新鑄印을 미수에게 올렸다. 1315년(충숙왕 2) 을묘년에는 內殿懺悔師三學法主德慧圓證藏通玄辯國一大師로 하고 懺悔府를 세우도록 명하여 따로 銀印을 주조하여 僧政을 專管하여 처음으로 五敎二宗 共議寺舍 住持를 差遣하였다. 1317년(충숙왕 4) 정사년에 佛巳海澄圓弘慈廣智大導師를 더하여 봉하고, 1318년(충숙왕 5) 무오년에 法駕를 갖추어 大旻天寺 講院에 맞아 三家章疏를 강하도록 하였다.

충선왕은 충숙왕에게 고려국왕의 지위는 물려주어도 상왕으로서 실질적인 통치행위는 계속하였다. 재원 시기에도 멀리서 명령으로 시행하였다.[97] 이른바 傳旨統治였다. 1314년 延慶宮 僧齋日에 충숙왕

『역사와 현실』 80, 2011).

95 이정훈, 앞의 논문, 2011.

96 박영제, 「원 간섭기 초기 불교계의 변화」, 『14세기 고려의 정치와 사회』, 민음사, 1994, pp.524~525.

97 『고려사절요』 권24 충숙왕 5년 5월.

이 '양가도승통인'을 미수에게 바친 것은 충선왕의 조치라고 보아야 할 것이다. 연경궁은 충선왕이 즉위하면서 새로 완성한 궁궐이며[98] 궁의 몸채와 부속 건물이 모두 410간이었다. 여기서 승재는 충선왕이 주재한 것이며 불교계를 예우, 장악하려는 의도의 반영이라 할 수 있다.[99] 원에 의해 아들 충숙왕에 왕위를 물려주었지만, 불교계만은 장악하여 영향력을 행사하려는 의도로 해석된다.

승록사는 불교의례도 행정적으로 뒷받침하는 기구이며 양가도승통은 그 기구의 수장인 셈이다. 신주인을 바친 것은 불교계에 관한 승적 관리와 불교의례에 관한 행정권이 최종적으로 고려국왕에게 있던 것을 승록사 수장에게 돌린다는 상징성을 보여 준다.

그 이듬해 미수를 내전참회사로서 참회부를 설치하고 승정을 전관하도록 조치한 것 역시 충선왕이 상왕으로서 그 역할을 한 것으로 생각된다. 승려에 관한 행정과 불교의례뿐만 아니라 승려 인사권 곧 승계부여, 승록사 승관, 그리고 주지직 임용과 전보 등을 장악하도록 예우한 셈이다. 府의 설치는 諸王에게 주어진 예우였으나[100] 이자겸이 崇德府를 설치하여 국왕 인종의 권위를 능가하는 권부가 된 바 있고, 최씨무인 정권에서는 최충헌이 晉康府, 최우가 晉陽府를 두고 국왕 고종을 대신한 실권을 행사한 바가 있다. 원간섭기에도 제국대장공주가 머문 元成殿이 바로 膺善府가 되어 경산부와 안동부를 식읍으로 예우받아 재정적 실권을 가진 바 있다. 부에는 요속이

---

98 『고려사절요』 권23 충선왕 원년 3월.

99 충선왕은 만승회를 비롯한 각종 불사를 주관하였다(변동명, 「忠宣王과 萬僧會」, 『민족문화논총』 27, 2003).

100 『고려사』 권77 지31 백관2 諸妃主府 諸王子府.

배치되는 것은 물론이다.[101] 충선왕은 내정에서 상왕으로서 고려국왕은 아니지만 상징성과 영향력이 큰 불교계에 대해 실제 미수를 앞세워 참회부를 설치하여 승정을 장악하게 하였다. 충선왕은 고려의 불교계를 지배한 것으로 생각된다.[102]

충선왕은 1319년 3월 江浙을 거쳐 寶陀山行을 하면서 행록을 만들었다.[103] 이어 1320년 5월 江南 降香 등을 자청하면서 원 정치 변동에 위험을 감지한 바 있다. 그해 겨울 10월에 형부에 회부되었다가 石佛寺에 유치되었다. 같은 해 12월에 吐蕃으로 귀양 보내졌다.[104] 1323년 9월에 소환령이 있고 11월에 大都로 돌아왔다.[105]

미수는 1321년(충숙왕 8) 신유년에 하산하였다. 동화사로 옮겨 주석하였다. 충선왕의 원의 중앙무대에서 배제된 시기에 미수도 고려 중앙에서 물러난 것을 알 수 있다. 미수는 1324년(충숙왕 11) 갑자년에 悟空眞覺妙圓無礙國尊으로 봉숭되었다. 1325년(충숙왕 12) 을축년에 다시 법주사에 주석하였다. 충선왕이 대도로 돌아오고 다시 고려 국정에 간여하면서 국존에 임명된 것이다. 1325년 5월 충선왕은 원에서 죽었다. 미수 역시 이 무렵 법주사로 하산한 것이다. 이처럼 미수의 교단에서의 지위는 충선왕의 고려에서의 영향력의 부침과 함께 하였다.

1327년(충숙왕 14) 정묘년 12월 吉早日[초하룻날]에 입적하였다. 8일에

---

101 공민왕대 普愚를 위한 圓融府 설부 시에 배치한 僚屬은 左右司尹 丞 舍人 注簿 左右寶馬陪指諭 行首 등이었다(『고려사』 권39 세가 공민왕 5년 4월 계유).

102 사문경은 충숙왕이 부왕 충선왕으로부터 권위를 가져온 행위로 해석하였다(앞의 논문, 2001).

103 『고려사절요』 권24 충숙왕 6년 3월.

104 『고려사절요』 권24 충숙왕 7년 5월; 10월; 12월.

105 『고려사절요』 권24 충숙왕 10년 9월; 11월.

이르러 법주사 서북 산등성이에서 다비하고 산호전 동쪽 모퉁이에 탑을 세웠다. 충숙왕이 慈淨國尊으로 증시하고 탑호를 普明으로 하였다. 비문 찬술은 李叔琪, 書와 篆은 全元發이 썼다. 건립은 1342년(충혜왕 3) 大慈恩宗師傅 道卓과 법주사 주지 坦起 등이 하였다.

3. 미수의 활동과 사상

미수의 주지직과 승록사, 내전참회사, 그리고 국존으로서의 승관 활동에 대해 살핀다. 이로써 불교교단에서의 동향과 지위를 이해한다. 주법과 교학승으로서 강설, 문도, 그리고 저술활동과 그 성격 등을 살펴, 사상적 특성과 법상종단에서의 위상을 자리매김한다.

미수가 머문 사원에 대해서는 그 회차를 매겨가며 정리되어 있다. 승과합격 후 국령사, 2주 웅신사, 3주 장의사, 4주 속리산 법주사, 5주 중흥사, 6주 유가사, 7복주 장의사, 1321년 하산소로 삼은 □□사, 이주한 동화사, 복주한 법주사 등으로 나온다.

국령사 주석시에는 승과 합격 후이므로 대사나 중대사의 승계를 가진 1259년 즈음의 시기였다고 생각된다. 2주 웅신사 주석은 1269년 삼중대사로서였다. 3주 장의사는 수좌로서, 4주 법주사는 승통으로서 주석하였다. 5주 중흥사는 1298년 석교도승통으로서 주석하였다. 6주 유가사 주석도 석교도승통의 법계였다. 7복주 장의사 시기인 1308년경에는 대자은종사라는 법상종 대표승의 지위를 나타내는 법호가 붙었으며 오교도승통 교종 최고위 승계였다. 복주 법주사 주석은 1325년 국존으로서 하산소 주석이었다.

그런데 비문 말미에 미수는 중흥사에 1298년 무렵부터 18년간 주석했다고 하였다. 그러면 최대 1316년까지 중흥사에 주석한 것이다. 6주 유가사, 7복주 장의사 등은 중흥사 주지로서 겸직한 주지 사원으로 생각된다. 미수의 비문을 건립한 고승으로 大慈恩宗師傅慈恩教觀五教都僧統重興寺兼天神寺住…의 직명을 가진 道卓이 거명되고 있다. 대자은종의 師傅라는 호를 보아 법상종단의 대표승이었다. 따라서 중흥사는 다른 사원을 겸하여 주지한 자은종 중심사원이었다.

고려전기부터 중흥사가 법상종 사원이었음은 1021년(현종 12) 법상종 海麟이 여기에서 夏講說師職을 수행한 데서 알 수 있다.[106] 이 비문에는 '鎬京重興寺'라 하였다.[107] 즉 서경에 소재한 중흥사라는 의미이다. 이규보는 그의 문집에서 서경 중흥사에서 금강경을 설하는 법회문을 몇 건 남겼다.[108] 장의사, 법주사, 유가사 등은 수 좌 이상의 고위 승계의 주지 사원으로서 사격이 높았던 사원이었다. 이는 미수보다 약간 앞선 시기에 국존에 올랐던 법상종 惠永이 주석한 사원과 대체로 겹친다.[109] 이들 사원은 당시 법상종 소속의 주요 사원이었다. 미수 생존 당시 개경에 자은종의 중심사원을 가지지 못하고 서경에 두었던 배경은 알 수 없다. 그런데 삼각산 重興寺 대전 불전에 青銅縷銀香爐 一座를 1344년에 조성하여 올린다는 명문이 있어 삼각산에 중흥사가 있었음이 확인된다.[110] 서경의 중흥사와 삼각산의 중흥사 두 곳 중에 어느 곳이 자은종 중심사원 역할을 한 것인지 확인되지 않는다.

---

106 「法泉寺智光國師碑」, 『韓國金石全文』, p.520.
107 목종 때 西京留守에서 鎬京으로 하였다가 문종 때 다시 서경유수로 하였다(『고려사』 권58 지12 지리3 북계 西京留守官).
108 『東國李相國集』 권39 佛道疏.
109 법주사, 중흥사, 유가사, 동화사 등이다(「동화사홍진국존비」, 『한국금석전문』, pp.1078~1080).
110 「重興寺香爐」, 『한국금석전문』, p.1160.

충선왕이 즉위하던 1308년에 고위 승관의 임명 상황은 다음과 같다. 천태종의 丁午를 禪敎各宗山門道伴摠攝提調로[111] 하고 共議事를 맡겼다.[112] 가지산문의 混丘에게는 양가도승통을 제수하였는데[113] 승록사의 고위직으로 보인다. 법상종의 미수에게는 대자은종사 오교도승통 직위를 부여하였다. 충선왕은 1298년 처음 즉위할 때 즉위교서에서 사사의 주지를 공의함에 모두가 뇌물로써 지나치게 얻으니 아울러 금하게 하라는 교를 내린 바 있다.[114] 그때는 몇 개월 만에 독단을 빌미로 왕위에서 물러났지만, 부왕 충렬왕의 죽음으로 다시 즉위한 이때 천태종 정오에게 교단의 주지 인사의 난맥을 숙정하려 하였다. 아울러 가지산문 혼구, 법상종의 미수 등을 불교 교단의 중요 승관으로 포열하여 상호 협조·견제하도록 한 것이다. 이에 미수는 일단 법상종의 종사로서 대표적 지위에 오른다.

충숙왕이 즉위하던 1313년에는 천태종 정오는 國統으로, 가지산문 혼구는 王師로 책봉하였다.[115] 미수는 이때 양가도승통이 되어 승록사 최고위직에 올랐다.[116] 1314년 양가도승통 新鑄銀印이 올려졌다. 1315년 내전참회사가 되고 참회부가 설부되어 五敎二宗의 共

---

111 총섭조제직은 승록사를 지휘하는 양가도승통보다 상위직으로 추정한 바 있다(허흥식, 「불교계의 조직과 행정제도」, 『고려불교사연구』, 일조각, 1986, p.346).

112 朴全之, 「靈鳳山龍巖寺重創記」, 『東文選』 권68.

113 「瑩原寺寶鑑國師碑」, 『益齋亂藁』 권7.

114 『고려사』 권84 지38 형법1 職制 충렬왕 24년.

115 『고려사』 권34 세가 충숙왕 즉위년 11월 무자.

116 僧錄司 최고위는 兩街都僧錄인데 兩街都僧統은 이 시기 승록사 최고위직으로 추정하였다(허흥식, 「불교계의 조직과 행정제도」, 『고려불교사연구』, 일조각, 1986, p.346). 승정 실무는 승록사에서 하고 이를 예부를 거쳐 국왕이 최종 결재하는 과정이었다. 불교계에 인사를 전관시킬 때, 승록사에 비상직을 설치하여 시행했을 가능성이 크다. 그래서 정오의 총섭조제, 미수의 양가도승통이 승록사 조직에 설치된 비상직일 것이다.

議寺社 僧政을 전관하였다. 정오와 혼구 모두 상징적 역할을 하는 국통과 왕사의 지위에 올랐고, 미수는 승정을 총괄하는 승록사 최고 위직과 內願堂職으로[117] 보이는 內殿懺悔師로서 懺悔府 設府를 통한 승정권을 행사한 것이다. 이 무렵의 종단 고승에 대한 인사에는 충숙왕대이지만 上王인 충선왕의 의도가 반영된 것으로 보인다.

미수를 실제 승정을 행사하는 최고위직으로 올린 충숙왕의 상왕 충선왕은 1319년부터 1323년까지 원에서 정치권에서 배제되었던 시기였다. 1321년 □□寺로 하산하고 이어 동화사로 이주하였다가 충선왕이 복귀한 1324년 국존으로 책봉되었다. 이로 보면 미수의 승정권 행사는 1315년부터 1319년까지였을 가능성이 크다.

미수의 사상과 교단에서의 위상을 알아보기 위해 먼저 법주와 강설 활동을 정리한다. 29세의 젊은 나이에 '三重主法'으로 유식론을 주강하여 그 박학으로 유가종승을 짊어지고 일시의 표준이 되었다는 비문 내용으로 보아 유식론에 정통하였음을 알 수 있다. 57세에는 '개내삼학도단주'라는 법호를 받고, 그 이듬해 숭교원 교학이 되었으며 1315년 '三學法主' 법호가 부여되었다. 1318년에는 법가를 갖추어 大旻天寺講院으로 맞아들여 '三家章疏'를 강하는 예우를 받았다. 삼가장소는 이름난 3명의 고승의 章疏[경전풀이]를 말하는 것으로 생각되나 구체적으로 알 수 없다.

그의 비문에 교육자로서의 논평이 있다. 가르침에 게으름이 없고 항상 후진들을 인도하는 마음을 가지고 비록 배우지 못한 童蒙들이 모서를 강하고 모서를 논하기를 청하여도 기꺼이 그 청을 받아들이

117 내원당에 대해서는 한기문, 「고려시대 內願堂의 기능과 위상」, 『한국중세사연구』 38, 2014 참조.

고 강설함에 춥고 더움과 거처의 편부를 묻지 않았다. 때문에 사방 학자들이 구름처럼 모이고 안개처럼 따라 그 윤택을 입고자 하였다. 온 나라의 공경 사대부 자제가 배움에 뜻을 둔 사람으로서 스님의 문하에서 배출된 자가 많았다.[118] 李叔琪는 비명의 도론부에서 "敎는 口演에 더욱 어렵다. 능히 口講하여 뜻을 펴고 後蒙을 개발하여 내삼학도단주가 되신 분은 오직 慈恩國一大師[미수]이실 뿐이다."[119]라 하였다. 부처님의 가르침을 口講[말로 풀이]함에 탁월함을 강조하였다.

비문에 보이는 문인은 元興寺주지 都僧統 居玄, 祗林寺주지 行英, 天神寺주지 冲瑞, 玄化寺주지 □□ 등 314인으로 밝혀진다. 이들은 모두 법상종 승려 제자로 보인다. 거현이 수제자로 생각된다. 세속 제자에 대한 언급은 생략된 것 같다.

저술 활동을 살펴본다. 미수가 많은 저술을 남길 수 있었던 것은 광범하고 철저한 독서 태도에 있다. 비명에는 날마다 海藏內書 곧 대장경의 경론에 대해 하나라도 貫穿하지 않은 것이 없다고 하였다. 나머지 外典에 이르러서도 또한 모두 섭렵하여 強記하고 배우는 데 싫어하지 않았다고[120] 하였다.

미수가 승통으로 법주사에 주석할 때 하산을 청하는 보고를 하자 국왕은 경론장소를 찬술할 것을 요청하여, 일대교의 홍양을 자기 임무로 삼고 강론하고 한가함이 없이 경론의 풀이를 찬술하여 모두 92

118 「법주사자정국존비」, 『한국금석전문』, p.1156, "敎不倦 恒存誘掖後進之心 雖未學童蒙 請講某書 論某書 懽然受請 講論不問□□酷暑 居處便否 因以四方學者 雲集霧從 冀蒙餘潤 一國公卿士大夫之子弟志于學者 多出堂下 平生事業 率如此".

119 「법주사자정국존비」, 『한국금석전문』, p.1154, "敎尤難於口演 能口講而演義 開發後蒙 爲內三學都壇主 惟慈恩國一大師是已".

120 「법주사자정국존비」, 『한국금석전문』, p.1156, "日繙海藏內書經論 無一不貫穿 乃至餘書外典 亦皆涉獵 强記學不厭".

권을 남겼다고 한다. 부탁한 국왕은 충렬왕으로 생각된다. '일대교'라 함은 법상종을 의미한다면 경론장소는 모두 법상종 관련 장소로 보인다. 그리고 하산한 법주사에서 92권을 찬술한 것으로 생각된다.

충선왕이 1298년 즉위하고 8월에 원으로 소환되어 거기서 우울감을 해소하기 위해 『대반야경』을 읽을 때 그 경전의 難信解品 풀이를 미수에 부탁하여 대반야경 『난신해품기』를 지어 보냈으며, 또 『심지관경기』의 찬술도 청하여 작성한 疏記를 사자편에 붙여 보내었다. 두 저술을 본 원 대도의 여러 강사들은 서로 다투어 찬미하고 그 드문 것에 대해 탄복하였다.

『대반야경』은 『대반야바라밀다경』의 준말이며 반야부의 여러 경전들을 집대성한 총서이다. 번역은 당대 현장이 하였다. 품수는 79품인데 그 내용의 대략은 모든 것이 空하다는 것을 선언한다. 물질적 존재뿐만 아니라 정신적 존재 역시 공하다는 점을 설하여 중생으로 하여금 차별적인 견해에 집착함이 없도록 한다. 이렇게 空함을 자각하고 수많은 중생을 제도하려는 사람을 보살이라 하는데, 이러한 보살의 이념을 가장 분명하게 제시한 경전이 반야경이다. 그리고 같은 보살이 실천하는 덕목을 6바라밀로 정형화하였다.[121] 이상의 내용을 살피면 충선왕이 아버지 충렬왕과의 마음의 갈등을 푸는데 유익한 경전임을 알 수 있다. 특히 미수의 난신해품의 풀이가 좋아 대도의 강론자들을 탄복시키고, 충선왕 또한 미수를 더욱 숭신하게 되었다.

『심지관경기』는 『심지관경』 곧 『대승본생심지관경』의 풀이이다.

---

121 정승석 편저, 『고려대장경해제』 권1, 고려대장경연구소, 1998, pp.174~178.

이 경의 한역은 당대 반야가 하였다. 전체 13품에 걸쳐 심지의 묘법을 밝히고, 세간의 4종 은혜 및 출가 보살의 아란야행과 삼계 유심 등을 상세히 해설한다. 부처님과 여러 보살들이 펼치는 문답내용으로 구성되어 있다. 미륵보살, 문수보살, 지광장자, 상정진보살 등이 등장한다. 출가수행, 보살의 길, 중생구제, 번뇌의 원인, 관심다라니 등을 설한다.[122] 위의 대반야경과 같이 마음 수행에 도움이 되는 경전이며 충선왕이 이 시기에 읽고 위로를 받을 수 있는 경전으로 생각된다.

다음으로 미수의 저술은 『慈悲道場懺法述解』가 알려졌다. 천태종 祖丘가 지은 『慈悲道場懺法集解』가 발견되었는데[123] 그 서문에서 “아둔한 자들이 배우기 쉽고 이해하기 쉽도록 여러 학자들의 해석 가운데서 광범위한 해설은 삭제하고 쉬운 설명을 선택해 나의 해석을 덧붙여 집해라고 제목을 붙였다.”라고 밝혔다. 집해의 내용은 자비도량참법에 관한 5종의 기존 주석서를 소개하고 이들을 면밀히 검토하고 요약·정리한 것이 주를 이룬다. 그 5종 주석서 중에 자은종 국일 미수대사의 술해가 들어 있다. 집해 중에는 미수의 술해 내용을 100여 곳 이상에서 인용하고 있다.

『자비도량참법』은 양 무제의 둘째 아들 남제 정릉왕이 동방 보광세계의 천왕여래께서 정주정행법문을 설하는 꿈을 꾸고서 정주자 21편 30권을 찬집한 것에서 시작되었다. 양무제가 황후의 왕생극락을 빌기 위하여 여러 법사들에 명하여 편찬한 것이다. 내용은 彌勒

122 정승석 편저, 위의 책, 1998, pp.300~303.

123 南權熙, 「興德寺字로 찍은 『慈悲道場懺法集解』의 撰者와 刊行에 관한 考察-새로 발견된 覆刻本의 卷首事項을 중심으로-」, 『書誌學硏究』 7, 1990; 성재헌 옮김, 『자비도량참법집해』, 동국대학교출판부, 2011.

如來의 감몽에 의한 것이라 하여 자비도량이라 제명했으며 일명 '梁皇寶懺'이라고도 한다. 영혼을 천도할 때 사용하는 의식문이다. 권1은 귀의 삼보, 斷疑, 懺悔에 관한 것이고, 권2는 발보리심, 발원, 發迴向心에 대한 것이며, 권3은 顯果報, 권4는 出地獄, 권5는 解怨釋結, 권7은 自慶, 爲六道禮佛, 권8은 위육도예불, 권9는 발회향, 發願, 권10은 囑累로 맺는다.[124] 고려에서 자비도량이 설행되었고, 의천의 『신편제종교장총록』에도 보이며, 이덕손이 1282년 동경부유수로서 발원하여 간행한 바도 있다.[125]

미수가 『자비도량참법』을 읽고 술해한 시기는 분명하지 않다. 미수라는 법휘는 원래 자안이었으나 뒤에 꿈으로 말미암아 미수로 고쳤다는 사실을 비명에 간단히 소개하였다. 그런데 『자비도량참법집해』에는 미수의 말을 인용하여 "석가모니 부처님께서는 상생회에서 입멸하고자 하실 때 아직도 제도하지 못한 말법 중생들을 모두 자씨여래에게 부촉하였기 때문에, 미륵은 이제 수사가 되어서 제중생을 교화하고 선법을 수습한다"라고 기술하였다. 미수는 법상종 주존불 미륵을 평소에 흠모 꿈속에서 알현했던 것으로 짐작되고, 자신도 그 이념을 실천하겠다는 각오로 이름을 고쳐 미륵에서 '彌'를 따고 교수사에서 '授'를 빌려 미수라 한 것으로 짐작된다.[126] 이름을 미수로 바꾼 것은 『자비도량참법술해』를 저술할 때가 아닌가 한다. 비명에는 미수의 사람됨에 대해 연식이 없고 성품이 순리에 따르고 평소 일상은 寅時[3~5시]에 죽을 먹고 午時[11~1시]에 밥을 먹으며 해가 있는 동

124 朴世敏 編, 『韓國佛敎儀禮資料叢書』 第1輯, 三聖庵, 1993, p.2.
125 남권희, 앞의 논문, 1990, p.18.
126 이만, 앞의 논문, 1995, pp.379~380.

안 식사를 하지 않았다고 한다.[127] 참회 수행자의 모습을 보여준다.

그리고 승정을 전관할 때에 지칭된 직명이 내전참회사였고 설부한 명칭도 참회부였다. 이는 개인적인 참회의 차원을 넘어 교단과 사회적 문제의 해결이라는 차원으로 사상적 의미를 확대한 것을 반영한다. 당시 교단의 뇌물로 주지직을 얻는 행위나 원의 간섭에 따른 국왕 부자간, 고려국왕과 심왕과의 갈등, 그리고 신하들 간의 참소 등 분열과 권력을 둘러싼 투쟁 등이 비등한 상황을 해소할 사상으로서 참회를 강조한 것으로 보인다. 미수는 참회에 관한 사상적 기반을 『자비도량참법』에서 찾고 이를 '술해'하면서 깊이 이해하고 당시 사회문제를 해소할 사상으로 확대한 것으로 추측된다.

미수의 참법에 대한 사상사적 의의를 정리한다. 참법에 대한 관심을 법상종단 내부에서 그 흐름을 찾아본다. 신라시기 『占察善惡業報經』의 내용을 기반으로 현세의 길흉의 원인을 점을 통해 알아보고 이를 참회하는 수행의 대표적 고승은 眞表律師였다.[128] 법상종은 신라에서 미륵과 아미타 정토를 신앙하면서 경주에서 활동한 太賢系와 점찰법과 참회를 행하면서 미륵과 지장보살을 신앙하고 지방에서 전파활동을 한 진표계가 있었다.[129] 신라말에는 진 계가 더 활발하였다.

고려 중기에 활동한 韶顯은 窺基의 장소를 수집·간행하였다. 규기와 대립한 圓測을 계승한 신라 유식학의 전통 서명파에서 중국 법

127 「법주사자정국존비」, 『한국금석전문』, p.1156, "師爲人 略無緣飾 因性循理□道而行居常以寅粥午飯 度日過中不食 凡住重興寺十八年 不因邀請 一不踐權□□門".

128 김영태, 「신라 점찰법회와 진표의 교법연구」, 『불교학보』 9, 1972.

129 문명대, 「신라 법상종의 성립문제와 그 미술(하)」, 『역사학보』 63, 1974; 김남윤, 『신라 법상종 연구』, 서울대 박사학위논문, 1995.

상종 전통을 표방한 규기의 자은파로 선회하였으며 진표계의 흔적도 보이지 않았다. 그리고 화엄학에 관심을 기울이고, 『金光明經』을 강조하였다.[130] 『금광명경』의 호국신앙적 측면과[131] 사회사상적 측면에[132] 관심을 기울였다. 인종대 津億이 주도한 법상종 水精社에서는 진표의 점찰법회에 대해 다시 관심을 가졌다.[133]

이후 충렬왕대 활동한 惠永에 이르러서는 『白衣解』를 저술하였는데 그 내용은 보타낙가산에 주하는 聖白衣 곧 관자재보살에 대한 귀명예문과 찬송, 송주, 그리고 십악업을 하나하나 참회하며 무량수국에 왕생할 것을 발원하는 관음예참문에 경문을 인용하여 주해를 한 것이다. 즉 관음보살에 참회하는 내용이다. 혜영이 柳璥의 부탁을 받아 저술한 것이다.[134]

원간섭기의 천태종 丁午는 1315년 國淸寺 금당을 완공하고 천태六山[6개소 사원]의 명덕 삼천여 명을 불러 모으고 경석을 베풀고 처음으로 스스로 지은 『法華禮懺儀』를 행하여 낙성한다.[135] 이 책의 내용은 알 수 없지만, 정오가 지의의 『법화삼매참의』에서 비롯한 了世와 天因으로 이어진 '법화삼매참'을 계승하여 그 의식에 관한 내용을 새로 지은 것으로 짐작된다.

---

130 한기문, 「불교를 통해 본 통일신라 고려 왕조의 연속성」, 『한국중세사연구』 29, 2010, pp.94~97.

131 김상현, 「고려시대의 호국불교 연구-금광명경 신앙을 중심으로-」, 『학술논총』 1, 단국대학교, 1976; 김남윤, 「고려 중기 불교와 법상종」, 『한국사론』 28, 서울대국사학과, 1992.

132 남동신은 법상종승의 방생, 자선, 구제 등 護世 활동의 경전적 근거가 『금광명경』에 있다고 하였다(「고려 중기 法相宗[慈恩宗]과 海麟」, 『韓國史論』 65, 서울대국사학과, 2020).

133 崔成烈, 「高麗中期 水精結社와 瑜伽宗」, 『韓國佛敎學』 12, 1987.

134 동국대학교 불교문화연구소 편, 『韓國佛敎撰述文獻總錄』, 동국대학교출판부, 1976, pp.137~138.

135 閔漬, 「國淸寺金堂主佛舍利靈異記」, 『東文選』 권68.

굴산문 수선사 冲止(1226~1292)는 祖師禮懺兼發願文을 지었다.[136] 선문의 祖師[깨달은 선승] 초상화 앞에서 예참하는 의식 곧 '조사예참'을 시행한 것으로 보인다. 1298년 公山 居祖社의 元昆에 의해 이루어진 『現行西方經』에는 10여 차례 자비참법을 인용하고 있다. 내용은 '아미타불본심미묘진언'을 1만 편 송한 뒤 41개로 된 간자를 던져 후생의 수생처를 점지하여 정토왕생의 참법을 닦는 것으로 되어 있다. 저자가 원참으로 되어 있지만 그 또한 가탁의 인물이 아닌지 의심스럽다고 한다. 거조사는 知訥이 정혜결사문을 작성한 곳이므로 원참은 굴산문승이 아닌가 한다. 지눌은 타력신앙에 대해 부정적 인식을 가진 바 있다. 그에 반해 원참의 『현행서방경』은 타력적이며 아래로부터 신앙에 역점을 둔 요소가 많다.[137] 그래서 僞經으로서 가탁의 인물을 내어 참법의 요소를 강조한 경전을 만든 것으로 생각된다. 다시 말하면 굴산문에서 이와 같은 신앙 요소를 수용한 것으로 생각된다. 『자비도량참법집해』에도 인용된 東林禪師의 '略解'도 있는 만큼, 천태종이나 선종에서도 참회에 대한 관심이 높았던 것을 알 수 있다.

미수는 법상종의 참회에 대한 관심을 잇고 당시 천태종과 선종에서도 관심을 기울이는 참법 연구의 맥을 이어 『자비도량참법술해』를 지어 당시 사회문제의 해소를 위한 사상기반으로 삼았다. 이는 내전참회사, 참회부 등의 직명과 부명에 올린 데서 확인된다. 미수는 법상종 장소 저술과 승정을 전관하기도 하고 국존으로 봉해지면

---

136 진성규 역, 『圓鑑國師集』, 아세아문화사, 1988, pp.292~294.

137 남동신, 「려말선초의 僞經 연구-현행서방경의 분석을 중심으로-」, 『한국사상사학』 24, 2005.

서 법상종단의 위상을 높였다. 미수는 거의 같은 시기 활동한 천태종의 정오, 가지산문의 혼구 등과 함께 충선왕의 관심을 받아 원간섭기 불교계의 변화를 이끌었다.

Ⅲ. 고승비 음기의 문도 구성과 성격

고승비의 음기에는 고승과 관련된 遺訓이나 입비에 역할을 한 사원 조직이나 지방 세속 조직의 인명이 기재되기도 하고 문도의 명단이 기재된 경우가 많다. 고려 중기를 기점으로 고승비 陰記에는 문도들의 명단이 다수 기재되고 그 職名도 함께 기술되는 사례가 많다. 이들 명단의 판독과 분석을 통해 문도의 형성과정과 구성 등을 검토하면 고려시기 宗團 구성과 운영을 이해할 수 있다.

1. 고승비 음기의 문도 기재 양상

고려 고승비 음기의 문도 기재 양상 추이를 알아보기 위해 사례를 목록으로 제시하면 다음과 같다.

순번	비명칭	실존여부	승명	종파	입비연대	찬자	음기 각자시기·찬자	음기내용	전거
(01)	서운사 요오화상비		順之	선종	937 (태조 20)			三綱典	전문 290
(02)	비로암 진공대사비	존	○運	가지산	939 (태조 22)	李桓樞		小伯山大師臨遷化之時遺誡	전문 296
(03)	보리사 대경대사비	존	麗嚴	선종	939 (태조 22)	최언위		道俗弟子, 三綱典	전문 294

순번	비명칭	실존여부	승명	종파	입비연대	찬자	음기 각자시기·찬자	음기내용	전거
(04)	지장선원 낭원대사비	존	開淸	선종	940 (태조 23)	최언위		三綱典, 當州都令 등	전문 307
(05)	흥법사 진공대사비	존	忠湛	선종	940 (태조 23)	최언위		大師表奏文·批答, 州官	전문 312
(06)	경청선원 자적선사비	존	洪俊	봉림산	941 (태조 24)			都評省帖, 國主, 國統, 三綱, 在家弟子, 輔州官班, 官班, 鐵匠, 石匠	전문 317
(07)	정토사 법경대사비	존	玄暉	성주산	943 (태조 26)	최언위	944 (혜종 1)	中原府道俗二官 公卿扶老 黎人士庶, 弟子 大師	전문 326
(08)	오룡사 법경대사비	존	慶猷	선종	944 (혜종 1)			在學弟子, 三綱	전문 332
(09)	흥령사 징효대사비	존	折中	사자산	944 (혜종 1)	최언위		僧俗弟子尊位, 三綱	전문 344
(10)	태자사 낭공대사비	존	行寂	사굴산	954 (광종 5)	崔仁渷		新羅國石南山故國師碑銘後記 門下法孫釋純白述 神足 讓景, 九師, 句當事僧, 刻字僧, 院主 典座 維那 史 直歲	전문 363
(11)	고달사 원종대사비	존	璨幽	봉림산	975 (광종 26)	김정언	977 (경종 2)	光宗勅命(不動寺院), 門下弟子道俗等姓名, 三綱	전문 399
(12)	각연사 통일대사비	부분존		선종	광종		광종	弟子, 三綱	전문 409
(13)	정토사 홍법국사비	존		선종	1017 (현종 8)	손몽주		弟子等入室, 在家弟子	전문 439
(14)	법천사 지광국사비	존	海麟	유가종	1085 (선종 2)	정유산		受敎繼業者, 隨職加階者, 慕德歸化者, 先後師而沒世者	전문 525
(15)	홍호사 등관승통 창운묘지	존	昶雲	화엄종	1104 (숙종 9)		1104 (숙종 9)	學徒 308	전문 537
(16)	금산사 혜덕왕사비	존	韶顯	유가종	1111 (예종 6)	정황선		受敎繼業者, 隨職加階者, 慕德歸化者, 先後師而沒世者	전문 548
(17)	반야사 원경왕사비	존	樂眞	화엄종	1128 (인종 6)	김부일		親承敎訓者, 師揚法化者, 奉待甁巾者, 補翼事務者	전문 572
(18)	영통사 대각국사비	존	義天	화엄종	1125 (인종 3)	김부식		門徒職名開坐	전문 585
(19)	선봉사 대각국사비	존	義天	천태종	1132 (인종 10)	林存	1137 (인종 15)	南崇山天台始祖碑陰記 序, 法子孫譔職名列	전문 600
(20)	묘향산 보현사기	존	探密, 宏廓	화엄종	1141 (인종 19)	김부식		承稟敎訓相續住持者, 助揚法化者, 募集衆	전문 629
(21)	운문사 원응국사비	존	學一	가지산	1147 (의종 원)	崔惟淸		雲門寺圓應國師碑陰門徒姓名具錄, 批職員, 法理住持, 法理名公, 加階, 加階名公, 參學	전문 659
(22)	옥룡사 선각국사비	존	道詵	동리산	1172 (명종 2)	최유청	1173 (명종3)	正孫者 10인, 法孫傳持寺 4所(米岾寺, 道詵寺, 三國寺, 雲岩寺)	전문 828
(23)	영국사 원각국사비	존	德素	천태종	1180 (명종 10)	이지명		凡1200餘 人, 佛恩寺, 天壽寺, 國淸寺 등 사명 보임	전문 850
(24)	용문사 중수비	존	祖膺	사굴산	1185 (명종 15)	李知命	1188 (명종18)	嗣法弟子, 執事弟子	한기문 논문
(25)	서봉사 현오국사비	존	宗璘	화엄종	1185 (명종 15)	이지명		門徒職名	김철웅 논문

순번	비명칭	실존여부	승명	종파	입비연대	찬자	음기 각자시기·찬자	음기내용	전거
(26)	월남사 진각국사비	존	慧諶	굴산문	1235 (고종 22)	이규보	崔滋	法階僧(대선사, 승통, 선사, 수좌, 삼중, 대선), 兩街僧錄, 比丘尼 公卿大夫, 優婆夷	민현구 논문
(27)	인각사 보각국존비	비부분존	一然	가지산	1295 (충렬왕 21)	민지	山立	寶鏡寺住持通奧眞靜大禪師山立述, 副法諸德, 執事弟子, 受法乳卿士大夫	정병삼 논문
(28)	영원사 보감국사비	탁본존	混丘	가지산	1322 이후	이제현		ㅇㅇ寺住持大禪師, 薦化寺住持玄照大禪師, 郁錦寺住持弘慈廣慧大禪師, 慈濟寺住持眞炤大禪師	대동금석서 영원사승 보감비음
(29)	신륵사 보제선사 사리석종기	존	惠勤	굴산문	1379 (우왕 5)	이색		門生(비구, 비구니), 檀越(우바새, 우바이)	전문 1211
(30)	안심사 지공나옹 사리석종기	존	惠勤	굴산문	1384 (우왕 10)	이색	본문	門生名目(비구, 비구니, 우바이, 우바새)	전문 1223
(31)	태고사 원증국사비	존	普愚	가지산	1385 (우왕 11)	이색		門徒(국사, 왕사, 내원당, 대선사, 선사, 우바새, 우바이, 비구니)	전문 1233
(32)	창성사 진각국사비	존	千熙	화엄종	1388 (우왕 14)	이색		비구승(金生寺주지, 燈明寺주지, 前月南寺주지, 法王寺주지, 開雲寺주지)관인	전문 1237

전문 : 『韓國金石全文』

위 표에서 고승 관련 비문 음기 기재 내용의 추이를 살펴본다. 현황에서 고려 광종 무렵까지 고승비 음기는 (02) 천화시의 遺誡만 남기거나, (05), (06), (11) 등과 같이 대사표문과 비답, 都評省帖文, 부동사원 지정 칙명 등을 남겨 비가 들어서는 사원의 소속을 비문 주인공의 문하제자에게 이어지도록 국가에서 보장하는 예가 보인다. (01)~(12) 사원 관리 조직 삼강이 기재되며, (04), (05), (06), (07) 등에는 당주도령, 주관, 관반, 중원부 속관 등 지역 세력 조직의 속제자들이 기재되는 예가 많다. (10) 신라승 낭공대사 行寂의 비문에는 고려에 와서 성립되어 法孫 純白이 서술하여 행적의 神足 弟子 讓景 등 9제자 등의 그 주석 사원과 함께 소개하여 굴산문의 존재를 나타냈다.

(13) 사례부터는 법제자 기록이 세분되기 시작하고, 재가제자 기록이 거의 보이지 않는다. 그런데 978년 작성 보원사법인국사비에는 비 앞면에 '有法大弟子' 三重大師 靈撰·一光, 大師 明會·芮林·倫慶·彦玄·弘廉, 大德 法悟·玄光·眞幸 등이 기재되어 있다.[138] 981년 건비된 지곡사진관선사비 앞면에는 '其嗣'에 澄鏡大師 彦忠은 原州 文正院에 주석하고, 彦欽은 智谷寺에, 彦緣은 廣州 黑石院에, 彦國은 太白山 覺頓院에, 玄光은 福巖院에 있다고 하였다.[139] 1075년(문종 8) 작성 부석사원융국사비에는 음기가 없고 碑陽에 '門人' 수좌, 삼중, 대사 등 1,438인 수만 기재하였다.[140] 1060년(문종 14) 작성 칠장사혜소국사비[141] 역시 음기가 없고 비양에 '門弟子' 수좌, 삼중대사, 중대사, 대사, 대덕 등 몇 인으로 기록하였다.

(14) 1085년(선종 2)에 건립된 법천사지광국사비 음기에는 門徒開座職名이 승통, 수좌, 삼중대사, 중대사 등 103인, 대사 17인, 대덕 22인은 受教繼業者, 승록, 중대사 등 28인, 대사 23인, 대덕 25인은 隨職加階者, 그리고 重職 1,100여 인은 慕德歸化者, 수좌, 삼중대사, 중대사, 대사, 대덕, 單職 등 52인은 先後師而沒世者로 정리하였다. (16) 1111년(예종 6) 작성 금산사혜덕왕사비 음기에도 지광국사비와 비슷한 규모로 문도개좌직명을 정리하였다. 승통, 수좌, 삼중대사, 중대사 등 160인 대사 14인은 受教繼業者이며 양가도승록, 좌가승록, 중대사, 대사 등 100여 인은 隨職加階者이고, 중대사, 대사 1,500

138 「보원사법인국사비」, 『한국금석전문』, p.418.
139 「지곡사진관선사비」, 『한국금석전문』, p.427.
140 「浮石寺圓融國師碑」, 『韓國金石全文』, p.479.
141 「七長寺慧炤國師碑」, 『韓國金石全文』, p.487.

여 인은 慕德歸化者이며, 승통, 삼중대사, 중대사 등은 師之前後沒世者로 기재하였다. (17) 1125년(인종 3) 작성 반야사원경왕사비 음기에도 수좌, 삼중대사, 중대사 등 親承敎訓者, 삼중대사 등 師揚法化者, 중대사 등 奉侍甁巾者, 중대사 등 補翼事務者 등 門徒職名開科로 분류하였다. (18) 1125년(인종 3)의 영통사대각국사비 음기에도 門徒職名開座라 하고 승통, 수좌, 삼중, 중대사, 대사, 대덕 순으로 정리하였다. 하지만 앞서 살핀 분류는 없고 몇몇 승명 아래에 주기하여 본래 경덕국사 문도 등으로 구분하였다. 의천이 문종의 넷째 왕자이자 숙종의 동생, 인종의 종조부인 관계로 그의 사후 20여 년이 지난 시기 작성된 비문인 만큼 당시 화엄종 전체의 인맥이 문도로 정리된 것으로 보인다. (19) 선봉사대각국사비 음기에 법자손모직명렬을 기록하였다. (20) 1141년(인종 19) 작성 묘향산보현사기 探密宏廓二祖師記後錄에는 道人 承稟敎訓相繼住持者, 助揚法化者 등으로 門徒科第彫錄 이라 하였다. 여기에는 승계, 승직 표시가 없고 승품교훈상계주지자 명단 첫머리에 '道人'이라 하고 법명만 나열되어 있다. 조양법화자 명단에는 도인이라 하지 않고 법명만 정리하였다. 募集衆도 분류하였다. 이상의 고승비 음기에 기재된 문도 분류는 대략 수교계업자, 수직가계자, 모덕귀화자 등으로 분류되고 있다. 화엄종, 유가종 고승의 문도 구성을 보여주는데 문도의 소속 사원 명시는 없다.

(22) 옥룡사선각국사비에는 법손전지사 4개 소를 지정하는 예가 나타나고, (23) 영국사원각국사 문도에도 문도의 소속 사명이 보인다. (27) 인각사 보각국사 비음기에는 문도 소속사원이 다수 나타났고, (28) 영원사보감국사비음기 문도의 단편에도 문도 소속사원이 기재되어 있다. 문도들 간의 사원 주지 분쟁이 점차 고조되는 양상으로 이해된다.

(26) 월남사진각국사비 음기에는 세속제자 공경대부와 우바이가 기재되기 시작하고, (27) 인각사보각국존비 음기에도 경사대부 명단이 보인다. 이는 혜심이 수선사결사, 일연이 불일사결사를 각기 주도한 결과로 해석된다. (29) 신륵사보제선사사리석종기 음기, (30) 안심사지공나옹사리석종기, (31) 태고사원증국사비 음기 등에는 문도에 4부대중 곧 비구, 비구니, 우바새, 우바이 등이 기재되는 변화가 나타났다.

선종 이후 (14)부터는 승정체계 성립기로 직계 법손 외에 수직가계, 모덕귀화 등 승정 간여와 학덕에 따른 제자 집단이 형성되기 시작하였다. 명종대부터 (22) 사례 이후에는 문도의 사원 소속이 명시되는 예가 보이기 시작하였다. 고종 이후 (26) 사례부터는 문도에 세속 관인층, 세속 여성층이 기재되기 시작하였으며, 고려말 우왕대 (29) 사례부터는 비구니가 다수 기재되는 현상으로 나타났다.

문도의 受敎뿐 아니라 加階, 사원 소속 등으로 확대되다가, 무인정권 이후 결사 운동 영향으로 공경대부, 세속 여성층으로 확대되었다. 고려말에는 비구니를 포함한 사부대중으로 문도 기재가 확대되면서 문도 형성에 고승의 법통성이 약화되었다.

문도 기재에서 법계 등 직명과 함께 분류된 예는 모두 4건이다. (19) 선봉사대각국사비 음기, (21) 운문사원응국사비 음기, (24) 용문사중수기 음기, (27) 인각사보각국존비 음기 등이다. 종파를 살피면 천태종, 가지산문, 사굴산문, 가지산문 등이다. 화엄종과 유가종 고승비 음기를 알 수 없어 그 문도 명단을 살필 수 없는 아쉬움이 있다.

1137년 작성 선봉사대각국사비 음기 명단은 天台宗의 門生을 파악할 수 있으며 10여 년 앞서 성립된 화엄종의 영통사비 음기, 반야사원경왕사비 음기 등과 비교할 수 있으며, 10여 년 뒤의 가지산문 운문사원응국사비 음기와도 비교할 수 있는 위치에 있다. 의천은 화엄종과 법안종, 선종 등을 통합하려 하였지만 원응국사는 합류하지 않았음이 비문에서 알려졌다.

용문사중수비 음기는 1188년 작성된 것이며 비양의 찬자는 李知命으로 화엄종 서봉사현오국사비와는 찬자와 작성시기가 같다. 또한 1180년에 작성된 원각국사비의 음기 명단과도 비교할 수 있다.

1295년 작성 인각사보각국존비 음기의 세속 제자가 포함된 문도의 양식은 이보다 앞서 崔滋에 의해 1235년 작성된 월남사진각국사비 음기의 문도 명단과[142] 유사한 바 있어 비교하여 살필 수 있다. 이들 4건의 고승비 음기의 분석은 선후한 여러 산파 혹은 종파의 비음기와 비교할 수 있어 고려 중기에서 후기로 이행하는 시기의 종단의 문도 형성을 이해하는 데 유용하다. 다음 절에서는 문도 형성 성격을 파악하기 위해 위의 4건의 문도 기록을 자세히 분석한다.

2. 고승비 음기 문도 사례 검토

1) 선봉사대각국사비 음기

① 其法子孫譔職名列于陰面以爲後世之觀也

② 大覺國師法子大禪師德麟門生禪師順成信雄三重利謂重大師信之世淸幹英暢連道　能瑩如賢俊觀純志宣道冲學連

142 閔賢九,「月南寺址 眞覺國師碑의 陰記에 대한 一考」,『震檀學報』36, 1973.

③ □大覺國師法子禪師翼宗門生大禪師順善教雄禪師懿規碩先惟諝三重唐俊重大師　惠定神覺元浩覺玄

④ □大覺國師法子禪師景蘭門生禪師觀皓重大師惠平

⑤ □大覺國師法子禪師連妙門生禪師流淸懷素三重釋承首謙重大師
□觀明契實僴如　頴源弘允存玄英鑒資誠靖倫資眞大師安樹智龍

⑥ □大禪師順善門生三重滋庶重大師講眞尙玲覺標覺初資照惟古覺觀令模挺雄大師　僧麟承遠沔照存已大德誕純敎千齊己覺眞

⑦ □大禪師敎雄門生重大師景仁衆濟德素元白大師知性解圓淑明大德工辯德嵩德成　師中眞塔賢默

⑧ □禪師懿規門生重大師至實禪仰玄素南挺曇順釋猷玄碩尙謙處恭俊平瑩神妙觀神　照大德觀勝純古觀素

⑨ □禪師順成門生三重壽淸重大師天彦元承國英學玄性眞景冲俊機智冲

⑩ □禪師流淸門生重大師緣萬道可諦眞大德昇衍靈澤唐伊仁知心智

⑪ □禪師惟諝門生重大師曇麟大德元美

⑫ □禪師信雄門生重大師冠承大師齊軾

⑬ □禪師懷素門生大師永嚴大德永存

⑭ □三重利諝門生大德頜千

⑮ □三重釋承門生大德禪浩

⑯ 三重壽淸門生大德神白

⑰ □重大師世淸門生大德頜純然

⑱ 師弟之名列於前後者非敢好事也將使千萬載之下固其基本而無有動搖者爾丁巳八月□日

⑲ 聖旨知京山府事判官兼勸農使文林郎禮賓注簿金□表民寺住持洪眞三重大師壽淸　天壽寺義學妙觀重大師尙玲監督立石

1137년 작성 문도명단이다. 좌측 괄호 숫자는 행 순서가 아닌 문생별 설명을 위해 편의적으로 붙인 것이다. 밑줄 친 부분은 기존 판독문을 비문에서 확인하여 고친 것을 나타낸다. 점선 밑줄은 비문에서 확인 불가능하지만, 순서 등을 고려한 추독이다.[143] 음기의 원래 형태는 탁본 <사진 6> 참조.

이 명단에 앞서 序로서 찬자 없이 작성하고 法子孫 명단을 붙였다. 대각국사에 直投한 諸山의 名公學徒 300여 인과 앞의 五門學徒와 합쳐 1,000여 인 중 우수한 자 100인을 선발하여 奉恩寺에서 시험 보아 40여 인을 뽑음으로써 四大業 곧 4대종단의 하나가 되었다. 그 후 대각국사가 귀적한 후 앞의 오문은 각기 본산에 근거를 구하였으나 오직 국사 문하 곧 선종에서 국사에 직투한 계열만 의지할 바가 없었다. 1104년 이들을 國師下에서 '稱行'함으로써 天台六法眷 중 가장 수위가 되었다. 이후 1136년에야 국사의 입비가 확정되어 그 法子孫의 謨職과 名列을 비음기에 새겨 후세에 보이도록 하

143 「僊鳳寺大覺國師碑」, 『韓國金石全文』, p.600; 許興植(「高麗前期 佛敎界와 天台宗의 成立過程」, 『韓國學報』 11, 一志社, 1978)(「天台宗의 形成過程과 所屬寺院」 논제로 수정 보완하여 『高麗佛敎史硏究』, 一潮閣, 1986 재수록); 韓基汶, 「高麗時期 天台宗 南崇山門의 成立과 思想的 傾向」, 『歷史敎育論集』 50, 2013, p.355.

사진 6 선봉사 대각국사비 음기 탁본

였다. 여기서 강조점은 '法孫相繼住持'하여 선사의 道烈이 추락하지 않기를 바라는 것이었다. 이는 다시 법손명렬 말미에 다시 강조하여 만대에도 그 기본을 굳혀 동요함이 없도록 하기를 바란다고 적고 있다. 대각국사에 직투한 선종계열의 동요 없이 문도 결속을 위한 비문 건립과 문도 명단 작성인 셈이다.

음기의 법손기재 방식은 門生이 있는 경우는 법계 앞에 1자 空隔을 두어 구분하였다. 대각국사를 始祖로 하여 法子, 法孫, 그리고 그 門生들로 구성되어 있다. 문도 명단의 法階는 대선사에서 대덕에 이르기까지 당시 선종 법계를 천태종 법계로 사용하였다. 하지만 그 이하 入選, 參學 등은 보이지 않는다. 곧 법계자만 정리된 셈이다. 그리고 인명의 총수는 모두 120명으로 확인된다. 이 중에는 비문이 작성된 인종대에 이르러 사거한 인물도 상당할 것인데, 義天의 法子인 德麟, 翼宗, 景蘭, 連妙 등이 그러할 것이다. 비문 작성 당시에는 의천의 法孫들이 최상층을 형성한 것으로 보인다.

대각국사 법자에 덕린, 익종, 경란, 연묘 등이 있다. 법손은 ② 덕린문하에 順成, 信雄, 利謂, 世淸 등 4인, ③ 익종문하에 順善, 敎雄, 懿規, 惟謂 등 4인, ④ 경란문하에는 없고, ⑤ 연묘문하에 流淸, 懷素, 齊承 등 3인으로 그 門生이 정리되어 있다. 기재순서로 보아 익종문도가 중심이었다. 단순히 문생 수만 보면 익종계 60, 덕린계 28, 연묘계 28 로 집계된다. 곧 익종계가 문도 전체 120명 중 절반을 차지한다. 법손의 문도가 정리된 순서는 익종문하의 ⑥ 순선, ⑦ 교웅, ⑧ 의규가 먼저 기재되고 있으며 다음에 ⑨ 덕린문하의 순성, ⑩ 연묘문하의 유청, 그리고 다시 ⑪ 익종문하의 유서, ⑫ 덕린문하의 신웅, ⑬ 연묘문하의 회소, ⑭ 덕린문하의 이서, ⑮ 연묘문하의 석승, 그리고

⑰ 덕린문하의 世淸으로 기재순을 가진다. 그런데 법손 석승과 세청 사이에 법증손 수청이 기재된 것은 법계 곧 대선사, 선사, 삼중대사, 중대사 등의 위계에 따른 것이다. 법손 관계보다 法階를 우선한 셈이다. 이상에서 법자, 법손, 법증손의 규모와 계통을 짐작할 수 있는데 익종계의 순선, 교웅, 의관, 이서 등의 문도가 주류를 형성하였다.

비음기의 말미에 입석을 감독한 ⑱ 天壽寺義學 妙觀은 익종의 문생인 ⑧ 懿規의 문생이고, ⑱ 중대사 尙玲은 익종의 문생 ⑥ 順善의 문생이다. 그리고 명종대 국사에 오른 德素는 익종의 문생 ⑦ 敎雄의 문생이다. 당시 선봉사 주지 ⑯ 壽淸은 德麟-順成의 계통을 잇고, 그는 문생 神白을 두고 있다. 음기의 문도기재상 맏제자로 이어지는 것이며, 문생을 둔 명단에 오른 수청만은 의천의 '法曾孫'이 된다. 이로 보아, 대각국사 문도 중 덕린, 익종, 경란, 연묘의 문생이 남숭산문에 참여하였으나, 선봉사에 비를 세우는 남숭산문의 형성을 주도한 것은 덕린문생 順成과 익종문생 懿規, 교웅의 문생이었음을 알 수 있다.

비음기 명단은 대각국사 직투계열이라 하였지만, 이 비음의 명단보다 앞서 10여 년 전에 작성된 영통사대각국사비음기의 문도와 반야사원경왕사비음기의 문도 등의 인명과 일치하는 예가 없다. 또 다음에 소개할 운문사원응국사비음의 작성은 10여 년 뒤가 되는데 역시 일치하는 문도가 전혀 없다. 이는 화엄종계열과 선종계열 특히 가지산문계열과는 전혀 교류나 이동이 없었음을 알 수 있다. 원응국사 學一은 대각국사 의천의 통합운동에 맞서 산문을 지켰다는 비문 내용과도[144] 상응한다.

---

144 「雲門寺圓應國師碑」, 『韓國金石全文』, p.661, "…國師西游於宋 傳華嚴義兼學天台教觀

2) 운문사원응국사비 음기

雲門寺圓應國師碑陰門徒姓名具錄

① 批職員二十四

大禪師二員

大禪師翼賢　大禪師中立」

禪師十三員

禪師正鄰　禪師景雄　禪師景玉　禪師覺先　禪師思純　禪師淵微　禪師懷默　禪師得崇　禪師妙慧　禪師 可觀　禪師戒韶　禪師覺猶　禪師淵懿」

三重大師九員

三重大師德先　三重大師良定　三重大師戒澄　三重大師覺周　三重大師景妙　三重大師仁兼　三重大師眞海　三重大師碩瑩　三重大師懷遠」

② 法理住持重大師五十七員

禪朗　遺照　宗悟　道林　慧蘭　戒遷　了本　子超　理能　幸照　冠周　正本　曇彥　仁智　爵連　仁應　寄南　至誠　處和　資順　迪純　道安　之倪　至禪　南秀　宗印　文遠　仲仁　希遠　祖煇　知夢　九齡　挺南　可元　靈淵　覺之　曇裕　戒住　禪懷　澄靖　天素　道精　品圓　宗襲　中淳　惟格　道暉　道彥　祖允　師誠　玄素　慧南　理曇　禪密　宗彝　信初　子儒」

③ 法理名公二十九員

冠宣　觀禪　觀碩　布夷　有隣　玄頤　善空　汝淸　慧軾　子雲　智雄　淑靈　子懷　處冲　懷誠　惠輪　溫素　惟儼　守堅　賢善　景誠　宗永　之白　子淵　惠猶　尙樞　▨▨　眞靖　正知」

以哲宗元祐元年丙寅回 尊崇智者 別立宗家 于時叢林衲子 傾屬台宗者十六七 師哀祖道凋落 介然孤立以身任之 大覺使人頻諭而卒不受命".

④ 加階▨▨二十九員
善珎　信明　迪俊　如嚴　英淡　緣鑒　資南　禪俊　禪祐
▨慕　▨▨　▨▨　▨▨　▨▨　承▨　弼源　正深　賢道
慧球　▨源　雲曉　安碩　至宣　思美　子禪　慧交　戒能
利福　得聰」

⑤ 加階名公五十員
景春　性高　幸景　子存　洪俊　英卓　品謂　演如　誕
龍　釋資　研機　妙中　道存　懷寶　挺倫　俊詔　▨雲　▨
▨　彥▨　子休　海修　善元　緣照　懷實　尙渠　圓照　妙
機　尙明　闡源　弼賢　義淳　智悅　義聰　懷巳　覺靖　俊
英　▨禪　▨▨　皎元　妙俊　宗彥　覺元　觀慧　觀海　彥
求　惠常　齊淡　宗淵　智淸　雲淳」

⑥ 參學二十一
存美　慧深　義規　子純　齊默　師白　僧浩　敬嚴　唯侊
智煇　誠純　洞眞　曇亮　俊明　正端　了初　赫端　道綠
綠勝　戒如　智山」

⑦ 名職
應明　迪淸　善行　法己　善淵　善玄　宗信　道賢　用元
正嚴　淑淸　定全　有因　曇允　玄挺　祐隣　信元　挺淳
儒淸」

⑧ 入內上守左街都僧錄大師慧豊　入內上守右街僧錄大師德林」
入內上守左街都僧錄大師英信　入內上守右街都僧錄大師雄闡」
入內上守左街都僧錄大師素連　妙覺寺都監右街僧錄同正惠覺」
僧錄僧史眞卿」

숫자는 음기의 내용 분류와 설명을 위해 임의로 붙였다. 이 음기의 작성 시기는 1147년(의종 원)이다. 위에서 문도는 비직원, 법리주지중대사, 법리명공, 가계▨▨, 가계명공, 참학 등으로 분류된다.[145] 이 비문을 작성한 崔惟淸이 쓴 선각국사비 음기에는 국사의 법손 志文이 소청하여 비를 세우면서 국왕에 보고한 바에는 "본조 왕국사비문 舊式에 의하여 돌의 배면에 法孫弟子 大德 이상 직명을 실어 후예들에게 보이기를 원합니다"라 하였다. 그리고 그 종파의 正孫 10인을 찾아 기재하였다. 그리고 국왕의 判許 받은 法孫傳持寺 4所를 명시하였다.[146] 이로 보면 국왕사비문의 음기에는 대덕 이상의 법손제자를 기재하는 舊式이 있었다. 이에 따라 원응국사비의 음기 門徒姓名具錄이 작성된 것이다. 그런데 法階가 없는 參學이 더 기록되어 있다. 이는 아마도 雲門寺에 하산하고 난 뒤에 사방학자가 폭주하고 그 무리에 가르침을 내렸다는 비문 내용에[147] 의할 때 이때 참여한 학도들이 아닌가 한다. 비 음기의 형태는 탁본 <사진7> 참조.

① 批職員은 삼중대사 이상 국왕의 제수에 의한 법계부여를 받은 문도로 짐작된다. 비직원 24원은 대선사 2, 선사 13, 삼중대사 9원을 합친 수이기 때문이다. 원응국사가 이들의 법계 부여 共議에 참여하면서 얻은 문도로 추정된다.

② 法理住持 중대사는 57원인데 중대사급의 소규모 사원 주지에 파견하는 僧政에 참여하면서 문도가 된 경우를 말하는 것으로 생각된다. ③ 法理名公은 29원으로 大師의 법계를 준 자를 의미하는 것은 아닌가 한다.

---

145 許興植, 「金石文落穗」, 『高麗佛敎史硏究』, 一潮閣, 1986, p.670.

146 「玉龍寺先覺大師碑」, 『韓國金石全文』, p.828, "志文于告于上曰 願依本朝王國師碑文舊式 於石背載法孫弟子大德以上職名 以垂示于來裔…尋其宗派得所謂正孫者一十附于左方云…癸巳六月十四日 判許幷刻法孫傳持寺四所".

147 「雲門寺圓應國師碑」, 『韓國金石全文』, p.659, "下山…入雲門…四方學者輻輳雲集 師訓其徒".

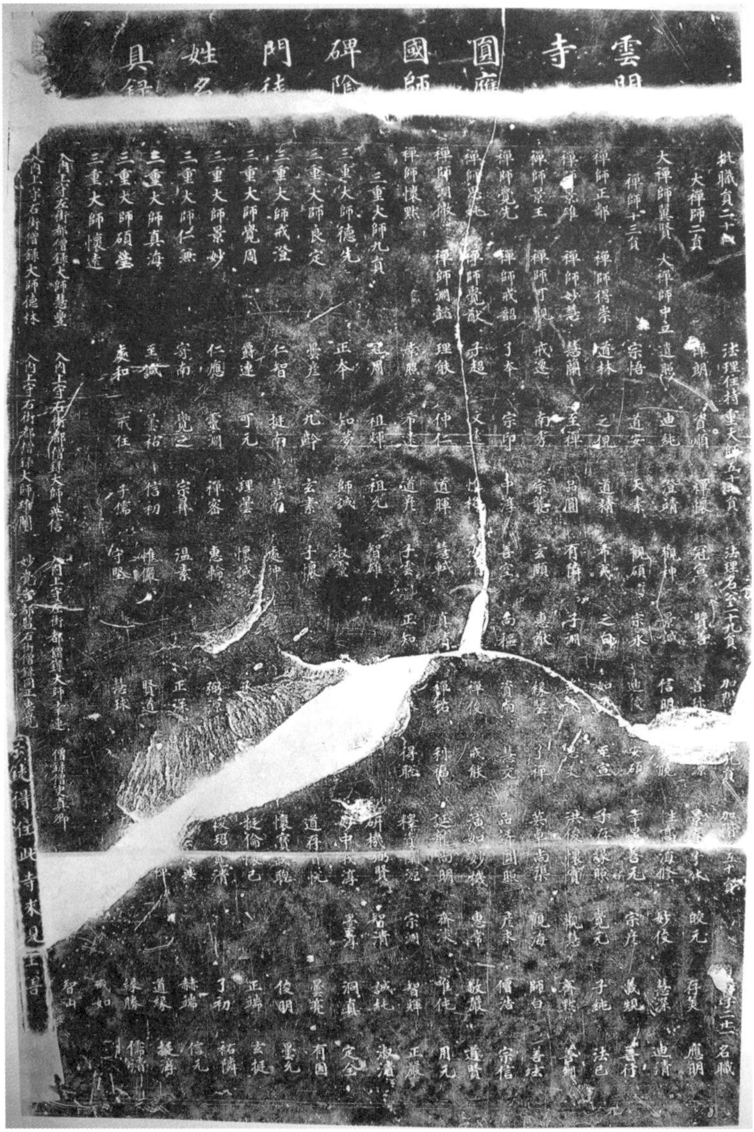

사진 7 원응국사비 음기 탁본

④ 加階▨▨ 29원은 원응국사가 승과 주관 후 대덕의 법계 부여자일 가능성이 있다. ⑤ 加階名公 50원은 入選으로 원응국사가 普濟寺 談禪大會 주관자로서 그 토론회에 합격한 자를 문도로 한 것이 아닌가 한다. 名公은 예비고시를 통과한 자로 최종 승과에 응시할 수 있는 자격을 가진 자이기 때문이다.

⑥ 參學은 21명으로 원응국사가 주관한 사원 講會 곧 叢林에 참석한 자를 말하는 것으로 보인다. 이들은 보제사 담선회에 나아갈 자격을 인정받은 문도일 것이다. ⑦ 名職은 숫자는 명시되지 않았지만 19원이다. 참학 이하의 부류일 것이다. 이상 분류된 문도구성 모두는 229명으로 집계된다.

⑧ 入內上守 左右街都僧錄, 右街僧錄同正, 僧錄僧史 등 7인이 있다. 이들은 승록사 소속승으로 僧官 즉 道官의 직으로 분류되며[148] 원응국사가 이들 승정에 관여하면서 문도가 된 것으로 생각된다. 입내상수는 궁중에서 근무라는 의미로 보인다. 법천사지광국사비 수직가계자조에 승록이 보이고, 금산사혜덕왕사비 수직가계자조에도 양가도승록, 좌가승록 등이 보인다.

이 문도 중에는 선봉사대각국사비 음기의 법손 명단과 일치하는 예는 전혀 없다. 선사 可觀은 文公裕의 형으로 1159년 작성 묘지명에는 조계종 대선사로 나온다.[149] 같은 인물로 보면 12년 뒤에 대선사로 승계가 올랐다. 선사 覺猷는 1125년 작성 원경왕사비음기 봉대병

148 敎雄의 묘지명에 그의 門人을 소개하면서 '禪師4員 三重9員 重大師 大師 大德 道官 入選 學徒 幷 134人'으로 표기한 바를 참조하면 道官은 승록사 직임을 받은 자의 직명을 표시하는 것으로 보인다(「國淸寺妙應大禪師敎雄墓誌」, 『韓國金石全文』, p.636).

149 「文公裕墓誌」, 『韓國金石全文』, p.769, "至皇考…生四子長曰公仁次曰公元並爲冢宰次曰可觀爲曹溪宗大禪師公其季也".

건자 중대사조에[150] 보인다. 학일비문 작성이 1147년으로 추정되므로 22년의 시차가 있지만 중대사에서 삼중대사를 거쳐 선사로 승진할 수 있는 기간이다. 學一(1052~1144)과 樂眞(1050~1119)은 거의 동년배이나 낙진이 20여 년 앞서 입적하였다. 두 비문의 覺猷가 동일인이라면 낙진 사거 후 화엄종에서 선종 혹은 가지산문으로 문도 이동 가능성을 제기할 수 있다. 선사 淵懿는 선종 승려이지만 사굴산문 계열 승려일 가능성이 있다.[151] 원응국사 학일이 가지산문 승려임을 감안할 때 국사로서 문도명단에는 山派가 고려되지 않았을 수도 있다.

3) 중수용문사기 음기

① 嗣法弟子

② 重大師冲默　重大師正惠　重大師資嚴　重大師元正須□□下

③ 重大師正玄　重大師宗弼　重大師曇著須弥山下 重大師惟淳

④ 重大師道琚　重大師道辯須弥山下 入選宗益　重大師宗倚

⑤ 入選宗思　入選守然　入選傳宗　入選思儉

⑥ 入選存襲　入選宣惠須弥山下　入選鏡心　參學宣叙

⑦ 參學文光　參學戒安　參學道益　參學道機

150 「元景王師碑」, 『韓國金石全文』, p.573, "重大師正宣覺猷…等奉待甁巾者也".

151 淵懿는 고려국 조계종 굴산하 단속사 대감국사 坦然의 문인으로서 1172년 삼중대사의 직임을 가지고 국왕의 명을 받아 대감국사비의 입비의 임무를 수행한 연심과 법형제일 가능성이 있다(「斷俗寺大鑑國師碑」, 『韓國金石全文』, pp.820~823). 따라서 연의는 굴산문의 승려일 가능성이 있다.

⑧　　　　　參學覺超

⑨ 執事弟子

⑩ 重大師慧持先師舍弟 重大師存彦　重大師硯規　重大師資□

⑪ 重大師正實　重大師永輝　重大師光演　重大師彦成
大

⑫ 大師應惠　大師能妙　大師允仁　大師石印　大

⑬ 大師存正　大德學連　大德純美　大德存永

⑭ 大德文惠　大德慧□　重職正仁　重職□□

⑮ 重職敦仁　重職成海

⑯ 重大師永忠華嚴　重大師恃山疏子

⑰　　　大定二十八年戊申四月 日　　記

위의 음기는 『조선금석총람』에는 물론 『한국금석전문』에도 소개되지 않았다. 다만 조동원의 탁본집에는 소개되어 있으나 비의 파손 부분이 있어 그 전문은 위와 같이 마지막 단이 파실되었다(<사진 8> 참조).

①~⑧ 사법제자는 한 단이 비의 파손으로 결실된 것을 감안하면 모두 31명으로 추정된다. 그중 重大師 14명, 入選 8명, 參學 8명으로 구성된다. ⑨~⑯ 집사제자 역시 비의 파손으로 결실된 부분을 감안하면 모두 29명으로 추정된다. 그중 重大師 11명, 大師 7명, 大德 6명, 重職 5명으로 구성되어 있다.

사법제자는 법을 이은 제자를 말하고, 집사제자는 승정 일을 맡으면서 제자가 된 경우라 생각된다. 嗣法弟子는 法階가 重大師, 入選,

사진 8 중수용문사기비 음기 탁본

參學의 순으로 구성되어 있다. 다만 3행 3단에 入選이 나오고 4단에 重大師가 나와 순서가 어긋나 있음을 알 수 있다. 執事弟子에는 重大師, 大師, 大德, 重職의 순으로 구성되어 있으나, 重職 다음에도 重大師 2인이 추가되어 있는 구성을 볼 수 있다. 사법제자에는 重大師만 나오고 入選, 參學이 보이는 반면, 집사제자에는 重大師, 大師, 大德의 법계가 보이며, 入選, 參學은 보이지 않는다. 집사제자에는 重職이 보인다. 중직은 현종대 정도사오층석탑조성형지기에 보이며, 1085년 작성 법천사지광국사비 모덕귀화자조에 중직이 보인다.

입선과 참학은 사법제자에만 나타나는데 參學의 경우는 승과의 예비 시험에 응시하려는 자로, 入選은 예비 승과를 통과한 자라 생각된다. 본 음기의 사법제자에 중대사, 입선, 참학 순으로 기재된 것은 참학에서 예비 승과에 뽑힌 자를 입선이라 했던 것을 반영한다. 입선, 참학은 제자 중에서 승과 공부에 매진하고 있는 자들이라 하겠다. 중직은 집사제자조에 보이며, 종파를 초월하여 제자로 들어오면서 그 승계를 거듭했다는 의미로 생각된다. 법천사지광국사비에 모덕귀화자조에 중직이 보이기 때문이다.

집사제자에 大師 存正은 德素 門徒의 大師 存正과 동일인일 가능성이 크다. 덕소 비음기의 문도직명의 작성은 1175년(명종 5)으로 용문사중수기 음기의 작성시기인 1188년의 13년 전이므로 동일인일 가능성이 크다.

위의 문인 각자의 글씨는 중수기의 글씨와는 달리 좀 더 크고 시차를 두고 각자되었다. 특히 문도 인명 하단에 작은 글씨로 註記한 예가 7건이 있다. 사법제자 중에 重大師 元正, 重大師 曇著, 重大師 道辯, 入選 宣惠에는 '須弥山下'라 작은 글씨로 註記되었다. 집사제자 중에는 重大師 慧持 아래에는 '先師舍弟', 重大師 永忠 아래에는 '華嚴', 重大師 恃山 아래에는 '疏子'라는 주기가 보인다.

사법제자 중에 4인이나 '須弥山下' 의 주기가 있음을 보아 수미산파에서 祖膺의 문도가 된 것으로 볼 수 있다. 집사제자에는 중대사 혜지가 조응의 舍弟 즉 집안 동생임을 알 수 있고, 중대사 永忠이 華嚴宗에서 제자가 된 사실을 보여준다. 중대사 恃山은 천태종 일파인 疏字宗에서 집사제자가 된 것을 보여주는 것이 아닌가 한다.[152]

사법제자, 집사제자는 이 중수기의 앞면에 그의 일대기를 서술한 조응의 문도이다. 문도가 형성되는 데는 조응의 활동과 관련이 있다. 보제국담선재, 명봉사 총림 법주, 안국사 담선 법주, 그리고 용문사에서의 일만 승재, 구산문 학도 500인 담선회 등을 개최 한 바, 법회, 승재에 협조한 제자 등과 법주로 활동하면서도 참여한 학도들이 많았으며 조응이 머문 곳에 학자가 숲과 같다는 표현으로[153] 미루어 여러 경로를 통해 제자가 된 것으로 보인다.

4) 인각사보각국존비 음기

① 大禪師
靈覺寺宏訓 寶鏡寺神可 迦智寺慧林 麻谷社守倪 法興寺早雲 仁興社禪麟 迦智寺月藏 雲興社洞愚 朱勒寺永怡 龍巖寺淵如 花藏社六

152 韓基汶, 「醴泉 "重修龍門寺記" 碑文으로 본 高麗中期 禪宗界의 動向-陰記의 紹介를 중심으로-」, 『文化史學』 24, 2005.

153 「龍門寺重修碑」, 『韓國金石全文』, p.874, "學識該博 高道卓行 爲叢林模範 人仰如山斗 隨所住處 學者如林".

藏 無爲寺守精 普濟寺法流 海龍王勁芬 天龍社谷之 麟角寺淸玢 聖住寺惠如

② 禪師

見巖社覺靈 桃源社慈一 祖嵓社之純 登億寺大因 妙德寺禪演 載岳社禪談 月星寺立其 香山寺天怡 龍華寺呂桓 吾魚社戒岑 道峯寺守琛 中嶺寺庶吾 師子院志于 深山寺冲淵 瓊嵓寺守淵 兄巖寺慈忍 淸源寺仁應 瑩原寺信丘 普門社灰喜 居祖社天果 麟角寺定生 智論寺玄安 雲住寺淸遠 佛日社英淑

③ 首座

弘化寺宣印 法緣寺印西

④ 山林

元應 心賁 禪朗 天朴 時守 知恢 行伊 可月 禪璉 大迷 聞一 松智 祖南 仁照 悅如 戒崇 雪其 志因 孜信 旋息 瑩其 心替 肉幻 神閑 夢玄 元希 幻雲 宣弘 祖閑 宏智 弘令 由己 可恒 竹虛 兌宜 神日 天宏 日卑 英印 摩訶

⑤ 三重

心聞 智慈 由壯 神英 西去 景伊 曉聽 可千 大休 性賢 湛之 自松 太印 自侶 仁正 贊英 良之 夢由 月珠 大眞 宗資 祖宣

⑥ 大選

玄智 德守 信令 道閑 弘調 祖云 中契 令印 坦弘 鹿之 性邇 智桓 祖松 日桓

⑦ 入選

弘敏 可觀 可悅 可安 宏右 法常 知永 祖詢 令月 信在 令世 覺生 智玄 昇遠

⑧ 參學

日廻 竹之 志溫 可弘 性廻 印昭 益玄 白如 神贊 覺玄 守訥 令規 仁渙 閑世 孝大 廻正 善平 明戒 已成 得心 信如 仁元 志安 法奇 惠見 玄照 學山 遠宣 中世 眞眼

이 비문은 파손되어 원형의 실물 비의 형태는 알 수 없다. 비양의 내용은 탁본이 전해져 알 수 있으나 비음기는 국내외 도서관에 소장된 여러 탁본의 조각에 의해 복원되었다.[154] 복원 음기 일부는 <사진 9> 참조.

비음기의 작성 시기는 일연이 입멸한 1289년(충렬왕 15) 이후 6, 7년이 지난 1295년, 1296년이다. 山立이 쓴 비음기 서에 따르면, 위의 문도는 副法諸德과 執事弟子로 구성되어 있다. 부법제덕은 사법제자로 짐작되고, 집사제자는 승정 일을 맡으면서 제자로 되어 문도가 된 자들이 아닌가 한다. 그런데 부법제덕과 집사제자를 음기에서 구분하여 기록하지 않았다. 비음기가 완전히 복원되지 못했기 때문에 그 원형이나 내용을 모두 알 수 없다. 受法乳公卿大夫라는 세속 관인층 39인 제자도 기재하였다. 위의 제시 음기 판독에는 그 명단을 제외하였다.

④ 山林은 승계를 받지 않았으나 道力을 인정받은 승려일 가능성이 있다. ⑥ 大選, ⑦ 入選, ⑧ 參學은 일연의 승정 참여나 구산문도회의 주관에 따라 참여하여 얻어진 직명으로 짐작된다. 담선회처럼 試官에 의해 참학에서 뽑힌 순서를 말하는 것은 아닌가 한다.

① 대선사, ② 선사, ③ 수좌의 직명을 가진 문도는 각각 소속 사원이 명시되어 있다. 이들 사원의 소속을 추적하여 그 산파 소속 종파를 정리하면, 일연이 속한 가지산문 7인 외의 굴산문 4인, 성주산문 1인, 해룡산문 1인, 그리고 천태종 3인, 유가종 1인 등의 소속승이 문도로 나타난다.[155] 일연의 문도에 사법제자, 집사제자의 구분은 알

---

154 『인각사 보각국사비 재현 연구보고서』, 한국불교연구원·군위군, 2004; 정병삼, 「일연선사비의 복원과 고려 승려 비문의 문도 구성」, 『韓國史硏究』 133, 2006.

155 한기문, 「고려후기 일연 주관 인각사 구산문도회의 성격-「일연비」 음기 문도의 분석을 중심으로-」, 『일연과 삼국유사』, 신서원, 2007.

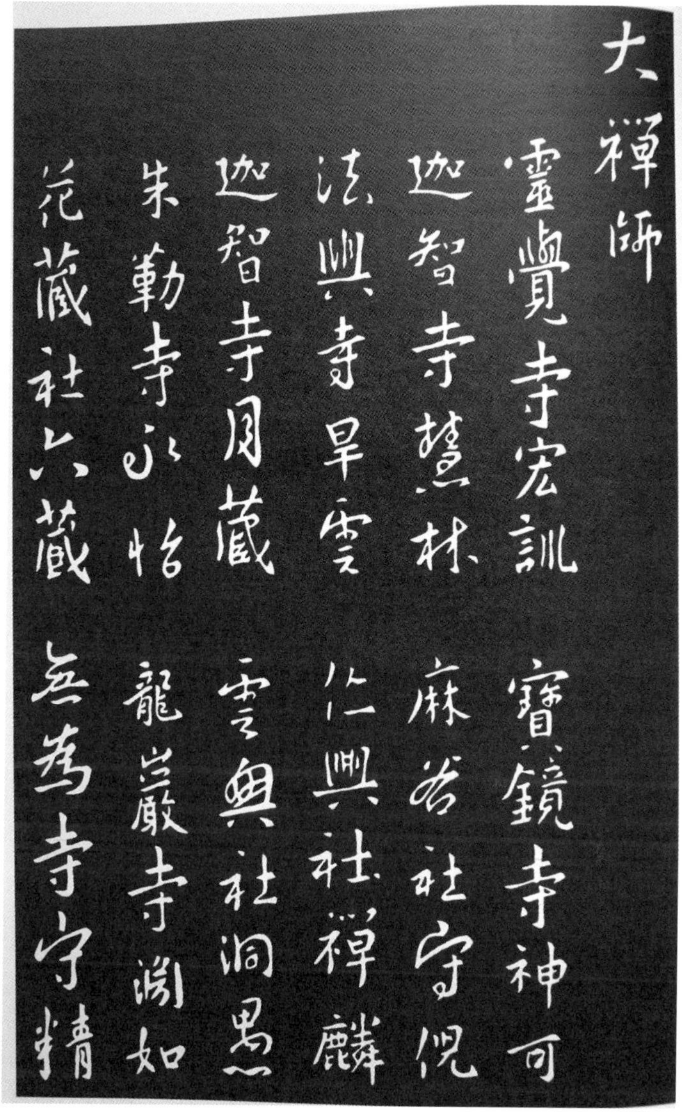

사진 9 인각사 보각국사비 복원음기 부분

수 없지만 가지산문 외의 굴산문, 성주산문, 그리고 천태종, 유가종으로 추정되는 문도도 확인됨으로써 구산선파는 물론 이를 넘어선 사상통합운동과 교류의 중심에 일연이 위치하였음을 알 수 있었다.

이상의 문도의 기재 방식은 혜심의 비 음기의 내용과 비교할 때 유사한 점이 있다. 먼저 세속제자가 대거 기록된 점이다. 또 문인승의 직명에 승통, 수좌 등 교종 승계를 가진 문도가 있다는 것이다. 혜심의 비음기 문도 기록에는 비구니, 우바이가 보이는데 일연비 음기에는 보이지 않는다. 혜심비음기는 崔滋가 찬하였고 修禪社 入社者를 기록한다는 표현에[156] 따라 수선사의 구성의 일단을 짐작할 수 있다. 이러한 현상은 일연비 문도 기록에도 반영된 것으로 보인다. 일연은 그의 비양에서 따르면 湧泉寺를 고쳐 佛日社로 하고 佛日結社文을 지어 충렬왕의 題押을 받은 사실이 있다.[157] 곧 국왕이 불일사에 入社한 셈이다. 나아가 공경대부 역시 입사자로 음기 문도로 그 명단에 작성된 것이 아닌가 한다. 다만 혜심비음기와 달리 공경대부의 부인 즉 우바이에 대한 명단은 없다.

위의 4가지 사례에서 고승비 음기에 기재된 문도에 대한 표현과 구성 등에 차이가 보인다. 선봉사대각국사비 음기에는 '法子孫', '門生' 등으로 표현하여 법을 잇고 있는 자이며 대덕 이상 승계만 기록하였다. 의천에 직투한 문도들이 의천 입적 후 강한 연대의식으로 결속하였기 때문으로 보인다.

---

156 閔賢九,「月南寺址 眞覺國師碑의 陰記에 대한 一考」,『震檀學報』36, 1973, p.15;「月南寺 眞覺國師碑」,『韓國金石全文』, p.1021, "歆風師事者列之左旁 其餘投名入社者 不可△△".
157「麟角寺普覺國尊碑」,『韓國金石全文』, p.1069, "又於包山東麓 重葺湧泉寺爲佛日社…辛巳夏 因東征駕幸東都 詔師赴行在 及至疏請陞座 倍生崇敬 因取師佛日結社文 題押入社".

원응국사비 음기의 문도에는 '門徒'라는 포괄적 표현에 비직원, 법리명공, 법리주지, 가계▨▨, 가계명공, 참학, 명직, 도관 등으로 구성되었다. 학일의 활동과 국사의 지위에 나아간 후 승정에 일정 참여하면서 형성된 포괄적 문도 형성을 반영한다.

용문사중수비 음기의 문도에는 사법제자와 집사제자 등으로 분류하였고, 사법제자 중에는 조응의 굴산파 승려만이 아니라 수미산파에서 사법제자로 들어 온 3명이 주기로 밝힌 것과 같이 사법제자 중에는 산파를 넘나든 이동이 있다는 현상을 보여 준다. 집사제자 역시 화엄, 천태종 등 다른 종파에서 문도로 들어 온자가 주기된 현상이 보인다.

일연비 음기 문도에는 위의 사례와는 달리 크게 세속 관인층 제자가 문도로 추가되었다. 부법제덕과 집사제자로 구분하였다고 하지만 비음기의 원형과 완전한 복원 미비로 구분된 사실은 확인할 수 없다. 부법제덕, 집사제자 등으로 표현된 문도 중에는 교종 계통의 소속사원과 수좌와 같은 교종 승계도 보이며 승계가 없는 山林, 大選, 入選, 參學 등 직명도 보이므로 구산도회를 열고 구산의 영수의 지위에 오른 일연의 활동과 교학에도 밝았다는 사상적 특징이 반영된 문도 형성이라고 할 수 있다. 구산문도회, 불일결사 등의 활동에 따른 교선을 초월하고, 산파를 넘어서고, 승속을 포괄하는 세속 관인층의 문도도 기재된 현상이 나타난다.

이상과 같이 고승비 음기에 기재된 문도의 구성과 성격은 각 고승의 활동과 사상적 특징에 영향을 받고 비를 건립하기 위해 활동한 문도의 성격에서도 나타난다고 생각된다. 따라서 고승비에 보이는 문도의 구성은 일정한 규정이 있는 것은 아니고 비문 건립 당시의 교단의 상황에 따라 이루어졌다.

3. 고승비 음기로 본 문도의 형성과 종단

앞장에서 문도의 구성으로 보이는 법계승, 참학, 명공, 입선, 대선, 산림, 가계, 비직원, 도관 등의 문도 직명을 볼 수 있었다. 여기서는 이들 직명의 유래를 추적하고 고승의 강회, 담선 활동 및 승정제도, 승록사, 결사 등과 연관하여 그 고승의 문도 형성 과정을 살펴보고 나아가 문도 형성을 통하여 종단의 운영 양상을 살핀다.

고승비를 보면 먼저 출가하여 낙발해 주는 고승을 만나는데 이를 得度師라 하고 출가 이름인 법명을 부여한다.[158] 또한 수계를 해주는 고승을 만나는데 이를 授戒師라 한다. 이어 고승들의 강회, 법회, 담선회 등에 참석하는데 여기서 수법을 한다. 이를 受法師라 할 수 있다. 득도사와 수계사, 그리고 수법사가 모두 일치하거나 그렇지 않은 경우도 있다. 소속 종파를 결정하는 것은 득도사를 기준으로 한다.[159] 수계사는 고려전기에는 官壇寺院 수계로서 출가승려의 자질을 강화하는 차원이었으나 고려중기 이후에는 관단수계 사례가 고승비에서 사라진다. 이로 보아 수계의 중요성이 약화되고 국가의 출가를 검증하는 제도가 度牒을 발급하는 것으로 변화되었다.[160] 수계사의 법명이 제시된 예가 없으며 수계사가 문도 형성에서의 역할은 없다.

---

158 「法泉寺智光國師碑」, 『韓國金石全文』, p.517, "公悅而名之海麟"; 「金山寺慧德王師碑」, 『韓國金石全文』, p.540, "就海安寺麟公所落髮…以韶顯爲名之"; 「正覺僧統靈炤墓誌」, 『韓國金石全文』, p.895, "就靈通寺普炤院剃度 因以命名".
159 金映遂, 「曺溪禪宗에 就하야-五敎兩宗의 一派, 朝鮮佛敎의 根源」, 『震檀學報』 9, 1938.
160 韓基汶, 「新羅末 高麗初의 戒壇寺院과 그 機能」, 『歷史敎育論集』 12, 1988.

고승비 음기에 보이는 親承敎訓者, 受繼業弟子, 法子孫, 法孫弟子, 弟子相續住持, 稟敎訓相繼住持者, 嗣法弟子, 副法諸德 등으로 표현되는 受法을 통한 문도 형성이 중심을 이룬다. 강한 결속을 표현하는 비문 선봉사대각국사비 음기에 법자손이 그러한 예로 볼 수 있다. 이는 바로 소속 종파로 계승된다고 짐작된다. 종세의 확산은 승정 곧 승계와 주지, 승록 등의 직을 확보하는 것이며 나아가 주지직을 통한 소속사원 확보, 문도 수의 확대 수용으로 이어진다.

고승의 수법을 통한 문도의 형성 과정은 법회, 담선회 주강, 승과 예비시험 주관, 본시험 대선 주관, 僧政의 共議 참여, 승려대회 주관 등을 통해서도 이루어진다.

참학으로 표현되는 문도 직명은 고승의 강회에 참석이 허락된 제자를 이른 것으로 생각된다. 『대각국사문집』에 參學 緇秀에 보이는 글에[161] 공부의 방향을 일러 주는 내용이 있고, 치수는 영통사대각국사비 門徒職名開座의 중대사조에 그 법명이 있다.[162] 선종에서는 宣宗代에 普濟寺 貞雙 등이 九山門參學學徒가 進士例에 따라 삼 년에 한 번씩 선발하기를 청하고 국왕이 허락한 기사를 보면[163] 승과의 예비 시험에 응시하려는 자를 參學이라 한 것으로 추측된다. 科擧에서 진사시는 예비 시험을 의미하고 예부시가 최종고시가 되기 때문이다. 그리고 선종 각 山門에서 예비승과라 할 수 있는 談禪會에 참여하여 산문 祖師의 초상화를 뵙고 올린 글의 주체가 바로 參學이었던 것을 보아도[164] 분명하다.

---

161 「示新參學徒緇秀」, 『大覺國師文集』 卷16(『韓國佛敎全書』 4, 東國大出版部, 1984, p.556).

162 「靈通寺大覺國師碑」, 『韓國金石全文』, p.586.

163 『高麗史』 卷10, 世家, 宣宗 元年 正月 己巳, "普濟寺僧貞雙等 奏九山門參學僧徒 請依進士例 三年一選 從之".

164 「談禪會須彌山參學等謁祖師眞文」, 「同前聖住山參學等拜祖師文」, 『東國李相國集』 後集

선종의 도회 담선회에 3년에 한 번 열어 선발된 자들이 곧 入選이었다. 承迥이 普濟寺 談禪大會에 참석하였으나 스승 洞純師가 돌아가자 장례에 임하여 응하지 못하였지만, 명종이 승형의 도행을 높이 평가하여 抄選에 특례로 선발되게 하였다.[165] 당시 보제사 담선회는 선종에서 전국 총림에서 선발된 승려들이 대선에 응할 수 있는 자격을 얻는 선발 시험이었다. 이에 대해서는 이규보의 글에서도 확인된다. 3년마다 한 번씩 경사에서 담선대회를 열었는데 구산 승려들은 이 대회가 있기 1년 전에 각기 그 산문으로써 외방의 가람을 점유하고는 법회를 열어 겨울을 보내는데 이를 叢林이라 하였다.[166] 곧 각 산파의 총림에서 선발되어 보제사 담선회에서 뽑히면 비로소 廣明寺 選佛場에 응할 수 있는 승려 선발제도가 있었다. 승형은 그의 스승의 喪으로 결시하였으나 명종의 관심을 받아 특례 선발로 광명사 選佛場에 나갈 수 있었다. 이로 보아 선종 내의 각 산파가 존재할 수 있는 국가관리의 승정체계가 운영되었다.

교종의 경우 瑜伽宗의 觀奧가 崇敎寺 成福選에 뽑혀 得名하고 奉恩寺 大選에 합격하여 대덕의 법계를 더하였다는 예[167]와 화엄종의 智偁이 成福選을 주관한 예[168] 등을 참고하면, 성복선이 교종의 예비시험이었다. 화엄종 靈炤가 '得名'하고 '登國試'하였다는 내용에

卷12(『韓國文集叢刊』 2, p.251)

165 「寶鏡寺圓眞國師碑」, 『韓國金石全文』, p.995, "丁巳春 例赴普濟寺談禪會 純公凶訃至 將赴喪…時明廟當宇 素聞師之道行 及於抄選 詔有司 有司特加抄錄 此不拘凡例也".

166 李奎報, 「龍潭寺叢林會榜」, 『東國李相國集』 卷25, "間歲設談禪大會於京師…九山釋子 先其會一年 各以其山門 占斷外方之伽藍 而開法會涉冬節 是之謂叢林".

167 「證智首座觀奧墓誌」, 『韓國金石全文』, p.758, "天慶三年癸巳 崇教寺成福選得名 七年丁酉 奉恩寺大選入格 加大德".

168 「靈通寺住持智偁墓誌」, 『韓國金石全文』, p.910, "捿領成福選".

서도[169] 大選 전에 예비 시험을 합격한 자를 入選이라 한 것으로 짐작된다. '名公學徒'란 바로 예비 승과에 합격하여 '得名'한 입선 이상의 학도란 의미로 이해된다. 예비시험을 주관한 고승의 문하에서 入選에 오른 이들이 문도로서 오를 수도 있을 것이며, 원래 득도한 고승의 입선 직명으로 문도에 오를 수도 있었을 것이다.

최종 선발 시험은 선종은 廣明寺 선불장에서, 교종에서는 王輪寺 선석에서 하였다.[170] 1101년 천태종 대선이 처음 시작되었는데 대각국사가 主盟한 바 있고,[171] 선종의 學一도 대선사로서 '選席'을 주맹한 바 있다.[172] 화엄종의 智偁이 '掌宗選', '典領中選'하였고, 靈炤도 '大選都聽'이 된 바 등의 예가[173] 있어 고승은 대선의 주맹을 통해서도 大選이라는 직명의 문도를 둘 수 있었다.

敎雄은 천태종 大選이 되고 大師의 승계 받은 후 '太選'에 나아가 上品에 올라 국왕의 조서를 받고 國淸寺 覆講師가 되어 經論을 發明하여 학도에게 傳法하였다.[174] 승과 위에 太選의 존재가 확인되나 더 이상 알 수 있는 자료가 없다. 다만 복강사를 뽑는 시험으로 보인다. 화엄종 敎雄은 귀법사 대사 成明에 나아가 祝髮했으나 壯年에 승통 理琦 문하에 나아가 弟子禮를 하고 請業하였다. 승과에 합격

169 「正覺僧統靈炤墓誌」, 『韓國金石全文』, p.895, "其次得名年十七登國試二十一初住光敎寺".

170 許興植, 「高麗時代의 僧科制度와 그 機能」, 『歷史敎育』 19, 1976.

171 「國淸寺妙應大禪師敎雄墓誌」, 『韓國金石全文』, p.635, "乾統元年國家始闢台宗大選 使國師主盟".

172 「雲門寺圓應國師碑」, 『韓國金石全文』, p.662, "是年主盟選席時 學者盛談二種自己…".

173 「靈通寺住持智偁墓誌」, 『韓國金石全文』, p.910, "典領中選…又掌宗選"; 「正覺僧統靈炤墓誌」, 『韓國金石全文』, p.895, "乙巳歲並爲大選都聽".

174 「國淸寺妙應大禪師敎雄墓誌」, 『韓國金石全文』 p.635, "赴太選弁師又在上品 詔爲國淸寺覆講師 發明經論 傳法學徒".

하고 華嚴一宗匠이 되었다. 그 門弟 300여 인이라고 하였다.[175] 자세한 사정을 서술하지 않은 짧은 묘지명이지만 득도사를 떠나 수법사의 문하가 된 예이다. 또 화엄일종장으로 이름을 날려 門弟가 300여 인이 있다는 것은 傳法을 통한 문도 확보의 사례가 될 수 있다.

각종 중수 낙성회, 담선회 法主, 강회 主講, 인각사 일연 주관 구산문 도회 등으로 대거 참여한 학도들이 문도로 영입된 경로 등 다양한 것으로 보인다. 각 종단 중심 사원에서 시행한 정기 승려대회 곧 현화사 정기 법회, 흥왕사 법회, 국청사 법회, 보제사 國談齋 등을[176] 통해서도 문생들을 종단 차원에서 묶는 역할을 하였을 것으로 짐작된다. 慕德歸化者, 師揚法化者 등으로 분류된 문도들이 여기에 해당될 수가 있다.

道人, 山林, 山人 등으로 나타나는 직명은 승과와는 무관하게 도력을 인정받은 자로서 문도에 참여한 경우가 될 수 있다. 승과를 통과하는 경우는 극히 제한적인 인원일 것이기 때문에 오래 승과에 합격하지 못하고 도력이 인정되면서 붙여진 직명일 것이다.

加階 직명, 法理住持, 入內上守都僧錄 같은 道官 등은 승정에 참여하여 얻은 문도 직명일 수도 있다. 고승들이 주지 共議, 승계 加階 등 승정 집사에 참여하여 그 직명을 얻게 되어 붙여진 문도 직명일 것으로 생각된다. 천태종 성립과 함께 문도 변동의 여러 경험을 한 敎雄의 사례를 통해 짐작할 수 있다. 교웅은 그의 스승 翼宗이 입적

175 「洪圓寺住持敎雄墓誌」, 『韓國金石全文』 p.720, "年十二投歸法寺大師戒明祝髮 於其年受具足戒 比壯就僧統理琦門摳衣請業…仁宗甚厚遇而當時公卿學士大夫 亦莫不敬重 實華嚴一宗匠也…門弟三百餘人".

176 정기승려대회에 대해서는 한기문, 앞의 논문, 2007 참조.

하자 문제들이 자신의 이익에 따라 모두 바쁘다가 마침내 다른 문하로 갔지만 교웅만은 움직이지 않자 一宗匠이 해치려고 집사하여 홍주 백암사로 좌천 발령하였다는 것이다.[177] 이 사례에서 자신의 이익이라 함은 승계 승진과 주지직 발령, 도관 임명 등으로 짐작되고 '一宗匠'으로 칭하는 존재는 門生을 거느리고 더 확장하려는 고승으로 보인다. 주지직 임명에 관여한 것을 '執事'로 표현한 점에 유의하면 여기서는 僧政에 간여한 것을 의미한다.

의종이 천태종 德素로 하여금 宗碩學으로서 批職을 내릴 수 있는 자의 천거를 命하니 모두 公望에 부합한 것이었다는 일화는[178] 바로 덕소가 종석학 批職의 승정에 참여한 것을 말한다. 덕소의 문도직명은 1,200여 인이나 된다. 따라서 가계, 법리주지 등은 승정에 참여하면서 얻은 문도 즉 執事弟子의 범주에 들 수 있을 것이다.

유가업 德謙의 경우도 같은 종단 내에서 이자겸이 擅權하면서 그 아들이 현화사에 있으면서 세력에 의존하고 위력에 편승하여 여러 老師와 有德을 겁박하여 門弟로 하였으나, 덕겸만은 어린아이의 門眷이 되겠느냐며 질타하여 中傷을 받았다는 사례가 있다.[179] 세력에 의존하고 위력에 편승이라는 부분은 곧 승정 개입을 의미하는 것으로 짐작된다.

이처럼 문도의 확장과 스승을 바꾸는 문도 이동은 같은 종파 내에

177 「國淸寺 妙應大禪師敎雄墓誌」, 『韓國金石全文』, p.635, "宗禪師入寂 門弟以身徇利 皆紛竟適他 唯師守正 不爲勢遷 時有一宗長 以師傑然獨立 不禮於其門 爲疾將害之而未果 適乘時執事貶住洪州白嵓寺".

178 「寧國寺圓覺國師碑」, 『韓國金石全文』, p.849, "命師擧宗碩學可授批職者 其所薦皆副公望".

179 「圓證僧統德謙墓誌」, 『韓國金石全文』, p.696, "仁王初 國戚李氏擅權 其子爲浮屠者 居玄化寺 倚勢乘威 劫諸老師有德爲門弟 故趨炎炙手者日盈其門 師獨厲色叱之曰 師之所存道之所存也 安有達士迫於豪强 反爲兒子門眷耶 李氏子大惡之 欲中傷之者數矣".

서도 일어날 수 있고, 종파를 넘어서는 문도 이동도 있는 등 승정과 매우 밀접한 것으로 생각된다. 문도 내에서는 神足弟子, 法孫弟子, 上足弟子, 上首弟子, 正孫, 高弟, 嫡嗣 등으로 표현되는 문도가 주지직을 서로 잇는 문도 유지의 핵심적인 역할을 하였을 것이다.

고려초의 고승비에는 문도에 대한 상세한 명단 없이 숫자만 기재하거나 상족, 수제자만 기재하였다. 하지만 사원 강회가 활발해지고 예비, 본고시 등 승정제도가 갖추어진 靖宗代부터는 교단이 정비되어 문도의 受法과 慕化, 執事 등 여러 분류로 문도가 승계에 따라 작성되기 시작하여 문도 형성에서 승정이 개입되고 문도의 이동과 분열이 나타나게 되었다. 고려 중기에 이르러서는 僧俗一體의 結社運動 반영으로 세속제자 명단이 기재되고 법계와 함께 소속사원이 명시되는 현상이 나타났다. 종단 간의 분쟁이 점차 심해지는 조짐으로 보인다. 고승 문도의 형성은 종단을 구성하는 바탕이 되지만, 승정에 고승이 깊이 개입함으로써 문도가 이동, 분열하기도 하여 종단의 안정을 흔드는 일도 있었다.

제2장

사적비에 보이는 사원의 개창과 중수

제2장

I. 용수사 개창비와 화엄종의 동향

용수사의 성립에 대해서는 李世澤이 18세기 초 이 지역을 답사하고 용수사의 유적을 소개한 『龍山誌』의 내용을 참고한다.[1] 특히 전래된 탁본보다 앞서 판독한 것으로 추정되는 고적조 崔詵碑文은 곧 「용수사개창비」로서 그 전문이 수록되어 있어 이를 대조하여 전체 비문을 보완한다. 그리고 고려 고종대 『大方廣佛華嚴經疏』 개판을 주장한 용수사 社堂 比丘 玄揆와 고려후기 體元의 『別行疏』와 『白花道場發願文略解』 간행시 교감한 覺華寺 주지 性之의 존재도 유의한다. 이들 자료의 보충을 디딤돌 삼아 용수사를 중심으로 그 종풍과 소속승의 사상경향, 화엄종단의 추이, 계열사원, 그리고 왕실과의 관계 등을 고찰하고자 한다.

---

1 『龍山誌』는 18세기 초 李世澤이 쓴 일종의 山志이다. 국학진흥원의 김순석 선생님이 제공한 것을 이용하였다.

1. 고려전기 화엄종단의 추이와 법해용문

용수사 종풍을 살피기에 앞서 고려전기 화엄종단의 흐름을 정리하고자 한다. 이로써 용수사 개창의 화엄학 인맥을 살필 수 있다. 화엄학은 義相에 의해 신라에서 이해되고 浮石寺를 중심으로 화엄 10찰로 대표되는 지방화를 이루었다. 특히 8세기 중엽 성립된 華嚴寺와 9세기 초 창건된 海印寺 등에서 고승들의 활동이 주목된다. 화엄사에서는 경덕왕대 실존 인물로 확인된 緣起의 사상은 의상이 주도한 화엄학과는 달랐던 것으로 추정된다. 이에 따라 화엄사가 있던 지리산에서 활동한 연기계를 곧 남악파로, 부석사가 위치한 태백산의 의상계를 북악파로 파악한다. 『均如傳』에 따르면 신라말 海印寺에서 觀惠를 중심한 남악파와 希朗을 중심한 북악파가 각기 견훤과 왕건을 단월로 분열·대립한 사실이 있다. 바로 연기계와 의상계의 대립이 표면화된 것으로 이해한다.[2]

고려초 광종대 均如가 북악파 중심으로 화엄교단을 통합하게 되었다. 균여는 화엄교리 이해에 많은 노력을 기울여 智嚴, 法藏, 의상의 저술에 대한 주석서를 내었다. 그는 중국 초기의 화엄학 곧 지엄과 법장의 그것을 그대로 받아들였는데 그의 화엄학의 주안점은 性相融會였다.[3] 그리고 당시 선종에 대응하기 위한 실천적인 면이 반영되어 『華嚴神衆經』이 중시되었다.[4] 균여의 화엄학은 신라 시기의

---

2 崔柄憲, 「高麗時代 華嚴學의 變遷-均如派와 義天派의 對立을 중심으로-」, 『韓國史研究』 30, 1980.

3 金杜珍, 『均如華嚴思想研究』, 一潮閣, 1983.

4 남동신, 「羅末麗初 華嚴宗團의 對應과 『(華嚴)神衆經』의 成立」, 『外大史學』 5, 1993.

것을 거의 계승한 것이다.

그런데 의천이 문종대 완성된 興王寺에 주석하여 화엄종을 일으키면서 신라 화엄의 계승자인 균여 계통의 화엄학을 맹렬히 비난하였다. 『新集圓宗文類』를 편집하여 그 근본책으로 삼게 하였다.[5] 뿐만 아니라 교장 간행의 목록인 『新編諸宗教藏總錄』에서도 균여의 저술을 제외하였다.

이렇게 된 배경은 고려 초기와 고려 중기의 사상적 과제가 달랐던 데 있다고 한다. 화엄학이 조직될 때 과제였던 성상융회 문제가 아니라, 오히려 법상종과 구별을 명확히 하는 대신 화엄학과 선종의 일치 및 화엄학과 天台學의 조화 문제가 새로 대두된다. 이를 위해 의천은 澄觀, 宗密의 화엄학을 높이 평가하고 元曉의 불교 철학을 재발견하였다. 특히 징관의 교선일치에서 한 단계 더 나아가 화엄 우위의 선을 포섭하여 화엄 가운데 융회하려는 것이었다.[6]

당시 3차에 걸친 거란 침입 후 외적에 대한 강력한 護國信仰 고취 분위기가 있었고, 거란과 대치 관계에 있는 송과 정신적 유대 강화를 맺을 필요가 있었다. 그리고 불교의 호국 신앙은 禪보다는 敎에서 찾을 수 있고 교학의 흥륭은 송대 문화의 수용을 통해 활성화될 수 있다. 이러한 시대 요청이 새로운 고려불교 확립으로 나타난 것이다.[7]

의천은[8] 華嚴九祖說을 내세웠다. 1101년(숙종 6) 洪圓寺에 九祖堂

---

5 「新集圓宗文類序」, 『大覺國師文集』 卷1(『韓國佛教全書』 4, 東國大出版部, 1984, p.528).

6 최병헌, 앞의 논문, 1980; 최병헌, 「大覺國師 義天의 華嚴思想研究-均如의 華嚴思想과의 비교를 중심으로-」, 『韓國史學』 11, 精神文化研究院, 1990.

7 洪庭植, 「高麗佛教思想의 護國的 展開(1)」, 『佛教學報』 14, 1977, pp.29~32 참조.

8 의천의 생애와 활동에 관한 자료는 『大覺國師文集』과 「興王寺大覺國師墓誌」(『韓國金石全文』, p.531), 「靈通寺大覺國師碑」(『韓國金石全文』, p.574), 「僊鳳寺大覺國師碑」(『韓國金石全文』, p.593) 등이 있다.

을 세우고 법상종의 海東六祖像을 모신 데 대해 화엄학의 종조를 확립하여 화엄종단의 종파를 확립하였다. 의천이 천태종을 내세운 것은 법상종과의 대립에서 禪宗을 포섭하기 위한 방편이었던 것으로 보인다. 1131년(인종 9) 흥왕사에서 21일간 화엄법회를 개최한 것은 화엄종단의 단합과 결속을 위한 것이다. 그 정기성은 알 수 없지만 법상종단의 현화사에서의 매년 두 번에 걸친 승려 대회와 비교된다. 그리고 흥왕사에 법상종단에서 강조한 미륵을 모시는 慈氏殿을 세우고, 의천은 법상종 계통의 저술에 대해 관심을 가져 『刊定成唯識論單科』 序文을 쓰고 있다. 그리고 흥왕사에 敎藏司를 설치하고 송과 거란 등지에서 수집한 불교 연구서인 敎藏을 간행하였다. 의천은 법상종단을 의식하여 화엄조사의 확립, 포괄적 사상적 관심과 교장의 간행, 선종의 포섭 등을 통해 종단을 강화하였다.[9] 그는 왕자 출신으로 왕실의 지원을 받았다.

흥왕사에 교장사를 둔 화엄종단은 그 계열 사찰에도 출판을 위한 시설이 있었을 가능성은 있다. 그러한 사실을 유추할 수 있는 자료는 의천이 간행한 『圓宗文類』 권1의 간기이다. 여기의 상교자의 소속사원과 직명·승명을 살펴보면 興敎寺, 佛日寺, 奉先寺, 眞觀寺, 妙智寺 등의 개경 사원과 해인사, 화엄사, 歸信寺, 松川寺 등의 경상, 전라 남부 지역의 지방 사원 소속 승들이 참여한 것을 알 수 있다. 하지만 태백산, 팔공산 등의 화엄계 사원의 승들의 활동이 보이지 않는다.[10]

---

9 한기문, 「佛敎를 통해 본 통일신라·고려 왕조의 연속성-종단사상을 중심으로-」, 『한국중세사연구』 29, 2010, p.99.

10 韓基汶, 「高麗中期 興王寺의 創建과 華嚴宗團」, 『高麗寺院의 構造와 機能』, 民族社, 1998, pp.64~67.

하지만 태백산, 만악산, 팔공산 등지의 화엄계 사원이 개창과 중수 등으로 다시 활기를 띠기 시작하였다. 예종대 부각된 戒膺과 그 법손의 활동으로 가능하였다. 계응에 대해서는 1125년(인종3)에 건립된 「靈通寺大覺國師碑」 음기에 문도로 三重大師조에 있다.[11] 無碍智國師는 문장이 자유자재로웠고, 예종이 대내에 머물 것을 간청했으나 시를 지어 거절하고 태백산으로 돌아갔다는 사실이 최자의 『補閑集』에 전해진다.[12] 그리고 이인로의 『破閑集』에 소개된 자료도 있다.[13] 여기에 따르면 의천의 嫡嗣라 하고 예종의 경앙을 받았다고 한다. 여러 차례 간청하여 태백산에 들어가 손수 각화사를 창건하고 법시를 열었는데 사방의 학자가 폭주하여 날마다 천백 명은 되니 法海龍門이라 한다.

의천의 적사가 태백산으로 퇴거한 이유는 개경에서의 화엄종단내의 분열과 갈등, 그리고 유가종단의 압박이 있었기 때문이다. 의천은 헌종대에 흥왕사에서 洪圓寺로 옮겼다가 해인사로 퇴거한 적이 있다. 이때의 사정은 이자의가 그의 생질을 즉위시키고자 족단을 동원하였고 그 속에 있던 아들 智炤가 흥왕사를 장악하였기 때문이었다. 숙종의 4왕자 澄嚴이 1119년부터 흥왕사의 주지에서 물러나 숭선사, 귀신사에 있다가 1131년 흥왕사로 돌아올 때까지 10여 년은 인주 이씨의 전횡 시기이다. 이때 이자겸의 아들 義莊이 유가종단은

11 「靈通寺大覺國師碑」, 『韓國金石全文』, p.586.

12 『補閑集』 卷下, "無㝵智國師戒膺 講道外游刃於文章 睿王邀入大內苦請留 師作詩云 聖勅嚴明辭未得 巖猿松鶴別江東 多年幸免魚呑餌 一旦翻爲鳥在籠 無限旅愁宮裡月 有時歸夢洞中風 不知何日君恩報 甁錫重回對碧峯 卽往太白山卜居將終焉 上復遣使徵之 屢詔不受".

13 『破閑集』 卷中, "太白山人戒膺 大覺國師適嗣也 幼時寓僧舍讀書 大覺隔墻 聞其聲曰 此眞法器也 勸令祝髮 在門下 日夕孜孜鑽仰 優入閫奧 繼大覺 弘揚大法四十餘年 爲萬乘敬仰 常不離輦轂 累請歸太白山 手刱覺華寺 大開法施 四方學者輻湊 日不減千百人 號爲法海龍門".

물론 화엄종단에도 압박을 가한 것이다.[14]

요컨대 고려전기 화엄종은 의천에 의해 흥왕사를 중심으로 교장을 간행하는 등 화엄학 연구를 주도하였다. 의천 사후 화엄학 문도들 중 한 갈래는 계응을 중심으로 태백산으로 퇴거하여 법해용문을 형성하여 화엄교단을 확장하고자 하였다.

2. 용수사 개창비와 개창과정

용수사 개창비는 1181년에 세워진 화엄종 寺碑이다. 18세기 초 李世澤이 쓴『龍山誌』의 고적조에 최선비문으로 전문이 알려졌다. 李俣의『大東金石帖』에 일부 탁본으로 소개되었고,『朝鮮金石總覽』에도 탁본 일부가 판독되어 8행 210자 정도 파악되었다. 이후 허흥식은 일본 천리대 도서관에 보관된 서첩형태의 탁본을 비문 전체의 형태로 복원하여 전문을 활자화하였다. 徐守鏞은『용두산 용수사』에서[15] 개창기 원문과 탁본 영인을 소개하였다.『용산지』최선비문 부분과 천리대 도서관 금서룡문고 소장 탁본은[16] <사진 1>, <사진 2>, <사진 3>, <사진 4>, <사진 5>, <사진 6> 참조.

여기서는 허흥식의 판독문을 바탕으로 탁본과『용산지』최선비문을 對校하여 보완본을 제시한다.

---

14 한기문, 앞의 논문, 앞의 책, 1998.
15 徐守鏞 編,『용두산(龍頭山) 용수사(龍壽寺)』, 동방미디어, 1997.
16 한국정신문화연구원,『藏書閣所藏拓本資料集 I 古代·高麗編』, 1997, pp.186~191.

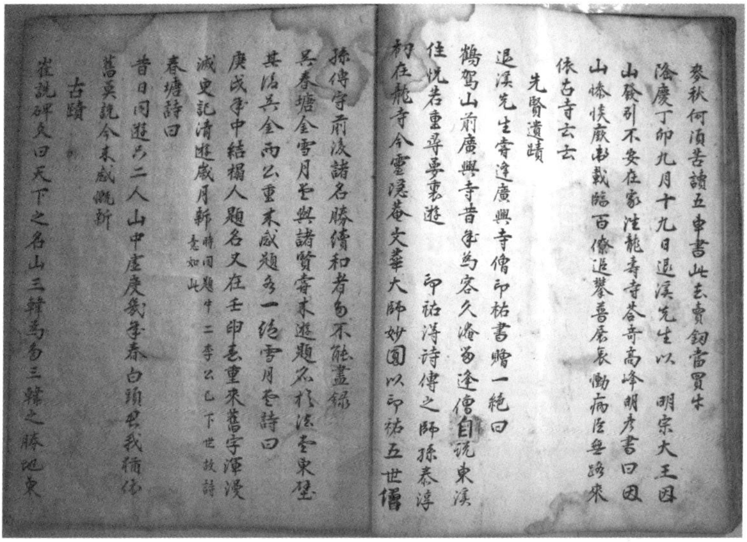
參秋何須苦讀五車書此志貴鈎當買牛
滄慶丁卯九月十九日退溪先生以 明宗大王因
山發引不安在家往龍壽寺寄奇高峰明彥書曰因
山椽悵厭彰戴臨百僚退攀蓍居衰慟病臣無路來
依古寺云云
先賢遺蹟
退溪先生寄逢廣興寺僧印祐書贈一絶曰
鶖駕山前廣興寺昔年爲客久淹留逢僧自說東溪
住恍若重尋夢裏遊 印祐済詩傳之師孫泰淳
初在龍寺今靈隱菴丈華大師妙圓以印祐五世僧
孫傳守前後諸名勝倩和者多不能盡錄
其春塘金雪月皆與諸賢寄來遊題名於法堂東壁
其後其金両公重來感題各一絶雪月堂詩曰
庚戌年中結構人題名又在壬卯春重來舊字渾漫
滅更記清遊歲月新 時同題中二李公已下世故詩意如此
春塘詩曰
昔日同遊乃二人山中處處髮華春白頭君我猶依
舊其說今來感慨新
古蹟
崔說碑文曰天下之名山三韓為多三韓之勝地東

사진 1 용산지 최선비문 부분1

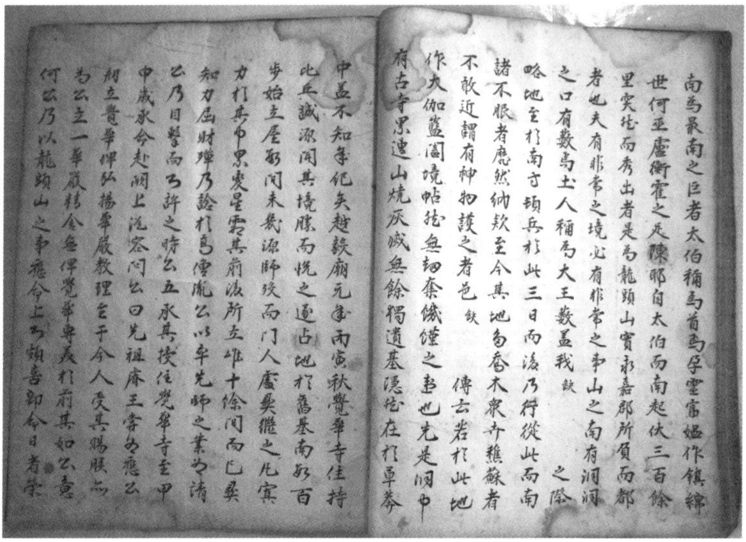
南爲最南之巨者太伯稱焉首爲孚靈富媼作鎮締
世何亞廬衝霍之走陳郡自太伯而南起伏三百餘
里突拔而秀出者是爲龍頭山實永嘉郡所負而郡
者也夫有非常之境必有非常之事山之南有洞洞
之口有數焉土人稱爲大王數蓋我 缺 之際
略地至於南方頓兵於此三日而後乃行從此而南
諸不服者應然納款至今其地多喬木衆卉推蘇者
不敢近謂有神物護之者邑 缺 傳云若於此地
作大伽藍闔境帖然無切桑儀鍾之患也先是洞中
有古寺累遭山燒灰滅無餘獨遺基隱然在於草莽
中蓋不知年紀矣越毅廟元年丙寅秋覺華寺住持
比丘誠源聞其境勝而悅之遂占地於舊基南數百
步始立屋數間未幾源師歿而門人處英繼之凡寅
力於其中累更星霜其前後所立非十餘間而已英
知力屈財殫乃謀於高僧祖公以卒先師之業也請
公乃目擊而乃許之時公五承其後住覺華寺至甲
申歲承命赴闕上說容問公曰先祖康王寄如應公
剏立覺華俾弘揚華嚴教理至于今人受其賜朕亦
為公立一華嚴精舍無俾覺華專美於前其如公意
何公乃以龍頭山之事應命上大頗喜卽命日者擇

사진 2 용산지 최선비문 부분2

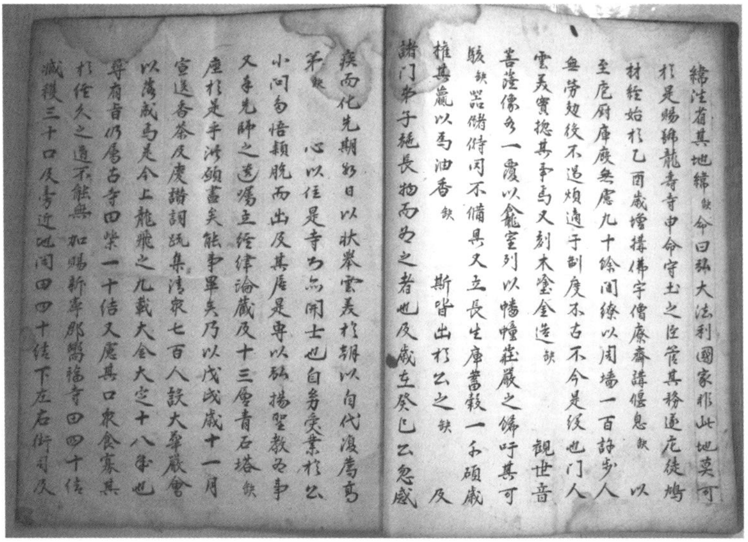

사진 3 용산지 최선비문 부분3

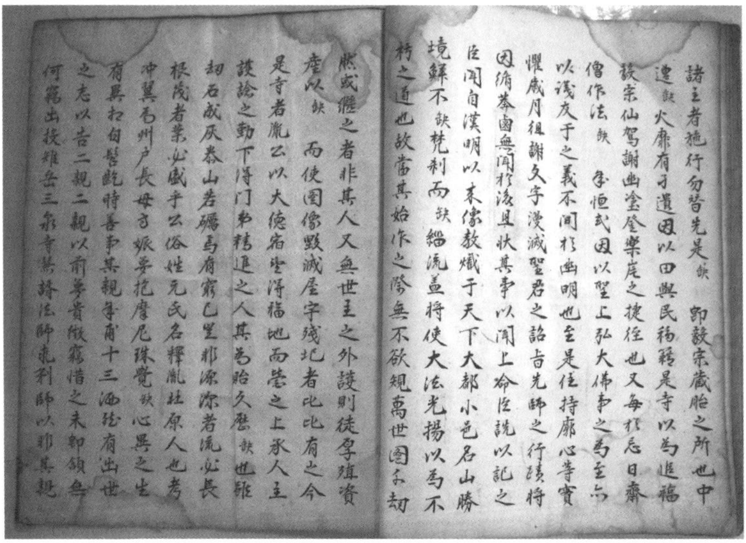

사진 4 용산지 최선비문 부분4

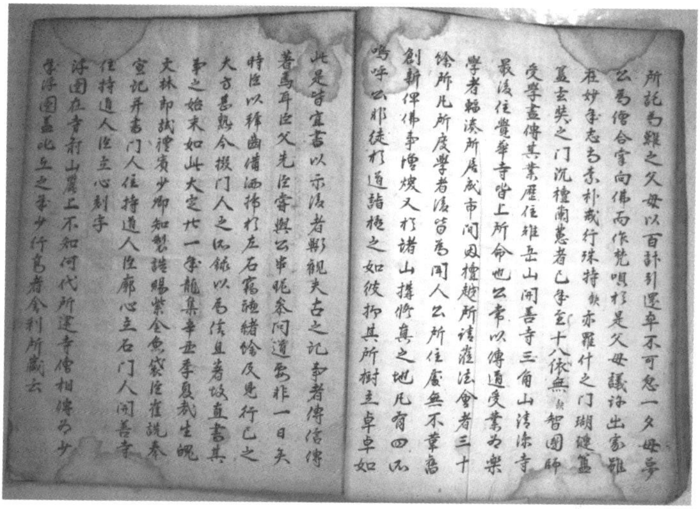

사진 5 용산지 최선비문 부분5

龍山龍壽寺開創記

大之名山三韓為多三韓

之勝地東南為冣東南之巨

者太伯稱首焉爭靈富媼

作鎮綿世何巫廬衡霍之足

陳邪自太伯而南走伏三百

사진 6 용수사개창기 천리대 탁본 부분

龍壽寺開剏記(題額)

龍頭山龍壽寺開剏記

[01] 天下之名山三韓爲多三韓之勝地東南爲㝡東南之巨者太伯稱爲首焉孕靈富媪作鎭綿世何巫盧衡霍之足陳耶自太伯而南起伏三百餘里」

[02] 突如而委出者是爲龍頭山實永嘉郡所負而都者也夫有非常之境必有非常之事山之南有洞洞之口有藪焉土人稱爲　大王藪盖」

[03] 我神□□□□之際略地至於南方頓兵於此三日而後乃行從此以南諸不服者靡然納款至今其地多喬木衆卉樵蘇者不敢近謂有神物護」

[04] 之者邑之□□□傳云苦於之作大伽藍闔境帖然無劫奪饑饉之患也先是洞中有古寺 累遭山燒灰滅無餘獨遺基隱然在於草莽中盖不」

[05] 知年紀矣越　毅廟元年丙寅秋覺華寺住持比丘誠源聞其境勝而悅之遂占地於舊基南數百步始立屋數間未幾源師沒而門人處彜繼」

[06] 之凡寘力於其中累變星霜其前後所立唯十餘間而已彜知力屈財殫乃諗於高僧胤公以卒先師之業爲請公乃目擊而心許之時公五承其」

[07] 授住覺華寺至甲申歲承　命赴闕　上從容問公曰　先祖睿王嘗爲膺公剏立 覺華俾弘揚華嚴教理至于今人受其賜朕亦爲公立」

[08] 一華嚴精舍無俾覺華專美於前其如公意何公乃以龍頭山之事應命　上心頗喜 卽命日者榮緯往省其地緯　命曰弘大法利國家」

[09] 非此地莫可於是　賜號龍壽寺申命守土之臣管其務遂庀徒

鳩材經始於乙酉歲增 搆佛宇僧寮齋講偃息之□以至庖廚庫
廐無慮九十」

[10] 餘間繚以周墻一百許步人無勞边役不過煩適于制度不古不
今是役也門人雲美實揔其事焉又刻木塗金造□□□□□□
觀世音菩薩像」

[11] 各一覆以龕室列以幡幢莊嚴之飾吁其可駭叶器儲偫罔不備
具又立長生庫蓄穀一千碩歲其贏以爲油香□□□斯皆出於
公之□□□」

[12] 及諸門弟子施長物而爲之者也及歲在癸巳公忽惑疾而化先
期數日以狀擧雲美於　朝以自代復薦高第□□廓心以主是
寺心亦開士」

[13] 也自幼受業於公小問多悟穎脫而出及其居是專以弘揚聖敎
爲事又奉先師之遺囑 立經律論藏及十三層青石塔□座於是
乎洪願盡矣能」

[14] 事畢矣乃以戊戌歲十一月　宣送茶香及慶讚詞疏集淸衆
七百人設大華嚴會以落成焉是」

[15] 今上龍飛之九載大金大定十八年也尋有　旨仍屬古寺田柴
一十結又慮其口衆食寡其於經久之道不能無加賜新寧郡嚮
福寺」

[16] 田四十結藏獲三十口及旁近地閑田四十結下左右街司及諸
主者施行勿替先是嚮福 卽毅宗藏胎之所也中遭□火靡有孑
遺因以田」

[17] 與民移籍是寺以爲追福　毅宗駕謝幽塗登樂岸之捷徑也又
每於忌日齋僧作法以薦流年恒式因以知　聖上弘大佛事之爲」

[18] 至亦以識友于之義不間於幽明也至是住持廓心等實懼歲月
徂謝文字漫滅　聖君之詔旨先師之行跡將因莽鹵無聞於後」

[19] 具狀其事以聞　上命臣詵以記之臣聞自漢明以來像敎熾于

天下大都小邑名山勝境鮮不□梵刹而聚緇流盖將使大法光揚以爲」

[20] 不朽之道也故當其始作之際無不欲規萬世圖千劫然或繼之者非其人又無世主之外護則徒厚殖資産以□□□而使圖像毁滅屋宇殘圮」

[21] 者比比有之今是寺者胤公以大德宿望得福地而營之上承　人主護念之勤下得門弟精進之人其爲貽久歷□也雖劫石成灰泰山若礪」

[22] 烏有窮已豈非源深者流必長根茂者葉必盛乎公俗姓元氏名釋胤北原人也考沖翼爲州戶長母方娠夢抱摩尼珠覺□心異之生有異相自」

[23] 髫齔時善事其親年甫十三洒然有出世之志以告二親二親以前夢貴徵惜之未即頷無何竊出投雉岳山三泉寺慧謂法師求剃髮師以非」

[24] 其親所託難之父母百計引還卒不可忽一夕母夢公爲僧合掌向佛而作梵唄於是父母議許出家雖在妙年志尙素朴戒行殊特口亦羅什」

[25] 之門瑚璉玄奘之門沉檀蘭蕙者已年至十八依無导智國師受學盡傳其業歷住雉岳山開善寺三角山淸源寺最後住覺華寺皆」

[26] 上所命也公常以傳道授業爲樂學者輻湊所居成市閒因檀越所請法會者三十餘所凡所度學者後皆爲聞人公所住處無不革舊創新俾」

[27] 佛事增煥又於諸山搆修眞之地凡有四所嗚呼公非徒於道詣極之如彼抑其所樹立卓卓如此是皆宜書以示後者歟觀夫古之記事者傳信」

[28] 傳著焉耳臣父先臣嘗與公串昵參問道要非一日矣時臣以稚齒脩洒掃於左右竊聽緖餘及見行己之大方甚熟今掇門人之所錄以爲信且」

[29] 著故直書其事之始末如此大定廿一年龍集辛丑季夏哉生魄 文林郎試禮賓少卿知制誥賜紫金魚袋臣崔詵奉」

[30] 宣記幷書 門人住持道人臣 廓心立石 門人開善寺住持道人臣 立心刻字」

글자 아래에 선을 친 부분은『용산지』고적 최선비문에서 보완한 부분이다. 글자 아래 점선 친 부분은『용산지』최선비문에서 누락한 부분인데 탁본을 바탕으로 한 허흥식의 판독으로 정확하다. 괄호 번호는 행수를 나타낸다.

보완된 내용은 다음과 같다. [07]행에서 '于'자를 보완할 수 있다. [09]행에서 '以'자를 보충할 수 있다. [10]행에서 현 탁본에 결자된 '劺役不' 3자를 찾을 수 있었고, 또한 12자 결자에서 '觀世音菩薩像' 6자를 더 읽을 수 있었다. [14]행에서 '人'자를 보완할 수 있다. [20]행에서 '非'자를 더 읽어 보완할 수 있다. [21]행에서 '歷'자를 보완한다. [22]행에서 '覺'자를 더 읽을 수 있다. [23]행에서 '酒'자를 '洒'자로, '詣'자를 '謂'로 바로잡는다. [25]행에서 '八'자로 바로잡는다. [28]행에서 '非一'로 더 읽을 수 있고, '洒'로 바로잡는다. 이상『용산지』에서 판독된 비문에서 18자 정도 더 보완할 수 있고, 3자 정도 바로잡았다.

비의 형태는 실물이 존재하지 않아 알 수 없다. 하지만 이와 비슷한 시기에 입비된「重修龍門寺記」와 같이 圭首形의 비문일 것으로 추정된다. 비문이 세워진 과정은 아래와 같다. 용수사 주지 확심이 대장경과 13층 청석탑을 갖추고 사원전을 확보하고 의종을 추복하는 사원으로 정한 후에 명종에게 비문을 세울 것을 소청하였다. 명종은 최선에서 그 비문을 짓도록 하였다. 최선은 그의 부친 崔惟清과 확심의 스승 釋胤과도 친한 사이였고 최선이 어릴 때 들은 이야기도 기억하고 있어서 비문을 짓고 쓰게 되었다. 확심은 세월이 지나가면 문자가 마멸되어 신성하신 임금의 명령과 돌아가신 스승의 행적이 점차 흐려지고 후세에 알려지지 않을까 염려하여 기록을 남기기 위해서 국왕의 명으로 비문이 세워지기를 소청하였다. 국왕의 명으로 개창된 용수사의 위상을 확보하고자 한 의도를 알 수 있다. 또 개창비는 의종의 명을 끌어내어 지방관을 통한 공사를 진행하는 큰 역할을 한 석윤을 개창조로서 그의 일대기를 비문 말미에 정리하였다. 이 비문은 용수사의 개창 과정과 사원재정기반의 공증과 개창조 석윤의 일대기에 관한 비문인 셈이다.

용수사는 그 성립과정과 비문의 제액에서 보듯이 고려 중기 개창 사원이다. 명종대 다수의 사원이 중수되었는데 현재 내용이 전하는 비문은 '용수사개창기'가 유일하다. 그래서 사원이 어떤 연유로 개창되고 그 과정과 시설, 재정 등은 어떤지를 살필 수 있다.

1146년(의종 원년) 가을에 각화사 주지 誠源이 용두산 골짜기 옛 절터에서 남쪽에 건물 몇 간을 지었고, 문인 處彝가 여러 해 애써 십여 간 확장했으나 재물이 다하여 각화사 다섯 번째 주지를 맡고 있던 胤公에 도움을 청하였다. 윤공은 곧 1164년(의종 18) 대궐에 나아가 의종이 조부 예종이 각화사를 창건한 예를 들어 각화사 못지않게 짓겠다는 의지를 확인하고, 그 자리를 추천하였다. 1165년(의종 19)에 지방관의 담당으로 인부를 모아 공사를 시작하여 법당, 요사채, 齋와 강의, 휴식을 위한 시설을 늘리고, 주방과 창고 등 90간으로 확장하고 회랑을 100여 보 둘렀다. 나무를 조각하고 塗金한 불상을 조성하였는데 觀世音菩薩像 등이 있고 각 하나씩 감실을 덮고 번당을 늘어놓아 장엄하게 하였다. 실제 공사에서는 문인 雲美가 하였다. 長生庫를 세워 곡물 1000석을 쌓아 두고 그 이자를 받아 油香에 충당하도록 하였다. 이것은 윤공과 문도 제자들이 시납한 물건들을 가지고 조성한 것이다. 윤공은 1173년(명종 3) 입적하였는데, 입적하기 전 운미를 각화사 주지로 천거하고 용수사 주지에 廓心을 추천하였다.

확심은 경장, 율장, 논장과[17] 13층 청석탑을 만들었다. 이로써 작업이 모두 끝나게 되었다. 1178년(명종 8) 국왕이 차, 향, 그리고 詞疏를 보내고 승려 700인을 모아 大華嚴會를 열고 낙성하도록 하였다. 그리고 경제기반을 획정하였다. 옛 절의 전시 10결을 그대로 갖게 하고 의종의 胎藏所였으나 화재로 소실된 嚮福寺 전 40결과 노비 30구 및 근처 묵힌 전 40결을 더 지급하여 왕명으로 左右街僧錄司와 여러 담당자에 내려 시행하고 바꾸지 말게 하였다. 여기서 매년 의종의 제삿날에 재를 베풀고 의식을 행하여 명복을 빌도록 恒式으로 하였다.

이상의 용수사가 성립되는 과정에서 확인할 수 있는 점은 다음과 같다. 용수사는 태백산 각화사에서 문도가 늘어나고 세속 신자가 확장되는 과정에서 새로운 사원을 확보하기 위한 차원에서 시작되었는데 성원과 처이가 추진한 단계까지이다. 윤공 단계에서는 의종으로부터 지방관을 통한 공사를 진행하도록 지원받았다. 각화사가 주

17 이는 대장당 건물에 대장경을 갖추었다는 의미이며 교학사원의 면모를 보여 준다(韓基汶, 「高麗時代 寺院 轉藏儀禮의 成立과 性格」, 『한국중세사연구』 35, 2013).

도하고 문도들이 낸 재원으로 유지비까지 확보하였다. 확심 단계에 와서 명종의 명으로 사원전 90결이 획정되고 의종을 위한 忌日齋를 지내는 사원으로 정해졌다. 윤공 단계에는 공사를 지원받고, 확심 단계에서는 寺院田이 획정되었다. 그리고 문도들이 주지할 수 있도록 국왕의 명을 받고 있어서 각화사 중심의 계응 문도의 세력 확장을 확인할 수 있다.

의종은 윤공의 지원 요청에 응하고, 명종은 확심의 사원전 획정과 사비의 건립을 승인하였다. 이처럼 의종, 명종 연간에 지방 소사에 대한 지원이 있게 된 배경은 무엇인가.[18] 명종은 무인정권이 들어선 후 28년간을 재위하였다. 『고려사』에는 그가 무인정권에 눌려 국왕으로서 역할과 기반이 없었던 것으로 서술되어 있지만, 지방 불교 사원을 지원하여 상당한 기반을 구축하였다. 용수사 외에도 용문사, 尙州 萬嶽山의 용암사는 명종비의 추복의 장으로 하고 내탕물을 내어 그 유지를 위한 母穀을 제공하였다. 直指寺에도 林濡가 명종을 위한 축성보를 설치하였고, 상주 功城縣의 小林寺를 중수한 金令義는 명종으로부터 축성보의 재정 지원을 받고 있었다.

이러한 사원 경제의 기반은 명종이 왕권을 위한 기반으로 삼았던 것으로 추측된다. 최충헌이 집권하면서 올린 봉사 10조에 "內臣으로 하여금 三寶를 관장해서 곡식으로 민에게 취식행위를 하여 그 폐가 적지 않다"[19]라 한 것은 명종이 이들 사원에 비치한 곡물을 내신

18 이병희는 이 시기 고려초 국가차원의 불교의례와 달리 왕실 차원의 불사를 행하고, 중수 내지 중창이 그 사원이 속한 종파와 같은 계통 승려가 담당하며, 사원 재정을 망사전, 고사전을 재절급하는 점 등이 새로운 현상으로 주목된다고 하였다(「고려중기 사원의 조성과 경제 운영」, 『이원순교수정년기념 역사학논총』, 서울대학교 사범대학 역사과, 1991).

19 『高麗史』 卷129 列傳42, 崔忠獻, "內臣句當三寶 以穀取息於民 其弊不細".

을 통해 재정 운용을 하고 있음을 보여주는 것으로 생각한다. 앞서 예를 든 용수사의 주지 운미와 소속 미상의 存道가 최충헌에 의해 嬖幸僧으로 규정되어 명종의 측근에서 축출되고 있는 것에서 명종의 왕실 원당의 경영과 이에 대한 최충헌의 견제를 짐작할 수 있다. 또 명종은 小君을 7명이나 두었는데 이들은 궁중에 출입하며 권세를 누리고 유명한 절을 주지하였다. 이들 역시 명종의 불교 기반을 강화하는 역할을 하였을 것이다.[20]

다음은 용수사의 사원 시설과 그 특징을 살피기로 한다. 법당, 요사채, 재와 강의 그리고 휴식 공간, 주방과 창고 등이 있었다. 불상은 觀世音菩薩像이 확인되고 나머지 불상은 비문 결락으로 확인할 수 없다. 그런데 각 불상은 나무를 조각하여 금을 도금하는 상이며 각각 龕室을 덮고 幡幢을 늘어놓아 장엄하였다. 그리고 경장, 율장, 논장과 13층 청석탑을[21] 만들었다.

용수사 시설과 장엄은 12세기 후반의 사원 특징을 보여준다. 각화사와 가까운 같은 화엄종의 부석사의 장엄에 관해서는 1054년(문종 8)에 세워진 원융국사비에서 특별한 언급이 있어 주목된다. "이 절은 義相師가 西華에 遊方하여 智嚴의 법등을 전하여 돌아와 창건한 것이다. 像殿 내에는 오직 阿彌陀佛像만 있고 補處가 없고 또한 影塔을 세우지 않는다."[22]라 하였다. "제자가 그 까닭에 대해 묻자 의상이 말하기를 지엄이 이르기를 일승 아미타는 열반에 들어감이 없고

---

20 韓基汶, 「醴泉 "重修龍門寺記" 碑文으로 본 高麗中期 禪宗界의 動向-陰記의 紹介를 중심으로-」, 『文化史學』 24, 2005.

21 청석탑은 18세기 초 이세택이 작성한 『용산지』에서 법당 庭中에 있고 12층이라 하였다.

22 「浮石寺圓融國師碑」, 『韓國金石全文』, pp.482~483, "是寺也 義相師遊方西華 傳炷智嚴 後還而所創也 像殿內 唯阿彌陀佛像 無補處 亦不立影塔".

十方淨土로서 體를 삼고 生滅相이 없는 까닭에 화엄경 입법계품에 이른바 혹 아미타를 보아 관음보살의 관정 수기자는 諸法界에 보처가 충만하므로 보처가 궐한 것이다. 佛이 열반하지 않으므로 궐함이 있지 않은 까닭이므로 보처가 없고 影塔을 세우지 않은 것이다. 이것이 一乘의 깊은 요지이다. 嚴師가 이로써 相師에 전하고 상사는 法嗣에 전하여 國師에 이른 것이다."[23]라 하였다.

화엄종 부석사에는 의상의 일승 논리에 의거 상전에 아미타상만 있고 보처 보살상을 두지 않으며 영탑 또한 세우지 않는다는 것이다. 그에 반해 용수사에는 주존상은 알 수 없지만 적어도 관세음보살상이 감실에 번당으로 장식되어 모셔진 사실을 알 수 있다. 또 13층 청석탑이 세워졌다. 비록 각각 11세기 중엽과 12세기 후반 기록의 반영이지만 같은 화엄종 사원인데도 사원 장엄에서는 상당한 차이를 볼 수 있다.

이는 용수사 개창에 적극적 지원을 한 각화사의 종풍과 관련되고 각화사 창건주 계응의 화엄 사상과 깊은 관련이 있어 보인다. 계응은 의천의 적사로 알려진 만큼 의천의 화엄 사상과도 연결된다. 의천은 화엄 사상에서 균여와의 차이를 드러냈고 의상보다는 원효의 사상에 경도된 경향을 보였다. 이러한 점이 용수사 장엄 구조에 영향을 미친 것은 아닌가 한다. 다음 장에서는 용수사의 종풍에 대해 주석 고승을 중심으로 살펴본다.

---

23 「浮石寺圓融國師碑」, 『韓國金石全文』, p.483, "弟子問之 相師曰 師智嚴云 一乘阿彌陀無入涅槃 以十方淨土爲體 無生滅相故 華嚴經入法界品云 或見阿彌陀 觀世音菩薩灌頂授記者 充諸法界補處 補闕也 佛不涅槃 無有闕時故 □□補處 不立影塔 此一乘深旨也".'□□'는 『朝鮮金石總覽』 p.271에는 판독되지 않는 부분으로 나타난다. 문맥상'無有'로 추독한다.

3. 용수사의 종풍과 화엄종승의 사상경향

용수사의 종풍과 주석승의 사상을 고찰하기로 한다. 용수사가 성립되는 데는 앞서 살핀 바와 같이 각화사 문도의 재정 지원하에 시작된 만큼 각화사 창건주 계응의 활동과 사상을 먼저 살펴야 한다. 계응은 예종의 지원으로 태백산에 각화사를 창건하였다. 김부식이 쓴 각화사비가 있었다고 하지만[24] 현전하지 않는다. 김부식은 『인종실록』과 『삼국사기』를 편찬하였다. 각화사비 외에도 의천의 제자인 惠素가 쓴 『대각국사행록』 10권을 축약하여 비명으로 작성하였다고 한다. 그의 문집 20권이 있었지만 현전하지 않아 자세한 사실을 알 수 없다. 그의 출신을 고려하면 왕권과 신라 회고적 경주계 세력을 대변하는 문필가이자 노학자였던 것으로 짐작된다.[25]

각화사비는 각화사의 개창과 계응의 약력을 소개한 것으로 추측된다. 이 비가 세워질 때는 계응이 생존해 있었을 것이다. 그리고 계응은 사후 '무애지국사'로 추증된 듯하다. '無㝵智'는 『화엄경』에 나오는 말로 계응은 화엄경에 조예가 있었던 것 같다. 1153년(의종 7)에 작성된 敎雄의 묘지명에 인종대 교웅을 聖敎를 弘揚할 인물로 천거한 이가 무애지국사라 한 것으로 보아,[26] 묘지명 작성 시기에는 이미 계응이 사거한 것이 틀림없다. 계응이 교웅을 천거한 것은 "태백산에서 같이 은거 수행하여 一性之宗을 다하고 萬相의 이치를 궁구

24 『櫟翁稗說』 後集 2, "金文烈慧陰院歸信覺華諸寺碑 崔文肅玉龍碑 不爲表襮 自成一家".

25 『高麗史』 卷98 列傳11, 金富植; 『補閑集』 卷中.

26 「洪圓寺超悟僧統敎雄墓誌」, 『韓國金石全文』, p.720, "仁宗 以至誠嚮內問 可使弘揚聖敎者誰歟 無㝵智國師薦之曰 莫如師 由是 仁宗深厚遇而當時公卿學士大夫亦莫不敬重 實華嚴一宗匠也".

하여 이름이 높았다"라 한 것으로 보아[27] 계응이 교웅보다 연배로서 그의 수행 모습을 지켜본 결과였을 것이다. 그 천거 시기는 아마 징엄이 사거한 1141년(인종 19) 무렵이 아닌가 한다.[28] 징엄을 이을 화엄 종장을 추대하기 위한 것으로 생각된다. 교웅의 묘지명에는 인종이 두텁게 우대하고 당시 공경 학사 대부가 경중하지 않음이 없어 실로 화엄 一宗匠이라 하였다. 1146년(의종 즉위년)에 각화사 주지가 계응의 제자인 성원인 것으로 보아 계응의 몰년은 1141년에서 1146년 사이가 된다.

무애지국사비가 작성된 것은 張修 묘지명에서 알 수 있다.[29] 이에 따르면 장수는 은퇴한 뒤인 황통 9년(1149, 의종 3)에 태백산사무애지국사비명을 썼는데 비록 노필이지만 서체가 勁正하여 사람들이 모두 탄복하였다고 한다. 이 비의 서자는 장수이고 각화사비는 찬자가 김부식이다. 각화사비와 무애지국사비가 같은 비를 말하는지 서로 다른 비인지는 확정할 수 없다.

계응은 의천의 적사이므로 의천의 화엄사상을 계승했다고 할 수 있다. 하지만 그의 사상 경향을 알 수 있는 자료는 없다. 다만 그의 수행관을 알 수 있는 시구만 전한다. 계응이 당시 불교계에 대한 비판 정신은 그의 제자 智勝에게 준 詩에서 짐작된다. "好學하는 이가 이 세상에 별로 없고 / 忘形하는 것도 예로부터 드물다 / 돌아보건대 내가 무슨 앎이 있으리오 마는 / 자네가 와서 의지하면서 / 궁곡에서

27 「洪圓寺超悟僧統敎雄墓誌」, 『韓國金石全文』, p.720, "與無㝵智國師 遊太伯山 遂以盡一性之宗 窮萬相之理而名益著".

28 「興王寺圓明國師墓誌」, 『韓國金石全文』, p.632.

29 김용선, 「새 자료 고려묘지명 다섯 점 반」, 『歷史學報』 198, 2008, pp.423~428, "致仕九年稟聖 棄傳至太伯山寺無碍智國師碑銘 雖老筆…體勁正 人皆歎服".

삼동을 함께 지내었더니 / 춘풍 오늘에 돌아가네 그려 / 가고 머무는 것이 모두 세상 밖의 것이니 / 눈물 흘릴 것 없네"라 하였다.[30] 계응은 명리를 버리고 화엄학 연구에 몰두하였음을 알 수 있다.

용수사를 본격 개창한 고승은 각화사 다섯 번째 주지 석윤이다. 그의 이력은 최선이 그의 부친과 친교가 있는 사실을 언급하면서 비문에서 소개하였다. 속성은 元氏이고 北原人이다. 아버지 元冲翼은 주의 戶長이었다. 나이 23세에 치악산 삼천사 慧諝 법사에 나아가 출가하였다. 18세에 무애지국사에 의탁하여 가르침을 받아 그 학문 모두를 이었다. 치악산 개선사와 삼각산 청원사 등의 주지를 역임하고 마지막으로 각화사에 머물렀다. 늘 도를 전하고 학문을 가르치는 것을 즐거움으로 삼았으므로 배우려는 사람들이 몰려들어 머무는 곳은 저자를 이루었다. 때때로 단월들의 요청으로 법회에 참석한 것이 30여 곳이었다. 여러 산에서 수행하는 곳을 만든 것이 모두 네 곳이었다. 계응과 같이 수행에 중점을 두고 그가 머문 곳을 모두 수행도량으로 만든 것을 말한다. 그 네 곳은 그가 주석한 치악산 개선사, 삼각산 청원사, 태백산 각화사, 용두산 용수사 등을 말하는 것으로 짐작된다.

석윤 다음으로 용수사와 관련된 고승은 운미이다. 그는 석윤의 문인으로서 석윤이 의종의 명을 이끌어 지방관의 주관하에 인력을 동원한 용수사 개창 공사에 실제적 일을 주관하였다. 그의 활동은 龍巖寺記에도 보인다. 이 비는 현전하지 않고 『동국여지승람』 상주 고

30 『破閑集』 卷中, "好學今應少 忘形古亦稀 顯余何所有 而子乃來依 窮谷三冬共 春風一日歸 去留俱世外 不用涙霑衣".

적조에 인용되어 있다. 속성은 김씨이고 명주 사람이다. 치악산 개선사의 윤공의 강연아래에 들어가 수업하여 넓은 학문과 높은 행실로 위로는 임금의 의지하고 공경하는 바가 되고 아래로는 배우는 자들이 쳐다보고 우러르는 바가 되었다고[31] 하였다. 계응의 화엄학을 계승한 것으로 짐작된다.

1173년 석윤이 입적하자 스승의 뒤를 이어 각화사 주지직을 맡았다. 각화사 주지로 있으면서 1174년(명종 4) 명종의 요청 하에 서쪽 변방의 험고를 믿고 항거한 데 대한 艱難을 구제할 불사를 열고, 명종을 위한 願堂을 물색하여 용암사를 지정하였다. 1174년의 반역은 곧 서경 유수 趙位寵이 동북 양계에 격문을 보내 궐기를 호소한 사건을 말한다.[32] 1178년에 공사를 시작하여 1179년에 완성하고 懿靜王后의 명복을 비는 원당으로 삼고 田 40頃과 內帑으로 모곡 2000석을 준비하였다. 이에 앞서 1165년(의종 19)에 용수사 90여 간 공사를 실제 주관하였다. 운미는 의종과 명종 연간에 왕실의 원당을 태백산 줄기의 여러 사찰 터를 발굴하여 공사하고 재정을 확보하는 등 화엄종 사세 확장 사업을 주관한 승려였다. 그는 최충헌 정권이 들어서면서 嬖幸僧으로 규정되어 폐출되었다. 그는 명종 연간에 각화사 주지이면서 內願堂僧으로[33] 활동하다가 1196년 명종의 폐위와 함께 행방을 알 수 없게 되었다.

---

31 『東國輿地勝覽』 卷28, 尙州 佛宇 龍巖寺, "美師俗姓金氏 溟州人 在妙齡 洒然 有出塵志 投雉岳山開善寺胤公講下而受業 以博學高行 上爲人主之所歸敬 下爲學者之所瞻仰".

32 『高麗史』 卷19 世家, 明宗 4年 9月 己酉, "西京留守趙位寵起兵 謀討鄭仲夫·李義方 檄召東北兩界諸城".

33 내원당은 국왕 측근에서 활동하는 승려의 僧職이자 궁중 소재 사원이기도 하다. 이에 대한 설명은 한기문, 「고려시대 內願堂의 기능과 위상」, 『한국중세사연구』 38, 2014 참조.

개창된 용수사의 주지는 확심이다. 석윤이 그를 뛰어난 제자라 하고 용수사의 주지를 맡게 하였다. 운미와 법형제였다. 앞서 살핀 바와 같이 확심은 대장경을 완비하고 청석탑을 세워 용수사의 장엄 시설을 마무리하고 재정 기반 역시 국왕의 명으로 확정하고 개창비로서 그 증빙을 영원히 하고자 하였다.

그의 사상적 경향을 알 수 있는 저술은 『원종문류집해』 권중이다. 그리고 거기에 인용된 『十地宗要集解』도 그의 저술로 추정된다. 이는 현존하지 않지만 『십지종요』에 대한 주석이다. 이 『십지종요』에 대하여 원효는 종요명을 붙인 저작으로 『법화경종요』를 위시하여 17부가 확인된다. 이처럼 『십지종요』는 원효의 저작으로 생각된다. 다만 의천의 『신편제종교장총록』에는 보이지 않는다.[34] 이로써 확심은 화엄학연구에서 원효의 저작을 중시한 것을 알 수 있다.

『원종문류집해』는 天理大學校 도서관 今西文庫에서 발견되어 소개되었다. 『원종문류집해』 '권중'은 전체가 상·중·하 3책 가운데 중권임을 의미한다. 찬자는 '海東太白山傳教沙門 廓心集'이라 하여 태백산 각화사 개창주 계응의 문도임을 나타내고 있다. 宗要義, 探玄記는 『원종문류』 권14의 제문행위류 부분과 상통하여 이 부분이 집해 대상일 것으로 보인다. '成化四年戊子歲朝鮮國刊經都監奉教於開城府重修'는 1468년(세조 14)에 간경도감에서 왕명으로 간행되었으며 초간본을 개성부에서 중수하였음을 말한다.[35]

---

34 吉津宜英·柴崎照和, 「廓心『圓宗文類集解』 卷中について」, 『駒澤大學佛教學部研究紀要』 52, 1994, p.89 참조.

35 이상의 소개와 형태상 분석은 허흥식, 「義天의 『圓宗文類』와 廓心의 集解」, 『季刊書誌學報』 5, 1991 참조.

이 책은 의천의 『원종문류』에 대해 宗要義, 初會理智義, 國土海義, 宗趣義로 分科하여 집해한 것이다. 『원종문류』는 현재 권1 諸文發題類, 권14 諸文行位類, 권22 讚頌雜文類 등만 전한다. 제문발제류는 다양한 화엄문류의 서문에 해당하는 부분을 집록한 것으로 諸部發題類로 이칭되지만 동일한 것이다. 제문행위류는 探玄記, 五敎章, 搜玄記, 孔目章, 至相問答 등의 화엄 장소에서 행위 부분을 뽑아내어 분류한 것이다. 찬송잡문류는 원종문류 마지막권에 해당하며 화엄경과 고승대덕에 대한 讚文, 法界觀頌, 華嚴結社文 등 잡문이 수록되었다. 또 의천은 송의 승려들과 교류하였는데 그들의 글을 다수 수록하였다.[36]

편찬시기는 1087년에서 1088년 사이로 추정된다. 당대에 유행하였던 동아시아 불교계를 포함한 고려중기 다양한 화엄 문류를 종합하였다. 중국의 화엄 조사의 장소를 참고하고 인용하였는데 지엄, 법장, 징관 등의 저술을 주로 인용하였다. 처음은 징관의 화엄교학에 영향을 받았지만 입송구법 이후는 주로 법장의 화엄학으로 확대되었다.[37] 『원종문류』를 펴낸 목적은 화엄교학을 배우는 학인들을 위하여 화엄전적 중에 要文을 뽑아 그 독자의 견식에 의하여 주제별로 편집한 것이다.

『원종문류집해』 권중은 『원종문류』의 어느 부분을 집해한 것인지는 불명하다. 탐현기에 근거한 4개의 주제를 둘러싼 諸說을 열거하고 問答하여 論難과 會通에 의하여 議論을 깊이 하고 최후에는 集

36 박용진, 「의천의 『圓宗文類』 編纂과 그 의의」, 『史學硏究』 82, 2006.
37 박용진, 「고려중기 華嚴文類의 편찬과 그 사상적 전승-『圓宗文類』와 『圓宗文類集解』-」, 『震檀學報』 101, 2006 참조.

曰, 解曰 등에 의하여 저자 확심 자신의 견해를 나타내는 구성으로 되어 있다.

『원종문류집해』 권중에 보이는 특색은 먼저 법장과 징관을 兩師 혹은 兩祖라 하여 중시하고 일체로 회통하는 자세이다. 이러한 자세는 확심이 의천을 계승한 것을 보여준다. 다음으로는 元曉를 언급한 것이 많다는 것이다. 초회이지의에 『十門和爭論』의 인용, 종취의에 『起信宗要』에 대한 언급이 주목된다.[38]

확심의 원효에의 의거는 『大覺國師文集』을 참작하면 알 수 있다. 확심이 의천 이래의 전통을 계승하고 있다. 의천은 원효 불교를 다음과 같이 묘사하고 있다. "海東菩薩만 性과 相을 融明하고 古今을 隱括하고 百家 異諍의 端을 和한다."[39]라 하였다.[40] 의천은 조도를 황무하게 한 화엄승으로 맹렬히 비난한 균여를 의상을 계승한 학승으로 보았다.[41] 확심은 의천의 화엄사상에 대한 경향성을 충실히 계승한 것으로 판단된다. 이 점 때문에 태백산 각화사가 인근한 부석사와는 전혀 교류가 없었던 이유를 알 수 있으며 앞서 언급한 용수사 장엄 구조와도 차이가 나는 배경이 아닌가 한다.

立心은 용수사개창 비문을 각자한 승려이다. 법명으로 보아 확심과 법형제일 가능성이 있다. 비문을 각자할 당시에 그는 개선사 도

38 吉津宜英, 「廓心『圓宗文類集解』卷中の研究-(二)『圓宗文類集解』卷中の教學の特色について-」, 『印度學佛教學研究』 86 (43-2), 1995 참조.

39 「祭芬皇寺曉聖文」, 『大覺國師文集』 卷16(『韓國佛教全書』 4, p.555), "唯我海東菩薩 融明性相 隱括古今 和百家異諍之端".

40 의천이 원효를 중시하는 태도에 대해 지적한 논고는 崔柄憲, 「高麗佛教界에서의 元曉理解-義天과 一然을 중심으로-」, 『元曉研究論叢』, 국토통일원, 1987; 金杜珍, 「義天의 圓頓사상과 그 불교사적 의미」, 『北岳史論』 10, 北岳史學會, 2003 참조.

41 「上淨源法師書 四首」, 『大覺國師文集』 卷10(『韓國佛教全書』 4, p.543), "雖則義相權輿於眞宗 均如斧藻於玄旨 舟壑已遠 人琴兩亡 大義絲是陵遲 微言幾於泯絶".

인 주지를 관칭하고 있었으므로 확심과 함께 석윤의 문인이었을 가능성이 있다. 그에 관한 기록이 더 없어 사상적 경향은 알 수 없으나 확심과 같은 경향이었을 것이다. 그가 주지한 개선사 역시 석윤이 주석한 적이 있어 넓게는 계응 문도의 소속 범위에 든다.

태백산을 근거한 계응의 문도들의 사상적 경향은 이후 어떻게 전개되었는지 더 이상의 자료가 남아 있지 않아 그 흐름을 알 수 없다. 다만 1196년 최충헌 정권의 등장과 명종의 퇴위 그리고 운미의 폐행승으로 축출 등으로 미루어 보아 각화사를 중심으로 한 계응 문도의 화엄학은 위축되었을 것으로 짐작된다.

그런데 1241년(고종 28)으로 추정되는 辛丑年 伽倻山 下鉅寺에서 조조한『大方廣佛華嚴經疏』4권 중 3권 12장 속의 간기에는 龍壽寺 社堂比丘 玄揆가 主張이 되고 하거사 道人 天章 戒湛이 勸緣하고 道人 聞契가 校勘하여 신축년 5월에 하거사에서 雕造한다는 내용이 있다.[42] 강화경으로 천도하고 대몽항전시기인 1241년(고종 28)에 용수사 승려 현규가 주장이 되어 가야산 하거사 승의 권연, 교감, 조조로 개판한다. 주장의 역할은 무엇인지 분명하지 않으나『대방광불화엄경소』의 출판을 주관한 것으로 보인다.『대방광불화엄경

42 龍壽寺社堂比丘玄揆主張 / 下鉅寺道人 天章戒湛勸緣 / 道人聞契校勘 / 辛丑五月 日伽倻山下鉅寺彫造
藤田亮策은 해인사 사간판을 검토하면서 下鋸寺로 판독하였으나(「海印寺雜板攷」,『朝鮮學報』138, 1991), 최영호는 下鉅寺로 목판을 관찰하고 판독한 바 있다(「참여각수의 출신성분과 현실인식」,『江華經板 高麗大藏經의 판각사업연구-경전의 구성체제와 참여자의 출신성분』, 景仁文化社, 2008). 또한 藤田亮策이 용수사 사당비구 '玄機'로 판독한 것을 최영호(앞의 책)와 임기영(『海印寺 寺刊板殿 所藏木板研究』, 경북대학교 박사학위논문, 2009, pp.49~50)이 '玄揆'로 바로잡았다. 임기영은 이 간기의 신축년은 1241년에 해당하는 것으로 추정하였다. 각수 9명이 등장하므로 대장경 조조와 상관성이 있고 이 시기는 중국연호 사용이 없기 때문이라 하였다.

소』는 징관의 화엄경소를 錄하여 淨源이 80권 화엄경에 충실히 주석한 것으로 '華嚴經注疏'라 칭해질 수가 있다. 하거사 조조본은 주소 내의 권80, 81, 82, 83에 수록된 如來出現品 제37만 취하여 大字로 刊刻한 것이다. 의천이 중시한 80권 화엄경의 주소를 출판한 점으로 볼 때 의천의 화엄사상을 계승한 용수사의 사상 경향을 확인할 수 있으며, 운미를 폐출한 최충헌 집권기와는 달리 최우 집권기에는 용수사 사세가 유지된 것으로 판단된다. 최충헌집권기와 최우집권기에는 불교정책 내용에 많은 차이가 있다. 최충헌 집권 초 극심한 교종탄압이 있었지만 최우집권기에는 집정기구까지 정비하여 안정화를 바탕으로 다시 교종세력을 아우르는 정책으로 전환하였다.[43] 13세기 중반 대몽항전기에 이르러서도 용수사가 화엄학 연구의 중심으로서 위상을 가졌음을 나타내는 것으로 생각된다.

그런데 14세기 원간섭기에 활동한 體元의 저술 『華嚴經觀自在菩薩所說法文別行疏』의 끝부분에 '覺華寺住持比丘 性之校勘'이라 하여 각화사의 주지 성지가 교감하였음을 알 수 있다. 각화사는 의천의 적사 계응에서 비롯된 태백산계 화엄학파 중심 사찰이다. 용수사의 창건이 각화사 중심의 화엄종세의 확대에서 비롯한 만큼 14세기까지도 용수사는 각화사의 영향하에 있었을 것이다.

체원은 본관이 경주인 李瑱의 둘째 아들이며 李齊賢의 바로 위의 형이다. 주로 활약한 사원은 해인사, 盤龍寺, 法水寺 등지였다. 이들 사원에서 균여 저술의 조판과 관련되고 있어서 체원은 의상-균여-天其, 守其 로 계승되는 화엄종의 인맥에 속한다고 할 수 있다.

---

43 채상식, 「高麗後期 佛教史의 전개양상과 그 경향」, 『歷史教育』 35, 1984.

그리고 체원의 저술 『별행소』의 성격도 화엄계통의 인용서 중 80·60·40 화엄에 대한 澄觀疏가 가장 많은 점, 『별행소』 하권의 집해는 법화, 천태 계통의 내용이라 할 정도로 『법화경』의 관음신앙과 관련된 영험담 위주의 내용인 점, 북종선의 창시자 神秀의 『妙理圓成觀』이 인용되어 있다는 점 등이다. 체원은 의상 이래 화엄종이 표방한 실천신앙의 측면을 계승했다고 할 수 있다. 체원의 또 다른 저술 『白花道場發願文略解』도 각화사 성지가 교감하였다. 이 저술은 1334년(충숙왕 복위 3) 鷄林府에서 개판하였다. 의상이 표방한 정토로의 중생구제라는 현실적 실천적 관음신앙을 계승하는 입장에서 저술했다고 할 수 있다.[44]

각화사 주지 성지가 체원의 두 저술을 교감한 사실로 의천의 화엄사상을 계승한 태백산계 화엄학파의 성격 전환이라 할 수 있을 것인지 확신할 수 없다. 원간섭기에 피폐한 사회 현실에서 현세구난의 관음신앙을 강화하는 체원의 사상적 경향으로 전환한 것이거나, 아니면 보다 탄력적으로 변화한 것으로 생각된다.

Ⅱ. 중수용문사기 비문과 선종계의 동향

예천 龍門寺 重修記는 고려 중기 사상계의 동향을 설명하는 중요한 자료로서 익히 인용·소개되었지만, 陰記와 더불어 소개되지 않

44 체원의 활동과 저술 경향에 대한 분석은 채상식,「體元의 저술과 화엄사상-14세기 화엄사상의 단면-」,『奎章閣』 6,서울대 도서관, 1982(蔡尙植,『高麗後期佛敎史硏究』, 一潮閣, 1991 재수록) 참조.

았다. 단순히 인명만 기록되었기 때문에 그러한 면도 있었지만, 각종 금석문 자료집에 소개되지 않았기 때문이다. 또 중수기로서 국사, 왕사의 고승 비문이 아니기에 거기에 나열된 인명에 대해서는 별다른 관심을 기울이지 않았다고 짐작된다. 다만, 전국의 금석문 자료를 탁본으로 소개한 『韓國金石文大系』에는 탁본으로 소개되었고,[45] 한국금석문종합영상정보시스템에[46] 해석문으로 알려졌으나 탁본으로 판독한 듯하다.[47]

이 글은 용문사 중수기 음기의 判讀文과 내용을 소개하고, 중수기와의 관계를 통해 중수기 작성 배경과 중수기에 음기가 刻字될 수 있었던 배경도 이해하고자 한다. 이를 바탕으로 고려 중기 禪宗界 動向의 일단을 제시하고자 한다.

1. 비문 음기의 판독과 내용

음기는 嗣法弟子, 執事弟子의 職名과 法名만 소개되어 있다. 그 말미에는 기술한 연대를 기록하였을 뿐이다. 그리고 그 인명에는 간혹 註記가 되는 경우도 주목된다. 이는 내용 분석 시 그 의미를 제시하겠다.

비문은 좌측 중단에서 우측 하단으로 깨어진 채로 붙어 있어 상당

45 趙東元 編著, 『韓國金石文大系』 3, 慶尙北道編, 圓光大出版部, 1983, pp.92~93. 성균관학교박물관 제17회 기획전시회 도록에 탁본 사진, 석문과 번역문으로 소개되었다. 『고려시대 금석문 탁본전-돌에 새겨진 선사들의 삶-』(2005. 11. 10.), pp.91~93. 『번역문 고려시대 금석문 탁본전』(2005. 11. 10.), pp.249~254.

46 국립문화재연구소 홈페이지 참조. 해석문 작성은 최연식 교수가 하였다.

47 성균관대의 음기 석문은 주기 부분을 판독하지 않았고, 최연식 교수의 음기 판독도 음기의 주기 부분의 일부만 하였다.

한 글자가 보이지 않게 되었다. 이렇게 된 상태가 언제부터인지 알 수 없다. 『慶尙道邑誌』에 용문사중수기가 소개되어 있는데 파실 부분의 비문이 판독되어 있고, 『海東金石苑』과도 대조한 결과 비문이 파손되기 전의 탁본을 판독하여 활자화한 것임을 알 수 있다. 『朝鮮金石總覽』의 자료 역시 파손되기 전의 탁본을 이용한 것임을 알 수 있다. 따라서 비의 파손은 이들 판독문이 정리된 이후에 파손된 것이 틀림없다. 아마도 1930년대 어느 시기에 비의 파손이 있었고 碑片도 망실된 것 같다.

중수기의 立碑에 활동한 門人 중에 冲默과 思秀가 있다. 이는 사법제자가 분명하여 음기에 기재되어야 하나 冲默이 맨 처음 소개되어 있고 思秀는 보이지 않는다. 사수는 음기에 나오지 않으므로 비문이 깨어진 틈에 있었을 것이고 그 비편은 지금 망실되었다. 따라서 음기의 사법제자, 집사제자의 인명은 일부가 망실된 것이다.

글자의 行은 모두 17행이다. 사법제자 8행에 4단의 인명이 刻字되어 있으나 앞서 비문이 파손된 것을 감안하면 한 단이 더 있었던 것으로 생각된다. 집사제자 9행에 4단의 인명이 각자 되었으나 역시 한 단이 망실된 흔적이 분명하다.

이 記를 작성한 연도는 大定 28년 4월로 1188년(明宗 18)으로 기록되어 분명하나 作成者, 書者, 刻字는 명기되지 않았다. 다만 글씨체는 해서로 행초서인 중수기의 글자보다 더 크다.

종서로 각자 된 음기를 편의상 횡서로 바꾸어 그 전문을 소개하면 다음과 같다.

* 좌측번호는 비문의 행을 나타내기 위해 붙인 것이다.
* 밑줄 친 부분은 성균관대학교 박물관의 석문과 최연식 교수의 석문과 다르거나 소개되지 않은 부분이다.
* 음영부분은 탁본에는 흔적이 보이나 현 비음기에는 없는 부분이다.

[01] 嗣法弟子

[02] 重大師冲黙 重大師正惠 重大師資嚴 重大師元正須□□下

[03] 重大師正玄 重大師宗弼 重大師曇著須弥山下 重大師惟淳

[04] 重大師道琚 重大師道辯須弥山下 入選宗益 重大師宗倚

[05] 入選宗思 入選守然 入選傳宗 入選思儉

[06] 入選存襲 入選宣惠須弥山下 入選鏡心 參學宣叙

[07] 參學文光 參學戒安 參學道益 參學道機

[08] 參學覺超

[09] 執事弟子

[10] 重大師慧持先師舍弟 重大師存彦 重大師硯規 重大師資□

[11] 重大師正實 重大師永輝 重大師光演 重大師彦成 大

[12] 大師應惠 大師能妙 大師允仁 大師石印 大

[13] 大師存正 大德學連 大德純美 大德存永

[14] 大德文惠 大德慧□ 重職正仁 重職□□

[15] 重職敦仁　　重職成海

[16] 重大師永忠華嚴　重大師恃山疏子

[17] 　　　　大定二十八年戊申四月 日　　記

위의 판독문은 현재 비문의 판독과 조동원 교수가 1983년에 수록한 탁본 사진을[48] 종합한 것이다. 2행의 註記 '須' 이하에 글자 흔적이 있었으나 현재의 비는 이 부분이 破失되었다. 10행의 마지막 부분도 탁본상에는 한 글자 흔적이 있었으나 현재의 비에는 없다. 11행의 마지막 두 글자 '成'과 한단 아래의 '大'는 탁본에만 있고 현재 비에는 없다. 12행 역시 마지막 두 글자 '印'과 '大'는 탁본에만 보이고 비문에는 파실되었다. 13행의 마지막 글자 '永'도 탁본에 나타나고 현 비문에는 없다. 14행의 마지막 글자 판독 미상의 흔적도 현 비에는 파실된 부분이다. 이로 보면 현재 비문은 최근 다시 위치를 바꾸면서 8자 정도 파실된 사실을 알 수 있다. 현재의 비문 음기 부분은 <사진 7, 8, 9, 10, 11, 12, 13, 14, 15, 16, 17>과 같다.

위의 음기에서, 사법제자는 한 단이 비의 파손으로 결실된 것을 감안하면 모두 31명으로 추정된다. 그중 重大師 14명, 入選 8명, 參學 8명으로 구성된다. 집사제자 역시 비의 파손으로 결실된 부분을 감안하면 모두 29명으로 추정된다. 그중 重大師 11명, 大師 7명, 大德 6명, 重職 5명으로 구성되어 있다.

48 趙東元 編著,『韓國金石文大系』3, 慶尙北道編, 圓光大出版部, 1983, p.93.

사진 7 비문 음기

사진 8 비문 음기 부분

사진 9 사법제자 3단

사진 10 사법제자 4단

사진 11 사법제자 1단

사진 12 사법제자 2단

사진 13 집사제자 1단

사진 14 집사제자 2단

사진 15 집사제자 3단

사진 16 집사제자 4단

사진 17 비문 음기 연도 부분

嗣法弟子는 法階가 重大師, 入選, 參學의 순으로 구성되어 있다. 다만 3행 3단에 入選이 나오고 4단에 重大師가 나와 순서가 어긋나 있음을 알 수 있다. 執事弟子에는 重大師, 大師, 大德, 重職의 순으로 구성되어 있으나, 重職 다음에도 重大師 2인이 추가된 구성을 볼 수 있다.

사법제자에는 重大師만 나오고 入選, 參學이 보인 반면, 집사제자에는 重大師, 大師, 大德의 법계가 보이며, 入選, 參學은 보이지 않는다. 집사제자에는 重職이 새롭게 보인다. 고려초부터 형성된 법계의 일반적인 순서는 大德-大師-重大師-三重大師-禪師-大禪師, 首座-僧統으로 알려져 있다.[49] 이에 비추어 보면 본 음기에는 중대사 이하의 법계만 보이며 새로운 법계로 생각되는 入選, 參學, 重職이 나타난다. 이와 관련하여 이 시기를 전후한 비음기에 나타난 문도의 기재 양상을 정리하여 해명의 단서를 찾아보자.

먼저 사법제자와 집사제자의 차이는 무엇일까. 사법제자는 법을 이은 제자를 말하고, 집사제자는 어떤 일을 맡으면서 형성된 제자라고 생각된다. 이러한 유례는 1085년(선종 2)에 작성된 智光國師碑와 1111년(예종 6)에 작성된 慧德王師碑를 受教繼業者, 隨職加階者, 慕德歸化者로 분류하여 門徒를 정리한 바 있다.[50] 여기의 수교계업자는 가르침을 받아 업을 이은 자로 곧 사법제자와 의미가 통한다. 수직가계자는 국사, 왕사의 지위에 있으면서 僧政의 共議事에 참여하여 승계를 준 인연을 의미한 것인지도 모르겠다. 모덕귀화자는 앞의 두 예와 달리 덕을 사모하여 찾아온 제자를 말하는 것으로 추측된

---

49 許興植, 「僧科制度와 그 機能」, 『高麗佛教史研究』, 一潮閣, 1986.

50 「法泉寺智光國師碑」, 『韓國金石全文』, p.526.
「金山寺慧德王師碑」, 『韓國金石全文』, p.549.

다. 이러한 분류와 비슷한 예로 1125년(인종 3)에 작성된 元景王師碑陰記의 문도를 분류하여 기재한 것에서도 볼 수 있다. 親承敎訓者, 師揚法化者, 奉侍甁巾者, 補翼事務者 등으로 분류하였는데,[51] 이 중 친승교훈자는 사법제자를 의미한 것으로 생각된다. 사양법화자와 봉시병건자는 원경왕사에 의해 교화되거나 원경왕사의 덕을 사모하여 찾아온 자들을 의미한 것으로 추측된다. 보익사무자는 일을 도운 자라는 의미로 바로 집사제자와 통하는 것으로 짐작된다.

이같이 문도에는 법을 이은 제자와 종단에서의 활동 중에 승계를 받은 자나 교화된 자, 덕에 감화되어 스스로 찾아온 자, 그리고 법을 이은 제자는 아니라 하여도 각종 불사 활동에 조력하여 문도가 된 존재도 있었던 것 같다. 따라서 문도의 형성은 크게 세 부류로 정리될 수 있지 않은가 한다. 본 음기에 기재된 것은 교화나 감화에 따른 제자는 없고 법을 이은 사법제자와 어떤 일을 맡으면서 형성된 집사제자 두 부류만 문도로 기재된 것으로 생각된다.

입선과 참학, 중직은 무엇인지 찾아보기로 한다. 입선과 참학은 사법제자에만 나타나는데 參學의 경우는 宣宗代에 普濟寺 貞雙 등이 九山門參學學徒가 進士例에 따라 삼 년에 한 번씩 선발하기를 청한 것을 아뢴 것에 따른 기사를 보면[52] 승과의 예비 시험에 응시하려는 자를 參學이라 한 것으로 추측된다. 科擧에서 진사시는 예비시험을 의미하고 예부시가 최종고시가 되기 때문이다. 그리고 선종 각 山門에서 예비승과라 할 수 있는 談禪會에 참여하여 祖師의 초상

---

51 「般若寺元景王師碑」,『韓國金石全文』, pp.572~574.
許興植,「般若寺 元景王師碑陰記」,『高麗佛敎史硏究』, 一潮閣, 1986, p.634.

52 『高麗史』 卷 10, 世家, 宣宗 元年 正月 己巳.

화를 뵙고 올린 글의 주체가 바로 參學인 것을 보아도[53] 분명하다.

入選은 예비 승과를 통과한 자라 생각된다. 승과의 경우 瑜伽宗의 觀奧가 崇敎寺 成福選에 뽑혀 得名하고 奉恩寺 大選에 합격하여 대덕의 법계를 더하였다는 예를[54] 참고하면, 大選 전에 합격한 자를 入選이라 하였을 것으로 확신할 수 있다. '名公學徒'란 바로 예비 승과에 합격하여 '得名'한 입선 이상의 학도란 의미로 이해된다. 본 음기의 사법제자에 중대사, 입선, 참학 순으로 기재된 것은 참학에서 예비 승과에 뽑힌 자를 입선이라 했던 것을 반영한다. 입선, 참학은 제자 중에서 승과 공부에 매진하고 있는 자들이라 하겠다.

重職은 그 예를 먼저 찾아보고 그 의미를 추측하기로 한다. 1085년(선종 2)에 작성된 智光國師碑의 문도 분류 중 慕德歸化者에 重職, 惠燈, 弘範 등 1,100餘 人이 있다고 하였다.[55] 모덕귀화자는 사법제자가 아닌 덕을 사모하여 제자로 들어온 자들을 의미한다. 따라서 중직은 隨職加階者와는 달리 종파를 달리하거나 다른 스승으로부터 법을 이었다가 귀화하여 그 직을 거듭한 것을 의미하는 것은 아닌지 자세한 것은 알 수 없다. 다만 다른 분류된 문도 즉 受敎繼業者 145인, 隨職加階者 78인, 先後師而沒世者 52인에 비해 모덕귀화자의 숫자가 10배가량 많은 다수를 점유한다. 이로 보아도 중직은 종파를 초월하여 제자로 들어오면서 그 승계를 거듭했다는 의미로 생각된다. 따라서 집사제자에는 모덕귀화자까지 포함된 문도 분류라 하겠다.

---

53 「談禪會須彌山參學等謁祖師眞文」,「同前聖住山參學等拜祖師文」, 『東國李相國集』 後集 卷12(『韓國文集叢刊』 2, p.251)

54 「證智首座觀奧墓誌」, 『韓國金石全文』, p.758, "天慶三年癸巳 崇敎寺成福選得名 七年丁酉 奉恩寺大選入格 加大德".

55 「法泉寺智光國師碑」, 『韓國金石全文』, p.526.

위의 문도 중에 중수기에서 이력이 확인되는 자는 사법제자 중 重大師 冲默과 重大師 資嚴이다. 충묵은 중수기의 立石을 주관한 문인인데[56] 茶井寺 주지를 맡고 있었다. 자엄은 祖膺이 친히 삭발하여 제자로 삼았고 용문사의 중수를 맡겨 주관하게 한 제자이다. 뿐만 아니라 甫州의 頭川院을 수리할 때도 일을 맡아 처리한 제자였다. 그 외에도 충묵과 같이 입석을 주관한 龍門寺 住持 重大師 思秀, 刻字를 맡은 入選 解錫이 있으나 사법제자, 집사제자에 보이지 않는다. 이는 비문의 결락 부분에 명기되어 있을 가능성이 있다.

그리고 사법제자 參學 文光은 1171년(명종 1)에 왕사가 된 天台宗 德素의 문도에 入選學徒 文光과[57] 법명이 같아 동일인일 수 있으나 入選과 參學으로 다르며 덕소 문도 직명의 작성 시기가 빠른 데다 입선이 참학보다 더 위의 직명에 해당하기 때문에 同名異人일 가능성이 있다. 또 집사제자의 大師 存正은 德素 門徒의 大師 存正과[58] 동일인일 가능성이 크다. 덕소 비음기의 문도 직명 작성은 1175년(명종 5)으로 용문사중수기 음기의 작성시기인 1188년의 13년 전이어서 동일인일 가능성을 배제할 수 없다.

위의 문인 각자의 글씨는 중수기의 글씨와는 달리 좀 더 크고 시차를 두고 각자되었다. 특히 문도 인명 하단에 작은 글씨로 註記한 예가 7건이 있다. 사법제자 중에 重大師 元正, 重大師 曇著, 重大師 道辯, 入選 宣惠에는 작은 글씨로 '須弥山下'라고 註記되어 있다.

---

56 『조선금석총람』과 『한국금석전문』에는 '冲點'이라 판독하였다. 하지만 『해동금석원』에는 '冲默'이라 판독하였는데 비문 확인 결과 冲默이 틀림없었다.

57 「寧國寺圓覺國師碑」, 『韓國金石全文』, p.850.

58 「앞의 비문」, 『韓國金石全文』, p.851.

집사제자 중 重大師 慧持 아래에는 '先師舍弟', 重大師 永忠 아래에는 '華嚴', 重大師 恃山 아래에는 '疏子'라는 주기가 보인다. 이들 주기 부분은 <사진 18, 19, 20, 21, 22, 23, 24>와 같다.

이처럼 문도의 아래에 주기를 붙인 예는 1125년(인종 3)에 작성된 靈通寺 大覺國師碑 陰記의 大覺國師門徒職名開坐에 보인다. 그 주기는 문도가 대각국사의 제자가 되기 전의 사항이나 간단한 이력을 주기한 것이다. 인용하면 昶元 本是景德門人 師少時所咨稟者 爲弘護寺第一代主, 稱道 本是景德門人, 理琦 本是景德門人 師少時所承受者 등의 예가 있다.[59] 문도직명의 주기는 문도의 변동을 특기한 것임

사진 18 원정 주기 부분

59 「靈通寺大覺國師碑」, 『韓國金石全文』, p.585.

사진 19 담저 주기 부분

사진 20 도변 주기 부분

사진 21 선혜 주기 부분

사진 22 혜지 주기 부분

사진 23 영충 주기 부분

사진 24 시산 주기 부분

을 알 수 있다. 이로 보아 용문사중수기 음기의 문도 주기는 조응의 문도가 되기 전의 상황이나 당시의 이력을 주기한 것으로 생각된다.

사법제자 중에 4인이나 '須弥山下'의 주기가 있음을 보아 수미산파에서 祖膺의 문도가 된 것으로 볼 수 있다. 집사제자에는 중대사 혜지가 조응의 舍弟 즉 집안 동생임을 알 수 있고, 중대사 永忠이 華嚴宗에서 제자가 된 사실을 보여준다. 중대사 恃山은 疏字宗에서 집사제자가 된 것을 보여주는 것이 아닌가 한다.

2. 중수기와 음기의 관계

중수기의 작성은 寶文閣學士 翰林學士 知制誥 李知命이 왕명으로 한 것이다. 이지명의 이력은 『高麗史』 列傳에 따르면, 자는 樂叟, 韓山郡 사람이다. 群書를 박람하여 詞賦를 잘하고 草隷에 능하였다. 18세에 급제하여 黃州 서기, 忠州 판관을 지내는 동안 선정이 있어 정중부 난이 있을 때 惠政에 감사한 충주 사람의 보호로 화를 면하였다고 한다. 1184년(명종 14)에 翰林學士 承旨가 되고 명종 15년 정월에 西北面兵馬使로 나가 있었다.[60] 이로 보면 1184년 12월경에 이 비문이 한림학사로서 지은 것임을 알 수 있다. 그의 몰년이 1191년(명종 21) 65세 때임을 감안하면 그의 나이 59세 때였다. 그는 같은 시기 瑞峯寺 玄悟國師碑를 찬하기도 하였다.[61]

중수기의 형태는 위쪽을 귀접이 한 圭首形 碑身에 唐草文을 두른

60 『高麗史』 卷99, 列傳 12, 李知命.
61 「瑞峯寺玄悟國師碑」, 『韓國金石全文』, p.875.

것이다. 葛城末治는 龜趺와 螭首는 처음부터 없었다고 하였다.[62] 현재의 받침석은 최근의 석재이다. 비의 높이는 195cm, 너비 93cm, 두께 10cm이다. 이 비의 크기는 같은 시기 만들어진 서봉사 현오국사비와 비슷하다.[63] 중수기 전경은 <사진 25>와 같다.

비문의 글씨는 왕희지체에 기반을 둔 활달한 필치로 당시 유행한 坦然의 서풍을 따른 것이다. 비문의 書者는 普濟寺 住持 禪師 淵懿이다. 그의 이력과 법맥은 알 수 없다. 다만 1147년(의종 원년)에 작성된 圓應國師 비의 음기에 門徒姓名조 批職員 24인 가운데 禪師 13員의 한 명으로 기록되어 있다.[64] 그래서 그가 원응국사 學一의 제자임을 알 수 있다. 이 비문이 작성된 1185년 무렵과는 시기적으로 30여 년의 相距가 있다. 승계가 계속 선사로 머물러 있었던 것은 의문이다. 그래서 동일인이 아닐 가능성도 있다. 동일인이라면 그는 迦智山門에 속한 승려가 된다. 연의는 탄연의 제자인 淵湛과[65] 法兄弟이면 탄연의 필치를 이은 堀山門 내의 승려로서 비문의 書者로 자연스럽다. 연의의 이력은 후자일 가능성이 더 크다. 비문의 각자는 문도인 입선 解錫이 하였다.

비문에서는 太祖, 太子, 聖王, 制, 朝旨, 批, 國, 邦家 등 글자 앞에는 3자 격자를 하였다. 현재의 비문은 중간 부분이 파손되어 시멘트로 붙여 비문을 세워 두었다. 그래서 중간 부분에 176자 정도가 파

62 葛城末治, 『朝鮮金石攷』, 1935, p.471.
63 성균관대학교 박물관, 『고려시대 금석문 탁본전-돌에 새겨진 고려시대 선사들의 삶』, 2005, p.91, p.88.
64 「雲門寺圓應國師碑」, 『韓國金石全文』, p.666.
65 淵湛이 坦然의 제자임은 斷俗寺大鑑國師塔碑(『韓國金石全文』, p.823)에 "門人住持虛淨三重大師臣淵湛奉宣立石"이라 한 데서 알 수 있다.

사진 25 중수기 앞면

실되었다. 하지만 비문이 파손되기 전에 탁본된 것을 판독한 『海東金石文字』, 『海東金石苑』, 『朝鮮金石總覽』, 『慶尙道邑誌』 등의 판독문을 통해 그 전문을 알 수 있다.[66] 『韓國金石全文』의 것이 가장 많이 판독되고 종합되어 있다. 『한국금석전문』의 판독문은 『경상도읍지』, 『해동금석원』, 『石刻史料新編』을 종합한 것으로 보인다.[67] 15행 52자까지는 『경상도읍지』의 판독문과 두 글자만 다르고 같다. 『해동금석원』과 『조선금석총람』의 판독문의 바탕이 된 탁본은 찾기 어렵다. 葛城末治는 『朝鮮金石總覽』 작성 시 불명한 글자가 100자나 되지만 이를 상당히 보충할 수 있는 완전한 탁본이 있다고 하였다. 조선총독부고적조사위원 池內博士가 함경남도 함흥 향교에서 발견한 舊拓이라 하였다.[68] 이는 현재 소재를 알 수 없다. 하지만 비의 손상이 없는 완전한 탁본 사진이 국립중앙박물관 유리건판으로 전해 온다(<사진 26> 참조).

현재의 비문과 『해동금석문자』, 『해동금석원』, 『조선금석총람』, 『경상도읍지』, 『한국금석전문』, 국박 완탁 사진 등과 비교하면 부분적으로 차이가 나는 부분이 있다. 연대나 인명, 빠진 글자 등과 관련된 부분을 비교하여 판독안을 제시하면 다음과 같다.

---

66 「重修龍門寺記」, 『海東金石文字』(1829), 亞細亞文化社影印, 2003, pp.348~354.
「金高麗重修龍門寺記」, 『海東金石苑』, 卷7, 1922.
「龍門寺重修碑」, 『朝鮮金石總覽』, 朝鮮總督府, 1919.
『慶尙道邑誌』, 1832.

67 「龍門寺重修碑」, 『韓國金石全文』(許興植 編著, 亞細亞文化社, 1984), p.120, pp.872~875.

68 葛城末治, 『朝鮮金石攷』, 1935, p.475.

사진 26 중수기 탁본 유리건판 사진

* 좌측 번호는 비문의 행을 나타내기 위해 붙였다.

* 음영부분은 비문의 파실 부분인데, 『해동금석원』, 『조선금석총람』, 『경상도 읍지』 등에서 보완한 『한국금석전문』, 그리고 국립박물관 소장 유리건판 탁본 사진[완탁]에서 보완한 것이다.

* 밑줄 __ 부분은 비문의 판독을 바탕으로 『한국금석전문』의 판독을 수정한 것이다. __ 부분은 앞의 여러 판독문에서 읽지 못한 부분을 국립박물관 유리건판 완탁 사진에서 보완한 부분이다.

[01] 重修龍門寺記

[02] 朝散大夫左散騎常侍寶文閣學士翰林學士知 制誥賜紫金魚袋臣李 知命奉 宣述

[03] 海東山川多奇秀唯龍門爲尤物峯巒邐迤盤迴起伏三百餘里洞壑幽深泉甘而土肥實眞人逸士栖眞異境也昔新羅禪師杜雲與梵日國師乘桴入唐傳

[04] 法而還乃卜玆地芟夷荊榛始締草庵精勤且久 我太祖擧義旗有幷呑三國志興兵弔伐至山下聞師名入洞尋之駐車庵前頂禮以伸密約及定天

[05] 下降勅鳩財陶瓦凡架屋三十間併給州縣稅租每歲一百五十石以爲供養資其後傳法孫繼繼相住至於大師英縺住三十餘年告老而辭傳於禪師祖膺膺

[06] 曰山門資蔭招提頹廢旣久難以容膝況吾年老所住延鳳寺相去一千餘里往返艱阻未便營作擇門弟幹事者大師資嚴主之給稻租三百石嚴師自乙酉

[07] 歲承 命來住以膺師所施私財以爲資粮搆道場堂三間僧房廚庫九十三所乃至佛盤幡幢机桉香爐燈釭及一切受用釜鑊童海足灌盆豐莫不備

[08] 具越乙酉年降 勅旨勤勞修葺宜以門徒法孫相繼住之勿令

廢絶歲在辛卯陰陽官卜定　今皇太子胎藏地於寺門外左臂峯頭於寺設祝

[09] 聖壽法會約福田五員各弟子每日粥飯二味晝讀金光明經夜念觀音爲恒規據　朝旨納近州縣亡寺田三十頃幷安東府甫州十小寺藏獲各二口

[10] 及近州寺稅租七百石分貸村民歲取息以爲道場衆料而禪師切恐歲久民瘼頗多奏請除焉己亥年創寺工畢會九山門學徒五百人設五十日談禪會請

[11] 斷俗寺禪師孝惇敎習傳燈錄楞嚴經仁岳集雪竇拈頌以落成癸巳年　國朝多難大禪師發願設三萬僧齋又別置輪大藏二座及堂三間作七日法

[12] 會聚學者三百餘人請開泰寺僧統穎緇講演以落之以救　國難焉始自庚子正月至壬寅年八月披覽乃畢此寺有異事三焉初　聖祖尋杜

[13] 雲師將入山而洞口巖上眞龍出迎因号龍門一也始築基時忽得古梁上銀甁一口重十四兩賣取穀米以充工匠日料二也歲在癸未道場堂南庭中立靑

[14] 石塔九層藏舍利時第四層上五色雲盤繞移時而散三也大禪師謂靈異頗多想有前緣抑亦　儲皇胎藏所乃奏請奉　制改号昌期寺先是甫

[15] 州在安東管內因胎藏改爲基陽縣令官大禪師祖膺本海州人皇考戶長甫尹惟胤三韓壁上功臣司徒三重大匡崔貞獻七代孫也年十四投慧照國師門

[16] 弟禪師英甫落采乙巳年曺溪選中格歷住七寺皆名藍也癸酉年下　批加三重至己卯年轉禪師翌年爲大禪師仍受官誥一通住鳴鳳寺乙亥年欲

[17] 設普濟國談禪齋向長安行至陰竹縣地見黑石院焚蕩乃捨行

裝褥席銀器計銀九斤八兩又租一百石銀甁一口等皆付縣吏重修館院後丁亥年冬設大

[18] 豆羹粥以施行人及辛巳年住京北山大興寺乃捨財修營而作藂林會依慧照國師入唐傳來坐禪儀軌排鉢等事落成癸巳年被　制命鳴鳳寺叢林

[19] 法主洎乙酉年金州安國寺五十日談禪亦作法主爲甫州頭川院迺東南地行人往返要途屋宇頹廢鞠爲茂草於己亥年與龍門大師資嚴備材瓦重修每

[20] 於冬夏設施作又癸未甲午年間南方盜賊大起設一萬僧齋以救賊難焉師自齠齔有瀟灑出塵想學識該博高道卓行爲藂林模範人仰如山斗隨所住處

[21] 學者如林而循循善誘略無悔色年至耄期猶不懈怠其傳法度人福利　邦家可勝道哉資嚴善士也師所親手削如誨螟蛉至于成名志猷名彊利鏁

[22] 韁牽泊沒於風塵乃脫屣紅塵遍遊名山抵此爽塏樂於適性不憚辛艱修營作新勤且至矣夫杜雲聖僧也祖膺賢德也若無聖人卜居則龍門乃狼虎狐兎

[23] 林藪耳孰能以天眼識王氣密護　聖王於草昧定患難而名流千載乎若非祖膺修舊起廢則頹坦破礎埋沒於草莽尒焉能使九山衲子包腰杖錫海

[24] 會鱗萃晨香夕炷祝延　國祚於無疆耶且年祀綿遠切恐開創修營異蹟泯滅無聞倂紀始末以示于後

[25] 　大定二十五年乙巳四月日普濟寺住持性印禪師臣 淵懿奉宣書 門人茶井寺住持重大師冲黙 住持重大師思秀等立石入選解錫刻字

조동원이 1983년에 수록한 탁본 사진과[69] 현재 비문을 비교하면 그동안 파실된 부분이 있다. 3행, 4행, 5행, 19행 맨 하단부의 각각 2자, 3자, 4자, 2자, 1자가 파실되었다. 이는 비문의 剝落이 진행된 결과로 보인다. 그리고 중단 부분도 위, 아래 각각 1자 혹은 2자씩 더 파실이 진행되었음을 알 수 있다. 이는 음기 부분의 것과 같이 최근 비를 옮겨 다시 절단된 부분을 시멘트로 보강하면서 파실한 것으로 생각된다.

비문의 제액은 '重修龍門寺記'라 하여 고승의 일대기를 적은 묘지명이나 비문은 아니다. 그런데도 앞서 살펴본 바와 같이 음기에 사법제자, 집사제자 등의 문도 직명과 법명이 나열되어 있다.

그 배경을 알아보기 위해 중수기의 내용을 정리하면 다음과 같다. 용문사의 위치에 대한 소개와 사원 형성 계기가 된 杜雲 선사의 卜定 사실과 太祖의 지원으로 성립되었음이 서술되었다. 다음으로 祖膺이 주지하여 사원이 퇴락한 것을 보고 사재를 출연하고 그 주관을 제자 資嚴에 맡겨 1165년부터 중수를 시작한 사실이 적혀있다. 1171년 태자의 胎藏地로 지정되어 많은 지원을 받게 되었지만, 민폐를 우려하여 받지 않았다고 한다. 1179년 창사의 일이 끝나고 낙성식을 하였는데 九山門 학도 500인을 초청해 談禪會를 열었다. 앞서 1173년 나라의 어려움을 극복하기 위한 三萬僧齋와 輪大藏 2座를 설치하고 학자 300인을 모아 낙성하였다. 이 절의 異事 세 가지를 소개하고 태장소 설치를 계기로 昌期寺로 개호하고 甫州가 基陽縣 令官이 된 사실도 적었다. 대선사 조응의 출신, 사승 관계, 승과 합격 사실, 주지한 사찰, 중수한 원과 사찰 그리고 법회의 주관 사실

69 趙東元 編著,『韓國金石文大系』3, 慶尙北道編, 圓光大出版部, 1983, p.92.

을 기록하고 두운이 자리한 이래 조응의 노력으로 폐사를 면하게 되어 그 공덕을 잊지 않기 위해 비문을 작성한다고 하였다. 비의 글씨는 宣旨를 받들어 쓰고 문인이 立石을 하였다고 한다.

이로 보아 중수기나 중수에 중요한 역할을 한 祖膺의 일대기와 중수의 공덕이 기려지므로 조응의 비문에 다름이 없는 셈이다. 그래서 음기에 그 문도가 나열된 것으로 생각된다. 앞서 본대로 음기의 사법제자에는 중수기 입석을 추진한 문인 冲黙이 맨 처음 나온다. 용문사의 중수를 조응을 대신하여 주관하고 조응이 손수 삭발해 준 資嚴도 그 사법제자 명단에 포함되어 있다. 음기의 인명은 조응의 문도가 틀림없다.

그런데 비문의 작성은 大定 25년으로 1185년(명종 15) 4월인데 음기의 작성 연대는 大定 28년 1188년(명종 18) 4월로 되어 있다. 음기는 비문이 작성된 이후 追刻된 셈이다. 그 이유는 중수기에 조응의 적멸과 관련된 사실이 없기에 그 중수기가 작성 입석 때에는 그는 생존해 있었던 것으로 짐작된다. 중수기 작성 입석 후 조응이 사거하였고 이에 문도 직명이 음기에 추각된 것으로 생각된다. 추각 당시 이미 조응이 사거하였음은 음기의 집사제자 중대사 혜지의 주기에 '先師舍弟'라 한 사실을 볼 때 분명하다.

음기의 비문에는 당초문 등이 비문 주변에 조각되어 있지 않았다. 글씨 역시 중수기의 보제사 연의의 글씨와는 다르고 크기도 또한 다른 것이다. 비문의 음기를 각자 하는 데도 국왕에 上奏하였던 예가 1173년(명종 3) 先覺國師碑 陰記 작성 때에 잘 볼 수 있다.[70] 그리고

70 「玉龍寺先覺國師證聖慧燈塔碑」, 『韓國金石全文』, p.828.

'奉宣立石', '奉宣書', '奉宣刻字'라 표기하였다. 그런데 용문사중수기 음기에는 이러한 기록이 없다. 이로 보아 추각은 국왕의 허락을 얻는 절차를 밟지 않고 용문사 자체의 문도들이 결정하여 이루어진 것으로 생각된다. 그러므로 비음기의 명단은 다른 고승비음기의 명단과는 달리 조응 문도의 자율적 판단과 관례에 따른 작성이었다고 하겠다.

한 사원의 중수기가 작성·立碑됨은 국왕의 배려가 없이는 불가능하다. 그런데 용문사 중수기 작성에 이러한 배려를 받게 된 배경은 무엇일까. 앞서 언급된 비문 내용에 나온 태자 胎藏所의 설치가 가장 큰 이유가 될 수 있을 것이다. 태장소는 태자의 태를 묻은 곳 부근의 사원을 지정하여 祝壽 道場을 항례로 열도록 한 사원을 말한다. 이는 왕실의 권위와 왕실의 재정 기반을 확충하는 의미가 있는 것이다.[71] 1171년에 설치되어 명종이 즉위한 첫해에 태자의 태장소가 되었다.

명종은 무인정권이 들어선 후 28년을 재위하였다. 『고려사』에는 그가 무인정권에 눌려 국왕으로서 역할과 기반이 없었던 것으로 보이지만, 지방 불교 사원을 지원하여 상당한 기반을 구축하였다. 龍門寺 외에도 龍壽寺에 毅宗을 위한 축수가 있었고, 尙州 萬嶽山의 龍巖寺는 명종비의 추복의 장으로 하고 내탕물을 내어 그 유지를 위한 母穀을 제공하였다. 直指寺에도 林濡가 명종을 위한 축성보를 설치하였고, 상주 功城縣의 小林寺를 중수한 金令義는 명종으로부

許興植, 「金石文의 落穗」, 『高麗佛敎史硏究』, 一潮閣, 1986, pp.676~677.

71 韓基汶, 「王室願堂과 그 機能」, 『高麗寺院의 構造와 機能』, 民族社, 1998, pp.238~239.

터 축성보의 재정 지원을 받고 있다.[72]

이러한 사원 경제의 기반은 명종이 왕권을 위한 기반으로 삼았던 것으로 추측된다. 崔忠獻이 집권하면서 올린 봉사 10조에 '內臣으로 하여금 三寶를 관장해서 곡식으로 민에게 취식행위를 하여 그 폐가 적지 않다'라 한 것은[73] 명종이 이들 사원에 비치한 곡물을 내신을 통해 재정 운용을 하고 있음을 보여주는 것이다. 앞서 예를 든 용수사의 주지 雲美와 소속 미상의 存道가 최충헌에 의해 嬖幸僧으로 규정되어 명종의 측근에서 축출되고 있는 것에서 명종의 왕실 원당의 경영과 이에 대한 최충헌의 견제를 짐작할 수 있다. 또 명종은 小君을 7명이나 두었는데 궁중에 출입하며 권세를 누리고 유명한 절을 주지하였다고 한다. 이들 역시 명종의 불교 기반을 강화하는 역할을 하였을 것이다. 이들 역시 명종이 폐위되자 모두 유배되었다. 이러한 명종의 불교 기반은 최충헌 정권이 들어서면서 무너지고 그 자신마저 폐위되기에 이른다.

이처럼 용문사는 명종이, 자신의 불교 기반을 무인 집정자의 감시하에 개경 주변에 마련할 수 없었던 상황에서, 지방의 태자 胎藏所 지정과 의종의 願堂을 명목으로 재정을 지원하고 그 반대급부로 사상적으로 지원받았을 것으로 생각된다. 이러한 배경에서 龍門寺의 중수에 큰 역할을 한 조응을 위한 비문이 왕명으로 성립될 수 있었던 것이라 하겠다.

---

72 許興植, 「龍壽寺開創記」, 『高麗佛教史研究』, 一潮閣, 1986.
李炳熙, 「高麗中期 寺院의 助成과 經濟運營」, 『李元淳教授停年紀念史學論叢』, 1991.
韓基汶, 「高麗後期 尙州 功德山 東白蓮社의 成立」, 『尙州文化研究』 3, 1993.

73 『高麗史』 卷129, 列傳42, 崔忠獻.

3. 중수기와 음기로 본 선종계의 동향

중수기와 음기를 통해 고려 중기 李資玄의 居士禪과 慧照國師·坦然·祖膺으로 이어지는 堀山門의 사상적 특징과 경향을 이해할 수 있다. 이에 대해서는 이미 많은 논고가 제출되어 다양한 시각에서 조명된 바 있다.[74] 하지만 중수기와 음기를 통해 좀 더 보충하거나 새로이 음미할 부분도 있다. 중수기의 주인공인 祖膺의 사상적 계보와 활동, 그리고 門徒의 성격을 통해 이러한 문제에 접근하고자 한다.

용문사를 중수한 승려는 중수기에 보이는 祖膺 선사이다. 용문사를 창건한 두운 선사는 태조에 협조한 보답으로 절을 30간으로 짓고 재정 지원을 받았으며 절의 주지를 法孫 주지로 계승할 수 있도록 배려받았다. 英縺大師가 30년 주지하다가 선사 조응에 물려주었으나 조응은 늙고 머무는 延鳳寺와 1,000여 리나 떨어져 있어 왕래하기 어렵다고 제자 資嚴을 주지하도록 하고 용문사의 중수를 담당하게 하였다. 자엄은 1165년 주지가 되어 스승 조응 선사가 마련한 私財 300石으로 절을 일신하였다.

---

74 許興植,「高麗中期 禪宗의 復興과 看話禪의 展開」,『奎章閣』6, 1982(『高麗佛教史研究』, 一潮閣, 1986).
崔柄憲,「高麗中期 李資玄의 禪과 居士佛教의 性格」,『金哲埈博士華甲紀念史學論叢』, 1983.
金相永,「高麗 睿宗代 禪宗의 復興과 佛教界의 變化」,『淸溪史學』5, 1988.
金相永,「高麗中期 禪僧 慧照國師와 修禪社」,『불교와 역사-이기영박사 고희기념논총』, 한국불교연구원, 1991.
韓基斗,「禪을 개척한 慧炤國師」,『韓國禪思想研究』, 一志社, 1991.
鄭修芽,「慧照國師 曇眞과 '淨因髓'-北宋 禪風의 수용과 高麗中期 禪宗의 부흥을 중심으로-」,『이기백선생 고희기념 한국사학논총』상, 일조각, 1994.
趙明濟,「高麗中期 居士禪의 사상적 경향과 看話禪 수용의 기반」,『역사와 경계』44, 부산사학회, 2002.

英縺과 조응의 제자 자엄에 대해서는 자세하지 않으나 조응에 대해서는 중수기에 다음과 같이 나온다. 본관은 海州이고 三韓壁上功臣 崔貞獻의 7대손이다. 나이 14세에 慧照國師의 門弟인 선사 英甫에 나아가 머리를 깎고 1125년에 曹溪宗選에 합격하여 일곱 사찰에 주지하였다. 1153년에 三重大師가 되고 1169년에 禪師가 되고 그 이듬해 大禪師가 되었으며 官誥를 받고 鳴鳳寺에 주지하였다. 이 명봉사는 홍준의 비문이 있는 경청선원의 다른 이름이 아닌가 한다. 陰竹縣 黑石院, 京北山 大興寺, 甫州 龍門寺, 甫州 頭川院 등을 사재로 수리하고 金州 安國寺, 鳴鳳寺의 法主가 되어 作法하였다. 그리고 남방의 南賊이 크게 일어나자 賊難을 구제하기 위한 一萬僧齋를 열기도 하였다.

조응은 법계상 멀리 두운의 계보를 잇고 있지만 가까이는 慧照國師의 법맥을 이었다. 혜조국사의 문제인 영보에 落髮한 것이라든가, 京北山 大興寺를 중수하고 낙성식 때 혜조국사가 입당하여 전래한 坐禪儀軌排鉢等事에 의거한 낙성 의식을 하였다는 데서 잘 알 수 있다.

혜조국사는 단편적 기록에 의하면 그의 법명은 曇眞이며 1107년(예종 2)에 王師로 1114년(예종 9)에 國師로 책봉된 인물이다. 그는 예종 시에 왕명으로 송에 가서 거란대장경 3부를 구입하였고, 坐禪儀軌排鉢等事의 전적도 가져왔으며, 宋僧 淨因과 교류하였다. 혜조국사의 제자로는 大鑑國師 坦然이 있고, 廣智大禪師 之印도 있으며 廣明寺 주지와 金剛齋에 머문 貫乘도 문인이었다. 관승과 교류한 尹彦頤도 그의 문인이 된다. 그리고 조응의 머리를 깎아 준 영보 역시 門弟로 기록되어 있다. 혜조국사가 사거한 연대는 잘 알 수 없지만 李資玄이 眞贊을 남기고 있어 이자현의 몰년이 1125년(인종 3)이

므로 그 이전에 사거하였다고 추측된다. 혜조국사는 숙종과 예종 시에 활동한 선승이었다.[75]

혜조국사는 사상사적으로 어떠한 위치에 있는가. 고려 중기 선종계는 義天의 등장으로 커다란 위기를 맞게 된다. 이는 學一의 비문에 선종의 6, 7할이 天台宗으로 전향하였다고 한데서 잘 알 수 있다. 이러한 위기를 극복하는데 이자현, 혜조국사, 탄연의 역할이 두드러진다. 혜조국사와 탄연이 이자현의 문인이라는 기록이 있다. 탄연은 혜조국사의 제자임이 분명하나 이자현의 영향이 크기 때문에 같은 문하로 인식되었던 것으로 본다. 이자현의 문인에는 윤언이와 교유한 관승이 있다.[76] 그 외 祖遠, 智遠 등 2명도 전법사문으로 기록되어 있다.

이자현은 雪峰義存의 저술 『雪峰語錄』을 읽고 크게 깨우친 바가 있다고 하였고, 雪竇重顯의 영향도 받았다. 그리고 『楞嚴經』을 읽고 거기서 心要를 얻어 문인들에게 감화를 끼쳤다.[77] 그는 뚜렷한 사승 없이 자각으로써 고려 중기의 선종계에서 독창적 위치를 확보한 셈이다. 그의 저서 중 『禪機語錄』, 『歌頌』, 『布袋頌』 등이 선과 관련된 것이 아닌가 한다. 특히 『선기어록』은 예종이 선리를 물었을 때 『心要』 一篇을 지어 바쳤던 것을 정리한 내용으로 추측된다고 한다.[78]

이자현의 문인 중에 혜조국사가 대표적인 문인이라 추측된다. 선종 출신의 국사가 단절된 고려 중기에 혜조국사가 처음으로 국사에 오르고 이어 탄연이 국사의 지위에 올라 선종계에 활기를 불어넣었

---

75 許興植, 앞의 논문, 1986.
76 『高麗史』 卷 96, 列傳 尹彦頤.
77 「眞樂公重修淸平山文殊院記」, 『韓國金石全文』, p.588.
78 허흥식, 앞의 논문, 1986.

다. 이는 실로 智宗 이후 처음으로 선종계에서 국사가 배출된 것이다. 이자현에서 시작된 선종계의 자각과 이를 이은 혜조국사의 사상을 잘 계승한 승려가 예천 용문사를 중수하고 여러 불사를 주관한 祖膺이었다.

조응은 이자현에서 시작된 선종에 대한 자각의 전통을 그대로 계승하고 있었다. 조응은 1179년(명종 9)에 용문사 창사의 공사를 마치고 九山門 學徒 500人을 모아 談禪會를 열고 斷俗寺 禪師 孝惇을 초청하여 『傳燈錄』, 『楞嚴經』, 『仁岳集』, 『雪竇拈頌』 등을 교습하게 하여 낙성하였다고 한다. 효돈은 관승과 교유하고 이자현에게서 선에 대한 영향을 받은 윤언이의 넷째 아들이다.

조응이 학도 500인에게 교습한 『능엄경』, 『설두염송』은 이미 이자현이 크게 중요시한 책들이다. 『인악집』은 인악이 쓴 집해를 말한 것이고 인악은 임제의현의 7대손이다. 탄연은 四威儀頌과 上堂語句를 보내 인가를 받은 介諶과 유대가 긴밀했다. 계심의 제자인 戒環이 쓴 『首楞嚴經要解』는 『능엄경』을 해석한 것인데 여기에 인용한 서적에 인악의 집해가 있다. 운문종 고승 설두중현이 『景德傳燈錄』에서 古則을 뽑아 『頌古集』과 『拈古集』을 저술하였는데 『설두염송』은 이를 합친 것으로 추측된다. 重顯의 저술은 임제파 고승에 환영을 받았다. 그 가운데 楊岐方會의 법손인 圓悟克勤은 염송에 評唱을 붙여 『碧巖錄』을 완성하였다. 그의 제자 大慧宗杲는 公案禪에서 看話禪을 고취하고 默照禪을 통렬히 비판하면서 선풍을 진작시켰다. 이자현, 혜조국사, 탄연으로 이어지는 고려 중기 선종의 부흥은 『능엄경』을 인식하면서 이루어졌고 계심, 계환 등 송대 임제종과 교류하면서 확고해졌음을 알 수 있다.

조응은 혜조국사가 송에서 전해온 좌선의궤, 서적 등을 받아들여 낙성의식에서 준수하였으며 이자현부터 선을 이해하기 위해 중요시한 전적들을 대부분 그대로 중요시하고 있음을 확인할 수 있다. 더구나 조응은 1155년(의종 9)에 普濟國談禪齋를 열고, 1161년(의종 15)에 대흥사 낙성 총림회, 1165년(의종 19)에 金州 安國寺 50일 談禪會 법주, 1173년(명종 3)에 鳴鳳寺 叢林 법주, 같은 해 용문사에서 국조다난에 대해 삼만승재 설치, 윤대장 2座와 堂 3간 낙성 법회 개최, 1179년(명종 9)에 용문사 중수 九山門 500인 50일 談禪會 개최, 그 외 남쪽 지방의 적난을 구제하기 위한 일만승재 개최, 행인을 위한 음식 제공, 黑石院과 頭川院 수리 등 많은 불사와 법회를 개최하였다. 이는 선종의 기반을 강화하려는 시도였다고 생각된다.

특히 용문사의 중수를 계기로 명종의 태자 胎藏所를 설치하고, 九山門 學徒 500人 50일 談禪會를 개최한 것은 조응이 혜조국사 이후의 사상적 계승과 그 기반을 확대하려는 시도가 절정에 달했음을 보여준다. 용문사 중수기를 왕명으로 작성한 승려는 普濟寺 주지 淵懿였다. 연의는 누구인지 이력을 알 수 없지만 坦然의 제자이며 최충헌 정권 성립 후 영남으로 유배된 淵湛과[79] 법형제일 가능성이 있다. 앞서 언급한 바와 같이 중수기의 글씨가 왕희지체에 기반을 둔 활달한 탄연의 書風을 이은 점을 볼 때도 그럴 가능성이 크다. 혜조국사의 문하승들이 조응 등과 연대하여 선종의 기반을 넓혀간 것으로 추측된다.

---

79 「斷俗寺大鑑國師塔碑」, 『韓國金石全文』, p.821.
『高麗史』 卷 129, 列傳 崔忠獻, "又流大禪師淵湛等十餘僧 于嶺南".

앞서 살핀 바와 같이 용문사중수기의 음기에 嗣法弟子와 執事弟子 명단이 있고 기록한 시기는 1188년(명종 18)이다. 이는 용문사 중수에 큰 역할을 한 조응의 제자 명단이다. 이 음기에 나타난 명단은 혜조국사에서 비롯된 법맥이 조응 이후 어떠했는지를 알 수 있는 단서를 제공한다. 먼저 중대사 이상의 법계는 보이지 않는 점이 특이하다. 조응은 선종 법계로는 최고의 지위인 대선사로 사거하였으므로 禪師, 三重大師 등의 법계를 가진 제자도 있을 수 있으나 전혀 나타나 있지 않다. 參學, 入選, 重職 등이 보인다. 이에 대해서는 앞서 서술한 바와 같이 승과를 준비하거나 예비 승과에 합격한 자, 그리고 종파를 넘어 제자 관계를 바꾸어 승계를 받은 자로 추측된다. 그리고 제자들의 법계만 나오고 주지하거나 머문 사찰명이 전혀 나오지 않는다. 이러한 사실은 무신 정권기 선종계 인맥 명단의 대규모 작성이 조심스러웠던 분위기와 관련이 있는 것 같다. 그리고 조응의 제자는 용문사의 중수와 관련하여 法會에 참석한 일부에 한정하여 작성된 것으로 추측된다.

제자 명단에 당시 사상적인 추이의 일단을 짐작할 수 있는 것이 있다. 고려 태조대에 성립된 須彌山門이 보인다는 점이다. 사법제자 가운데 重大師 元正, 重大師 曇著, 重大師 道辯, 入選 宣惠 등 4인의 명단 아래에 '須彌山下'라 註記되어 있다. '수미산하'는 수미산문에 속한 승려라는 주기로 생각된다. 제자 명단에 주기한 사례는 대각국사 문도에 '本景德門人'이라는 주기가 있는 사례가 있어서[80] 문도의 변경과 유래를 특별히 명기할 때 주기한 것임을 알 수 있다. 따

80 「靈通寺大覺國師碑」, 『韓國金石全文』, p.585.

라서 '수미산하'라 주기한 4인은 본래 수미산파의 선승들이었으나 조응의 문도로 바뀐 것으로 추측된다.

수미산파는 해주 수미산 廣照寺의 眞澈大師 利嚴이 개창한 산파이다.[81] 이엄은 태조 시의 四無畏大師 중 한 명이며 曹洞宗의 선맥을 가졌다.[82] 따라서 선종에서 黙照禪의 분위기가 강했던 산파로서 성격이 있다. 그러면 이러한 현상이 가능한 당시 선종계의 상황은 어떠했을까. 이자현, 혜조국사, 탄연 등의 선은 이러한 부분을 융합할 수 있는 탄력적 성격이 있었을까. 당시 선종계의 禪修行論과 관련하여 교류와 융합, 그리고 비판이 있었는지를 볼 필요가 있다.

고려초 선종은 천태종, 화엄종 등과 활발한 교류가 있었다. 법안종은 천태종과의 교류로 성립된 측면이 다분하다. 그런데 智宗 이후 유가종과 화엄종의 부상으로 더 부각되지 못하고 있었으나,[83] 義天의 등장으로 법안종 5門을 포함한 '天台六法眷'을 형성하여 선종계를 아우르려 하였다.[84] 의천의 적멸로 이러한 시도가 잠시 흔들리자 의천과 여러 면에서 교류가 있고 비슷한 시기에 송에 유학한 曇眞이 예종 시 國師로 등장하였다. 담진 역시 의천과 마찬가지로 여러 사상을 탐색하고 융합하려 하였다.[85]

특히 그는 1076년(문종 30) 入宋하여 淨因道臻의 선풍을 얻어 1080

---

81 「廣照寺眞澈大師碑」, 『韓國金石全文』, p.280.

82 金永斗, 「羅末麗初의 曹洞禪」, 『韓國佛教學』16, 1991.
金杜珍, 「고려초 四無畏士와 須彌山門의 개창」, 『韓國學論叢』 27, 國民大, 2005.

83 金龍善, 「高麗前期의 法相宗과 智宗」, 『江原佛教史研究』, 小花, 1996.

84 許興植, 「天台宗의 形成過程과 所屬寺院」, 『高麗佛教史研究』, 一潮閣, 1986.

85 김상영은 혜조국사와 그 계승자의 사상이 敎禪融合的 성격을 지녔다고 하였다. 이는 學一이 중심이 된 가지산 계열과는 차이가 있다고 지적하였다(앞의 논문, 1988).

년에 귀국하였다.[86] 정인도진의 선풍은 그의 행적과 그의 스승의 사상을 통해 짐작할 수 있다. 정인도진은 福州에서 태어나 浮山法遠과 大覺懷璉 밑에서 수업하였다. 神宗이 즉위하자 측근 승려라 할 수 있을 정도로 영향력을 행사하였다. 그의 사상은 부산법원과 대각회련의 사상을 통해 짐작할 수 있다. 부산법원은 그가 만나고 교류한 승려는 모두 임제승으로 임제선을 이으면서도 다분히 묵조선 요소를 갖고 있었던 특징이 있다. 부산법원 자신이 曹洞宗系譜에 들어갈 정도로 밀접했다. 그리고 유불의 조화를 모색하던 정계의 거물 歐陽修, 范仲淹 등과도 교류하였다. 대각회련은 당시 雲門宗의 거두로서 선종계를 대표하던 인물이었다. 그는 1042년(인종 2)부터 1065년(영종 2)까지 淨因寺의 초대 주지로 있으면서 남방의 禪林依範을 북방에 전하고 황제의 禪機를 계발하여 그의 귀의에 앞장선 인물이었다.[87]

曇眞이 얻어 온 '淨因髓'는[88] 淨因寺의 禪風이라는 넓은 의미로 볼 수 있다고 한다. 즉 浮山法遠·大覺懷璉－淨因道臻으로 이어지는 선풍 즉 당시 유행하던 다양한 선풍을 수용하고 유교와의 융합도 모색한 習合折衷的 사상을 특징으로 한 것이라 한다.[89] 이로 보아 담진의 선풍은 탄력적 성격을 가지고 있었다고 짐작된다. 그래서 귀국 후 국왕 및 왕실, 그리고 고위 관료들과 교유한 귀족 성향이 있으며, 이른바 거사불교와 상호 교류가 활발하였다. 정인도진의 스승인

---

86 曇眞과 慧照國師가 동일 인물이며, 淨因은 淨因道臻이며 曇眞의 유학 시기 등은 문집과 중국 측 사료를 통해 밝혀졌다(鄭修芽, 앞의 논문, 1994).

87 정수아, 앞의 논문, 앞의 책, 1994, pp.624~627.

88 冲止, 「慧炤國師祭文」, 『圓鑑錄』(『韓國佛教全書』 6, 東國大出版部, 1984, p.396), "航海西遇 得淨因髓".

89 정수아, 앞의 논문, 1994.

부산법원이 종동종계보에 들 정도였다거나 묵조선적 성격이 있었다는 점으로 미루어 정인도진의 사상을 이어 온 혜조국사의 선사상 성격에는 조동종풍에 대한 이해도 있었다고 할 수 있다.[90]

須彌山門은 그 개창자 利嚴이 조동선을 전래한 승려이므로 조동선풍을 지닌 산문이다. 조동종은 洞山과 曹山의 종풍을 중심으로 전개된 일련의 선풍인데 曹山本寂의 법맥은 오래 가지 못하고 사라져 버렸다. 조동종의 맥을 이은 것은 조산본적과 법형제인 雲居道膺으로 이어져 내려갔다. 그러함에도 조동종이라 한 것은 동산의 법을 이은 조산의 다양한 禪機와 동산의 機關을 계승한 것에서 유래했다고 한다.

수미산파의 개산조인 廣照寺 이엄의 사상은 운거도응과 문답에서 전생이 곧 현세임을 말한 것이나 운거도응이 이엄에게 동산의 종지가 타인에 있지 않고 불법의 중흥이 나와 그대에게 달려있으며 나의 도가 동국으로 흘러가리니 이것을 생각하며 또한 이를 놓치지 말라고 심법을 전한 것을 통해 알 수 있다. 또 이엄이 태조에게 "仁王이 널리 맹세하여 護法하는 것으로 마음을 삼고, 멀리 外護하는 은혜를 드리워 길이 창생의 복을 쌓는다"라는 설법은 동산이 깨침의 입장에서 설한 偏正五位의 논리성을 현실에 끌어내려 功勳五位의 실천성으로 변환시킨 그대로를 나타내 준다고 한다. 이는 조동의 가풍을 현실에 투영한 그대로라 한다.[91] 이로 보아 조동선풍은 조응이 활동하던 당시까지 선파로서 존재하였으며 여러 선파에 영향을 미치고 이해되고 있었음을 알 수 있다.

---

90 한기두는 혜조국사가 定慧社를 '安禪奧區'라고 한 것을 두고 다분히 조동종적 경향이 아닐까 의심이 든다고 지적한 바 있다(앞의 논문, 1991).

91 김호귀, 「曹洞禪法의 한국적 수용과 전개」, 『묵조선연구』, 민족사, 2001.

이러한 현상은 조응이 활동하던 당시까지 혜조국사가 얻어 온 정인도진의 사상적 경향 속에서 조동선풍에 대한 이해도 이어져 온 것은 아닐까 한다. 다시 말하면 혜조국사 이래의 堀山下 사상적 경향이 須弥山下의 사상적 경향까지 포용할 정도로 탄력적이지 않았던가 한다. 이러한 경향은 당시 九山學徒들이 堀山下, 迦智山下로 일부 흡수되어 간 현상의 한 반영으로 이해된다. 구산학도로 표현된 것 외에 중기 이후 굴산하와 가지산하 이외의 산파명이 잘 등장하지 않는다는 것에서도 짐작된다. 다만 李奎報가 미관 시에 작성한 '談禪會須彌山參學等謁祖師眞文'이나 '同前聖住山參學等拜祖師文' 그리고 '同前迦智山拜祖師文' 등에서[92] 담선회가 산파별로 열렸음을 짐작할 수 있다.

하지만 祖膺은 1179년 龍門寺가 완공되자 九山學徒를 모아 50일 談禪會를 개최한 것을 보아 그의 선풍을 중심으로 여러 산파의 선풍을 구산학도 담선회를 통해 주도하였다고 생각된다. 이로 보아 조응을 중심으로 혜조국사 이래 굴산파가 사상적 주도권을 형성하였음을 짐작할 수 있다. 적어도 구산학도 담선회가 조응의 주관 이전에는 기록상 보이지 않기 때문이다. 이때 수미산파의 선승 4인이 조응의 문하로 들어온 것으로 짐작된다.

가지산파를 중흥한 一然이 『重編曹洞五位』를 저술하고 그 서문에서 조동종을 전한 20여 尊宿을 거명하면서 '須彌嚴'이라 하여[93] 수미산하의 선승을 조동종풍을 이은 것으로 파악하고 있다. 이로 보

92 『東國李相國集』 後集 卷12(『韓國文集叢刊』 2, p.251)
93 일연 지음, 이창섭·최철환 옮김, 『일연 스님의 중편조동오위』, 대한불교진흥원, 2002, p.12.

면 일연 당시 수미산하의 선승도 일부 가지산하에 흡수되었을 가능성도 있다.

그리고 집사제자 명단의 重大師 永忠 아래에 '華嚴' 이라 주기된 것도 보인다. 이는 집사제자에 화엄종 승려가 참여한 것을 의미한 것으로 생각된다. 조응이 1173년(명종 3)에 용문사에 윤대장 2좌와 당 3간을 만들고 7일 법회를 열고 학자 300여 인을 모으고 개태사 승통 穎緇를 초청하여 강연·낙성하고 1180년 정월부터 1182년 8월에 걸쳐 披覽하여 마쳤다고 한 사실이 있다. 선종 계통의 사원에 화엄종 승려를 초청하여 강연하고 대장경을 피람한 사실은 조응의 선풍에서 화엄사상에 대한 관심을 반영한다고 생각된다. 이러한 분위기에서 조응의 집사제자 명단에 화엄승 중대사 영충이 있게 된 것이 아닌가 한다.

집사제자의 명단에 중대사 恃山 아래에 '疏子'라는 주기가 있다. 앞서 제자 명단의 주기가 '先師舍弟'을 제외한 나머지 사례는 '須弥山下'의 산파나 '華嚴'의 종파를 의미한 것으로 본다면, '疏子'는 종파를 의미할 수 있지 않을까 한다. '疏子'와 연관 지을 수 있는 종파는 조선 태종 6년 3월에 의정부가 건의한 불교통제책에서 12개의 종파 명칭과 사원의 수효를 제시한 데서 볼 수 있다. 모두 7부류로 정리하였는데 두 번째 부류로는 '天台疏字法事宗' 43寺이다.[94] 이를 天台疏字宗과 天台法事宗으로 나누어 2종파로 해석한 견해가 있으나[95] 3종파일 가능성도 있다고 한다.[96] 천태법사종을 백련사를 주도한 천태종 일파를 말하고, 묘련사를 중심으로 몽골 왕실과 밀접한

94 『太宗實錄』 卷11, 太宗 6年 3月 丁巳.

95 金映遂, 「五教兩宗에 對하야」, 『震檀學報』 8, 1937, p.100.

96 許興植, 「朝鮮初의 寺院과 所屬宗派」, 『高麗佛教史研究』, 一潮閣, 1986.

관계를 유지하면서 몽골압제하에서 부패했던 일파를 '천태소자종'으로 비정한 견해가 있다.[97]

'疏字'와 '疏子'는 글자가 다르지만, 종파를 의미한다면 소자종과 연관 지을 수 있을 가능성이 있지 않은가 한다. 이러한 가능성에 근거한다면 重大師 恃山은 疏字宗 혹은 天台疏字宗 출신으로 大禪師 祖膺의 執事門徒로 참여한 셈이 된다. 소자종의 기원이 12세기 말 이전으로 소급될 수 있으며 천태종의 분파로 이해될 가능성이 커진다. 조응의 스승의 스승인 慧照國師가 義天과 교류하고 같은 시기에 함께 송에 유학한 경력을[98] 감안하면 혜조국사 이래의 종풍은 천태종과도 교류 가능성을 볼 수 있기 때문이다. 의천 사후 천태종 형성 시 翼宗계열이 으뜸이 되면서 분파되었을 가능성이 있다.[99] 이때 천태법사, 천태소자의 분파도 기원했을 가능성을 제시해 본다.

앞서 음기의 집사제자 중 大師 存正이 천태종승 德素의 門徒職名에 大師 存正과 법명이 같아 동일인일 가능성이 있다고 하였다. 동일인이라면 이는 덕소 문하로서 조응의 집사제자 문도로 참여하였다는 것을 의미한다. 따라서 선종 堀山門의 祖膺 문하와 天台宗 德

97 김영수, 앞의 논문, 1937.

98 정수아는 曇眞이 義天과 함께 度宋했고 의천의 도송에 담진이 역할을 한 것으로 추측했다. 또 송에서도 긴밀한 관계를 유지했다고 하였다. 의천이 귀국 후 담진의 사승인 淨因道臻에게 보낸 두 편의 서신도 있어 의천과 정인도진의 교류에 담진을 배제할 수 없을 것으로 추측하였다. 그리하여 담진의 선종과 의천의 천태종을 대립 갈등 관계가 아닌, 상호 인정을 바탕으로 한 선종계의 양대 구도로 파악한다. 나아가 의천의 불교 개혁 목표를 천태종 창설이 아닌 통합 불교적 입장으로 본 허흥식의 견해(「天台宗의 形成過程과 所屬寺院」, 『高麗佛教史研究』, 一潮閣, 1986)를 수용하여 의천의 갑작스러운 입적으로 그를 추종하던 선승들이 천태종을 형성하고 담진을 중심으로 하는 일파로 나뉜 것으로 추측하였다.(앞의 논문, 앞의 책, 1994, pp.630~637). 김상영은 혜조국사가 의천과 친분관계임에도 불구하고 불교관이 달라 천태종에 동참할 수 없었다고 하였다(앞의 논문, 1991, pp.369~370).

99 「僊鳳寺大覺國師碑」, 『韓國金石全文』, p.601.

素 문하와의 교류가 분명해진다.

이상에서 이자현의 거사선과 혜조국사로 이어진 굴산파 내의 수미산파와의 사상적 공유, 화엄종과의 교류, 천태종과의 교류 가능성 등으로 보아 看話禪的인 禪宗이 고려 중기 예천 용문사에서 조응의 활동으로 그 기반이 강화되고 그 성격이 드러나고 있음을 알 수 있다.[100] 따라서 예천지역은 고려 중기 선종계의 중요한 사상적 동향을 보여주는 의의가 있다.

이러한 의의는 普照國師 知訥이 예천 普門寺를 다녀간 사실이 있어서 더욱 뒷받침된다. 주지하듯 지눌은 간화선을 진작시킨 고승이다. 혜조국사 이후 조응이 주도하여 예천 용문사를 중심하여 선교의 사상 교류가 활발했던 예천지역에 지눌이 머물러 그 영향을 받았기 때문에 간화선 사상을 형성할 수 있었을 것이다. 비문에 1185년(명종 15)에 下柯山에 놀 때 보문사에 몸을 붙여 대장경을 읽다가 李通玄 장자의 華嚴論을 얻어 더욱 신심을 내었다고 한다.[101] 下柯山은 예천 下駕山과 동일하다면 예천 보문면의 보문사가 곧 지눌이 머물면서 대장경을 읽은 보문사일 것이다.

비명에는 이 보문사에서 지눌의 수행이 매우 중요했던 것으로 기록하고 있다. 즉 "柯山에서 길을 열고 松社에서 멍에를 벗었도다."라[102] 하였다. 이는 하가산 보문사에서 길을 열었다고 표현한 것이다. 그만

---

100 이와는 시각을 달리하여 조명제는 간화선 수용의 기반이 12세기 북송 선종계와 교류를 통해 다양한 선어록이 수용되었으며 북송대 문학적인 선과 공안선의 경향을 담고 있어 내적 기반이 있었기 때문이라 하였다. 이는 담진 등이 직접 북송 불교계에 유학하고, 탄연 등이 간접적으로 북송의 임제승과 교류하였기에 가능하였다고 한다(앞의 논문, 2002).

101 「曹溪山修禪社佛日普炤國師碑銘」, 『東文選』 卷117.

102 「曹溪山修禪社佛日普炤國師碑銘」, 『東文選』 卷117, "柯山兮啓途 松社兮稅駕".

큼 보문사에서 수행이 지눌로서는 사상적 전기를 맞은 것이라는 의미일 것이다. 그리고 보문사에 온 1185년은 바로 용문사중수기가 세워지던 해이다. 조응의 주도로 여러 불사가 있고 개경의 보제사, 단속사, 그리고 九山門 學徒가 모였고, 개태사의 승통 영치가 방문하는 등 간화선의 형성에 중요한 사상적 교류 분위기가 있었던 시기였다.

12세기 말 조응의 행적과 활동으로 알 수 있는 혜조국사 이래의 이와 같은 성격의 선사상은 최충헌의 등장과 함께 명종의 폐위로 이어지면서 위축되었다. 조응이 활발한 대국가적, 사회적 위기 시에 설행한 법회 즉 1173년 國朝多難에 三萬僧齋와 輪大藏 설치를 통해 국난을 구하려 한 것이나, 1174년 남방도적이 크게 일어나자 一萬僧齋를 설치하여 적난을 구하려 하였던 것은 명종의 왕권 안정에 도움을 준 승재의 설치였다. 1173년에는 東北面 兵馬使 金甫當이 鄭仲夫, 李義方을 토벌하고 毅宗을 복위시키려고 군사를 발동한 것이었고,[103] 1174년에도 西京 留守 趙位寵이 군사를 발동하여 동북 양계의 고을에 격문을 보내 궐기할 것을 호소한 사건이 있었다.[104] 이 사건들은 정중부, 이의방을 제거하려는 것이기도 하였지만 명종의 지위를 흔드는 일이기도 하였다. 조응의 僧齋 설치는 명종의 왕권을 확고히 하는 불교계의 지원 성격이 크다. 따라서 조응으로 대표되는 慧照國師의 선맥을 이은 선종계는 명종과 친연성이 크다고 생각된다.

최충헌이 이의민을 제거하고 권력의 핵심으로 등장하면서 명종이 형성한 불교계는 재편과 함께 세력이 위축되었다. 이는 앞서 중수기

103 『高麗史』卷19, 世家, 明宗 3年 8月 庚辰.
104 『高麗史』卷19, 世家, 明宗 4年 9月 己酉.

성립 배경에서 말한 바와 같이 최충헌이 명종의 측근 내시가 사원을 통한 장리의 이익을 조달한다고 하고 50여 명을 파면시키고, 왕자로서 小君이 된 6명을 본사로 돌려보내고, 왕이 嬖幸하는 雲美, 存道를 축출하였다. 그리고 태자 璹이 宮婢들을 가까이하여 아들 9명을 낳았는데 각각 小君에게 보내어 머리를 깎아 제자로 삼게 하였다. 태자는 성격이 암둔하고 유약하여 태자의 자격이 없다고 하였다.[105] 이러한 과정에서 태자의 태장소인 용문사도 입지가 위축되었을 것이다. 이것이 바로 혜조국사의 법맥이 위축되는 결과로 이어졌을 것이다. 이는 사굴산 계열의 知訥, 慧諶 대에는 전혀 언급이 없었다는 것과 관련 지을 수 있다.[106] 충렬왕 때 冲止가 가지산문 계열의 대두를 염두에 두고 다시 혜조국사의 사상을 추모하면서 왕권과의 관련을 맺으려 하였다고 생각된다.

105 『高麗史』卷129, 列傳42, 崔忠獻.

106 김상영은 지눌에 의해 혜조국사 계통이 단절된 이유를 첫째, 지눌이 사제 관계나 선문 소속에 대한 특별한 인식이 없다는 점과 둘째, 최씨정권과의 상반된 관계 때문이라는 것, 그리고 셋째, 교선융합적 사상적 과제의 목표가 혜조국사 단계와 달리 순수하고 혁신적인 이념 창출이었기 때문이라 하였다(앞의 논문, 1991). 필자는 지눌이 정치적 배경에 따라 침묵한 것으로 생각된다. 간화선의 기반과 분위기는 이미 혜조국사의 선맥에 의해 조응단계에까지도 이어지고 예천지역을 방문한 지눌에 의해 계승되었을 가능성이 크기 때문이다.

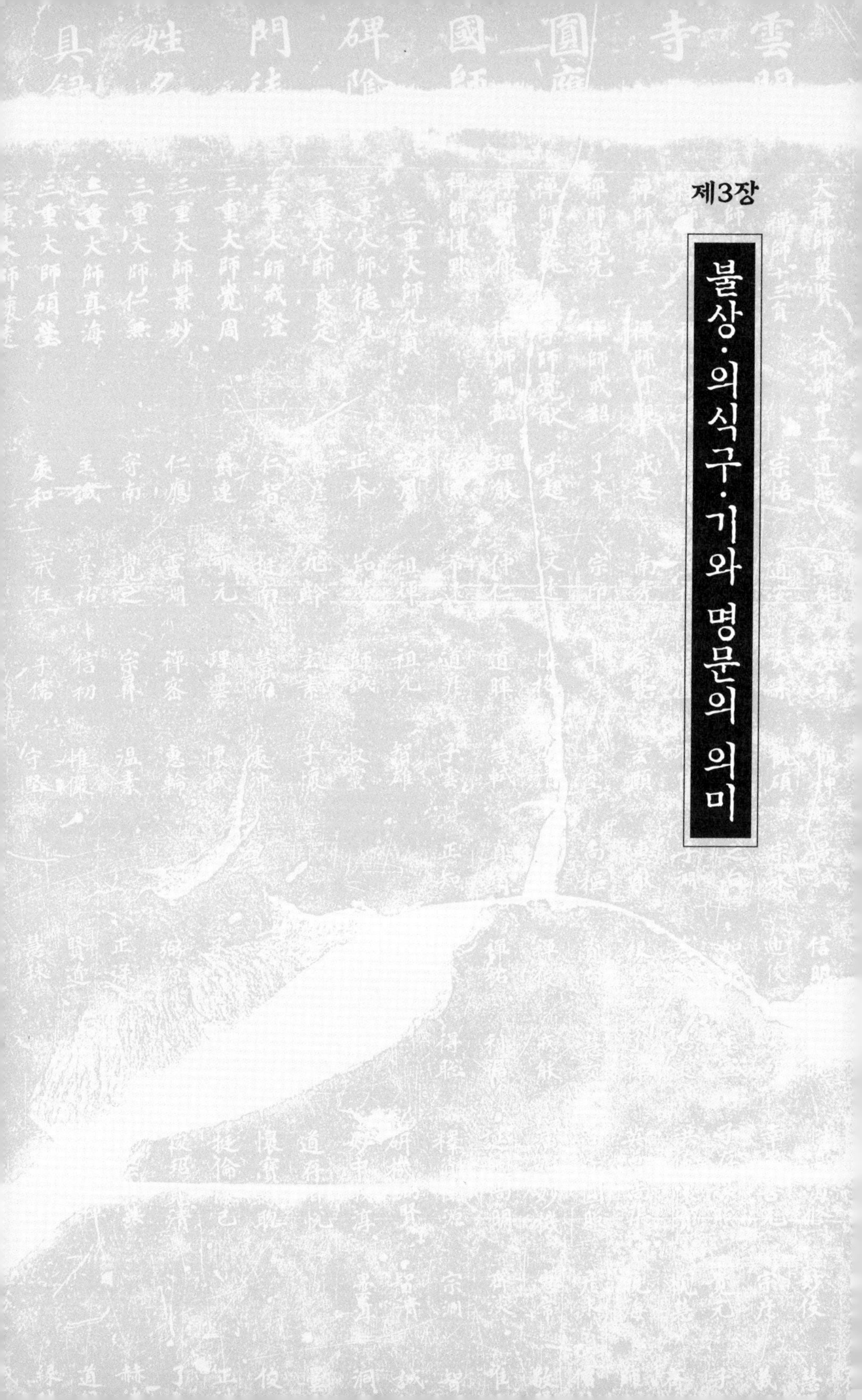

제3장

불상·의식구·기와 명문의 의미

I. 삼화사 철불 명문

1996년 삼화사의 철불을 새로 조성하여 점안 봉안하기 위한 조사과정에서 철불의 명문을 발견하게 되었다. 여기서는 그 명문을 검토하여[1] 이 철불의 조상시기와 배경 등에 대한 소견을 밝혀 보고자 한다.

1. 발견과 선행연구

江原道 東海市 三和洞 176번지 頭陀山 기슭에 三和寺가 위치한다. 원래 삼화사는 무릉계곡 어구에 들어서기 전의 평지에 자리잡았는데, 1977년 삼화사 일대가 쌍용양회 동해공장의 채광권 내에 들어가게 되자 무릉계곡 안에 있는 현재의 위치로 옮기게 되었다. 이 과정에서 금당 앞뜰의 삼층석탑과 주존불인 본 철불을 옮겼

1 이 명문의 조사를 위해 1997년 7월 29일 삼화사에 갔었지만, 철불에 목재 광배가 복원되어 있어서 명문의 확인이 불가능하였다. 석탑의 연대문제 때문에 1997년 7월에 대구 팔공산의 북지장사탑, 8월 1일에는 충남 보령 성주사 석탑을 견학하였다.

다. 삼층석탑은 새로운 대웅전 앞의 좁은 화단에 옮겨 세웠고, 철불은 조그만 집에 모시게 되었다.[2] 이 무렵 철불좌상을 조사한 진홍섭 교수는 복부 이하가 파손되었고, 일시 도난당한 일이 있었으나 도로 찾아다가 석탑 북편 조그만 불각에 안치하였다고 하였다. 불상은 파손되지 않았으면 높이 2m에 가까운 대작이었으리라 추측하였다. 작풍이 건실하고 안면의 균형 또한 원만한 불상으로 그 조성이 고려 초기일 것으로 추정하였다.[3]

1995년 10월 2일에 李遠行 스님이 주지로 부임하면서 불사를 일으키게 되었다. 1996년 12월 4일에는 약사전을 신축 준공하게 되었으며, 이 법당의 주존 철불의 相好를 모범으로 한 鐵造藥師如來坐像을 새로 주조하여 봉안해 점안하였다. 이 과정에서 9월 20일 철불을 관계 전문가에 의해 정밀조사하게 되었다. 이때 배면에 많은 명문이 陽鑄되어 있음을 처음으로 발견하게 되었다. 그 뒤에 1997년 6월 17일에는 동해문화예술회관에서 '한국 문화유산의 제고-삼화사 철불과 삼층석탑을 중심으로-'란 주제로 학술발표회를 갖게 되어 삼화사의 철불 명문이 상세하게 학계에 알려지게 되었다.[4]

이 명문에 대한 연구는 전기한[5] 학술발표회의 발표요지밖에 없다. 여기서는 명문의 제③행에 나오는 決言을 승려의 이름으로 보고 그의 제자인 決凝이 太白山 浮石寺에 있는 圓融國師碑의 주인공으로

---

2 이 머리말 부분은 鄭永鎬, 「三和寺 鐵佛과 三層石塔의 佛敎美術史的 照明」, 『한국 문화유산의 위상 제고-삼화사 철불과 삼층석탑을 중심으로-』, 1997에서 발췌하였다.

3 진홍섭, 「新羅北岳太白山遺蹟調査報告書[六]」, 『韓國文化硏究院 論叢』 39, 1981, p.323.

4 이 명문에 대한 최초의 소개는 東海市, 「三和寺 鐵佛銘文 公開發表-새롭게 發見된 銘文을 中心으로-」, 1997이 4월 25일에 이미 공개되었다. 이 자료의 입수에는 강릉시립박물관의 홍순욱 씨의 도움을 받았다.

5 동해문화원, 『한국문화유산의 위상제고-삼화사 철불과 삼층석탑을 중심으로-』, 1997.

보고 그 시기를 9세기 말로 추정하였다.[6] 사실 고려 1054년(문종 8)에 건립된 원융국사비에서 동일 인명을 찾아낸 것은 대단한 금석문에 대한 혜안이라[7] 판단된다. 이 견해의 타당성 여부를 가리기 위해 관계 부분을 적기해 보면 다음과 같다.

> 師諱決凝字慧日俗姓金氏其先溟州人也…國師生焉則大宋乾德二年甲子七月二十日甲午也 年十二就龍興寺天只之弟尊首座廣宏佛殿之草于以鉏稻塍之衣于以染首座魂栩之際吹螺打鉢迎薛羅國師決言禮謁畢諦視乃吾師也遂象國師而名之…[8]

위의 비문에 따르면 원융국사의 이름은 決凝이고, 字는 慧日이며 俗姓은 金氏이고 그 선조는 溟州人이다. 국사는 고려 광종 15년(964)에 태어나 12세인 975년에는 용흥사에 들어가 악수좌 천굉에게 출가하였다. 수좌가 꿈에 신라 국사 결언을 禮謁하는 꿈을 꾸고 보니 (모습이) 원융국사[결응]와 같아 이름을 결응으로 하였다. 결언은 964(광종 15) 용흥사 광굉의 꿈에 나타난 신라 국사였다.[9] 비문에서는 결언과 결응은 사제 관계가 아니며, 결응은 신라 결언 국사의 후신으로 인식한 셈이다.

---

6 黃壽永, 「三和寺 新羅鐵佛坐像의 背刻銘記」, 『한국 문화유산의 위상 제고』, 1997.

7 결언에 대한 착안은 동국대 김상현 교수라고 1997년 6월 17일의 세미나에서 여러 번 제기되었다고 한다.

8 「부석사원융국사비」, 『한국금석전문』, p.480. 밑줄 부분은 현전 탁본과 『해동금석원』에서 보완한 글자이다(이지관, 『교감역주 역대고승비문-고려편2』, p.280 참조).

9 김상현, 「삼화사 철불과 화엄업 결언대대덕」, 『문화사학』 11·12·13, 1999.

다음으로 삼화사의 연혁에 대해서는 『三和寺事蹟』에 의해 신라 선덕여왕 11년(642)설, 『江原道誌』(1940년 간행)에 의해 흥덕왕 4년(829)설, 『東國輿地勝覽』의 梵日國師가 중수한 景文王 4년(864)설이 각각 있었다. 이 가운데 9세기 후반설을 취하면서 보림사 철불의 조성 연대가 신라 憲安王 2년(858), 到彼岸寺 철불의 조성 연대가 신라 경문왕 5년(865)설을 각각 참조하여 삼화사의 철불과 3층석탑의 축조시기를 860년대로 추정하고 있다.[10]

그다음으로 삼화사 철불의 명문이 초기 이두의 모습을 띠고 있다는 사실에 근거해 6세기, 조금 늦게 잡으면 7세기 전반에 해당한다고 주장하고 있다.[11] 이 가설은 6세기 또는 7세기 전반의 신라 금석문에 대한 견해의 차이에서 비롯한 가설로 생각한다.

2. 명문의 판독과 해석

여기에서는 명문 자체에 대한 판독을 선학들의 연구 성과를 토대를 검토해 보고자 한다. 철불 명문 탁본은 <사진 1> 참조.

제①행은 모두 17자로 6번째 글자까지는 파실되고 없다. 17번째 글자는 '所' 자일 가능성도 있으나 기왕의 판독에 따라[12] '新' 자로 읽는다.

제②행은 모두 17자로 5번째 글자까지는 파실되고 없다. 17번째 글자는 '國' 자[13] 또는 '閨' 자로[14] 읽은 견해가 각각 있었으나 여기서

10 정영호, 앞의 논문, 1997.
11 朴盛鍾, 「三和寺 鐵佛 銘文에 대한 國語學的 考察」, 『한국 문화유산의 위상제고』, 1997.
12 황수영, 앞의 논문, 1997, p.22.
13 황수영, 앞의 논문, 1997, p.22.
14 박성종, 앞의 논문, 1997, p.58.

사진 1 철불 명문 탁본

는 후자에 따라 '聞' 자로 읽는다.

제③행은 모두 17자로 4번째 글자까지는 파실되고 없다. 5번째 글자는 '王' 자로 읽어 왔으나[15] 여기서는 자형에 따라 '三' 자로 읽는다. 6번째 글자는 '願' 자[16] 또는 '須' 자로[17] 읽는 견해가 각각 있었다. 여기서는 자형에 근거해 '須' 자로 읽는다. 16번째 글자는 '大' 자[18] 또는 '太' 자로[19] 읽는 견해가 각각 있었으나 '太' 자가 자형에 가깝다.

제④행은 모두 17자로 1번째 글자는 파실되고 없다. 2번째 글자는 모르는 글자로 읽는 견해도 있으나[20] 여기서는 '成' 자로 읽는 견해를[21] 따른다. 4번째 글자는 '伯' 자로 읽고 있으나[22] 전체적인 자형으로 볼 때 '得' 자로 보인다. 5번째 글자는 '土' 자로 읽는 견해도 있으나[23] 기왕의 판독처럼[24] '出' 자가 분명하다

제⑤행은 모두 17자이다. 1번째 글자는 '同' 자[25] 또는 '可' 자로[26] 읽어 왔으나 여기서는 전후 관계로 보아서 '釋' 자로 추독한다.

제⑥행은 모두 17자이다. 13번째 글자는 '願' 자로 읽었으나[27] 여

15 황수영, 앞의 논문, 1997, p.22.
박성종, 앞의 논문, 1997, p.58.
16 황수영, 앞의 논문, 1997, p.22.
17 박성종, 앞의 논문, 1997, p.58.
18 박성종, 앞의 논문, 1997, p.58.
19 황수영, 앞의 논문, 1997, p.22.
20 황수영, 앞의 논문, 1997, p.22.
21 박성종, 앞의 논문, 1997, p.58.
22 황수영, 앞의 논문, 1997, p.22.
박성종, 앞의 논문, 1997, p.58.
23 박성종, 앞의 논문, 1997, p.58.
24 황수영, 앞의 논문, 1997, p.22.
25 박성종, 앞의 논문, 1997, p.58.
26 황수영, 앞의 논문, 1997, p.22.
27 황수영, 앞의 논문, 1997, p.22.
박성종, 앞의 논문, 1997, p.58.

기서는 '德' 자의 이체인 '悳'으로 읽는다.

제⑦행은 모두 17자로 판독에 다른 견해가 없다.

제⑧행은 모두 16자이다. 1번째 글자는 파실되고 없다. 2번째 글자는 '䣊' 자[28] 또는 '却' 자로[29] 읽는 견해가 각각 있으나 여기서는 모르는 글자로 본다.

제⑨행은 모두 15자이다. 1번째 글자는 파실되고 없다. 2번째 글자는 '一' 자로 읽는 견해에[30] 따르고, 3번째 글자는 '時' 자로 읽는 견해에[31] 따른다. 4번째 글자는 '戊' 자로 읽는 견해도[32] 있으나 '成' 자로 읽는다.

제⑩행도 모두 11자로 판독에 다른 견해가 없다. 이상의 판독 결과에 따라 전문을 제시하면 다음과 같다.

	1	2	3	4	5	6	7	8	9	10	11	12	13	14	15	16	17
①	△	△	△	△	△	△	國	人	云	疎	勒	又	青	丘	時	云	新
②	△	△	△	△	(釋)	迦	佛	末	法	三	百	余	年	成	佛	時	閏
③	△	△	△	△	三	須	由	決	盡	教	華	嚴	業	決	言	太	大
④	△	成	白	得	出	釋	氏	乘	炬	發	心	旦	越	釋	氏	聽	默
⑤	(釋)	氏	僧	道	初	等	上	首	十	方	旦	越	同	心	同	願	盧
⑥	舍	那	佛	成	大	志	由	盧	舍	那	佛	大	悳	力	由	故	當

28 황수영, 앞의 논문, 1997, p.22.
29 박성종, 앞의 논문, 1997, p.58.
30 황수영, 앞의 논문, 1997, p.22.
31 황수영, 앞의 논문, 1997, p.22.
32 박성종, 앞의 논문, 1997, p.58.

⑦ 來 下 生 彌 勒 尊 此 處 華 嚴 經 說 此 大 因 緣 由
⑧ △ △ 劫 出 現 佛 每 此 處 華 嚴 大 不 識 儀 經
⑨ △ 一 時 成 發 心 旦 越 父 體 虛 母 念 法 作
⑩ △ △ 見 勤 作 沙 彌 金 解 善 行

위의 명문에 어떤 내용이 적혀 있는지를 검토해 보자. 전문이 완전하지 못하고, 吏讀의 사용 등으로 문장 전체의 해석은 대단히 어렵다.[33] 이러한 단점을 해결하기 위해 이 명문의 단락을 끊어서 검토해 보기로 하자.

I 단락은 제①행과 제②행 앞부분의 파실된 부분으로 판단된다. 이 부분은 '…國人云疎勒 又靑丘時云新…'으로 '國人이 이르되 疎勒이라고[34] 했고, 또 靑丘時에[35] 이르되 新…'이라고 했다. 이 부분은 도론부에 해당한다. 화엄경 보살주처품에서 대보살들이 머물고 있는 나라들이 있는데, 여덟 번째는 소륵이라고 한다는 의미로 추정할 수 있다고 보면, ①행 8번째 글자는 '人'이 아닌 '八'로 판독하는 것이 좋을 것이라는 견해가 제출되었다. 이어진 구절 '청구'는 우리나라를 가리키는 말인데, 우리나라도 소륵과 같은 대보살이 주처하는 곳임을 도론으로 말하려는 것으로 보이기 때문이라 하였다.[36] 진전된

33 본 명문에 대한 전체적인 해석은 지난 4월 25일에 발표된 「三和寺 鐵佛銘文 公開發表」란 유인물에 있고, 박성종, 앞의 논문, 1977이 있다.
34 이는 박성종, 앞의 논문, 1997, p.60에 따르면 西域에 있던 나라 이름으로 중국 新疆省의 서부 Kashkar 지방을 가리킨다고 한다.
35 박성종, 앞의 논문, 1997, p.60에 따르면 靑丘는 중국의 東方 또는 우리나라를 일컫는 표현이라고 한다.
36 최연식, 「신라 하대 철불 명문의 재검토」, 『목간과문자』 28, 2020, p.109.

판독과 해석이라 생각한다.

Ⅱ단락은 제②행의 앞부분부터 제④행의 5번째 글자인 '出' 자까지이다. 이 부분은 '…迦佛末法三百余年成佛時 閏…三須由決盡教華嚴業 決言太大△成白得出'로 '…(釋)迦佛末法 三百余年 뒤에 成佛할 때, 풍부한…△三과 須由와 決盡이 華嚴業을 가르치되, 決言의 크고 큰 것으로부터 明白하게 得出되었다.'로 해석할 수 있다. '결언태대'는 '결언태대덕'으로 읽는 것이 타당하고, ④행 2번째 글자는 '成'을 '由'로 읽고, '결진'을 인명으로 보기보다 '決盡教'는 '완전히 가르쳐 준'이라는 의미로 보고, 한국식 한문에 따라 해석하면, '완전히 다 가르쳐 준 화엄업 결언 대대덕의 ?로 말미암아'로 해석할 수 있다고 하였다.[37]

Ⅲ단락은 제④행의 '釋氏…'로부터 제⑨행의 '…一時發心…'까지이나 이는 다시 3개의 작은 단락으로 나누어진다.

Ⅲ 1단락은 제④행의 '釋氏乘炬發心旦越'로 '釋氏乘炬가 發心해 旦越이 되었다.'로 해석된다.

Ⅲ 2단락은 제④행의 끝부분인 '釋氏聽默'으로부터 제⑧행의 '…却出'까지이다. 이 '釋氏聽默(釋)氏僧道初等上首十方旦越同心同願盧舍那佛成大志由盧舍那佛大悳力由故當來下生彌勒尊此處華嚴經說此大因緣由△△却出'은 '釋氏聽默·(釋)氏僧道初 등 上首十方旦越이 同心·同願해 盧舍那佛을 만드는 큰 뜻을 이루었고, (이로) 말미암아 盧舍那佛 큰 德力이 나타났고, (이로) 말미암은 故로 마땅히 彌勒尊이 이곳에 내려와 下生하셔서 華嚴經을 說한 이 큰 因緣

37 최연식, 앞의 논문, 2020.

으로 말미암아 (…)却出되었다.'로 해석된다.

III 3단락은 제⑧행의 '現佛'부터 제⑨행의 '發心'까지이다. 이 '現佛每此處華嚴大不識儀經△一時成發心'은 '나타난 부처가 매번 이곳에서 華嚴大不識經을 (說할 때) 一時에 發心을 이룬다.'로 해석된다.

IV단락은 그 나머지 제⑨·⑩행으로 인명 표기가 나열되어 있다. '旦越父體虛母念法作'에서 '旦越의 父인 體虛, 母인 念法이 作했다.'로 해석되고, 다음의 '…見勤作'은 '…인 見勤이 지었다.'로 해석되고, 그다음의 '沙彌金解善行'은 '沙彌인 金解善이 行했다.'로 해석된다.

이제 위의 명문 내용을 통해 본 조상기의 작성 연대를 추정할 차례가 되었다. 지금까지 제시된 9세기 설의 가장 큰 근거는 제③행에 나오는 '決言'이란 승려이다. 결언에 대해서는 崔致遠이 지은 '故終南山儼和尙報恩社會願文' 등에 海印寺 賢俊과 함께 9세기 말의 대표적인 華嚴僧으로, 884년 賢俊과 함께 故終南山儼和尙報恩社會를 주도하였고, 崇福寺에서 왕명에 의해 5일간 華嚴經을 강설하였다.[38] 위의 자료만 근거하면 決言은 분명히 9세기 후반에 맹활약한 고승으로 지목된다. 본 명문에서 決言은 주인공이 아니고, 그 이전에 살았던 완전히 가르쳐 준 決言太大德으로 말미암아 승거가 발심했다는 구절에서 결언은 삽입구에 등장하는 것으로 보인다.

그러면 본 명문의 작성 연대를 언제로 잡아야 할까? 먼저 제③행에서 華嚴宗을 華嚴業이라고 표기한 점을 보자. 僊鳳寺大覺國師碑(陰記)에도 '與先國初大行 曺溪華嚴瑜伽軌範齊等 世謂之四大業也'라고 명기되어 있다. 곧 天台宗은 국초부터 크게 번영했던 曺溪·

38 이지관, 앞의 책, 1995, p.280 참조.

華嚴·瑜伽 등과 軌範을 같이하여 세상에서는 4대업이라 명기되어 있다.[39] 현존하는 고려사경으로 일본에 전래하는 『大寶積經』의 跋文에 '初校華嚴業 了眞炤世大師曇旭 重校華嚴業大師 綠密'이라고 되어 있고, 般若寺元景王師碑文에도 華嚴業이란 용어가 있다. 지금까지 신라의 자료에서는 華嚴業이라는 용어는 발견된 바 없어서 이 명문의 작성연대가 고려시기임을 말해 주고 있다.

둘째로 이 금석문 자료에는 수많은 旦越들이 나오고 있지만, 新羅의 관등명은 전혀 보이지 않는 점에서 고려시대에 작성된 금석문 자료로 추측된다.

마지막으로 이 철불을 처음 조사한 진홍섭 교수는 고려초 양식으로 추정한 견해를 내었고,[40] 철불과 같은 시기에 만들어진 것으로 추정되는 삼층석탑은, 보령 성주사의 석탑과는[41] 달리, 고려시대로 추정되는[42] 대구 북지장사의 석탑과 유사하다.

이상의 이유에서 보면 철불 명문의 작성 연대는 고려시대가 분명하나 그 구체적인 시기를 제시할 수 있는 근거는 전혀 없다. 인명에 있어서 관등이 전혀 없는 점과 광종 때의 균여에 의해 화엄종이 크게 유행되는 점에 근거할 때 고려시기에 있어서 왕권이 안정되기 직전인 광종초에 작성된 철불 명문으로 잠정적으로 추정해 두고자 한다.

---

39 이 부분은 許興植, 『高麗佛教史研究』, 1986, pp.140~141을 참조하였다.

40 진홍섭, 앞의 논문, 1981.

41 보령 성주사의 석탑에 대해 忠南大學校 博物館, 『整備·復元을 爲한 聖住寺址 1-6次 發掘調査報告』, 1997, p.23에서 오층석탑은 층위상 성주사 창건기의 것으로 보았고, 금당과 강당 사이의 3개 석탑은 층위상 조선시대에 현 위치에 세워진 것이고, 탑의 모양이 고려시대의 양식을 따르고 있어 고려시대에 만들어졌을 것으로 추정하고 있다.

42 嶺南埋藏文化財研究院, 『八公山北地藏寺』, 1997, p.81.

3. 철불 조상의 의미

앞의 명문 판독과 해석을 바탕으로 명문에 반영된 철불의 조상 의미를 찾아보고자 한다. 먼저 명문에서 확인되는 점을 정리한다. 첫째, 삼화사 철불이 盧舍那佛이라는 것이다. 둘째, 화엄승 決言 인명이 보인다는 점, 華嚴經說, 華嚴大不識儀經 등이 나오고 있어서 화엄사상을 강조한 점이 두드러진다는 점이다. 셋째, 노사나불의 大德力과 當來下生彌勒尊이 나타나기를 원하고 있다는 점이다. 넷째, 파실된 몇 글자가 있지만, 발원의 주체는 乘炬이고 上首弟子가 중심이며 그 외 단월은 구체적으로 나타나지 않으며 發心檀越의 父, 母가 명기되고 있으며 造像의 실무적인 일은 沙彌가 했다는 점이다. 교단 승려가 조상의 주체가 되고 있으며 중앙정부나 재지세력의 조성 참여가 드러나 있지 않다는 것이다.

명문에 확인되는 점을 근거로 三和寺에서 철불이 조성되었던 시기와 그 배경을 모색하고자 한다. 삼화사에 이 노사나 철불이 조성된 배경을 알기 위해 삼화사가 소재한 현 삼척시와 강릉지역을 포괄하여 신라말과 고려초 명주지역의 불교계의 흐름을 사원의 성립을 중심으로 간략히 살피기로 한다.

오늘날 강원도 동해안 지역은 북쪽에서부터 金剛山, 雪嶽山, 五臺山 등의 명산이 남쪽으로 전개되고 있다. 여기에 고승들이 활동하면서 많은 사원이 건립되어 불교수용 이후부터 불교성지로서 전통을 이어 오고 있다. 삼척의 頭陀山은 삼화사가 있는 곳으로 비록 이들 지역과는 가장 남쪽에 위치하지만, 금강산, 설악산, 오대산 등의 강원도 동해안 불교성지의 전통과 분위기와는 무관할 수 없다.

이 지역에 가장 먼저 크게 영향을 미친 고승은 慈藏이다. 그는 이 지역의 오대산에 중국의 오대산신앙을 옮겼으며 月精寺의 기반을 연 것으로 전해진다. 그러나 그는 강릉에 水多寺를 창건하여 거주하였다가 태백산으로 옮겨서 지금의 정선지역인 곳에 石南院을 창건하여 거주하다가 생을 마쳤다.[43] 자장은 이곳에서 文殊信仰을 펴려 하였다.[44]

한편 義相은 양양 洛山寺에 觀音을 모시고 華嚴道場을 열었다.[45] 의상계에서는 관음신앙이 중요하게 받들어지고 있다. 이는 자장이 문수신앙을 강조하고 관음신앙의 수용에 소극적이었던 것과 차이를 보인다고 한다.[46]

그런데 자장의 문수신앙 내지 오대산신앙이 오대산 월정사를 중심으로 자리 잡기 시작한 것은 신라 중대이며 이때는 관음신앙의 요소도 포함되고 있다. 월정사의 터를 닦은 자는 信孝인데 그는 관음신앙과 연관된 인물이었고, 이 시기에는 자장의 문수신앙과 달리 문수신앙이 중심이지만 관음신앙이 포함되어 있었다. 聖德王은 이 오대산에 眞如院을 두고 화엄경을 전경하도록 결사를 조직하여 華嚴社라 하였으며 이의 비용을 위해 매년 봄과 가을에 각각 가까운 州縣의 倉租 100석, 정유 1석을 공급하도록 恒規로 하였다고 한다.[47] 진여원은 오대의 중앙인 중대에 비로자나를 위시한 문수를 모시고 있는데 이 진여원은 월정사의 경내에 있다.

이 지역의 신앙적 전통에 빠질 수 없는 고승으로 眞表를 들 수 있

---

43 『三國遺事』 卷3, 臺山五萬眞身.
44 金杜珍, 「慈藏의 文殊信仰과 戒律」, 『韓國學論叢』 12, 1990.
45 『三國遺事』 卷3, 洛山二大聖 觀音 正趣 調信.
46 金杜珍, 앞의 논문, 1990.
47 『三國遺事』 卷3, 臺山五萬眞身.

다. 진표는 고성군에 이르러 개골산에 들어가 鉢淵寺를 세우고 占察法會를 열었다. 그는 이에 앞서 金山寺에 彌勒丈六像을 주성하고 금당 남벽에 미륵이 하강하여 授戒하는 장면을 그리는 등의 불사를 하고 속리산을 거쳐 강릉 해변, 그리고 고성 금강산에 이르고 있었다.[48] 진표는 법상종을 지방사회에 전파하는 큰 역할을 하였는데 이 지역에도 그의 영향이 미치고 있음을 알 수 있다.

9세기에 이르러 선종이 전파되기 시작하였는데 道義가 820년대 말 양양 설악산 陳田寺에서 선문을 열었다. 그러나 도의의 활동과 영향력은 그다지 나타나지 않는다. 오대산의 동쪽 가지인 사굴산의 崛山寺는 梵日(810~894)이 851년 溟州都督 김공을 만나 주지를 요청받았다고 하며 범일의 조부 金述元이 명주도독이었다는 사실로 보아 범일 자신도 명주와 인연이 있으며 金周元의 후손일 가능성도 있다.[49] 태종 무열왕의 6대손인 김주원은 왕위에 오르지 못하자 이곳 명주에 은거했으며 그 후 명주군왕으로 봉해졌고 강릉 김씨의 시조가 되었으며 그 후손도 이 지방을 중심으로 세력을 키워 나갔다. 김주원 후손의 영향력이 이 지역 불교계에 크게 미치고 있었다.

범일의 이름이 널리 전해지자 871년 경문왕이, 880년에는 헌강왕이, 887년에는 정강왕이 국사로 봉하여 경주로 모시려 하였다. 그러나 범일은 나가지 않고 굴산사에 머물면서 40여 년간 종풍 선양에만 노력하다 889년에 입적하였다.[50] 그동안 그는 이 명주 일대의 사원에 큰 영향력을 미쳤다. 강릉의 神福寺, 명주군의 普賢寺, 양양의 洛

---

48 『三國遺事』 卷4, 關東楓岳鉢淵藪石記.
49 崔柄憲, 「新羅下代 禪宗九山派의 成立」, 『韓國史硏究』 71, 1972.
50 申千湜, 「韓國佛敎史上에서 본 梵日의 위치와 屈山寺의 歷史性 검토」, 『嶺東文化』 1, 1980.

山寺, 평창군의 月精寺, 삼척의 三和寺 등은 범일 또는 그의 문도들에 의해 개창되거나 중창된 사찰이다. 이러한 과정에서 양양의 낙산사와 월정사와의 관계에서 굴산문은 화엄종과도 교섭하였음을 보여주고 있다.[51]

범일의 제자인 開淸(835~930)은 閔規의 초청과 후원으로 주지한 地藏禪院 곧 보현사가 있다. 이곳에는 개청의 비문이 940년(태조 23)에 세워졌다.[52] 이 비문의 건립은 崔彦撝가 왕명을 받들어 짓고, 仇足達이 교지에 의해 쓰고 있으나 실제 건립 공사는 음기에 반영된 것처럼 溟州都令 佐丞 王乂가 지휘하고 郎中 俊文과 官育, 員外 金乂, 色執事 仁悅, 純忠이 실제 작업에 동원된 인력을 지휘하였음을 알 수 있다. 왕예는 當州都令으로 왕건의 건국에 도움 준 토호세력으로 추측되며 김예는 왕예에 비하여 왕실과 직접 연결이 없는 낮은 단계에 머물렀던 인물로 추측된다.[53]

강릉시 남항진동에 있는 寒松寺도 보현사와 비슷한 시기에 창건되었을 것으로 본다. 여기에는 대략 10세기 전반경에 만들어진 菩薩像이 있으며 이 보살상은 文殊, 普賢으로 추측되고 이로 미루어 문수와 보현이 협시하는 삼존불은 아미타와 비로자나불일 가능성이 있는데 비로자나불일 가능성이 많다고 한다. 이 주존은 현재 남아 있지 않다. 신복사에도 10세기 후반에 제작된 것으로 추측되는 보살상이 존재한다.[54] 11세기의 작품으로 추측되는 월정사 보살상, 굴산

51 金杜珍, 「新羅下代 崛山門의 形成과 思想」, 『省谷論叢』 17, 1986.
52 「溟州地藏禪院朗圓大師碑」, 『韓國金石全文』, p.303.
53 許興植, 「地藏禪院 朗圓大師碑陰記」, 『高麗佛敎史研究』, 一潮閣, 1986.
54 崔聖銀, 「溟州地方의 高麗時代 石造菩薩像에 대한 研究」, 『佛敎美術』 51, 1980.

사의 석조비로자나불 등의 조각품도 있어 이 지역의 지방 조각사에 있어서도 독특한 분위기가 있다.[55]

명주지역은 삼국시대 자장에 의해 오대산신앙의 성소로 주목되고 성덕왕대 화엄결사가 이루어지고 왕실의 재정지원이 있었다. 그 뒤 김주원 후손 세력의 형성과 함께 이들의 도움으로 범일이 사굴산문을 열었다. 그 제자인 개청이 보현사에 비문을 건립하면서 고려 태조와 직접 연결되는 사실이 나타난다. 여기에는 이 지역 호족인 王順式의 귀부와 명주지역의 군대가 一利川 전투에 동원될 정도로[56] 고려 태조가 중요시한 점이 작용했다. 특히 한송사와 신복사에 남아 있는 석조 보살상은 10세기 전반과 후반에 각각 만들어진 유물로 보면, 태조가 개청의 비문 건립과 함께 이 지역의 佛事를 지원하고 있음을 알 수 있다.

삼화사의 창건에도 태조와의 관련을 전하는 기사가 전해 온다. 이 사원의 창건은 『三和寺事蹟』, 『江原道誌』, 『新增東國輿地勝覽』에 근거하여 642년(선덕왕 11), 829년(흥덕왕 4)에 범일조사 창건설이 있었다.[57] 앞의 두 기록은 사원의 연혁을 올려 잡으려는 사적기와 지방지의 성격이 반영되었다고 생각되어 신빙성이 떨어진다. 『신증동국여지승람』의 삼화사에 관한 기사를 인용하면 다음과 같다. 기사에 따르면 息影庵의 記文을 인용한다고 하였다. 식영암은 고려후기 禪源社에서 幻庵混脩에게 『능엄경』을 가르친 사람으로 추측된다. 『동문선』에 그의 글이 다수 전한다.

---

55 명주 지역은 한국 불교조각사에 있어서 유일하게 지방 조각을 설정할 수 있는 곳이다.

56 『高麗史』 卷92, 列傳 5, 王順式.

57 方東仁, 「三和寺의 創建과 歷史性 檢討」, 『한국 문화유산의 위상제고』, 동해문화원, 1997.

> 신라말에 세 선인이 있었는데 각자가 거느린 무리가 매우 많았다. 여기에 모여서 서로 더불어 의논하였는데, 옛날 제후가 회맹하던 예와 같았다. 오랜 뒤에 헤어져 갔으므로, 지방 사람이 그 봉우리를 삼공이라 이름하였다. 전자에 사굴산 品日祖師가 그곳에 가서 절을 세우고 또한 三公이라는 현판을 걸었다. 그 후 太祖께서 왕이 되자 이 절에 조칙하여 절 이름을 文案에 기록하고 후사에게 전하게 하시니, 이상한 일이었다. 대개 신인이 그 자리를 알려 주었다. 조사가 그 터에다 절을 지어 상서를 기록하였으며, 신성왕께서 삼국을 통일하였으니, 그 영험이 현저하였으므로 이 사실을 이용하여 절 이름을 三和寺라고 고쳤다.[58]

위에서 삼화사의 창건에 범일의 역할이 먼저 소개되고, 이어서 태조가 조칙으로 이 절을 문안에 기록하고 삼화사라는 사명이 정해지고 있음을 알 수 있다. 이로 보아 삼화사가 太祖에 의해 정식으로 사원으로 인정되고 賜額되었음을 알 수 있다. 여기에는 중요한 의미가 포함되었다고 생각된다. 범일의 입적후 屈山寺의 변화를 보기로 하자. 894년 弓裔가 명주를 점령했는데 무리가 3,500명으로 불어났고[59] 궁예의 후삼국 정립의 형세를 구축할 수 있었던 것은 강릉지역에서 가능했다는 것이다. 궁예가 이 지역 김주원계의 협조를 얻었다고 추측

58 『新增東國輿地勝覽』卷44, 三陟都護府, 佛宇 三和寺, “新羅末 有三神人 各率僚伍甚衆 集于玆 相與謀議 若古諸侯會盟之禮者 久之乃去 土人因名其峯爲三公 頃有闍崛山品日祖師 遂往即其所 建佛祠 亦以三公揭額 太祖龍飛爰勅玆寺籍名錄 案俾傳后嗣異矣 夫神人占位示其兆 祖師構基 識其祥 及神聖王會和三土 其效應著明 用是更寺目曰三和寺”.

59 『三國史記』卷11, 新羅本紀, 眞聖王 8年 10月.

된다.[60] 이러한 굴산사와 궁예의 연관 흔적과 함께 고려의 통일 후에 지장선원의 단월인 왕순식이 통일 후 크게 활동한 것 같지 않은 사실도 있다. 이 점은 범일의 屈山門 세력의 위축이 있었음을 암시한다.[61] 이는 태조의 통일 후 불교계에 대한 정책과 깊은 관련성이 있어 보인다. 통일 후 왕순식 세력에 대한 견제와 굴산문의 세력에 대한 견제가 아울러 필요했던 것은 아닐까 한다.

태조는 수도인 개경에 25개 처의 사원을 창건하여 불교국가임을 과시하였고 지방에는 連山에 開泰寺를 창건하였으며, 고승들의 塔碑를 많이 건립하여 그 고승이 머문 사원을 추인하였다.[62] 그 외 지방사원에는 사원의 내력을 조사하여 추인하는 과정을 밟고 있었다.[63] 이 삼화사도 그러한 과정에서 태조대에 정식 사원으로 인정되었음을 알 수 있다. 더구나 범일에 의해 창건된 사원을 寺名을 바꾸고 새롭게 추인해 준 배경에는 당시의 이 지역에 대한 정치적 역학관계가 있다. 즉 명주지역의 왕순식세력과 굴산문을 동시에 견제하려는 미묘한 변화가 있었던 것으로 볼 수 있다. 선종의 분위기에서 화엄사상을 강조하는 교학분위기로의 전환과 그에 따른 기존 선종세력과 연관되었던 지방세력에 대한 견제가 반영된 것이다.

대개 사원을 창건하여 규모를 갖추기 위해서는 主尊佛을 안치하고 塔을 세우는 불사가 따르게 마련이다. 삼화사의 철불은 바로 이 사원의 주존으로 만들어졌다고 생각된다. 철불의 제작은 이미 9세

---

60 金杜珍, 앞의 논문, 1996.
61 이러한 견해는 이미 신천식(앞의 논문)과 김두진(앞의 논문)에 의해 제시된 바 있다.
62 韓基汶, 「高麗 太祖의 佛敎政策-創建 사원을 중심으로-」, 『大丘史學』 22, 1983.
63 韓基汶, 「高麗時代 寺院의 統制와 編制」, 『韓國佛敎文化思想史』 上, 1992.

기부터 寶林寺, 到彼岸寺, 實相寺, 寒川寺, 聖住寺, 鳳巖寺, 長安寺 등에 그 예를 알 수 있고, 고려에도 그 양식이나 소재가 그대로 계승되어 많은 鐵佛이 제작되었다.[64] 고려 철불은 坐像인 점에서 모두 金堂의 주존으로 만들어졌다고 추측된다. 이 철불과 함께 제작되었다고 보는 삼층석탑 역시 사원의 구성상 주존과 세트를 이루는 중요한 요소이다.

사원의 신앙적 배경이나 종풍은 이 주존불의 명칭과 깊은 관계를 가진다. 삼화사 철불의 명호는 명문에 의하면 盧舍那佛로 명시되어 있다. 노사나불은 사나라 줄여서 부르기도 하는데 비로자나불의 다른 이름으로 불린다. 그러나 지의의 법화경문구에는 법신여래를 비로자나라 부르고, 보신여래를 노사나라 부르며 응신불을 석가불이라 부른다고 한다. 여기서는 주존불로 조상되었을 가능성이 커서 보신여래보다 비로자나불의 약칭으로 생각된다. 비로자나불은 法身思想으로 화엄사상과 관계가 깊다. 850년대를 중심으로 밀교사상이 풍미하면서 화엄계통과 선종에서 비로자나불이 조성되었다.[65]

그런데 이 삼화사 노사나 철불은 화엄사상과 신앙을 나타내고 있음을 명문에서 알 수 있다. 곧 決言이라는 승명이 등장하는 데서 분명하다. 결언은 861년(경문왕 1) 왕의 초청으로 鵠寺에서 5일간 경을 강의했는데 이 법회는 경문왕이 원성대왕의 명복을 빌기 위해 곡사

---

64 黃壽永, 「統一新羅時代의 鐵佛」, 『考古美術』 154·155, 1982.
______, 「高麗時代의 鐵佛」, 『考古美術』 166·167, 1985.

65 文明大, 「新羅下代 毘盧遮那佛像彫刻의 硏究(一)」, 『美術資料』 21, 1977.
______, 「新羅下代 毘盧遮那佛像彫刻의 硏究(續)」, 『美術資料』 22, 1978.

중창을 계획한 뒤에 개최된 것이다.[66] 884년(헌강왕 10) 화엄종의 대덕 결언과 賢俊 등은 終南山儼和尙思社會를 조직하기도 하였다.[67] 또한 圓融國師 決凝이 決言의 後身으로 인식되고 있는 비문의 내용 등도 참고된다.[68] 이로 보아 결언은 화엄종의 유명한 고승으로 알려졌음을 알 수 있다. 그러나 본 명문의 내용에는 乘炬의 스승으로 생각되고 '決言大大'는 '決言太大德'으로 추측되기도 한다. 이러한 추측이 맞다면 이미 결언은 太大德으로 화엄사상가 중에서 널리 추앙되던 인물이며 본 명문이 작성되던 시기 곧 고려초에는 이미 사거하였을 가능성이 크다. 또 명문에는 '華嚴業', '華嚴經說'이나 '華嚴大不識儀經' 등의 구절이 나오고 있어 이 盧舍那佛은 화엄사상을 반영하는 주존불이다. 따라서 이 三和寺는 화엄종계통의 사원이라 할 수 있다. 이는 앞서 서술한 것처럼 굴산문계의 사원에서 화엄종 사원으로의 전환을 보여 주는 것이라 하겠다.

고려 태조는 訓要에서 종파의 독자성을 인정하고 서로 분쟁하지 말기를 당부하며 점차 종단의 정착을 유도하고 있다. 이 삼화사도 범일에 의해 창건되었다 하더라도 고려 태조 이후 사원이 공인되고 노사나 철불이 봉안되던 시기에는 화엄종풍의 사원으로 정착되었다고 생각된다. 이는 이 지역이 오대산과 가깝고 오대산의 진여원을 중심한 화엄결사의 전통을 이은 것으로 생각할 수 있다. 고려 태조가 통일후 개태사를 창건하고 친히 華嚴法會疏를 짓고 화엄승 輪言

---

66 崔致遠, 「新羅國初月山大崇福寺碑銘」, 『韓國金石全文』, p.239.
67 「故修南山儼和尙報恩社會願文」, 『圓宗文類』卷22(『韓國佛敎全書』 4, p.644.)
68 「浮石寺圓融國師碑」, 『韓國金石全文』, p.479.

과 承談을 초청하고 있는 것으로 보아[69] 화엄사상에 대한 후원이 본격화되고 있음을 알 수 있다. 이러한 상황에서 지방의 화엄계통 사원이 정착될 수 있었다고 생각된다.

화엄종단에 대한 지원은 光宗代에 歸法寺의 창건과 均如, 坦文의 등장으로 크게 강화되었다. 광종은 균여와 관계를 두텁게 하였는데 이는 균여가 화엄사상 안에 법상종사상을 융화하려는 '성상융회'의 사상적 경향을 지녔으며, 이 사상은 광종이 지방호족세력을 흡수하여 그의 전제정치를 성립시키는 데 유리하였기 때문이다.[70] 균여는 신라 말 이래 希朗의 北岳派와 觀惠를 중심한 南岳派의 대립을 통합하여 화엄사상의 맥을 이은 인물로 주목된다. 특히 균여와 탄문 모두 신비주의적인 불교의식을 주관한 점 등 당시 화엄신앙이 다양하게 변용되는 면을 반영한다. 명문의 '彌勒尊이 下生한다'는 표현으로 보아 당시 화엄신앙의 분위기를 반영하는 것은 아닌가 한다. 혹은 이 지역이 弓裔에 의해 점령되었고 큰 세력기반으로 성장했던 곳이기도 하여 궁예의 미륵신앙의 영향을 받은 것을 반영하는 것인지도 모른다.

명문에는 鐵佛의 조성 주체로 승려 乘炬와 上首弟子 그리고 '十方檀越'이 참여하였던 것으로 나타나며 실제 일은 사미가 맡았던 것으로 생각된다. 이는 여타의 불사와는 다른 분위기를 반영하고 있다. 곧 삼화사 철불의 조성은 화엄교단 내의 승려들의 주관으로 시행되었다고 생각된다. 화엄종세가 강화되는 태조말에서 광종대에나 가능했던 일이 아닐까 한다.

---

69 「神聖王親製開泰寺華嚴法會疏」(崔瀣, 『東人之文四六』 卷8, 佛疏)
70 金杜珍, 『均如華嚴思想研究』, 一潮閣, 1983.

Ⅱ. 오어사 동종 명문

경북 포항시 烏川面 恒沙里에 소재한 오어사에는 많은 불교 관계 유물들이 소장되어 있다. 여기에 소개하고자 하는 오어사 범종은 1995년 11월 16일에 우연히 발견되었다.[71] 오어사 저수지 준설 작업을 위해 출입문 아래의 저수지 바닥 부분 지하에서 굴삭기로 땅을 파던 중에 나왔다. 이 종은 출토된 이튿날 포항에 있는 등대해양문화연구소의 배동일 소장 등에 의해 명문 판독 작업이 최초로 시도되었고, 현지의 김용우 선생의 적극적인 노력으로 명문에 대한 상세한 조사 결과가 공포되었다.[72] 여기서는 이 종의 명문에 대한 판독과 내용 등을 밝혀 보고자 한다.[73]

1. 명문의 판독

오어사 동종 주종기에 해당하는 명문은 범종이 주조된 후에 끌로 새긴 것이다. 이 기왕의 판독을 중심으로 판독부터 시도해 보기로 하자. 동종 모습과 명문 부분, 그리고 명문 탁본은 <사진 2>, <사진 3>, <사진 4> 참조.

제①행은 모두 13자이다. 5번째 글자는 '藍' 자로 읽고 있으나[74] '監' 자이다.

---

71 이에 대한 상세한 것은 김용우, 「吾魚寺 梵鐘考」, 『東大海文化硏究』 2, 1996 참조.
72 김용우, 앞의 논문, 1996.
73 이 종에는 양각된 梵語 명문이 7자가 있는데 이에 대해서는 김용우, 앞의 논문, 1996, p.35 참조.
74 김용우, 앞의 논문, 1996, p.36.

사진 2 오어사 동종 모습

사진 3 오어사 동종 명문 부분

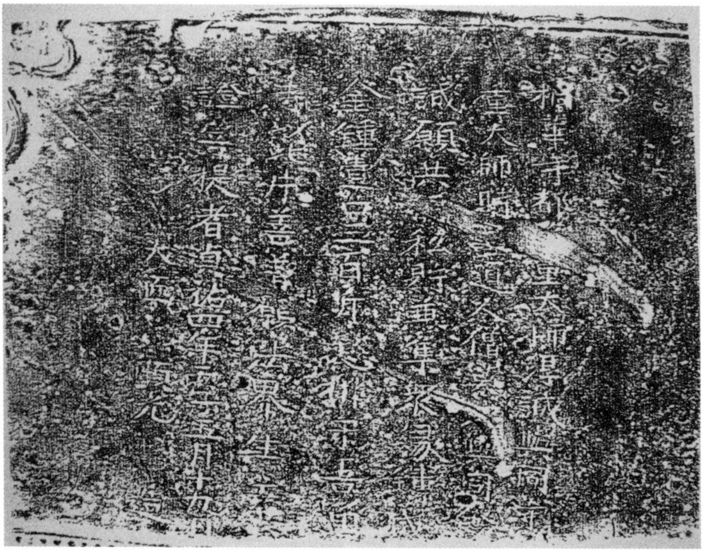

사진 4 오어사 동종 명문 탁본

제②행은 모두 13자이다. 4번째 글자는 '睛' 자로 읽고 있으나[75] '時' 자로 읽는다. 5번째 글자는 '蓮' 자로 읽고 있으나[76] 책받침변 이외에는 확인이 불가능하여 여기서는 모르는 글자로 본다. 9번째 글자는 '英' 자로 읽고 있으나[77] '慕' 자이다. 10번째 글자는 '之' 자로 읽고 있으나[78] '界' 자이다. 11번째 글자는 '與' 자로 읽고 있으나[79] '輿' 자이다.

제③행은 모두 12자이다. 3번째 글자는 '洪' 자로 추독하였으나[80] '共' 자가 분명하다. 4번째 글자는 '標' 자로 보고 있으나[81] '願' 자로 읽는다. 9번째 글자는 '聚' 자로 읽고 있으나[82] 여기서는 자형에 따라 '衆' 자로 읽는다.

제④행은 모두 12자이다. 9번째 글자는 '掛' 자로 읽고 있으나[83] 글자 자체는 '排' 자이다.

제⑤행은 모두 12자이다. 4번째 글자는 '成' 자로 읽고 있으나[84] '片' 자이다. 11번째 글자는 '主' 자로 읽고 있으나[85] '立' 자이다. 12번째 글자는 '供' 자로 읽고 있으나[86] '共' 자이다.

제⑥행은 모두 15자이다. 2번째 글자는 '善' 자로 읽고 있으나[87]

75 김용우, 앞의 논문, 1996, p.36.
76 김용우, 앞의 논문, 1996, p.36.
77 김용우, 앞의 논문, 1996, p.36.
78 김용우, 앞의 논문, 1996, p.36.
79 김용우, 앞의 논문, 1996, p.36.
80 김용우, 앞의 논문, 1996, p.36.
81 김용우, 앞의 논문, 1996, p.36.
82 김용우, 앞의 논문, 1996, p.36.
83 김용우, 앞의 논문, 1996, p.36.
84 김용우, 앞의 논문, 1996, p.36.
85 김용우, 앞의 논문, 1996, p.36.
86 김용우, 앞의 논문, 1996, p.36.
87 김용우, 앞의 논문, 1996, p.36.

'菩' 자이다. 3번째 글자는 '從' 자로 읽고 있으나[88] '提' 자이다.

제⑦행은 모두 5자로 그 판독에는 전혀 다른 견해가 없다.

이상의 판독 결과를 제시하면 다음과 같다.

	1	2	3	4	5	6	7	8	9	10	11	12	13	14	15
①	桐	華	寺	都	監	重	大	師	淳	誠	與	同	寺		
②	重	大	師	時	△	道	人	僧	慕	界	輿	同	發		
③	誠	願	共	願	私	貯	兼	集	衆	緣	鑄	成			
④	金	鍾	壹	口	三	百	斤	懸	排	于	吾	魚			
⑤	寺	以	此	片	善	普	願	法	界	生	立	共			
⑥	證	菩	提	者	貞	祐	四	年	丙	子	五	月	十	九	日
⑦					大	匠			順	光				造	

2. 명문의 내용

고려 범종은 현재 모두 160구가 알려졌는데 이 중 有銘鐘은 47구이고, 나머지는 無銘鐘이다. 유명종 중에서도 干支만 있어 양식과 문양 등으로 그 연대를 추정할 수밖에 없는 종이 다수를 차지한다.[89] 吾魚寺 鐘은 유명종 중에서도 절대 연대가 확실하고 명문이 거의 판독될 수 있으며 그 자수도 82자나 되는 유례가 드문 종에 속한다.

88 김용우, 앞의 논문, 1996, p.36.

89 廉永夏, 『韓國의 鐘』, 서울大學校出版部, 1991, p.157.
國立文化財硏究所, 『韓國의 梵鐘』, 1996.

명문은 新羅의 鐘銘과는 달리 이두식 표현이 없다. 종을 만드는 주관자와 모연 방법 그리고 목적, 실제 제작한 장인 이름이 비교적 분명히 반영된 명문이다.

앞 장에서 판독한 명문을 토대로 명문에 나타난 내용을 정리하고, 명문에 반영된 사실 중에 새로이 음미해야 할 사항에 대해 고찰한다. 명문을 전체 몇 단락으로 나누고 그 단락에 따라 해석하고자 한다.

①~②행 '桐華寺都監重大師淳誠與同寺重大師時△道人僧慕界興同發誠願共願': '桐華寺의 都監에 소속된 重大師 淳誠과 동화사 소속의 重大師 時△와 道人僧 慕界가 함께 간절한 원을 내었다.' 여기에는 종을 만드는 주체가 제시되고 있다.

종을 만드는 주체가 주지승 등 승려인 경우는 가끔 있지만 이처럼 특정 사원 소속 승려가 세 명이나 연명으로 종을 만드는 예는 없었다. 이들 인명은 다른 문헌에서 확인할 수 없었다. 重大師 승계의 소유자라는 점 때문일 것이다. 그러나 고려전기부터 중대사의 승계를 가지고 지방의 사원을 주지하는 예는 다수 있다.[90] 중대사의 승계를 소지한 淳誠과 時△는 고위 승려에 속한다. 道人僧으로 표현된 慕界는 僧科에 응시하지는 않았지만, 도력이 높았던 승려로서 앞의 중대사 승계를 가진 두 명과 같은 지위를 가진 인물로 생각된다.

중대사의 승계를 가진 淳誠이 동화사의 도감에 소속된 것으로 보아 동화사의 寺格은 대단히 높았음을 알 수 있다. 동화사는 문헌상 세 곳이 있지만, 오어사가 있는 慶州 지역과 비교적 가깝고 신라의 왕자 心地가 개창하였으며 法相宗 眞表의 簡子를 보관하였고 고려

90 韓基汶,「高麗時代 寺院 住持制度」,『佛教史研究』1, 中央僧伽大 佛教史學研究所, 1996.

초 戒壇이 설치되는 등 중요한 역할을 한 八公山 桐華寺가 틀림없다.

동화사의 都監은 사격이 높았던 이 사원을 관리하는 기구로 생각된다. 『高麗史』에 따르면 도감은 어떤 일이 있으면 설치하고 그 일이 끝나면 폐지하거나 혹은 그대로 두고 폐지하지 않는 것도 있다고 한다.[91] 사원의 수리나 재정관리 등의 필요에 따라 설치된 도감이 관리기구로서 계속 존재하면서 사원을 관리하는 기구가 된 것으로 생각된다. 1147년(의종 원)의 사실을 반영하는 금석문에 妙覺寺에 都監이 있었고 여기에 僧錄이 있었다는 것이나,[92] 고려후기 楡岾寺의 楡岾都監,[93] 왕실의 원당인 旻天寺의 旻天都監도[94] 사원의 관리조직이었을 것으로 생각된다. 고려전기 왕실의 원당으로 유명한 玄化寺에도 成造都監이 설치되었고 道俗二元的인 官員으로 구성되고 있음을 볼 수 있다.[95] 이로 보아 국가에서 특별히 관심을 가진 사원에는 도감의 조직을 두고 승록사의 관원을 파견하여 관리하였다고 생각한다.[96]

동화사는 고려초부터 戒壇寺院의 역할을 한 곳이며[97] 신라 이래의 고찰이었기 때문에 도감의 존재는 지속되었을 것이다. 고려후기 동화사 金堂庵 서탑의 중수기에 의하면 1316년(충숙왕 3)에 比丘 玄弁이 왕명으로 연도에 갔다가 동화사에 정주하여 석탑을 중수하고 남긴 동원인명록에 보면 삼강에 都監 仁悟, 都別監 戒環, 副都監

---

91 『高麗史』 卷76, 百官志, "都監各色 因事而置 事已則 罷 或遂置而不罷".

92 「雲門寺圓應國師碑」, 『韓國金石全文』, p.668, "妙覺寺都監右街僧錄同正惠覺 僧錄僧史眞卿".

93 『高麗史』 卷125, 列傳, 辛裔.
『高麗史』 卷77, 百官志, 諸司都監各色.

94 『高麗史』 卷34, 世家, 忠肅王 元年 5月 甲子.

95 「玄化寺碑陰記」, 『韓國金石全文』, p.451.

96 韓基汶, 「高麗時代 寺院內 管理組織과 所屬僧의 構成」, 『한국중세사연구』 2, 1995.

97 『高麗史』 卷6, 世家, 靖宗 2年 5月, "辛卯制 凡有四子者 許一子出家 於靈通崇法普願桐華等寺戒壇 試所業經律".

允如 등의 인명이 나열되어 있다.[98] 비록 본 명문에 반영된 시기인 1216년과는 100년의 상거가 있지만 三剛이라는 관리직제 안에 도감의 존재가 확인된다.

이상에서 도감은 사원 전체의 관리기구라는 의미와 삼강 내의 직명을 의미하기도 하는 것을 알 수 있다. 본 명문이 반영한 시기의 도감은 동화사 전체를 관리하는 기구로 본다. 왜냐하면, 도감에는 僧錄司 官員이나 世俗의 判官 등이 파견된 경우도 있는데 '都監重大師淳誠'이라 한 것은 도감이 寺院管理機構라는 의미로 해석된다.

③~⑤행 '私貯兼集衆緣鑄成金鐘壹口三百斤懸排于吾魚寺': '개인재산과 여러 인연을 모아 삼백 근 금종일구를 조성하여 오어사에 걸었다.' 이 구절에는 종을 주성하는 경비조달과 종의 규모 및 종을 시납한 사원에 대해 서술하였다.

'私貯'라는 표현은 앞의 조성 주체인 重大師 淳誠과 時△, 그리고 道人僧 慕界의 개인 재산을 의미한다. 중대사의 승계를 가진 고위 승려들은 모두 관인층 출신이며 이들은 세속의 부모로부터 재산을 상속하거나 그 외 재산을 모을 기회가 있었다. 고승들 중에는 이러한 개인 재산으로 사원을 중수하거나 사원에 施納, 혹은 佛事를 하는 예도 있다. '集衆緣'은 개인 재산 외에 다수의 신자들에게 募緣을 하였음을 의미하는 것으로 생각된다.

종은 '金鐘'이라 표현하였는데 대개 靑銅鐘을 의미한다. 무게 삼백 근의 규모는 <표 1>에 의하면 명문에 나타난 예로는 비교적 큰

---

98 李弘稙, 「桐華寺 金堂庵 西塔 舍利裝置」, 『韓國古代史의 硏究』, 新丘文化社, 1971, pp.594~595.

규모에 속한다. 고려시대 유명종 중에 무게를 나타낸 종명에 최고 700근의 靑林寺鐘이 있고 500근의 臨江寺鐘이 있으며 대개 150근, 100근, 60근, 6근 등 고려후기로 갈수록 작은 종이 제작되고 있음을 알 수 있다. 본 오어사 종과 같은 무게를 가진 유명의 종으로는 일본 鶴滿寺에 소재한 1019년(현종 10)에 만들어진 종과 1392년에 만들어진 川寧 象頭山 長興寺 鐘이 있다.

본 종을 시납한 사원이 吾魚寺로 명기되어 있어 주목된다. 오어사는 신라 때 元曉의 행적에 나타나는 사원이며 고려시대에는 고려후기 一然이 머물렀고[99] 이후 일연의 門徒가 주지한 사원으로 나오고[100] 있는 것 외에 문헌 자료에는 보이지 않는다. 오어사는 고려시대 신라 이래의 유가종 寺刹로서 전통을 이어 왔을 것으로 추측된다. 『삼국유사』에 원효의 행적과 연관되어 있는 창건 설화가 소개되고 있는 것에서 짐작된다. 고려시대 유가종 사원에는 원효를 추앙하는 경향을 볼 수 있는 데서 알 수 있다. 본 명문에 따르면 신라 이래 고려후기까지 瑜伽宗의 전통을 이어 온 동화사의[101] 都監 소속 중대사의 僧階를 가진 두 명의 고위 승려에 의해 發願 제작하여 오어사에 시납하였다고 한다. 이 사실로 보아 오어사는 동화사와는 밀접한 관계가 있었을 것으로 생각된다. 대개 종이 없어서 제작하는 것은 그 사원의 주지나 승려가 동량으로 일을 주선하는 경우이거나 유력한 신도가 그 절의 시주가 되어 종을 제작하여 시납하는 경우가 대부분인데, 오어사의 경우는 동화사 도감 소속 승려의 발원으로 주선되고

99 「麟角寺普覺國尊碑」, 『韓國金石全文』, p.1069, "至元年秋累請南還寓吾魚社".
100 「麟角寺普覺國尊碑」, 『韓國金石全文』, p.1076, "禪師 吾魚寺 戒岑".
101 「桐華寺弘眞國尊碑」, 『韓國金石全文』, p.1078, "高麗國大瑜伽業桐華寺住持…弘眞碑銘".

있는 것으로 보아 오어사가 동화사의 末寺에 해당하지 않았을까 생각된다. 동화사와 같은 유가종 사원인 오어사는 이후 선종 迦智山門의 一然이 머물렀다거나 그의 문도가 그 후 주지한 것으로 보아 사원의 소속이 바뀐 것으로 생각된다. 이러한 변화는 몽골의 침입 중에 크게 사원이 잔폐되고 근거할 사원이 부족하게 되면서 사원의 소속 분쟁이 종파 간에 치열하였음을 반영한다.[102] 이로 보아 오어사의 규모는 동화사에 비견되는 규모는 아니라 할지라도 사원의 소속 분쟁이 있을 정도로 매우 중요시된 사원이었을 것으로 생각된다. 삼백 근의 종 규모는 유명종에 한해서지만, 큰 편에 속하는 것으로 보아 사원도 당시에는 중요한 사원이었을 것이다.

⑤~⑥행 '以此片善普願法界生立共證菩提者': '이러한 작은 선행으로 법계에 나서 함께 깨달음을 얻기를 널리 바란다.' 이 구절은 종을 제작하여 시납한 목적이 제시되어 있다.

종을 만드는 주체가 승려였기 때문에 가장 보편적인 깨달음을 얻기를 발원하였다. 명문에 발원내용을 구체적으로 명시하지 않는 경우가 대부분이지만 발원 내용을 밝히는 것 중에는 국왕의 수명의 연장이나 國泰民安 등이 광종, 문종, 명종대의 종명에 보이고 고려말기 충숙왕대에는 父母나 子息의 명복을 비는 발원 내용도 두 건 보인다. 그 외 발원의 내용은 소개되지 않고 있다.

본 오어사 종명에 반영된 발원의 내용으로 보아 이는 유가종 교단 내의 불사에 해당하는 것으로 추측된다. 강력한 왕권이 지방사원에 반영된 것도 아니고 유력한 개인에 의한 발원이 반영된 것도 아닌

---

102 韓基汶, 「高麗時代 寺院의 運營基盤과 願堂의 存在樣相」, 慶北大 博士學位論文, 1994.

고위 승려와 종단 내의 불사로 이루어진 것이다. 명종대의 지방사원에 대한 관심이 명종의 퇴위와 함께 잠시 약화된 시기의 반영이 아닌가 한다. 종이 제작된 시기는 바로 최충헌 정권의 말기로서 이 정권 동안 교종에 대한 탄압은 지속되었다. 최충헌 정권 초기 신종 5년에 경주 별초군이 영주와 다툼이 있었다. 운문적과 부인, 동화 양사의 승도를 이끌고 영주를 공격하였는데 이극인이 굳게 지키고 정예병을 보내 싸워 패주시킨 일이 있었다. 이를 들은 최충헌이 재상과 제장을 모아 놓고 의논하여 말하기를 병을 발해서 경주인을 토벌해야 한다고 하였다.[103] 이로 보아 동화사는 부인사와 함께 최충헌 정권에 비우호적이었음을 알 수 있다. 그런데 최충헌 정권 말기인 이 시기에 지방의 동화사와 오어사가 관련된 불사가 진행되었음을 보아 지방 유가종 교단의 자구적인 노력의 하나로서 이러한 불사를 통해 결속되고 있었던 것은 아닐까 한다.

⑥~⑦행 '貞祐四年丙子五月十九日 大匠 順光 造': 종의 제작 연월일과 제작 기술자의 인명이 새겨졌다.

貞祐四年은 1216년(고종 3)이다. 정우 연호는 金의 연호인데 이 연호를 사용한 종명은 안성현 봉안사종과 내소사종, 정우 11년명 범종, 정우 13년명 범종 등 4건이 있다. 정우는 불과 4년간 사용한 연호이지만 정우 11년, 정우 13년 등의 연호가 계속 사용되었다. 이후 특히 고종대로 추정되는 많은 종의 명문에 간지만 사용하였던 것은 불교 범종 제작 주체자들의 몽골과 남송, 그리고 금과의 관계에 대

103 『高麗史』 卷21, 世家, 神宗 5年 10月, "慶州別招軍與永州素有隙 是月 乃引雲門賊及符仁桐華兩寺僧徒攻永州 永州人李克仁堅守 率精銳突出城與戰 慶州人敗走 忠獻聞之 會宰相諸將於大觀殿議曰 慶州人恣行不義 今又聚黨攻伐隣邑 宜發兵討之".

한 대등한 관계 인식을 반영하는 것으로 볼 수 있다.

제작인 順光은 大匠의 직역이다. 순광은 다른 문헌에서 확인할 수 없었다. 종명에 제작자를 명시한 예는 그리 많지 않다. 제작 기술자를 밝히는 경우, 963년(광종 14)에 제작된 서원 종에는 대박사로 나타나고 있고 고려시기에는 주장, 장으로 표현한 예도 두 건 있지만 대개 大匠이라 하였다. 신라 종의 경우에는 박사, 차박사 등의 직명을 사용하였으나 고려시기에는 광종대의 사례를 제외하고는 匠, 大匠이라는 표현이 사용되었다. 副大匠이라는 직명이 대장과 함께 소개된 예도 한 건 보인다.

오어사 종명의 내용을 단락을 나누어 살펴보면서 본 명문이 가지는 의의를 몇 가지로 요약하고자 한다.

첫째, 본 명문은 고려시대 유명종 중에서도 82자나 되는 많은 자수와 함께 판독 미상인 한 글자를 제외하고 모두 판독할 수 있을 정도로 명문의 상태가 좋다. 연대, 제작 주체, 제작 모연 방법, 목적, 제작 기술자의 이름이 분명하며 이두식 표현이 없다.

둘째, 동화사에 설치된 도감에 대해 살폈다. 도감에 관한 금석문 사례로는 묘각사의 예가 있었지만, 그 사원은 개경 사원의 예였고 동화사 도감은 지방의 중요사원에 도감이 있었음을 확인할 수 있었다. 이 도감은 국가에서 중요시한 사원에 설치한 관리기구로 추정된다.

셋째, 중대사라는 승계를 가진 두 명의 고위 승려와 도인승 등 3인의 승려가 제작 주체가 되었다는 점에서 다른 종명의 예와 다르다. 이들의 발원이 깨달음을 얻는 것이었지만, 당시 법상종 교단 승려들의 적극적인 불사활동의 예로 생각된다.

넷째, 종명에 두 개 처의 사명이 명시되어 있어서 1216년(고종 4)대

동화사와 오어사의 관계를 음미할 수 있는 중요한 사례로 주목된다. 법상종 사찰로서 신라 이래의 전통을 지켜 온 동화사가 오어사라는 절에 대한 영향력과 함께 말사로 강하게 연결되고 있었던 사례로 생각된다.[104] 이는 최충헌 정권 말기 그동안 탄압받아 온 교종세력 중에서 유가종 종단이 자구적인 불사를 통한 결속을 모색한 하나의 사례가 아닐까 한다. 오어사는 이 명문의 내용으로 보아 1216년까지는 적어도 유가종 사원이었고, 이후 충렬왕대 가지산문의 부각과 일연의 국존 책봉에 따라 소속이 바뀐 것을 알 수 있다.

오어사 종명과 고려시대 다른 종명의 비교를 위해 다음의 <표 1>을 만들었다.

<표 1> 명문에 나타난 고려 종의 조성내용

종명	소재사	조성시기	조성주체 발원내용	무게	장인	전거
退火郡大寺鐘		956(광종 7)	弼造都領, 禁教指揮都領 都監典, 今上聖帝德被, 國內國內安泰安泰			전366
古彌縣西院鐘		963(광종 14)	聰規沙干,院主人		大博士羅州只末	전376
天興寺鐘	聖居山天興寺	1010(현종 원)				전434
辛亥銘廻眞寺鐘	東京廻眞寺	1011(현종 2)?	廻眞寺僧△△, 三千餘人 入香徒			전1274
臨江寺鐘	興麗府臨江寺	1019(현종 10)	棟梁僧彦修, 戶長金瑤含	500斤		전440
河淸部曲北寺鍾	巨濟北寺	1026(현종 17)	棟梁僧談日	121斤		전472
太平十年銘鐘		1030(현종 21)	棟梁元廉	300斤		전472
靑鳧大寺鐘	靑鳧大寺	1032(덕종 원)	棟梁元吉十四人, 戶長阮 賢等	170斤	大匠位金慶	전474
淸寧四年銘金鐘		1058(문종 12)	聖壽天長	150斤		전484
戒持寺金鐘	戒持寺	1065(문종 19)	棟梁寺主大師智觀	150斤	大匠金水, 副 大匠保只未亭	전498
仙岳寺鍾	東平縣仙岳寺	1066(문종 20)	棟梁戶長, 施主諸長吏百 姓, 旦那家安泰		鑄匠鏡珍	전501
長生寺金鍾	長生寺	1086(선종 3)	棟梁寺主, 聖壽天長	16斤		전529

104 대구 동화사의 승려가 주도해 만든 범종을 포항 오어사에 걸게 했던 것이 위의 명문에 나타나 있는데, 범종의 주조처가 문제가 된다. 주조처는 동화사의 공방, 오어사의 공방, 기술자인 대장이 살고 있던 장소의 공방 등 3곳으로 추정된다. 여기서는 운반 문제와 동화사와 오어사의 거리를 고려하여 오어사에 임시로 공방을 만들어 주조한 것으로 보아 두고자 한다.

종명	소재사	조성시기	조성주체 발원내용	무게	장인	전거
川北觀世音寺鐘	觀世音寺	1107(예종 2)	寺主,棟梁 聖壽天長	50斤	大匠△先	전538
中河寺鐘	中河寺	1157(의종 11)	中河寺住持比丘宗△			전750
乙巳銘銅鐘		1185(명종 15)?	上將軍曺妻河源郡夫人, 聖壽天長	70斤	造成別將韓正	전1278
明昌二年銘鐘		1191(명종 21)	興法寺住持重大師, 棟梁大師			염248
德興寺鐘	德興寺	1196(명종 26)	上棟梁戶長金仁鳳, 副棟梁延甫, 聖躬万歲	67斤		전920
丁巳銘尙州安水寺鐘		1197(명종 21)?	住持比丘名惠, 僧俗名	40斤	匠有先	전1285
天井寺鐘	天井寺	1201(신종 4)		40斤		전937
善慶院鐘	臨△郡善慶院	1206(희종 2)	大將軍金躍珍及妻韓氏	75斤		전941
鳳安寺鐘	安城縣鳳安寺	1216(고종 3)	施主戶長李光△, 棟梁智居			전965
丁丑銘梵鐘		1217(고종 4)?	大師景鶴	6斤4兩		전1284
靑林寺鐘	扶寧靑林寺	1222(고종 9)	棟梁道人虛白	700斤	匠韓仲敍	전990
月峰寺鐘	月峰寺	1223(고종 10)	三重文解造納, 監事大師定聰, 典座大師敦習	30斤	大匠別將同正崔汶符	전992
癸未銘鐘	竹州大惠院	1223(고종 10)?		163斤		염257
貞祐十三年銘銅鐘	大良坪觀音寺	1225(고종 12)	棟梁…, 寺主大德德休, 追善	27斤7甫		전999
己丑銘竹丈寺銅鐘	竹丈寺	1229(고종 16)?	竹丈寺住持重大師純△, 棟梁僧仁嚴	6斤	大匠大夫	전1261
癸巳銘塔山寺鐘	塔山寺	1233(고종 20)?	塔山寺香火△…	80斤		전1253
甲午銘日輪寺鐘	日輪寺	1234(고종 21)?	棟梁			전1246
戊戌銘龍出寺鐘	三角山龍出寺	1238(고종 25)?	棟梁學柱	9斤		전1263
戊戌銘鐘	橫川神龍寺?	1238(고종 25)?			大匠韓仲叙	염265
己亥銘頭正寺鐘	梁州頭正寺	1239(고종 29)?	乃山村△卯僧兩親父母願以夫妻等		大匠斧道	전1261
辛丑銘鐘		1241(고종 28)		45斤		염355
甲申銘善法院鐘	鎭州善法院	1284(충렬 10)?	三重大師釋山	100斤		염269
至元銘小鐘		1294(충렬 20)		2斤1兩		전1067
戊戌銘梵鐘		1298(충렬 24)?	副戶長公必, 棟梁△人元明	50斤	大匠信仇	염286
己酉銘五聖寺小鐘	五聖寺	1309(충선 원)?		20兩		전1258
至大四年銘銅鐘	藥師菴	1311(충선 3)	香徒淸信戒女			전1108
辛亥銘正方寺小鐘	正方寺	1311(충선 3)?				전1274
甲寅銘天生寺鐘	天生寺	1314(충숙 1)?	棟梁成化	3斤	大匠金	염274
戊寅銘修淵院小鐘	修淵院	1278-1320?	造成者…	6斤	匠人朗鑒	전1265
幸西寺小鐘	開州幸西寺	1323(충숙 10)	施主…			전1126
文聖庵鐘	阿陰縣文聖庵	1324(충숙 11)	施主崔永昌		大匠崔…	전1127
乙丑銘寶岩寺銅鐘	寶嵒寺	1325(충숙 12)?	平章事奇, 先亡父母亡男, 夫婦福壽延長			전1280
己酉銘水國寺銅	水國寺	1369(공민 18)?	淸信女崔△△			전1259
長興寺鐘	川寧象頭山長興寺	1392(공양 4)	施主戶長信善 施主大原化主信雲	300斤		전1244

?: 干支만 있어 鐘의 형식으로 연대를 추정한 것(廉永夏, 『韓國의 鐘』, 서울대학교출판부, 1999; 국립문화재연구소, 『韓國의 梵鐘』, 1996을 참조).
전: 許興植 編著, 『韓國金石全文』, 亞細亞文化社, 1984.
염: 廉永夏, 『韓國의 鐘』, 서울대학교출판부, 1991.

Ⅲ. 백련사 청동유물 명문

고려시기에 조계종의 修禪社와 더불어 2대 결사였던 白蓮結社의 하나인 상주 공덕산 백련사에서 출토된 청동유물의 명문을 소개하고자 한다. 이들 유물을 알게 된 것은 1999년 6월 25일 문경새재박물관에서 주최한 문경의 문화재전을 참관하면서였다. 이 전시회는 문경의 국고 귀속 매장문화재 39점을 대여하여 마련한 特別展이었다. 여기에 전시된 산북면 소야리 산 92번지에서 출토된 청동유물 중에서 명문이 다수 있음을 알게 되었다. 이는 1994년 도굴꾼에 의해 이 사지에서 반출되다가 압수된 것인데, 현재 국립대구박물관에서 收藏하였다.

필자는 상주 공덕산 백련사의 성립에 대한 논고를 발표한 바 있고, 백련사지에 대한 연혁과 현장조사를 하였다.[105] 그런 가운데 마침 백련사지로 추정되는 곳에서 발견된 이 자료를 목격하였다. 이에 전시회가 끝난 후 이 자료가 수장된 대구박물관의 후의로 이를 확인하고 명문을 판독하여 이 글을 쓰게 되었다. 이로써 공덕산 백련결사의 참여층 및 사회적 기반에 관한 자료의 未備를 보완할 수 있을 것이다.

여기에서는 靑銅遺物의 출토 경위와 현황 및 양식으로 본 연대를 추정하고 명문의 판독을 시도하여 제시하고자 한다. 그리고 명문의 내용을 해석하고 이 명문이 가지는 백련결사의 사회적 의미를 밝혀보고자 한다.

---

105 韓基汶,「高麗後期 尙州 功德山 東白蓮社의 成立」,『尙州文化硏究』3, 1993.
韓基汶,「尙州 功德山 白蓮社址의 沿革과 現況」,『尙州文化硏究』9, 1999.

1. 청동유물의 출토 경위와 형태

문경시 산북면 소야리 산 92번지에서 반출된 이 유물은 1994년 3월 15일에 국립 경주박물관에 押收文化財國庫歸屬品收入으로 정리되어 수장되었다. 그 뒤 국립대구박물관이 개관되면서 이 유물이 반출된 지역이 대구박물관의 관할이 되었던 이유로 1994년 9월 3일에 국립경주박물관에서 국립대구박물관으로 이관하여 수장되면서 오늘에 이르고 있다.

이 유물이 반출된 지역은 현재 조윤희 씨의 개인 소유지가 되었지만, 米麵寺址로 전해져 오던 廢寺址이다. 문헌검토와 사지의 현장을 확인한 결과 그 연혁과 현황은 다음과 같다. 667년 의상에 의해 창건되고 미면사 혹은 백련사로 불렸다. 12세기 말에 精通師가 백련결사를 결성하였다. 13세기 초 몽골의 침입으로 퇴락된 것을 1241년 尙州 牧使로 부임한 崔滋에 의해 중수되었다. 1247년 몽골의 침입으로 피해를 입었던 것으로 추측되며, 몽골압제기인 1280년대에 다시 복구되어 天台宗 승려들의 수행지가 되었다. 고려말인 1390년에 李穡이 백련사에서 주관한 詩會에 참석한 점으로 미루어, 백련사의 전통이 계속된 것을 알 수 있다. 하지만 1705년경에는 세력가의 무덤이 들어서면서 폐사된 것으로 정리된다.[106]

이 백련사지에서 반출되었다가 압수된 유물은 모두 13점인데 鐵製 보습 1점과 望瓦 1점은 각기 근대와 조선시대 유물이고 나머지는 모두 고려시대 것이다. 고려시대의 유물 중 납덩어리 1점과 唐草

---

106 韓基汶, 앞의 논문, 1999.

文平瓦當 1점, 蓮花文圓瓦當 1점을 제외한 나머지는 모두 청동유물이다. 이 청동유물은 靑銅半子 1점, 靑銅半子片 1점, 靑銅燭臺 4점, 靑銅 바라 2점 등이다.[107]

청동유물들이 발견될 때의 사정은 현지인들의 말을 통해 알 수 있었다.[108] 도굴꾼들이 포크레인을 동원하여 백련사지 입구에 있는 積石을 들어내고 쇠북을 가져갔는데, 마침 백련사지와 가까운 소야리에서 시내로 나오던 주민에게 발견되어 산북파출소로 신고되었고 산양면에서 이들을 붙잡아 유물을 압수하였다. 도굴꾼이 선금을 받고 이 도굴에 착수하여 물건을 인도해 주기로 하여 이를 사주한 주범 도굴꾼을 잡지 못했다고 한다. 이로 보아 '쇠북'은 바로 소개하려는 명문이 있는 청동반자를 가리키는 것이고 이 유물이 나온 출토지는 정확히 白蓮社址의 積石이다.

이 청동유물 중에 명문이 있는 유물은 청동반자 1점과 청동촉대 2점이다. 청동반자에는 후면 구연부에 43자의 명문이 陰刻되어 있다. 청동촉대 2점은 받침 윗면에 8자의 명문이 각각 음각되어 있어서 이 촉대 2점은 한 쌍임을 알 수 있다. 명문이 있는 청동유물은 반자와 촉대 1쌍인 셈이다.

고려시대 金鼓의 형태와 명칭을 비교하면 뒷면이 넓게 뚫린 금고는 盤子, 半子, 飯子 등과 같은 '반자'의 음기로 기록되어 있다. 이에 반해 뒷면의 구연이 넓게 확장되어 작은 공명구를 형성하거나 앞, 뒷면이 모두 막혀 측면의 열구식 공명구를 지닌 형태의 금고는 모두

107 국립대구박물관 소장 유물 카드번호 慶州 6754~慶州 6766 참조.
108 문경시 산북면사무소의 박재호 씨, 문경시청 윤장식 계장님의 증언.

金鼓, 禁口, 禁鼓 등 '금구'의 음기로 표기된 사실을 알 수 있다고 한다.[109] 이로 보아 본 청동유물로 알려진 금고는 명문에 명칭을 사용하지 않아 정확한 것은 알 수 없지만, 형태로 보아 반자로 칭하는 것이 타당할 것이다.

반자는 寺刹儀式法具의 하나이다. 금고라는 명칭은 원래 고대 중국에서 사용되던 징과 북을 가리키는 것이었으나, 불교의 수용과 더불어 『金光明最勝王經』에 등장되는 금고를 형상화시켜 불교의식법구로 활용된 것이었다. 그 시기는 이 경전이 중국에서 완역된 703년 이후로 우리나라에 전래된 시기는 9세기경 이전으로 추정된다. 고려시대 금고는 대중을 집합시키는 용도 외에 금광명경도량이나 說經會에 금고를 두드리며 의식을 행하고 그 소리를 들음으로써 모든 罪를 懺悔토록 한 金光明懺悔儀의 의식법구로 사용되었다. 13세기 금광명경도량이나 설경회에 관한 기록이 많아 몽골의 전란에 휩싸였던 당시의 시대 상황과 결부된다고 한다. 13세기 초부터 중엽까지의 작품이 가장 많이 남아 있다고 한다.[110]

이 반자의 명문에는 紀年銘이 없으므로 형태를 통해 그 제작 시기를 좁혀 볼 수 있다. 여기서는 형태를 검토하되 그 양식상의 제작 연대에 맞추고자 한다. 표면 지름이 33.4cm이고 후면 口徑이 20.3cm의 크기를 가지고 있다.[111] 표면의 隆起同心圓이 3줄이며 撞座區, 內區, 中區, 外區의 4區로 되어 있다. 당좌구에는 蓮果가 중앙에 1개

---

109 崔應天, 「高麗時代 靑銅金鼓의 硏究-特히 鑄造方法과 銘文分析을 중심으로-」, 『佛敎美術』 9, 東國大學校博物館, 1988, pp.67~68.

110 崔應天, 앞의 논문, 1988, pp.64~65.

111 국립대구박물관 소장 유물카드 번호 慶州 6754.

주변 16개가 둥글게 배치되어 있다. 내구에는 10개의 重葉蓮瓣文이 있다. 중구와 외구에는 문양이 없다. 귀의 형태는 雲形이고 3개가 달려 있다. 후면은 문양 없이 융기동심원 3줄로 2구로 나누어져 있고 3개의 귀 중 중간 귀를 출발점으로 口緣部에 43자의 명문이 음각되어 있다.

이 반자의 제작 연대로 추정되는 13세기의 반자양식을 살펴보자. 이 시기 편년관에는 두 견해가 있다. 먼저 하나에 대해서 보면 다음과 같다. 형태는 뒷면이 넓게 뚫린 반자가 많다. 크기는 평균 표경이 43.7cm로 12세기보다 점점 커져 가는 경향을 보였다. 문양은 내구와 외구는 공통적으로 복잡하다 할 정도로 문양이 메워지면서 의도적인 배치를 보이고 있다. 귀의 수와 당좌의 형태에 따라 차이를 보인다. 세 귀가 달리면서 당좌가 花文形을 이루는 것과 귀 두 개가 달리면서 당좌가 원형을 이루는 것으로 나누어진다.[112]

다른 하나의 견해는 다음과 같다. 반자 형태이며 표면의 융기동심원이 3줄이면서 4구의 간격이 일정해지며 당좌구의 규모가 적절히 축소되었다. 당좌구의 장식이 화려해지면서 정형화되어 국화형 테두리 장식 안에 한 개의 연과를 중심으로 4 내지 6개씩의 연과를 둥글게 배치하거나 각 연과를 圓圈形으로 장식하였다. 蓮瓣은 重葉사이로 間葉을 장식하는 것이 일반적이다.[113]

위의 두 편년관을 감안하고 본 반자의 형식 편년을 살펴보자. 반자 형태인 점은 공통적이다. 융기동심원이 3줄이면서 4구의 간격이

112 沈奉謹,「高麗 青銅飯子 研究」,『考古歷史學志』2, 1986, pp.92~94.
113 崔應天, 앞의 논문, 1988, pp.75~84.

일정하고 당좌구의 규모가 적절하며 한 개의 연과를 중심으로 다수의 연과가 둥글게 배치된 형태이다. 3개의 귀가 있는 점도 이 시기의 형태이다. 하지만 문양이 당좌 이외에는 없는 점이나 크기가 작은 것은 이 시기의 편년 양식과 다소 다른 점이다. 그럼에도 불구하고 전체적으로 편년되는 양식은 12세기, 14세기의 양식과는 다른 13세기 중·후반기의 반자로 추정된다.

청동촉대 1쌍은 이 반자와 동반되었던 점으로 미루어 반자와 같은 시기에 제작되었던 유물일 것이다. 촉대는 어둠 속을 헤매는 중생을 부처의 세계로 인도하며 초가 자신의 몸을 태워 주위를 밝히듯 대중을 위해 보살행을 하겠다는 다짐의 의미를 지닌 불교의식구이다. 불전에 올릴 때 향로, 화병과 함께 자리 잡는 공양구이다.[114] 이 촉대는 總高가 34.5cm, 臺徑 16.5cm이고, 竿柱가 옆으로 기울어져 있으나 완전하며 받침 윗면에 8자의 음각명이 있다.[115]

반자와 촉대가 출토된 유물이었음을 보아 당시 사원에 변고가 있어 이들 청동 유물을 땅 속에 묻어 두고 다시 찾지 못한 채 오늘에 이르러 발견된 것으로 추측된다. 그러한 사원의 큰 변고는 고려 시기 몽골의 침입과 연관 짓는 것이 가장 가능성이 크다. 상주 지역으로 몽골 침입은 1232년, 1235년, 1247년, 1255년 등 4차례 있었음이 확인된다.[116] 이 백련사와 관련하여 1244년에 天頙은 「遊四佛山記」에서 山陽縣의 늙은 居士 申敏恕가 몽골의 침입으로 “남은 것이

114 홍윤식, 『불교의식구』, 대원사, 1996.
115 국립대구박물관 소장 유물카드 번호 慶州 6756, 慶州 6758.
116 尹龍爀, 『高麗對蒙抗爭史硏究』, 一志社, 1991.

없다."라는 말을 인용한 것으로 보아[117] 그 피해가 심대하였음을 알 수 있다. 백련사의 청동유물도 1244년을 전후한 시기에 피난을 위해 白蓮社 입구의 積石에 묻어 두었는데[118] 그 후 다시 찾지 못하고 1994년경에야 출토된 것으로 짐작된다.

이러한 양상은 상주 지역의 西谷洞 寺址에서 일괄 유물로 발견된 청동 범종과 동제 바라, 동제 국자 등의 유물에서도 알 수 있다. 서곡동 사지 출토 범종의 명문에 辛亥年은 1251년에 제작되었음이 추론되었다.[119] 이로 미루어 1254년의 몽골 침입 시에 이들 유물이 묻힌 것이 아닌가 한다.

몽골 침입로에 있던 청주 사직동 출토 思惱寺銘 半子의 발견 경위나 그 연대를 추정한 연구에서도 알 수 있다. 반자의 제작 시기는 1249년으로 추정되고 그 후 1251년 충주성 공격시에 思惱寺가 폐사되면서 매몰된 것으로 짐작되었다.[120] 이로 보아 淸州 思惱寺, 尙州 白蓮社, 尙州 西谷洞 寺址는 모두 몽골의 내륙 침입로상에 있는 사원들이다.

이상에서 몽골과의 항전기에 반자, 바라, 범종 등 불교의식구의 제작이 더 왕성하였음을 알 수 있다. 아마도 몽골과의 항전기에 불교의식을 통한 단결과 정신적 위안을 얻으려는 경향이 강화되었던 것

---

117 韓基汶, 「高麗後期 尙州 功德山 東白蓮社의 成立」, 『尙州文化硏究』 3, 1993.
許興植, 『眞靜國師와 湖山錄』, 民族社, 1995, p.263.

118 積石은 1705년 대승사의 碧天 스님이 '石築 造山'이라 표현한 것이다(韓基汶, 「尙州 功德山 白蓮社址의 沿革과 現況」 참조). 지금도 무너진 채 가운데가 파인 형태로 남아 있다. 도굴꾼이 반자를 도굴할 때 그렇게 된 것으로 추측된다. 적석은 積石塔으로 추정되는데 이에 대한 연구가 없어 자세히 알 수 없지만, 이러한 유형의 탑은 고려초부터 나타나기 시작한 것으로 추측된다.

119 朴方龍, 「尙州 西谷洞 出土 一括遺物」, 『美術資料』 49, 1992.

120 金弘柱, 「淸州社稷洞出土 思惱寺銘半子」, 『美術資料』 52, 1993.

은 아닌가 한다. 이러한 불교의식구는 피난시에 일괄적으로 묻어 두고 피난하였던 것으로 추측된다. 청동은 당시로 보아 귀금속에 해당하였으며 이러한 청동 불교의식구는 매우 귀중하게 여겨졌으므로[121] 난리 동안 숨겨두려 하였을 것이다. 특히 청주 사직동 思惱寺址에서 대량으로 출토된 청동 불교의식구는 이를 잘 보여 주는 사례이다.[122]

이상 소개한 반자와 청동 촉대 1쌍은 <사진 5>, <사진 6>, <사진 7>로 제시하였다.

사진 5 청동반자 앞면

121 사원에는 반자가 매우 중요한 의식구였고 도적의 절취 대상이 되기도 하였음은 忠州 安林洞의 義林寺址銘 靑銅半子에서 알 수 있다. 명문 중 "戊申年盜取因集衆緣鑄成"이라 하여 반자 조성 연유를 밝힌 것에서 짐작된다(李成浩, 「安林洞出土 義林寺銘 靑銅半子에 대하여」, 『蘂城文化』 11, 蘂城同好會, 1990).

122 국립청주박물관, 『고려공예전』, 1999 참조. 사직동 사뇌사지 출토 청동유물은 모두 415점이 발견되었다(崔應天, 「思惱寺 遺物의 性格과 意義」, 『고려공예전』).

사진 6 청동반자 뒷면

사진 7 청동 촉대

2. 청동유물 명문의 판독

먼저 반자의 명문을 판독하기로 한다. 반자의 명문은 후면에 음각되었는데, 세 개의 귀 중 가운데 귀를 기점으로 43자가 구연부를 따라 시곗바늘 방향으로 반원에 못 미친 곳까지 새겨져 있다.

명문을 기록하는 방법은 주물 외형에 글자를 파서 陽刻銘을 남기는 방법과 銘文板을 별도로 붙여 함께 주조하는 방법, 반자 주조가 다 끝난 후에 그 자체에 직접 刻銘하는 방법 등이 있다.[123] 이 반자의 명문은 맨 마지막 방법으로 작성되었는데 각명하는 도구는 칼이나 끌을 사용하여 이를 때려 線刻하는 방법을 사용하였다. 이 때문에 뾰족한 금속구를 망치로 쳐서 점을 찍듯이 글자를 만들어 가는 連點刻보다 글자 획이 불규칙하여 판독이 어려운 부분도 있다. 하지만 판독 불가능한 글자는 거의 없다. 혹 이 반자의 명문 새김법이 음각이기 때문에 반자 제작시기와 다른 추각일 수도 있지만, 명문 내용에 '造納'이라 하여 반자를 만든 시기와 각명 시기가 일치함을 알 수 있다.

판독안을 제시하면 다음과 같다. 推讀한 글자는 옆에 (?) 표시를 하였다.

> 高麗國金用妻只未死女特爲先士父母往生淨土愿功德山白蓮結社
> 造納大匠銀(?)先妻仍比哀女棟梁師頤(?)

123 崔應天, 앞의 논문, 1988, pp.97~98.

다음은 燭臺의 명문에 대해 살펴보자. 촉대의 받침부에 8자가 반자의 각명 방법과 같은 방법으로 陰刻되었다. 다른 하나의 촉대의 받침부에도 똑같은 8자가 線刻法으로 새겨져 있으나 전자는 굵게 끌을 때려서 음각한 것 같고, 후자는 같은 방법을 사용하였으나 부분적으로 칼이나 끌로 긁는 방법으로 새겼다. 이는 끌을 때려서 글자를 새길 때 불분명하게 된 부분은 긁는 방법으로 보완하였기 때문이다.

새긴 형태로 보아 하나는 받침부의 둘레를 따라 시곗바늘 반대 방향으로 새겼고, 다른 하나는 시곗바늘 방향으로 새겼다. 그래서 두 촉대는 나란히 놓았을 때 글자가 각기 바깥쪽으로 보이거나 안쪽으로 보인다. 글자의 내용이 같은 점까지 감안하면 이 두 촉대는 한 쌍을 이루고 같은 시주자의 시납물임을 알 수 있다. 양쪽의 글자체는 다르지만, 각각의 8자는 다음과 같이 판독된다.

> 納尙州別將金得玄
> 納尙州別將金得玄

이상의 반자 명문 부분과 촉대 명문 부분은 <사진 8>, <사진 9>, <사진 10>, <사진 11>, <사진 12>, <사진 13>으로 제시하였다.

3. 청동유물 명문의 내용과 의미

앞의 判讀案을 가지고 내용을 검토하고 그 의미를 찾아보고자 한다. 반자 명문의 전체적인 구성은 發願者와 발원 계기, 발원 대상,

사진 8 청동반자 명문 부분

사진 9 청동반자 명문 부분

사진 10 청동반자 명문 부분

사진 11 청동반자 명문 부분

사진 12 청동촉대 명문 부분

사진 13 청동촉대 명문 부분

발원 내용, 반자 제작자, 이 반자 제작 佛事를 주선한 자 등이다. 그런데 다른 반자의 명문과는 다르게 제작 시기를 나타내는 年號를 사용하지 않았을 뿐만 아니라 干支마저 사용하지 않아 그 시기를 알 수 없다. 다만 명문 첫머리에 '高麗國'이라 하여 제작 시기가 고려시대라는 것만 알 수 있다. 본 명문에 이두 표기가 없는 점도 특징이다.

반자 명문을 단락 지워 그 내용을 알아본다. 반자 명문 43자는 내용상 크게 2단락으로 나눌 수 있다. 먼저 첫 번째 단락은 다음과 같다.

> 高麗國金用妻只未死女特爲先士父母往生淨土願功德山白蓮結社造納

이는 "고려국의 金用의 妻 只未가 죽으니 딸이 특별히 먼저 돌아가신 부모의 왕생정토의 發願을 위하여 功德山 白蓮結社에 (이 반자를) 만들어 바친다."라 해석된다. 이 명문에서 반자의 제작시기를 추측해 볼 수 있는 구절은 '高麗國'이라는 명문밖에 없다. 명문에 고려국을 각명한 고려시기 반자의 명문 예로는 1179년의 예와 1201년의 예가 있다.[124] 고려후기 곧 몽골 침입기 및 압제하에서 제작된 것이 확실한 반자에 '高麗國'을 각명한 명문 사례는 아직 발견된 적이 없다. 대체로 몽골압제기에는 '고려국'을 각명해도 고승비문의 경우 國師를 國尊이라 표기하고, 묘지명의 경우에는 '고려국' 앞에 '有

124 崔應天, 앞의 논문, 1988, 高麗時代 金鼓銘文 및 形狀特徵表 참조.

元', '大元'이라 붙이는 경우가 대부분이다.[125] 1300년 金方慶 묘지명과 1329년 安于器 묘지명에 '高麗國'이라 표기하였으나[126] 모두 묘지석이 남아 있지 않고 『安東金氏大同譜』와 『謹齋集』에 전하므로 원형을 알 수 없다. 다만 1349년 趙瑋 묘지명에는 '高麗國'이 각명되고 있다.[127] 하지만 원 압제기를 벗어나려는 시점에 가깝다. 따라서 '고려국'은 몽골 항쟁기 이전에만 사용되었을 것으로 본다. 또 몽골 침입기에는 年號를 사용하지 않은 예가 많고 干支만 사용한 예가 많았다는 점을 함께 고려하면,[128] 이 반자의 명문은 몽골 침입기에 제작되었다고 추측된다.

반자 제작 불사를 하게 된 계기는 김용의 처 지미가 죽어서 그 딸이 이를 追善하기 위해서였다. 김용을 고려시기 연대기, 문집, 금석문에서 찾아본 결과 『高麗史』에서 충혜왕 원년에 元尹으로[129] 致仕한 인물에 金用이 있었다.[130] 그의 이력은 『고려사』에서 더 찾을 수

125 원압제기인 1295년부터 1348년까지의 금석문 사례가 그러하다(『韓國金石全文』, p.1067, p.1078, p.1105, p.1138, p.1140, p.1143, p.1146, p.1148, p.1154, p.1162, p.1180).

126 『高麗墓誌銘集成』, p.406, p.466.

127 『高麗墓誌銘集成』, p.543.

128 崔應天은 "貞祐十二年利義寺銘(1224) 飯子가 만들어진 이후부터 1301년의 靑雲寺飯子가 제작된 약 75년간은 紀年銘 金鼓가 전혀 보이지 않고 다만 제작연대를 확인할 수 있는 3점의 干支銘 금고만 남았다. 이러한 공백기는 몽고의 전화에 휩싸였던 시대적 상황과 연호를 기록할 수 없어서 간지만 사용한 금고를 제작했다고 볼 수 있다"라 하였다(앞의 논문, p.99). 고려동종의 경우도 有銘鐘 47구 중 貞祐4年銘高麗銅鐘(1216) 이후 至元31年銘高麗銅鐘(1294)까지는 紀年銘이 없고 干支만 나타나는 양상을 보인다(金昌鎬, 韓基汶, 「貞祐四年銘高麗銅鐘銘文의 검토」, 『年報』 8, 國立慶州文化財硏究所, 1998).

129 元尹은 고려초에는 官階의 하나로 사용되었으며, 성종 14년(995) 고려초의 관계를 중국식 문산계로 대치할 때 기존의 관계는 향직으로 한동안 존속하였었다. 그러다가 충선왕대에 와서 다시 元尹이 宗親 및 異姓에 대한 封君에 있어 君 밑에 있는 작위의 하나로 사용되었다(김기덕, 『高麗時代 封爵制 硏究』, 청년사, 1998, p.151). 따라서 元尹 金用은 상당한 귀족의 지위에 있었던 인물이 된다.

130 『高麗史』 卷34, 世家, 忠肅王1, 9月 甲寅, "以金用爲元尹閔宗儒鄭之衍崔毘一並僉議贊成事仍令致仕".

없었다. 이 인물이 치사한 시기는 1313년이었다. 고려시기에 치사하는 나이가 대개 70살임을 고려하면[131] 김용의 출생은 1243년이 된다. 반자 명문의 김용과 동일인이라 할 때, 그 딸이 반자를 만들어 시납할 수 있는 연령이 최소한 20살이 넘을 것으로 추산하면 김용의 나이 또한 최소한 40살을 넘겼을 것이다. 그러하다면 이 반자의 제작 연대는 1280년대로 잡을 수 있다. 하지만 1280년대는 몽골압제하에 들어간 시기이므로 '高麗國'이라 각명하기 어려웠던 것으로 볼 때 『高麗史』에 나오는 김용은 이 반자 명문의 김용과 동일인일 가능성이 적다. 또 발원문에 선사부모라 하여 부모가 다 죽은 것으로 해석될 수 있어 김용은 이미 사거했을 가능성이 크다. 따라서 김용은 『고려사』의 김용과 다를 것이다.

그러면 김용은 어떤 사회적 지위를 가진 인물일까. 이에 대한 자료는 현재로서는 알 수 없지만, 그의 처가 성씨를 사용하지 않았고 또한 '지미'라는 이름을 사용한 점으로 미루어 김용은 상주지방 토호층일 가능성이 크다. 상주의 토성으로는 金, 朴, 周, 黃氏인데, 이 중 김씨가 가장 번성하였다.[132] 인종조에 출사한 金守雌, 고려말의 金得培는 다 같은 吏族 출신이었다. 이로 보아 김용은 적어도 상주의 호장층 이상일 가능성이 크다.

金用의 妻의 이름이 只未로 나오는 것도 흥미롭다. 고려시기 여성의 인명이 소개된 예가 금석문으로 나온 것은 거의 없었다. 이는 고려 國俗에 여성의 경우 이름을 쓰지 않았기 때문이다.[133] 여성 묘지

131 李弼相, 「麗朝致仕考」, 『柳洪烈博士華甲紀念論文集』, 1971.
132 李樹健, 「高麗後期 支配勢力과 土姓」, 『韓國中世社會史研究』, 一潮閣, 1984, p.307.
133 「金賆 妻 許氏 墓地銘」, 『高麗墓地銘集成』, 翰林大出版部, 1993, "姓許氏以國俗不名".

명의 사례가 있는데 그 인명을 사용한 것은 귀족의 딸인 경우였다.[134] '지미'라는 인명은 묘지명의 인명과 같은 성과 인명을 한식으로 사용하지 않은 점으로 미루어 귀족 가문의 딸은 아니었을 것으로 짐작된다.[135] 하지만 한 여성의 죽음을 追慕하기 위해 반자를 제작·시납하는 불사를 열었다는 것은 고려시기 여성의 활동을 보여 주는 예이며, 더구나 그 딸이 追慕 發願의 주체자가 되었다는 것도 지금까지 발견된 불사 명문의 사례와는 다르다.

發願의 내용은 先士父母의 往生淨土였다. 先亡父母라는 표현을 많이 사용하는데 '先亡'과는 달리 '先士'라 한 것도 특이한 표현이다. '先士'는 사전적 의미로는 '故人', '先親'으로 나오므로 돌아가신 분으로 해석된다.[136] 신자를 '信士'라 하므로 혹 '돌아가신 신자였던 부모'라는 뜻도 될 수 있다. 그리고 '先士'의 '士'의 의미를 결사 참여층으로 추정되는 독서층의 '士'로 해석될 수 있다. 재지세력은 끊임없이 분화하여 사족화할 수 있고 재경사족이 퇴거하는 경우도 있으므로 '士大夫'의 '士'의 의미로도 볼 수 있다. 그러하다면 '先'은 '돌아가신'의 의미로 보아 '돌아가신 士族이신 부모'로도 해석될 여지가 있다.

그런데 김용의 처 지미가 죽음으로써 불사가 이루어진 것인데 특

134 고려시대 墓誌銘은 현재 310개가량이 전해지고 있다. 이 중 여성 묘지명이 49개인데 廉瓊愛 묘지명만이 이름을 사용하고 나머지는 모두 성씨만 사용하였다(김용선, 「고려묘지명의 세계」, 『옛탁본의 아름다움, 그리고 우리 역사』, 예술의전당, 1998). 여성의 이름이 확인된 예로 염경애 외에 그 어머니 沈志義, 동생 廉貞愛(『高麗墓誌銘集成』, p.200) 그리고 金有臣 妻 李一娘(『高麗墓誌銘集成』, p.272) 등 4명만 확인된다. 이로 보아 귀족이라 하여도 이름을 갖추어 표기한 예가 드물었음을 알 수 있다.

135 여성의 이름이 국보호적에 사용된 예 중에서 지미, 잉비애와 같이 한식 이름이 아닌 이름이 보인다. 예컨대, 伊大, 延之, 夫德, 件伊加伊, 小斤伊, 栗伊, 亐加伊, 亐斤伊, 元伊, 福加伊, 珍衣, 內隱伊 등이다(「國寶 131號 高麗末戶籍」, 『한국의 古文書』, 民音社, 1988).

136 한글학회, 『우리말 큰 사전』, 어문각, 1992, p.2280.

별히 돌아가신 부모를 위한다는 표현은 어딘가 어색하다. 곧 딸의 입장에서 죽은 어머니를 칭할 때 아버지의 인명을 말하고 그 처라는 표현은 아직 아버지는 죽지 않았다는 의미가 되는 것이 순리인데, 발원 내용은 先亡父母라 하여 부모가 다 돌아간 것으로 표현하였다. 이는 딸이 남편과 사별하고 再嫁한 어머니를 추모하면서 生父와 어머니를 다 추선하면서 이와 같은 표현을 쓴 것인지 아니면 아버지 김용이 먼저 죽고 그 처 지미가 죽자 부모를 다 같이 추모하는 불사를 위해 이 반자를 만든 것인지 알 수 없다.

반자의 發願文 성격도 1179년의 반자부터 亡妻, 亡父母의 왕생을 비는 발원문이 나타난다. 13세기에 들어와서는 내세의 왕생극락을 추구하는 淨土信仰的 성격이 크게 부각된다.[137] 물론 정토신앙은 고려시기에 일반적인 현상이지만 청동유물의 명문이나 현존하는 고려불화의 예로[138] 보아 13세기경에 부각되는 면을 볼 수 있다. 당시 결사운동에서 표방한 불교관은 백련결사에서는 淨土觀이 강조된 특징이 있다.[139] 백련결사의 하나인 東白蓮社의 시납물인 반자에 '往生淨土願'이 나타나는 것은 지방사회 결사운동의 지향점을 보여 주는 것이라 하겠고, 이 점 역시 13세기에 이 반자가 제작되었을 가능성을 높여 준다.

시납의 대상 사원이 功德山 白蓮結社로 되어 있다. 고려중기부터 결사 운동이 활발히 일어나기 시작하였다. 이 공덕산 백련결사가 성립된 것은 李奎報의 詩에 精通師가 백련사를 결성한 것으로 보아

---

137 崔應天, 앞의 논문, 1988, pp.102~103.

138 「圖版目錄」, 『高麗時代의 佛畫』, 시공사, 1996.

139 蔡尙植, 「白蓮結社성립과 사상적 경향」, 『高麗後期佛敎史硏究』, 一潮閣, 1991, pp.73~80.

늦어도 1196년 이전에 결성된 것을 알 수 있다. 그런데 1241년 崔滋가 상주 목사로 부임하여 60여 간으로 중수하였고 1244년 천책을 초청하여 법회를 열어 중수를 기념한 것으로 보아 1230년대에 몽골의 침입으로 퇴락한 것을 중수하였음을 알 수 있다. 백련사의 성립은 12세기 말이고 1230년대는 몽골 침입기였고 소강상태를 이룬 1240년대에 중수되었다.[140] 그러나 1247년의 침입이 또 있었다. 1280년에 천태종 승 丁午가 상주 관내에서 10년간 머문 것으로 미루어[141] 1280년대에는 백련사가 복구되었음을 알 수 있다. 따라서 이 반자가 시납된 것은 최자의 중수가 있었던 1244년이었거나 그 이후일 가능성이 크다. 상주 목사가 주도하였지만, 상주 지역의 호장층을 비롯한 토착세력의 시주가 뒤를 이었을 것은 분명하기 때문이다.

백련결사에 시납한다는 명문은 현존하는 금석문 중 이 반자 것이 유일하다. 結社運動의 支援 勢力과 社會的 基盤에 대해서 좀 더 알 수 있는 단서를 제공하는 데 의의가 있다. 1220년대 了世의 강진 백련사의 개창에 지원한 耽津의 崔彪, 崔弘, 李仁闡 등은 지방토호층으로 추정되고, 강진을 중심한 인근 수령들의 지원도 있었다. 곧 帶方太守 卜章漢, 羅州牧使 崔璘 등이 그들이었을 것으로 추측된다. 1230년대 이후에는 대몽항전의 전개와 함께 당시 집권자 최우와 밀착된 중앙 관직자, 그리고 많은 문신관료층이 지원과 관심을 가졌다.[142]

상주의 동백련사 결사를 지원한 사회계층은 지금까지 잘 드러나 있지 않았다. 1196년경에 이미 精通師에 의해 결사되었고 外門의

---

140 韓基汶, 앞의 논문, 1988.
141 蔡尙植, 「無畏國統 丁午의 활동상과 사상적 경향」, 『釜大史學』 23, 1999.
142 蔡尙植, 「白蓮結社성립과 사상적 경향」, 『高麗後期佛敎史硏究』, 一潮閣, 1991, pp.80~83.

榜에 '白蓮社'라는 현판이 걸려 있었다. 1241년에 尙州 牧使 崔滋가 중수하였다. 그리고 천책이 방문했을 때 山陽老居士 申敏恕가 찾아왔는데 토착세력으로 이 결사를 지원했을 가능성이 있다. 이로 보아 상주 목사의 결사 지원이 가장 뚜렷하였음을 알 수 있다. 이 백련사지에서 출토한 반자 명문에 시납주체는 김용과 그의 처 지미의 딸이었다. 앞에서 서술한 바와 같이 김용, 지미, 그 딸은 지방 호장층이었거나 앞서 김용이 '先士'로 지칭되어 재경사족이 퇴거한 예 혹은 士族으로 성장한 것으로 볼 여지가 있어 호장층 이상의 신분이었을 가능성이 크다. 1200년 지눌이 송광산 吉祥寺를 둘러보고 定慧社라 고치고 새로이 정착했을 때 도움을 준 사람으로 목수 性富와 금성의 安逸戶長 陳直升과 처 珍衣金의 예와 같이[143] 金用, 妻 只未는 호장층이거나 그 이상의 사족일 것이다.

시납의 주체이자 발원의 주체자 그리고 발원의 대상자가 여자인 점도 주목된다. 이 시기 제사의 주관자가 딸이 될 수 있다는 것도 당시 제사관념의 반영이라 할 수 있다.[144] 또 결사에 여성의 적극적인 참여가 있었음을 확인할 수 있다. 이 점이 본 명문의 발견이 가지는 의의의 하나이다.

두 번째 단락은 다음과 같다.

> 大匠銀先妻仍比哀女棟梁師頤

---

143 蔡尙植, 「修禪結社 성립의 사회적 기반」, 『高麗後期佛教史研究』, 一潮閣, 1991, pp.43~44.
144 許興植, 「中世의 佛教와 社會思想」, 『韓國中世佛教史研究』, 一潮閣, 1994.

이 단락은 반자 제작에 관여한 자의 직명과 인명이다. 大匠은 실제 기술적으로 반자의 주조에 참여한 자이다. 대개 大匠이라 표기되는 경우 이는 官匠이었다. 『고려사』 食貨志에 武散階 大匠, 副匠, 雜匠이 보이는데[145] 이들은 모두 官匠이 분명하다고 한다.[146] 하지만 민간수요를 갖는 동제품이나 철제품을 생산하는 鍮銅匠이나 鐵匠들도 개경을 제외한 각 지방의 경우, 대부분 관청에 소속되지 않은 자들이라 한다.[147] 따라서 본 반자에 나오는 대장은 상주 지방의 민간 수공업에 종사하는 비관속 전문 공장일 가능성도 있다.

대장의 人名은 '銀先'으로 볼 수 있다. 思惱寺 반자를 제작한 대장의 인명에 '金先'이 있고[148] 丁巳銘 尙州安水寺鐘에도 匠 '有先'이 있다.[149] '△先'은 인명으로 사용례가 있으므로 '銀先'은 인명이 분명하다.

그다음의 인명은 시납에 참여한 신원을 밝힌 것이다. 곧 처 잉비애녀는 '金用의 妻인 仍比哀의 딸'로 해석된다. 이 경우 김용의 처는 두 명으로 先妻와 後妻가 있었으며 그 이름은 仍比哀, 只未로 밝혀진다. 고려전기 대체로 一夫一妻制이고 死別 後 후처를 취했던 관행으로 보아[150] 지미는 후처이고 잉비애는 선처일 가능성이 크다.[151]

145 『高麗史』 卷78, 志32, 食貨1, 田柴科.

146 朴敬源, 「高麗鑄金匠考-韓仲敍와 그의 作品-」, 『考古美術』 149, 1981 참조. 최응천은 私匠의 경우 匠, 匠人으로 표기하고 官匠일 경우 大匠, 副匠으로 표기하였을 것으로 보았다(앞의 논문, pp.100~101).

147 서성호, 「高麗前期 手工業硏究」, 서울대 박사학위논문, 1996.

148 金弘柱, 「淸州社稷洞出土 思惱寺銘半子」, 『美術資料』 52, 1993, p.172.

149 『韓國金石全文』, p.1284.

150 許興植, 「高麗時代 夫妻形態와 그 變遷」, 『韓國親族制度硏究』, 一潮閣, 1992.

151 고려 귀족의 경우이지만 묘지명의 45쌍의 부부 중 남편이 아내 먼저 사망하는 경우가 28건으로 62.2%인 데 비해 아내가 남편보다 먼저 죽는 경우는 15건으로 33.3%이다. 기혼 남성의 재혼율은 사별률에 거의 육박하는 28.3%에 이르고 있다. 재혼 사례를 시기별로 볼 때 1200년대의 전반에는 22.9%에서 후반에 35.7%로 급증한다(金龍善, 「고려 귀족의 결혼·출

따라서 이 반자 시납에는 그 김용의 후처 지미가 죽자 그 딸이 주관하고 선처인 잉비애의 딸도 관여한 것으로 생각된다.

또 '大匠은 銀先이고, 은선의 처 仍比哀의 딸'로 풀이될 수 있다. 이 경우 대장인 은선의 처인 잉비애의 딸이 무엇 때문에 이 반자의 제작에 참여하였는지 궁금하다. 그리고 '大匠銀先女'로 간단히 각명할 수 있는데 '大匠銀先妻仍比哀女'로 쓸 이유도 분명하지 않다. 굳이 대장 처의 딸이 재물 보시를 하게 되었는지를 생각하면 해석이 옹색해진다. 아니면 은선의 처 잉비애의 딸은 대장 은선이 반자를 제작하는데 보조자로서 역할을 한 것으로 해석할 수 있다. 그러면 고려시기에 여자 기술자가 등장하는 셈인데 이 경우 지금까지 사례가 없는 현상이다. 보조자인 경우 '副匠' 등의 직명이 있어야 분명해진다.

한편으로 '大匠 銀先, (金用) 先妻 仍比哀의 딸'로 해석할 수도 있다. 이는 '先' 자가 두 번 들어가는 것을 刻銘者의 실수로 '先' 자 한 글자가 생략되었을 가능성도 있다. 이 경우는 맨 앞의 해석과 비슷해진다.

혹은 '大匠 銀先의 妻인 仍比가 哀女이다'로 해석될 수도 있다. 이 경우는 앞서 김용의 처 지미의 딸의 신원을 대장의 처로 거듭 밝힌 것이 되고 哀女는 한문식의 母喪인 경우 哀子, 父喪인 경우 孤子라 한 예를 참고하면 그럴 가능성도 있다. 하지만 이 시기 몽골 침입기는 대체로 중국 한문 문화와 단절기이고 호장층의 시납 기록에 한문식의 문장이 복잡하게 구성되어 사용될 가능성은 없다. 仍比哀는 인명으로 보는 것이 타당하다. 그리고 이 단락은 반자 제작에 관여한 자들의 직명과 인명이 단순하게 나열되는 부분으로 보는 것이 합리적이다.

산과 수명」, 『韓國史硏究』 103, 1998, pp.52~58).

'棟梁'은 이 반자의 제작, 시납 등의 佛事를 勸善하고 주선한 직명이다.[152] '師頤'는 승려 인명이며 白蓮結社에 소속된 승으로 추정된다. 따라서 이 불사는 백련결사에서 주선하여 시납을 유치한 셈이 된다. 한 사원이 여러 개의 반자를 가질 수도 있지만, 반자나 촉대 등이 필요할 때가 통상적인 경우는 아니라고 보면 중수와 같은 사원의 면모가 일신될 때 유치되는 것이다. 그러하다면 이 반자의 동량과 관련된 백련사의 중요한 변화는 1240년대의 尙州 牧使 崔滋의 중수가 가장 가능성이 크다.

청동 燭臺의 명문은 다음과 같다.

> 納尙州別將金得玄

이 명문은 '施納者는 尙州 別將 金得玄이다'로 해석된다. 이 명문에도 연기가 없어 그 연대를 확정할 수 없다. 하지만 청동 반자와 같이 출토되었고 같은 시기에 제작된 것으로 추정되므로 몽골 침입기에 백련결사에 시납된 것으로 생각된다.

시납자 김득현은 연대기와 족보류에서도 확인할 수 없었다. 다만 江華京板 高麗大藏經의 刻成者 명단에 '得玄'이 나온다. 구체적으로 得玄이 『佛說一切如來眞實攝大乘現證三昧大敎王經』 28권 중

---

152 李炳熙는 棟梁을 緣化와 같은 용어로 보고 이는 사원의 통상적인 재정확보를 위한 것이 아닌 특정한 佛事에 한해서 이루어졌다고 하였다(「高麗時期 僧侶의 緣化活動」, 『李樹健敎授停年紀念 韓國中世史論叢』, 2000).

1장을 각성하고, 1245년에 『出曜經』의 6권 宮函의 5장을 大藏都監板으로 각성한 자로 뽑아진다.[153] 得賢이 得玄과 동일인이라면 得賢은 1245년에 『出曜經』의 6권 宮函의 1장을 대장도감판으로 각성한 자이며, 1246년에 『大乘本生心地觀經』의 8권 匡函의 1장을 대장도감판으로 각성한 자이다. 따라서 득현은 1245년에서 1246년에 걸쳐 대장경을 대장도감판으로 5장에서 8장을 각성한 자로 정리된다. 각성에 참여한 시기와 崔滋에 의해 백련결사가 중수된 1244년과 시기가 거의 일치하고 있는 점은 유의할 만하다.

여기에 나오는 '得玄'이 청동 촉대 명문의 金得玄과 동일인인지는 확실하지 않으나, 백련사지 청동유물의 제작시기와 강화경판대장경의 조성시기가 대략 몽골항전기로 일치하고 대장경 각성 참여층과 조조처 범위가 광범하였다는 점을 고려할 때, 그 가능성은 적지 않다.[154] 그렇다면 상주의 별장 김득현은 대몽항전기에 대장경의 각성자로 나서고 또 백련결사에 청동촉대를 시납하는 등 지방세력으로서 佛事에 적극적이었던 인물로 추정된다.[155]

분명한 것은 그는 別將의 武官職을 가지고 있는데, 이는 正七品

153 김윤곤, 『高麗大藏經 彫成名錄集』, 영남대학교출판부, 2001 참조.

154 金潤坤은 현재 강화경판 각성자로 자신의 인명을 각인해 놓은 인물은 대략 3600여 명이 된다고 하고, 이들 인명을 각종 사서와 자료에서 찾아내서 대장경 각성에 참여한 양상이 정리되기를 바란다고 하였다. 고려대장경 조성의 참여계층은 재조관료층, 재향세력, 승려층이고, 조조처는 대장도감과 분사도감뿐 아니라 전국지방조직을 통해 조조되었음을 제시하였다(「『高麗大藏經』 조성의 참여계층과 雕造處」, 『人文科學』 12, 경북대학교 인문과학연구소, 1998).

155 蔡尙植은 대장경 간행의 사회적·사상적 기반을 13세기 전후에 전개된 信仰結社運動으로 소수의 문벌귀족이나 왕실에 의해 독점되던 사상계의 주도권을 지방사회의 향리층과 독서층, 나아가 일반 민들까지도 공유할 수 있었던 단계로의 전환을 이룩한 것과 관련된다고 하였다(「고려후기 불교사 연구현황과 과제」, 『人文科學』 12, 경북대학교 인문과학연구소, 1998).

이며 郎將과 한가지로 一領에 五名인 것으로 보아 二百名으로 구성되는 단위부대의 副指揮官으로 생각된다고 한다.[156] 지방군인 州縣軍의[157] 군관을 말하는 것으로 볼 수 있다. 따라서 상주 주현군의 별장의 지위를 가진 것이며 이는 호장층과 같거나 높은 신분이었다.[158] 이로 보아 앞서 호장층의 결사 참여와 함께 상주 주현군의 하급장교층에서 참여하였음을 알 수 있다.

이상에서 청동유물 명문의 내용과 의미를 찾아본 결과 다음과 같이 정리된다. 본 명문에는 반자와 촉대 둘 다 紀年銘이나 干支가 없어 확실한 연대는 알 수 없다. 하지만 반자의 경우 기년명이 사용되지 않았고, 高麗國이라 한 것으로 보아 늦어도 몽골압제 전이며, 반자를 "功德山 白蓮結社에 造納한다."라 하였으므로 빨라도 공덕산 백련사가 성립된 1196년 이후가 된다. 상주지역에 몽골의 침입은 1232년, 1235년, 1247년, 1255년 등 네 차례가 있었으므로 이 반자가 매납된 것은 앞의 네 차례 중의 한 시기 이후로 좁혀진다. 그런데 백련사가 崔滋에 의해 대대적으로 중수된 1241~1244년이 반자에 대한 동량 즉 연화를 할 수 있는 계기가 되었을 가능성이 가장 크다. 따라서 당시 백련사와 관련된 역사적 사건을 통해 본다면, 이 반자의 제작시기는 1235년 이후에서 1255년 사이로 추정된다. 청동촉대를 시납한 尙州 別將 金得玄이 대장경 刻成에 참여한 得玄과 동

156 李基白, 『高麗史 兵志 譯註 一』, 高麗史硏究會, 1969, p.32.

157 주현군에 대해서는 李基白, 「高麗地方制度의 整備와 州縣軍의 成立」, 『高麗兵制史硏究』, 一潮閣, 1968, pp.192~198 참조.

158 주현군을 구성하는 전투병인 보승군·정용군 외에 노동부대인 1품군이 있는데, 1품군의 장교에는 향리가 임명되고 있다. 즉 이들의 별장은 부호장 이상 층에서 선임토록 되어 있다(『高麗史』 卷81, 兵志1, 兵制, 文宗 23年 3月 判). 이로 보아 상주 별장 김득현이 주현군 1품군의 지휘자였다면 향리층에서 임명되었을 것이고 그러하다면 호장층과 같은 신분이 된다.

일인이라면 그 각성의 시기가 1245~1246년이었던 사실과도 결부시켜 보면, 반자 제작은 1241~1247년 사이로 더욱 좁혀서 추론된다.

청동유물이 출토된 이 사지가 조선시기 이후 오늘에 이르기까지 현지에서는 米麵寺址로 불려 왔다. 본 명문에 공덕산 백련결사에 조납한다는 구절로 보아 고려시기 백련결사로 인식되었고 실제 白蓮結社였음이 분명해졌다.

대몽항전기에 시납된 청동유물의 명문에 반영된 사실을 통해 당시 백련결사의 참여층과 신앙을 알 수 있었다. 명문에 나타난 金用과 그의 처 只未의 딸과 처 仍比哀의 딸은 상주지역의 戶長層이거나 그 이상의 士族層으로 추측하였다.[159] 촉대 1쌍을 시납한 상주 별장 김득현은 호장층과 같거나 더 높은 주현군 正七品의 장교로서 백련결사에 적극 참여하였음을 확인할 수 있었다. 대장경의 각성자 명단에도 일치하는 인명이 있어 김득현은 大藏經의 刻成者로서 당시 대장경 조성을 통한 국난극복과 지방민의 항몽의지를 결집하는 데 앞장섰음을 알 수 있다.

백련결사에는 김용의 처 只未의 딸이나 처 仍比哀의 딸이 부모의 往生淨土를 비는 시납을 한 것으로 보아 당시 제사관념에 여성도 주도하였음을 알 수 있으며 백련결사의 참여 폭이 넓었음을 알 수 있었다. 또 김용은 두 명의 처가 있었고 先妻, 後妻로 생각되었으며 그 딸이 같이 부모의 追善에 참여한 것에서도 당시 불교적 제사관념

---

159 金光哲은 려몽전쟁기에 재지리족의 피해가 황해, 경기, 강원 지역에 비해 경상, 전라지역이 적었으며 이 때문에 고려후기 삼남지역에서 관인 배출이 집중될 수 있었다고 하였다(「麗蒙戰爭과 在地吏族」, 『釜山史學』 12, 1987). 공덕산 백련결사도 상주지역 재지리족의 기반을 유지하는 데 일정한 의미가 있었던 것으로 생각된다.

의 일면을 확인할 수 있었다. 여성 人名이 금석 자료로 구체적으로 볼 수 있었던 점도 당시 여성의 지위와 활동을 짐작하게 한다. 부모의 추선의 한 방도로서 왕생정토관념이 있었다. 이로써 백련결사가 당시 淨土信仰을 통해 結社의 社會的 基盤을 확보해 나갔던 사실을 알 수 있었다.

Ⅳ. 경북대학교 박물관 소장 광명대 명문

명문을 소개 검토할 광명대 1쌍은 2018년 고려 건국 1100주년 기념 경북대학교 박물관 소장 고려유물 전시회에서 전시된 것이다. 이 명문은 지금까지 여러 금석문 자료집에서 소개된 바 없다. 그런데 이 명문의 기년은 알 수 없다. 다만 간지 戊子銘만 있다. 무자명을 가진 청동불교의식구 수 종이 있는데 광명대, 향완, 현로, 번△ 등이다. 이들은 황수영 편저 『한국금석유문』에 소개되어 있어 같이 검토하면 많은 사실을 알 수 있을 것으로 생각된다.

여기서는 경북대학교 박물관 소장 광명대 명문 내용 검토에 주력하고, 금동불교의식구의 형태나 양식 등 금속공예사적 분석은 하지 않는다.

1. 광명대의 현황과 명문 판독

이 광명대는 경북대학교 박물관 소장카드에 따르면 1968년 6월 12일 구입되었다. 출토지는 영주군 풍기면 희방사 부근으로 기재되어 있다. 전고 39.5cm, 대구경 18.5cm, 하부대고 17cm이다.

형태를 관찰하면 상부가 편평한 원반형 등잔 받침 위에 기름 등잔을 올려놓도록 구성된 光明臺 2점이다. 명문 내용은 무게를 명기한 광명대와 생략한 광명대 각 1개씩이다. 한 쌍이기 때문에 한쪽은 무게 부분을 생략한 것이라 생각된다. 따라서 광명대 2점은 1쌍의 광명대로 보인다. 광명대는 거의 쌍으로 제작되어 사용되었다. 능형의 문양이 있는 받침과 7개의 대나무 모양 마디를 가진 간주, 그리고 원반형 등잔받침의 3부분으로 구성되었다. 원반형 등잔받침의 테두리에는 명문이 돌아가며 음각되어 있다. 광명대 전체 모습과 명문 부분은 <사진 14>를 참조할 수 있다.

광명대는 어둠 속을 헤매는 중생을 부처의 세계로 인도하며 초가 자신의 몸을 태워 주위를 밝히듯 대중을 위해 보살행을 하겠다는 다짐의 의미를 지닌 불교의식구이다. 불전에 올릴 때 향로, 화병과 함께 자리 잡는 공양구이다.[160]

명문을 기록하는 방법은 주물 외형에 글자를 파서 陽刻銘을 남기는 방법과 銘文板을 별도로 붙여 함께 주조하는 방법, 주조가 다 끝난 후에 그 자체에 직접 刻銘하는 방법 등이 있다.[161] 명문은 맨 후자의 방법으로 작성되었는데 각명하는 도구는 칼이나 끌을 사용하여 이를 때려 線刻하는 방법을 사용하였다. 이 때문에 뾰족한 금속구를 망치로 쳐서 점을 찍듯이 글자를 만들어 가는 連點刻보다 글자 획이 불규칙하여 판독이 어려운 부분도 있다. 하지만 판독 불가능한 글자

---

160 홍윤식, 『불교의식구』, 대원사, 1996.

161 崔應天, 「高麗時代 靑銅金鼓의 硏究-特히 鑄造方法과 銘文分析을 중심으로-」, 『佛敎美術』 9, 東國大學校博物館, 1988, pp.97~98.

는 거의 없다. 이 반자의 명문 새김법이 음각이기 때문에 제작시기와 다른 추각일 수도 있지만, 명문 내용에 '造納'이라 하여 광명대를 만든 시기와 각명 시기가 거의 일치함을 알 수 있다. 명문의 판독은 다음과 같다.

① 戊子二月日彌陀前卄三內大三信懷ホ五人次知造納都重六十二斤八兩

② 戊子二月日彌陀前卄三內大三信懷ホ五人次知造納

①은 29자인데 '彌陀前卄三內' 부분은 명확하지 않으나 ②의 부분과 대조하면 같은 글자임을 알 수 있다. ②는 '卄三內大三信懷' 부분이 명확하지 않지만 ①의 이 부분과 대비하면 같은 내용임을 알 수 있다. 'ホ' 자는 신라말 금석 자료에서 자주 보이는 이체자로서 '等'과 같은 글자이다. 두 광명대의 전체 모습과 명문 부분을 <사진 14>로 제시한다.

우리말 해석은 다음과 같다.

① 무자년 2월에 아미타불상 앞에 두는 23개 중 큰 것 3쌍 중 하나인데 신회 등 5인이 담당하여 만들어서 들인 것으로 총 무게가 62근 8량이다.

② 무자년 2월에 아미타불상 앞에 두는 23개 중 큰 것 3쌍 중 하나인데 신회 등 5인이 담당하여 만들어서 들인 것이다.

사진 14 광명대 전체 모습과 명문 세부

2. 광명대 명문의 내용과 의미

위의 판독안을 바탕으로 내용 검토를 한다. 먼저 이 광명대의 제작하여 불전에 올린 기년을 살핀다. 곧 조납시기는 무자년이라는 간지만 알 수 있다. 이러한 형태의 기년 표시는 반자명과 종명 등의 기년에도 보인다. 반자의 경우는 1224년 이후 1301년까지 기년 표시가 간지명으로 된 3점 외에는 아무 표시가 없다. 동종 경우도 1216년 이후 1294년까지는 기년명이 없으며 간지만 나타난다.[162] 간지명만 보이는 연도 표시는 몽골과의 항전기의 최우, 최항 집정 시기에 조성된 고려 재조대장경의 고려국 간지년으로 표기한 기년 방법에서도 확인된다. 따라서 위의 무자년은 1228년(고종 15)과 1288년(충렬왕 14) 등 두 시기로 좁혀진다.

1288년(충렬왕 14)은 충렬왕이 정동행상서성 좌승상에 임명되던 해이다.[163] 1277년부터 1281년까지 동정군 징발과 원정 실패로 많은 인력과 물력을 소진하여 피폐한 시기이며, 불교계에서는 一然을 국존으로 책봉하여 가지산문이 대두되던 때이다. 따라서 사찰에서 청동불구 제작이 쉽지 않았으며 간지명 기년 표시도 가능성이 적은 것으로 생각된다.

따라서 위의 무자년은 1228년(고종 15)이 유력하다. 이 시기는 최우가 집권하던 시기이며 북계 지역의 적변이 자주 발생하고 내시를 보

162 최응천, 앞의 논문, 1988; 金昌鎬·韓基汶, 「貞祐四年銘高麗銅鐘銘文의 검토」, 『年報』 8, 國立慶州文化財研究所, 1998 참조.

163 『고려사』 권30, 세가30, 충렬왕 14년 夏4월 乙卯朔, "郞將金精還自元 詔以王爲征東行尙書省左丞相".

내 중외 神祠에 기도하게 하고, 궁중에서는 반야도량을 여는 등 신사와 불교신앙을 통한 안정에 집중하던 때였다.[164] 동진에 대한 방어책에 고심하였다.[165] 무자년 2월에 이 광명대를 조납하는 불사를 한 것으로 보아 그 이전의 시대 상황이 그 배경이 되었을 것이다. 무자년을 1228년으로 추정하면, 1227년의 상황을 주목할 필요가 있다. 그해 9월 이후 東晉의 침입이 있었고 고려 3군이 출동하였으나 몇 차례 패하고 그 책임을 물어 장수들이 유배 혹은 좌천된 기사가 보인다.[166] 이 광명대가 소재했던 법천사에서도 북계지역과 가까운 곳으로 적변에 대한 불안감을 신앙불사로 해소하고자 하였을 것이다.

2월은 광명대의 조납 월을 나타낸다. 불교 세시에서 2월에는 많은 불교 기념일이 집중된다. 2월 8일은 부처님 출가일이며 2월 15일은 열반일이다. 그래서 신라에서는 2월 8일부터 15일까지 도중 남녀가 흥륜사의 전탑을 도는 福會를 행하였다.[167] 이는 唐에서도 无碍茶飯의 승려와 속인이 함께하는 축제로 알려졌다. 고려에서는 현종대부터 2월 망일에 주로 연등회 행사를 하였다.[168] 이처럼 2월에는 불교 세

164 『고려사』 권22, 세가22 고종 15년 5월 辛丑, "北界兵馬使馳報 境上有賊變 又蝗害稼 王分遣內侍 禱于中外神祠 又設般若道場于宣慶殿二七日".

165 『고려사』 권22, 세가22 고종 15년 8월 丙辰, "詔曰 東眞潛據近地 數寇邊鄙 出軍追討 卽輒遁去 迨軍之還 復入竊衺 制禦之術安在 書曰 謀及卿士 宜爾文武四品 臺省六品以上 各以長策條上 辛酉 親設消災道場于延慶宮".

166 『고려사』 권22, 세가22 고종 14년 9월 壬午, "東界兵馬使奏 東眞寇定·長二州 遣右軍兵馬使上將軍趙廉卿 知兵馬事大將軍金升俊 中軍兵馬使樞密院使丁公壽 知兵馬事金良鏡 後軍兵馬使上將軍丁純祐 知兵馬事大將軍金之成 率三軍禦之".
『고려사』 권22, 세가22 고종 14년 10월 甲子, "賊桃戰 我軍敗績".
『고려사』 권22, 세가22 고종 14년 11월 癸巳, "貶丁公壽爲南京留守 趙廉卿爲溟州副使 流丁純祐于白翎島 以不能禦賊也".

167 『三國遺事』 卷5 感通7, 金現感虎.

168 한기문, 「고려시기 정기 불교의례의 성립과 성격」, 『민족문화논총』 27, 2003.

시 행사가 많은 달이기 때문에 이 시기를 광명대 조납 달로 삼은 것으로 추측된다.

'彌陀前'이라는 구절은 이 광명대가 아미타불상 앞에 둔 불교의식구임을 알려 준다. 말하자면 광명대의 소속과 있어야 할 위치를 말하는 것이다. 그런데 미타상이 있는 사원명과 사원내 殿閣은 무엇인지 알 수 없다. 이를 추론할 수 있는 명문이 있다. 이를 제시하면 다음과 같다.

> Ⓐ 戊子二月日法泉寺称陁前光明臺廿二內大三棟梁信懷惠堅則岡景申里文ホ次知造納都重八十四斤三兩[169]

이 명문이 있는 광명대는 강원도 원주시 부론면 법천사지에서 각종 靑銅佛具와 함께 출토된 것이다. 상하 원반을 대나무 가지 형태의 圓柄으로 연결한 밑에 三足이 달린 양식인데, 명문은 하대에 1행으로 음각되어 있다. 이와 동형의 재명품이 동시에 출토되었다고 한다.[170] 명문에는 戊子年에 法泉寺의 아미타불 앞에 光明臺 22개를 바쳤는데, 棟梁은 信懷 등이며, 무게는 84근 4량이라는 사실이 기록되어 있다. 이 광명대는 현재 한독약품 약사관(서울특별시 강남구 테헤란로 132)에 소장되어 있다.

이 외에도 경북대학교 소장 광명대 명문과 구성이 비슷한 명문을

---

169 황수영 편저, 『제5판 한국금석유문』, 일지사, 1994, pp.421~422.
170 황수영 편저, 앞의 책, 1994, p.422 註記 참조.

가진 예가 더 있다. 이를 제시하면 다음과 같다.

> Ⓑ 戊子二月日彌陀前廾三內大三信懷ホ五人次知造納都重七十二斤八兩[171]

위의 광명대도 법천사지에서 발견된 것이라 한다. 형태가 앞의 약사관 소장 광명대와 같은데 다만 명문 각자 위치가 경북대학교 소장 것과 같이 상원반의 둘레에 새겨졌다. Ⓑ의 경우 법천사 소속 불교의식구임을 알 수 있는 사명이 생략된 것으로 보인다. 또 2점이 同銘이나 그중 一品에는 都重 이하의 명문이 없다고 한다.[172] 이는 경북대학교 소장 광명대와 같이 무게 부분이 생략된 명문으로 한 쌍임을 보여 준다.

경북대학교 소장 광명대 명문과 비교하면 각자된 위치가 하대에 있는 점이 다르고, '법천사' 사명이 더 나오고, 이 불구의 명칭 '光明臺'라 명시되고 있다. 信懷 등 5인에 비해 신회, 惠堅, 則岡, 景申, 里文 등 인명이 모두 나오며 이들을 모두 棟梁이라 관칭되었다. 무게는 좀 더 무겁다. 명문 구조가 매우 유사하나 각자된 위치가 하대에 새겨져 다르고, 사명, 불구명, 동량, 인명 등이 더 각자되어 있을 뿐이다. 따라서 경북대학교 소장 광명대는 법천사 미타전의 아미타불상 앞에 있던 여러 광명대 중의 하나일 가능성이 크다. 광명대라

---

171 황수영 편저, 앞의 책, 1994, p.422.
172 황수영 편저, 앞의 책, 1994, p.422, 註記 참조.

는 것은 촉대라 명칭한 것도 있어서[173] 그 형태를 비교해야겠지만 같이 명칭된 것은 아닌가 한다.

법천사지는 현재 강원도 원주 부론면에 소재한다. 고려시기 고승비와 묘지명에 따르면 다수의 고승이 주석한 사찰이었다. 고려 덕종시에 鼎賢이 주석하고, 선종시에 海麟의 비문이 세워졌다. 인종시에는 德謙과 觀奧 등이 주석하였다.[174] 이들 고승은 모두 법상종 승려였다. 따라서 법천사는 법상종 소속의 주요 사찰이었다.

법상종파의 흐름은 신라 중대부터 유식 교학을 바탕으로 미륵과 아미타 정토를 신앙하면서 경주에서 발달한 太賢系와 점찰법과 참회를 행하면서 미륵과 지장보살을 신앙하고 지방에서 널리 전파된 眞表系가 있었다. 양 계통은 造佛 양식에서도 각기 미륵과 아미타, 미륵과 지장으로 차이가 있었다.[175] 법천사 미타전에 놓이는 명문이 있는 광명대가 있는 것으로 보아, 법천사는 미륵과 아미타 정토를 신앙하는 태현계 법상종풍을 지속한 것으로 추측된다.

'卄三內大三'은 23 중 큰 것 3이라는 의미로 해석된다. 다만 한독약품 약사관 소장 광명대 명문에는 '廿二內大三' 이라 판독되어 22 중 큰 것 3으로 해석되어 다르다. 그런데 종서로 각자되므로 '卄三', '廿二' 등은 같은 숫자일 가능성이 크다. 다 같이 23이거나 22일 가능성이 있다. '卄三'으로 판독된 다른 사례가 있으므로 23으로 판독될 수 있다. 광명대 제작 전체 개수를 의미하는 것으로 생각된다.

'大三'은 무슨 의미인지 미상이다. 큰 3개라는 의미는 아닌 듯하

173 「大定二十四年銘水多寺燭臺」, 황수영 편저, 『제5판 한국금석유문』, 일지사, 1994, p.596.
174 한기문, 『고려사원의 구조와 기능』, 민족사, 1998, p.465, 부표 고려시대 사원일람 참조.
175 문명대, 「신라 법상종의 성립문제와 그 미술(하)」, 『역사학보』 63, 1974.

다. 왜냐하면 '大三'이라 각자하고 명문 구성이 유사한 사례가 4건이나 있고 그중 3건에서 무게가 각기 다르게 명시되어 있기 때문이다. 경북대학교 소장 명문은 하나는 무게 표시가 있지만 하나는 무게 표시가 없어 한 쌍을 의미하는 것으로 짐작할 수 있다. 형태나 규모가 거의 비슷하기 때문이다. 무게가 표시되면 그렇지 않은 것과 함께 한 쌍을 이루는 것은 아닌가 한다. 그러면 '大三'은 3쌍을 의미하고 광명대 수는 모두 6개일 것이다. 이같이 전체 제작 숫자를 새기고, '大三'이라 하여 큰 유형의 수까지 명시하여 일련의 제작 규모와 총수를 파악하여 관리하기 위한 것으로 보인다.

'信懷 ホ 5人'은 앞서 약사관 소장 명문과 비교했을 때 판독된 惠堅, 則岡, 景申, 里文 등을 포함한 5인을 의미한다. 약사관 소장 명문에는 인명 앞에 동량이라 관칭하고 있는데 동량승을 의미할 수 있다. 棟梁은 이규보가 풀이한 바와 같이 승려로서 사람들에게 보시를 권유하여 불사를 이루는 자를 칭한다고 하였다.[176] 그런데 승려라고 한다면 두 자의 법명으로 생각되나 두 자명은 재조대장경 각성자에도 많이 나오므로 세속명일 수도 있다. 그리고 이들 5인을 '次知'라 하였다. 차지는 주관자 혹은 담당자라는 고려시기 이두로 알려진 바 있다.[177] 곧 동량과 비슷한 의미인데 중복해서 사용된 것은 무엇 때문인지 알 수 없다. 동량승이면서 승려 장인이기 때문에 차지라 한 것인지도 모르겠다. 하지만 적어도 이들이 匠人일 가능성은 없다고 생각된다. 반자나 종의 경우 匠, 大匠 등으로 장인임을 밝히고 있기 때문이다.

---

176 이규보, 「王輪寺丈六尊像靈驗收拾記」, 『東國李相國集』 卷25 記, "所謂棟梁者 凡浮屠之勸人布施 營作佛事者之稱也".

177 이승재, 『고려시대의 이두』, 태학사, 1992, p.93.

법천사 승려 5인이 아미타신앙을 고양하기 위해 미타전의 금동불교의식구를 조납하는 불사를 함께한 것으로 생각된다. 이들은 승계를 표시하지 않아 승과에 합격하지 않았다. 득도사를 만나 법명을 받고 수계한 승려들일 것이다. 같은 연배나 같은 시기 출가한 승려들끼리 불사를 한 것은 아닌가 한다.

'都重六十二斤八兩'은 총 무게를 나타내는 것이다. 광명대가 받침대, 간주, 상원반 등 구성 요소를 합한 무게를 말한다.

①, ② 명문의 광명대가 발견된 곳이 영주 희방사 부근이라 하나 법천사지와 멀지 않은 곳이다. 1960년대에는 문화재 관련 법령이 잘 정비되지 않은 관계로 이러한 사지 불구가 유전하다가 박물관으로 수장되는 경우가 많았다. Ⓐ, Ⓑ 명문의 광명대는 모두 법천사지에서 발견되었고, 하나는 법천사라 명시되고 있다. 따라서 ①, ②, Ⓐ, Ⓑ 명문의 광명대는 모두 법천사 아미타전의 아미타상 앞에 놓였던 금동불구로 짐작된다. ①, Ⓐ, Ⓑ 명문의 광명대는 무게가 표시되었는데 각기 다르므로 크기가 달랐던 것 같고 무게가 각명되지 않은 다른 짝과 함께 쌍을 이루면서 아미타상 앞에 공양되는 광명대로 추정된다.

법천사 미타전에는 광명대 외에도 縣爐, 燔△, 香垸 등이 신회 등 5인의 동량에 의한 불사로 조납되었다. 현로는 천정에서 줄을 달아 건 향로로 생각되며, 향완은 불전 앞에 놓는 향 그릇으로 보인다. 번△은 그 무게가 1근 12량인 것으로 보아 얕은 원반 접시로 광명대 위에 놓는 기름접시를 의미하는 것인지도 모른다. 이를 나타내는 명문을 제시하면 다음과 같다.

(ㄱ) 戊子二月日法泉寺弥陀會懸爐三都卜七斤七兩信懷ホ五人造納[178]
(ㄴ) 戊子三月日法泉寺彌陀前幡△三入卜一斤十二兩信懷ホ五人造成[179]
(ㄷ) 戊子二月日弥陁前香垸三都卜十一斤信懷ホ五人次知造[180]

위의 명문이 있는 불교의식구는 모두 미타전의 것이고 조성을 담당한 사람은 모두 신회 등 5인이라는 공통점이 있다. (ㄱ)은 현재 동국대학교 박물관에 소장되어 있고, (ㄴ)은 영남대학교 박물관에 소장되어 있으며 (ㄷ)은 소장처 미상이다. (ㄱ)과 (ㄴ)은 그 불교의식구가 있는 곳이 법천사임을 명시하고 있고 (ㄷ)의 향완도 소개한 황수영 선생은 법천사지의 발견이라 하였다. 그리고 현로 3, 번△ 3, 향완 3을 각각의 명문에서 나타내고 있다. 모두 3개씩 만들었음을 의미하는 것으로 보인다. 앞서 말한 광명대 역시 '大三'이라 하여 3쌍임을 짐작할 수 있다. 광명대가 쌍으로 헤아려지는 것은 존상 앞에 좌우로 벌려 놓아두기 때문일 것이다. 이로 보면 미타상의 도상적 형태는 알 수 없지만 3구의 아미타존상에 광명대, 향완, 현로, 번△ 등이 각기 배열되었을 가능성이 있는 것은 아닌가 한다.

경북대학교 소장 광명대는 한 쌍이며 법천사 미타전의 현로, 향완, 번△ 등의 여러 불교의식구와 함께 1228년(고종 15) 무자년 2월에 신회 등 5인의 동량승에 의해 조납된 것이었다. 명문의 무게로 보아 광명대 큰 것 3쌍 중의 비교적 작은 한 쌍으로 추정된다.

178 황수영 편저, 앞의 책, 1994, p.423.
179 황수영 편저, 앞의 책, 1994, p.365.
180 황수영 편저, 앞의 책, 1994, p.366.

V. '원흥사'명 기와 발견과 원흥사의 역할

善山 원흥사에 관한 출토 유물 특히 '元興寺' 명문와의 발견을 통해 원흥사지임을 밝혀내고 李奎報 詩에 나타난 원흥사의 현황을 살핀다. 그리고 기타 金石 자료와 實錄 자료를 바탕으로 원흥사의 水路 교통상의 입지와 역할을 다른 사원의 유례를 통해 추론한다. 그리고 여기에 머문 고승을 통해 宗團上의 위상을 정리하고자 한다.

1. 원흥사지 현황과 명문와

현재 원흥사지의 주소는 구미시 도개면 가산 2리 239번지이다. 사원 안내용 원흥사 석비가 있고 버스 정류장이 있는 데서 오른편 산 중턱에 현재는 시멘트 벽돌조 가옥 형태의 건물이 있다. 이 절이 있는 곳이 원흥리이고, 바로 가까이 가덕, 연산 지명이 있다. 『신증동국여지승람』에 따르면 "元興寺 古址는 加德部曲에 있다."라 하였다.[181] "가덕부곡은 府의 북쪽 20리에 있다."라 하였다.[182] 이 부곡은 원흥사 가까이 존재하였고 이 절과 관련이 있었을 것이다. 1915년 제작 지도에는[183] 원흥동, 가덕동, 연산동 등의 지명이 바로 붙어서 다 나온다. 원흥사는 부곡의 범위 안에 존재했는데 그 부곡명은 連山部曲과 가덕부곡으로 생각된다.

16세기 초 작성된 『신증동국여지승람』에는 고적조에 정리되어 고

181 『新增東國輿地勝覽』 卷29, 善山 古跡 元興寺, "古址在加德部曲".
182 『新增東國輿地勝覽』 卷29, 善山 古跡 加德部曲, "在府北二十里".
183 『近世韓國五萬分之一地形圖』 上, 197 善山, 1915, 景仁文化社影印.

려시기 이래의 사원 위상은 없어지고 폐사와 다름없었을 것으로 추측된다. 이후 『여지도서』와 『읍지』에는 사명을 제시하였지만 『신증동국여지승람』의 기록을 따랐다. 19세기 초의 읍지에는 '今無'라 하여 사원 기능이 완전히 정지된 것으로 기록하였다.[184] 이곳이 여흥 민씨 집성촌이고 묘터가 들어서면서 그 기능이 정지된 것을 말한다고 생각된다.

현재 사지로 알려진 곳을 중심으로 원흥사의 경관을 살피면 구수봉에서 서남쪽의 자락에서 조금 안쪽으로 들어간 곳에 자리한다. 앞으로 낙동강을 조망할 수 있는데 강줄기는 앞으로 활처럼 바깥쪽으로 휘어지면서 흐른다. 뒤로는 구수봉을 배경으로 한다. 또 다른 주민의 말에 따르면 본래 사지는 구수봉 정상부에 있었다고 한다. 그 사지 아래로 국시방재가 있었다고 한다. 사역이 넓었음을 짐작할 수 있다. 자세한 상황은 정밀 지표조사가 필요하다. 현재 다시 사원의 기능을 회복한 곳에서의 경관은 <사진 15, 16>과 같다.

현재 마을 사람의 말에 따르면 이 원흥사 마을버스 정류장 있는 곳이 박정희 대통령 본처의 고향 마을이었다고 한다. 그래서 박 대통령이 일선교, 마을 앞의 제방, 수로 정비 등을 해 주었다고 한다. 원래 낙동강 물이 원흥리 마을까지 접하여 고깃배가 닿았었지만, 박 대통령의 제방 사업 때문에 지금은 강과 거리가 있고 농경지가 확보되어 있다고 한다. 이로 보면 고려시기에는 강과 원흥사가 인접했음을 알 수 있다. 원흥사 부근의 각종 지도를 제시하면 <사진 17, 18, 19>와 같다.

---

184 『慶尙道邑誌』, 善山 佛宇 元興寺(亞細亞文化社 影印, 韓國地理志叢書 『邑誌』 1, 慶尙道編 ①, 1982, p.398).

사진 15 원흥사지 남쪽 전망

사진 16 원흥사지 북쪽 전망

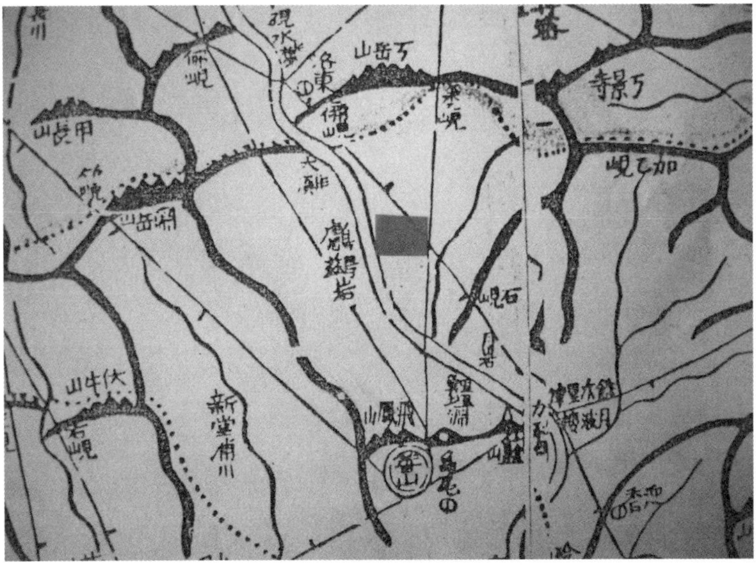

사진 17 대동여지도 원흥사지 부근

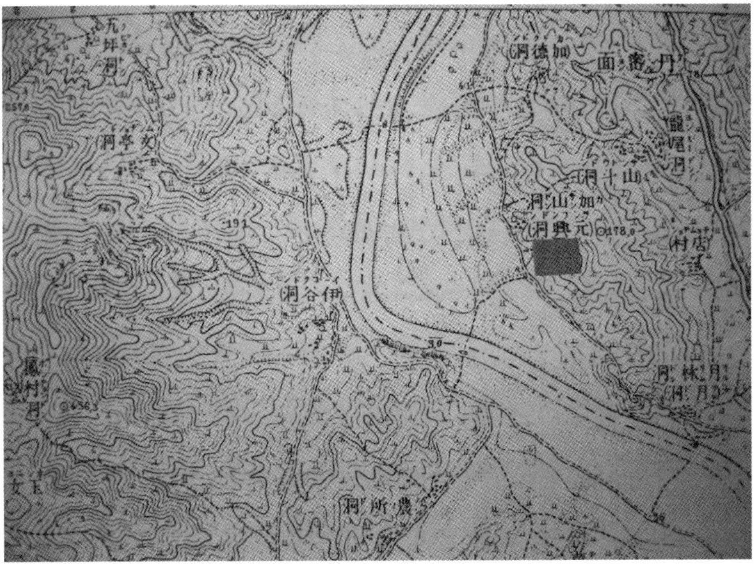

사진 18 1915년 지도 원흥사지 부근

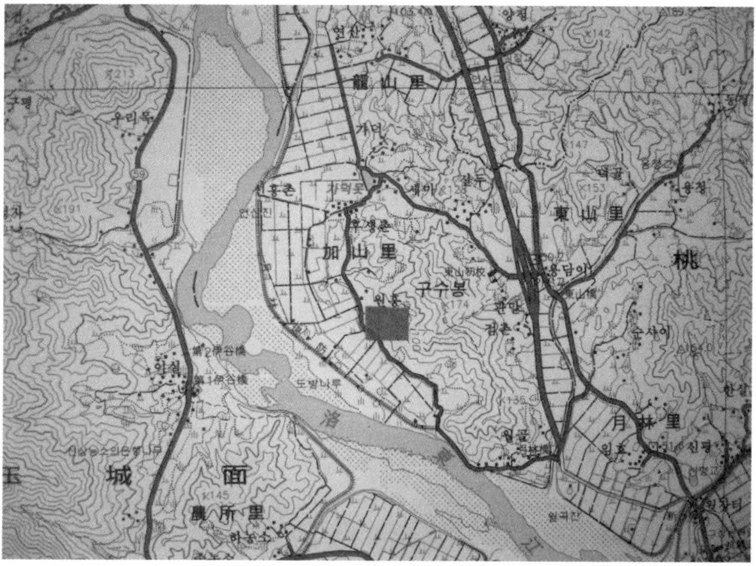

사진 19 1975년 지도 원흥사지 부근

현재 주지 至薰 스님과 禪悅 스님이 이곳을 지키고 있다. 주지 스님의 말씀에 따르면 이 원흥사의 내력은 대략 다음과 같다. 지훈 스님이 해인사에 거주하신 지 10년쯤 되었을 때 택시 기사가 우연히 자기 고향에 터가 있어 부모를 모시려고 집을 지어 드리려 했는데, 지금은 비어 있으니 수도처로 삼으시라고 하였다. 그때는 그냥 흘려들었는데 1991년에 서울에 있을 때 어떻게 알았는지 다시 그 택시 기사가 서울로 방문하여 머물기를 요청하였다.

당시 와서 보니 폐허가 되었고 풀이 자라 집 전체가 보이지 않았다고 한다. 앞뒤 산의 경관이 좋고 기와 파편이 산재되어 있었다. 현지 사람의 말을 들으니 터가 세서 밤에 문이 열릴 정도였다고 한다. 그래서 사람이 살 수 없어서 빈집으로 남겨지게 되었다고 하였다. 마을 사람의 말에 따르면 현재 식당 자리가 금당 터일 것 같다고 한다. 지훈 스님이 1996년 6월에야 조계종에 등록하였다고 한다. 그 뒤에도 2년간은 이곳을 비워 두고 부산에서 수행을 하다가 이곳에 와서 머물게 되어 지금에 이르렀다고 하였다.

이 마을은 지금 여흥 민씨가 집성촌을 이루고 있다. 그래서 민씨의 묘지도 곳곳에 있고 이 절의 주봉에서 내려오는 곳에도 묘터가 있었다. 이는 조선시기 이 절이 폐사된 원인으로 짐작된다. 마을 사람 말을 들으면 지금부터 100년 전에 절이 있었는데 빈대 때문에 절이 폐사되었다 한다.

이 사지의 유물은 다음과 같다. 1942년에 일제시기에 조사된 『朝鮮寶物古跡調査資料』에는 挑開面 加山洞 부근에는 '瓦片과 砂器片이 점점이 있다'라 서술하였다.[185] 이곳이 원흥사지를 말한 것은 아닌가 한다. 1977년 문화재관리국에서 펴낸 『문화유적총람』 선산군에는 다음과 같이 서술되어 있다. 현재는 밭으로 변해 있으며 이곳을 원흥골이라 부르고 있다. 이 동네 입구에는 伏蓮이 양각되어 있는 원형 柱礎石과 浮屠臺石으로 보이는 석재가 있다. 부도대석은 상면 가운데 2열 8각의 구획을 돌출하여 새기고 측면에는 각면 상부에 複辮蓮花와 그 하부에는 장타원형의 眼象이 새겨져 있다. 이곳 주민의 말에 의하면 밭 가운데 주초석으로 보이는 자연석 5개를 땅속 깊이 파묻었다고 한다. 주위에는 기와편이 산재하고 있다.[186] 마을 사람의 말에 따르면 석재가 많았고 탑과 물레방아 석재가 있었다고

---

185 『朝鮮寶物古跡調査資料』, 朝鮮總督府, 1942, p.292.
186 文化財管理局, 『文化遺蹟總覽』 中, 1977, p.329.

하나 마을 사람들이 경작지 확보를 위해 모두 마을 입구에 두었더니 모두 고물상이 가져갔다고 한다. 고물상이 가져간 석재는 1977년에 조사된 원형주초석과 부도대석일 것으로 짐작된다.

그리고 주지 至薰 스님과 禪悅 스님이 2000년경에 비가 많이 오는 날 개울에서 막새기와 3점과 '元興寺'라는 명문이 있는 수키와 2점을 수습하였다.[187] 이는 모두 완형이 아닌 瓦片이다. 그리고 원흥사 명문이 있는 평기와 1점도 마을 사람이 가지고 있다는 말을 들었다고 한다. 현재 확인하지 못했다.

막새 기와편 3점은 다음과 같다. 보상화문과 구름문이 있고 주위에 작은 연주문을 돌린 원형수막새와편 1점, 중앙부에 연주 흔적이 있고 그 바깥으로 연화판을 돌리고 주위는 작은 연주문을 돌린 원형 수막새편 1점, 그리고 당초문을 문양하고 주위에 작은 연주문을 돌린 암막새편 1점 등이다. 수키와편 2점 중 하나는 '元興寺'로 모두 읽을 수 있는데 연속해서 기와를 굽기전에 陽刻이 되도록 판틀로 찍어서 명문이 나오도록 한 것이다. 다른 하나는 '元' 자 부분이 떨어져 없어 읽을 수 없고 '興寺'만 양각되어 있는데 촘촘히 연속적으로 양각되도록 판틀을 찍었다. 이 글자는 逆像으로 양각되어 있다. 이는 다른 명문와에도 나타나는 현상이다. 이들 기와 사진을 제시하면 <사진 20, 21, 22, 23, 24, 25, 26, 27>과 같다.

위의 막새 기와편은 문양과 재질로 판단하면 나말여초로 추정된다. 사명이 있는 명문와의 대부분은 고려시기에 해당하는 경우가 많

187 기와편 자료를 발견하고 소중히 보관하여 2003년 6월 17일 조사할 수 있도록 배려해 주신 至薰, 禪悅 두 분 스님께 감사한다. 두 분 스님을 만날 수 있도록 안내해 주신 오상룡 교수님께도 감사한다.

사진 20 원흥사명 수키와편

사진 21 원흥사명 수키와 탁본

사진 22 흥사명 수키와편

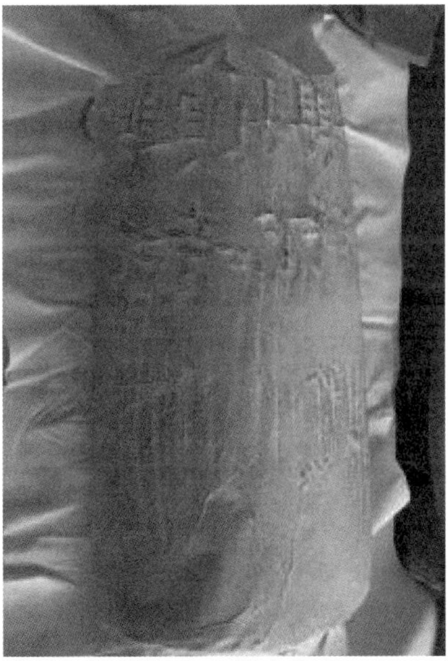

사진 23 흥사명 수키와 탁본

사진 24 원흥사지 막새와편

사진 25 보상화문 타원형막새편 탁본

사진 26 연화문 원형막새편 탁본

사진 27 당초문 암막새편 탁본

다.[188] 원흥사지는 '원흥골'이라는 지명에 근거하여 추정해 왔는데 '元興寺'라는 양각 명문이 뚜렷한 기와편이 발견됨에 따라 이곳 사지가 원흥사임을 분명히 알 수 있다. 원흥사 창건과 중수를 위한 瓦窯址가 있을 가능성도 있다. 자세한 조사가 요망된다. 막새기와의 문양과 형태는 나말여초로 추정되므로 원흥사의 창건시기도 이 무렵이 아닌가 추정할 수 있다.

2. 이규보 시에 보이는 원흥사

이규보는 1196년 6월 14일 상주에 들어와서 그해 9월 15일 상주를 떠날 때까지 3개월 사이에 51수의 시를 지었다. 이들 시는 상주 일원의 경치, 방문 사찰, 만난 승려와 지역민과의 화답시, 개인적인 심정에 관한 것이다. 이를 이른바 南遊詩 혹은 江南詩라 한다.[189] 이 시는 詩序를 남겨 시를 쓰게 되는 동기와 행선지, 날짜를 알려 주기 때문에 기록 자료로서 중요하다. 시서에 따라 상주에서의 일정을 정리하면 다음과 같다.

6월 14일 처음 상주에 들어와서 鳳頭寺를 방문하고 서기 崔正份을 만났다. 그 후 花開寺에서 한열병을 치료하면서 한 달가량 머물렀다. 그리고 7월 말에 龍潭寺로 옮겨 머물다가 8월 8일 용담사를 출발하여 犬灘을 지나 龍源寺에서 1박한 후 다시 낙동강을 따라 元興寺에 이르러 친구 珪師를 만났다. 8월 11일 원흥사를 출발하여 靈

188 발견된 기와편의 제작 시기 판단은 김창호 교수의 교시를 받았다.
189 韓基汶, 「高麗中期 李奎報의 南遊詩에 나타난 尙州牧」, 『歷史教育論集』 23·24합집, 1999.

山部曲에 도착하였다. 이후 낙동강을 지나 龍巖寺에 도착하였고, 8월 17일에 大谷寺에 들렀다가 龍宮郡에 들어가 수령의 환대를 받았다. 8월 19일에 長安寺에 머물면서 시를 짓고, 8월 20일에 河豊江에 배를 띄웠는데 이날 밤에 脇村에서 잠을 잤다. 그 후 상주 東方寺에 들어와 박문노, 최수재 등과 시로 화답하였다. 9월 2일 서기가 공사에서 연 연회에 참석하고 9월 9일 資福寺 主老를 방문하고 술을 마셨다. 9월 13일 여사에 손님을 모아 놓고 시를 지어 보였다. 다시 봉두사를 방문하였다. 9월 15일 상주를 출발하는데 서기가 新興寺에서 전송하여 주었다.

이규보는 상주 일원에서의 일정 중 8월 9일부터 8월 11일까지 원흥사 관련 시 12편을 지었다. 모두 소개하면 다음과 같다.[190]

> 다음 날 배를 놓아 노를 젓지 않고 흐름 따라 동으로 내려갔다. 배는 나는 듯이 달려 밤에 원흥사 앞에 닿았다. 배 안에서 묵었는데 이때 밤은 고요하고 사람들은 모두 잠들었다. 오직 물속에 뛰노는 고기 소리가 철썩철썩 들릴 뿐이었다. 나는 팔을 베고 잠깐 누웠는데 밤이 차서 오래 잘 수 없었다. 어부의 노래와 장사꾼의 피리 소리가 멀고 가까운 곳에서 들려왔다. 하늘은 높고 물은 맑으며 모래는 밝고 언덕은 희었다. 파도 속에 달그림자가 어리어 배를 흔들었는데 앞에는 기암괴석이 범이 걸터앉고 곰이 쭈그리고 있는 것 같았다. 나는 두건을 제껴 쓰고 자리를 옮겨 강호의 즐거움을 실컷 맛

190 『東國李相國集』 卷6, 古律詩.

보았다. 아하, 강호의 즐거움이야 비록 병중에 있더라도 즐기지 않을 수 없다. 하물며 날마다 기녀들 거느리고 풍악을 잡히며 내로라 하고 놀 때이랴. 그 즐거움을 어찌 다 이를 것인가. 이에 시 두 수를 지었다.[明日 放舟不棹 順流東下 舟去如飛 夜泊元興寺前 寄宿船中 時夜靜人眠 唯聞水中跳出之魚 鱍鱍然有聲 予亦枕臂小眠 夜寒不得久寐 漁歌商笛 相聞于遠近 天高水淸沙明岸白 光月影搖蕩船閣 前有奇巖怪石 如虎踞熊蹲 予岸幘徙倚 頗得江湖之樂 噫江湖之樂 雖病中不可以不樂 況乎日擁紅粧彈朱絃 得意而遊 則其樂曷勝道哉 得詩二首云]

① 푸른 하늘 아득히 물 위에 떠 있고	碧天浮遠水
구름 덮인 저 산은 신선 사는 봉래산(蓬萊山)인가	雲島認蓬萊
물밑으로 고기 떼 잠겨 들고	浪底紅鱗沒
안개 속에 갈매기 찾아오네	烟中白鳥來
여울 이름 곳을 따라 바뀌는데	灘名隨地換
산봉우리 배를 따라 도는구나	山色逐舟船
강가의 주막에서 술 한 병 받아다가	喚取江城酒
유유히 한 잔을 기울이노라	悠然酌一杯

② 모래터에 밤배를 대니 푸른 바위 가까워	夜泊沙汀近翠巖
뜸 밑에 앉아 시를 읊으며 수염을 쓰노라	坐吟篷底撚疎髯
물결이 넘실넘실 선체를 흔드는데	水光瀲瀲搖船閣
달그림자 고즈넉이 갓채양에 떨어지네	月影微微落帽簷
푸른 파도 밀려와 언덕을 삼키는데	碧浪漲來孤岸沒
흰 구름 다한 곳에 산봉우리 솟았어라	白雲斷處短峰尖

피리 소리 어수선 듣기가 어지러우니	管聲哳嘲難堪聽
옥수가인 불러다가 거문고 태웠으면	須喚彈箏玉指纖

(이때 한 아전을 시켜 피리를 불게 하였다.)

③ 배 안에서 또 읊다[舟中又吟]

붉은 고기 여울에서 잡아 오고	紅鱗得自灘流
막걸리는 모랫가 집에서 사왔네	白酒賖來沙戶
이 몸이 점점 어옹과 친하여져서	此身漸狎漁翁
연기 자욱한 강 밤비에 취하여 누웠네	醉臥烟江夜雨

④ 조는 사이에 배가 옮겨 갔다[睡次移船]

갠 호수에 물결 고요한데 팔을 베고 졸다가	晴湖浪靜枕肱眠
뱃사공이 이미 배를 놓은 줄 깨닫지 못하였네	不覺篙工已放船
꿈을 깨고 머리를 드니 모래 언덕이 달라졌어라	夢罷回頭沙岸異
푸른 버들 가에 옮겨 맨 것에 홀연히 놀랐네	忽驚移繫綠楊邊

⑤ 또 배를 띄우다[又泛舟]

한 삿대로 흐르는 강물 휘저어 가니	一棹漾流去
쓸쓸한 가을 팔월이로다	蕭然八月秋
청초의 언덕에 돛을 내리고	落帆青草岸
흰 마름 물가에 닻줄을 매었네	繫纜白蘋洲
등불이 어두우니 바람은 장막을 흔들고	燈暗風搖帳
차가운 강엔 달빛 배에 가득하구려	江寒月滿舟
마부는 응당 나를 괴이하게 여기리라	僕夫應怪我

병중에도 한가하게 노닌다고　　病裏亦閑遊

⑥ 또 회문체로 읊다[又吟廻文]

느린 피리 소리 바람에 끌리어 멀고　　笛慢牽風遠
가는 배는 물결에 춤추어 가볍네　　舟行舞浪輕
푸른 하늘에 가을 밤이 고요하니　　碧天秋夜靜
찬 달이 호수에 잠겨 맑구나　　寒月浸湖淸

⑦ 강 가운데의 노자석[江中鸕鷀石]

가벼운 배 출렁대며 물결 따라 가는데　　輕舟溶漾信漣漪
강 가운데 기이한 돌 있으니 이름이 노자란다　　中有奇石名鸕鷀
나는 생각건대 노자가 고기와 게를 찾아　　我恐鸕鷀覓魚蟹
떠들어 부르며 깊은 강가에 날아와 모였다가　　喧呼翔集深江湄
훌쩍 날아 잘못 풍이의 집을 범하니　　翻翻誤觸馮夷宅
풍이가 노하여 부르짖어 천둥과 번개를 일으켰네　　馮夷怒吼雷電作
바람에 꺾이고 물결에 부딪쳐 두 날개 부러져　　風摧浪打兩翼折
물결 위에 반쯤 나오고 날지 못하누나　　半出波間飛不得
살과 뼈는 썩어 녹아 동쪽으로 흘러가고　　肌分髓爛隨東流
부질없이 야윈 뼈만 중주에 남아 있네　　空有瘦骨留中洲
이끼 끼고 모래 붙어 굳은 돌로 화하여　　蘚侵沙澁化堅石
꼬리는 진흙 속에 묻히고 머리만 반쯤 떴구나　　尾入泥蟠頭半浮
그렇지 않다면 어찌 물결 속에서　　不然安肯烟濤裡
기세가 죽지 않고 날아 일어날 것 같은가　　氣勢不死如昻起
기이한 것을 고증하고 힐문하는 것이 모두 꿈이요　　徵奇詰異皆夢耳

억지로 시를 짓는 것도 장난일세 穿鑿成詩亦一戲
술을 사서 금잔에 채우고 不如買酒盈金罍
너를 빌려 술잔을 만들어서 앵무배로 짝짓는 것만 못하리니 借汝爲杓副以鸚鵡杯
날마다 아무 일 없이 마시어 나의 시를 쏟으면서 一飮無何寫我憂
티끌 같은 만사를 한 번 웃으리라 一笑萬事如浮埃

⑧ 원흥사 규 스님에게[是日入元興寺見故人珪師贈之]

그전 날 서울에서 함께 노닐었는데 憶昔共遊長安中
세어 보니 열네 번 봄바람 불었어라 算來一十四春風
그때는 그대 기운 장하여 서른이 못 돼 君時氣壯未三十
한 몸을 날려서 기러기를 타리라고… 一身謂可趂飛鴻
내 또한 구름머리 연소한 몸이어서 我亦鬢綠最年少
눈에는 번개 일어 왕융(王戎) 같았지 眼電爛爛如王戎
작별 후 구름처럼 어데로 가 버렸나 別來雲散各何處
세상 풍파 다 겪고 신선이 되었나 四海風塵雙轉蓬
한차례 웃음 지으며 구리 사람 그대 만져 相逢一笑撫銅狄
눈물 젖어 말 못해도 생각은 끝없어라 迸淚無言意不窮
이제는 스님 모습 옛날이 아니니 師今已非昔日容
여윈 몸 소나무의 늙은 학 완연하고 瘦如松頭老鶴同
나 역시 늙어서 패기가 죽었으니 我亦老大心轉縮
무지개 같은 옛날 기세 다시 볼 수 없어라 無復昔日氣如虹
정을 다 토로하지 못하고 각각 슬퍼하여 論情未終各悽惻
어느덧 지는 해는 봉우리 절반 차지했네 不覺半峰斜日紅

사람의 한생이 참으로 잠깐 사이	人生一世須臾爾
명예, 이속 버리고 신선을 따르리	早謝名利從支公

⑨ 붉은 석류가 막 익었는데 규공이 시를 청하다
[紅榴始熟珪公乞詩]

가지에 달린 붉은 알 몇 개나 되는가	赬卵撐枝幾許枚
취한 볼이 숲에 가득히 드리웠네	滿林欹倒醉中腮
붉은 주머니 속에 붉은 쌀낱을 감추었으니	紅綃囊裡藏紅粒
서리 바람 만나 남김없이 터뜨리리라	要見霜風罄折開

⑩ 달밤에 자규가 우는 소리를 듣다[月夜聞子規]

적막한 밤 달빛은 물결처럼 잔잔한데	寂寞殘宵月似波
빈 산에 울음 소리 편만하니 날이 새면 어이하랴	空山啼遍奈明何
십 년을 통곡한 궁도의 눈물	十年痛哭窮途淚
너의 붉은 입술과 누가 더 많은가	與爾朱脣血孰多

⑪ 팔월 십일 규공의 요청을 받고 그 절에 한 수를 지어 주었다
[八月十日珪公請題其院爲賦一首]

만 리 가을 하늘 기러기 떼 돌아가니	萬里高天斷雁秋
푸르른 강가의 옛 절을 찾았노라	閑尋古刹碧波頭
문 밖에는 떠들썩 돛배들 모여 있고	喧喧門外千帆集
적적한 바위 끝에 방장이 깊어라	寂寂巖陬丈室幽
뜰엔 솔과 대 중들은 부귀하고	滿院松篁僧富貴
강을 낀 절경이니 절간은 풍류로워	一江烟月寺風流

숲 속에서 만날 날 묻지를 말아 다오　　莫言林下何曾見
속된 이름 버리고 퇴직하고 오리다　　擺却浮名欲退休

⑫ 원흥사를 떠나 영산부곡에로[十一日早發元興到靈山部曲]
(운자를 찾다가 인(人) 자를 얻었다)

영산은 가장 벽지의 고을이라　　靈山最僻邑
길에는 아직도 잡목이 스산해라　　客路尙荒榛
흉년 들어 도망한 집들 있으나　　歲儉有逋戶
백성들은 순박하고 늙은이가 많아라　　民淳多老人
여기저기 누른 닭이 꼬꼬댁거리고　　黃雞啼呢喔
푸른 쥐들 자주 나와 짹짹거리네　　蒼鼠出嚬呻
검은 옷 들쳐 입은 몇 놈의 아전들이　　數箇緇衣吏
손님을 맞는가 분주히 쏘다녀라　　驚馳似迓賓

위의 시는 견탄에서 원흥사 앞으로 오는 과정과 밤 풍광을 읊은 것이 7수(①~⑦)나 된다. 詩序에도 말한 바와 같이 '江湖의 樂'을 얻었다고 한 점으로 미루어 그 풍광이 뛰어났음을 알 수 있다. 낙동강 본류인 大江에서의 풍경이므로 그러한 감상이 나왔을 것으로 짐작된다. 더욱이 시 ⑤에서 말한 쓸쓸한 가을 팔월 강의 밤 분위기가 이규보가 병중이고 또한 무신정권이 들어선 어수선한 시대적 상황과 겹쳐 있어 그 詩心이 더욱 발동된 것으로 생각된다.

詩序에서 말한 기이한 바위와 괴상한 풀이 있어 마치 범이 걸터앉고 곰이 쭈그린 것 같다는 표현의 바위는 시 ⑦의 江中 鸕鶿石을 말한 것으로 짐작된다.『新增東國輿地勝覽』에는 원흥사 앞의 수중에 있는데 府에서 北으로 18里에 있다고 하였다.[191] 그런데 1757년에 작성된『輿地圖書』에는 鸕鷀亭을 소개하면서 부의 북쪽 20리 洛江 西岸 노자석 위에 있다 하여 노자석은 낙동강 서안에 있는 것으로 기술하여[192] 이규보 시에 보이는 강중의 노자석과는 다르다. 노자석은 한 곳이 아닌 여러 바위를 지칭했을지도 모른다.『여지도서』의 산천조에는 노자석을 江中의 바위라 하기 때문이다.[193] 19세기 초 작성된 읍지의 善山地圖에는 낙동강 중에 노자암이 표시되어 있다. 노자정은 낙동강 西岸의 어느 바위 위에 건립되었고, 노자석은 강중의 바위였을 것이다. 현재는 그 모습을 볼 수 없다. 하상이 높아져 묻힌 것으로 생각된다. 1915년 지도상에도 표시되어 있지 않다.

노자석을 '바람에 꺾이고 물결에 부딪쳐 두 날개 부러져 / 물결 위에 반쯤 나오고 날지 못하누나 / 살과 뼈는 썩어 녹아 동쪽으로 흘러가고 / 부질없이 야윈 뼈만 中洲에 남아 있네'라 하여 바람과 물결에 날개가 부러져 날지 못하는 노자의 신세를 말한 것으로 보아 과거에 합격하였으나 무인들에 밀려 출사하지 못한 자신의 처지를 이 노자석에 은유한 것으로 생각된다.

시 ⑧에서 원흥사 주지인 珪師와 이규보의 관계를 알 수 있다. 그와 개경에서 같이 놀았던 추억이 있었고 14년 만의 상봉임을 알 수 있다. 규사와 과업 교육을 같이 받았던 것으로 추측된다. 무인 정권

191『新增東國輿地勝覽』卷29, 善山 山川 鸕鷀石, "在元興寺前水中 距府北十八里".
192『輿地圖書』, 慶尙道 善山 樓亭 鸕鷀亭, "在府北二十里洛江西岸鸕鷀石上 士人沈致賢所構".
193『輿地圖書』, 慶尙道 善山 山川 鸕鷀石, "在元興寺前水中距府北十八里".

이 들어서면서 불교계로 방향을 바꾼 인물이 아닌가 한다.[194] 그의 이력을 추적할 수 없었다. 규사도 '이제는 스님 모습 옛날이 아니니 / 여윈 몸 소나무의 늙은 학 완연하고'라 하였다. 자신도 '나 역시 늙어서 패기가 죽었으니 / 무지개 같은 옛날 기세 다시 볼 수 없어라'라 하여 규사와 같은 처지임을 알 수 있다. 시 ⑩에서도 '십 년을 통곡한 궁도의 눈물'이라 하였다. 서로의 처지가 같아 회포를 풀었던 것은 '정을 다 토로하지 못하고 각각 슬퍼하여 / 어느덧 지는 해는 봉우리 절반 차지했네'라 한 데서 알 수 있다.

시 ⑪에서는 당시 원흥사의 현황을 알 수 있다. 원흥사가 강가에 위치하고 여기에 많은 배가 모여들었던 사실을 알 수 있다. '푸른 강가의 옛 절을 찾았노라 / 문 밖에는 떠들썩 돛배들 모여 있고'라 하여 원흥사가 낙동강의 많은 물류를 담당한 商船의 중간 기착지 역할을 한 사원임을 짐작할 수 있다. 낙동강에 상선이 다닌 사실은 詩序에도 '어부의 노래와 장사꾼의 피리 소리가 멀고 가까운 곳에서 들려왔다'라 한 데서 알 수 있다. 龍潭寺에서 犬灘 龍源寺로 배를 타고 이동하면서 지은 다른 시에도 '저기 가는 저 외로운 상선 / 아득히 어느 곳으로 가는고'라 하여 낙동강을 이동하면서 만난 상선을 말하였다.[195] 같은 시에서 '뜰엔 솔[松]과 대[竹] 중[僧]들은 부귀하고'라 하여 중간 기착지로서 또는 교역지로서 원흥사가 부유한 사실을 보여 주는 것은 아닌가 한다.

시 ⑫는 원흥사를 일찍 출발하여 영산부곡에 이르렀다는 제목이

194 珪師와 같이 科業 교육 후 급제한 문인으로서 출가한 예는 天頙, 慧諶, 冲止 등이 있다.
195 『東國李相國集』 卷6, 古律詩, 舟行, "…商船一葉去 / 杳杳何處適…".

므로 靈山部曲이 원흥사와 가까운 거리임을 알 수 있다. 이 시 다음이 '낙동강을 지나다'라는 詩題이므로 원흥사와 육로로 얼마 떨어져 있지 않음을 알 수 있다. 영산부곡은 상주 17개 부곡 중에 일치하는 부곡이 없다. 앞서 서술한 바와 같이 1915년 지도에 가덕 지명에서 북쪽 바로 위에 連山 지명이 나오고 연접하여 있으므로 靈山部曲은 連山部曲을 말하는 것으로 추정된다. 연산부곡은 『신증동국여지승람』에 "낙동강 東 5里에 있고 鹽倉이 있다."라 하였다.[196] 이규보의 일정으로 보아 선산 가덕부곡에 위치한 원흥사에서 영산부곡을 거쳐 다시 낙동강을 지나 龍巖寺에 이른 것을 알 수 있다. 따라서 영산부곡은 연산부곡으로 추정된다.

영산부곡은 가덕부곡과 함께 원흥사의 지배하에 있었을 것이다. 원흥사가 가덕부곡에 있다 한 것으로 미루어 가덕부곡은 원흥사 寺莊의 범위 안에 있었을 가능성이 있다. 영산부곡도 '緇衣吏'가 원흥사에서 간 이규보를 맞이하고 놀라 분주한 모습에서 원흥사 지배하에 있었을 것으로 짐작할 수 있다. 緇衣는 僧服을 의미한다. 영산부곡리는 승려 복장을 한 것이다. 이는 영산부곡이 원흥사에 예속되어 있었던 것을 말한다.

진주목에 花開, 薩川部曲이 있는데 그 長은 머리를 삭발하고 칭하기를 僧首라고 하였다.[197] 화개부곡은 雙溪寺와 인접하여 있어서 이곳 長吏가 쌍계사의 통제하에 있었기 때문에 삭발하고 僧首라고 칭하였을 것으로 추측된다.[198] 영산부곡리가 緇衣를 입은 것은 화개,

---

196 『新增東國輿地勝覽』 卷28, 尙州牧 古跡 連山部曲.
197 『高麗史』 卷57, 地理2 晉州牧.
198 李相瑄, 「寺院의 土地支配」, 『高麗時代 寺院의 社會經濟硏究』, 誠信女子大學校 出版部,

살천부곡 장리가 僧首의 모습을 한 것과 같다.

상주의 勝長寺와 龍潭寺가 長川部曲에 있었던 예도[199] 사원에 부곡이 예속되었음을 시사한다. 13세기 修禪社의 시납문서에도 수선사 가까이 있는 昇平郡 임내 加音部曲, 進禮部曲, 赤良部曲, 長興 임내 拂音部曲 등지의 땅이 시납되고 있음을 확인할 수 있다.[200] 이들 부곡 역시 수선사가 지배할 수 있게 되었을 것이다. 사원과 부곡의 입지가 일치되는 지역민은 非僧非俗의 '주변인'[201]으로 사원의 인적 기반이 되었을 것이다.

이처럼 邑基와 멀어진 육로, 수로 교통의 요지나 名山의 사원은 입지가 궁벽한 곳이고 이러한 곳에 설치되어 있던 인근의 部曲을 지배하여 寺莊으로 삼았을 가능성이 크다. 이러한 배경에서 尙州와 善山에서 다소 떨어진 수로 교통상 요지에 있는 원흥사 역시 그 지역에 입지한 가덕부곡과 영산부곡을 지배하였을 것이다.

3. 자복사와 수로교통 요충으로서의 원흥사

고려시기 사원의 입지는 대개 각 읍기 중심부이거나 명산의 풍수 경관이 좋은 곳, 교통의 요지에 주로 분포한다. 원흥사는 강변 동안에 위치한다. 특히 낙동강 본류에 있어서 배가 닿을 수 있는 위치에 있는 특징이 있다. 원흥사의 고려시기 상황은 앞서 살핀 이규보 시

1998, p.99.

199 『新增東國輿地勝覽』 卷28, 尙州牧 佛宇 勝長寺 龍潭寺.

200 朴宗基, 「13세기 초엽의 村落과 部曲」, 『韓國史硏究』 33, 1981.

201 具山祐, 「佛事를 통해 본 향촌사회의 내부질서」, 『高麗前期 鄕村支配體制硏究』, 혜안, 2003, p.551.

에 따르면 강변에 있고 많은 돛배가 모여들고 절문 밖이 시끄럽다고 한 사실에서 분명하다.

그런데 원흥사는 一善 읍치와 가까이 같은 낙동강 동안에 위치하였다. 古一善은 냉산 서쪽 여차니진 동쪽 일리에 있다고 하였다.[202] 이로 보면 일선현 읍치는 낙동강에 접하고 바로 여차니진과 함께하였던 것 같다. 낙동강 서쪽으로 읍치가 이동한 시기는 알 수 없지만 적어도 조선초에는 낙동강 서쪽 비봉산 쪽으로 이동하여 낙동강의 범람으로부터 안전한 곳으로 자리 잡았을 것이다. 원흥사는 읍치가 옮겨 가기 전에는 같은 낙동강 동안에 있어 자복사 역할도 하였을 것으로 보인다. 조선초 각관[행정단위] 자복사의 산수명처 대체 88사로 지정할 때 선주[일선현]의 자복사로 나오는 것은 이상의 사실을 방증한다.

고려 사회는 본관과 거주지가 일치하여 일반 민의 이동은 거의 없고 관인, 군인, 승려, 상인에 한정하였다. 3,000개를 상회한 사원 수나 10만 飯僧 사례에서 보듯 수많은 출가승이 존재하였다. 그리고 이들은 각종 법회, 승려대회, 그리고 개인 수행을 위한 운수행 등으로 이동이 활발하였다. 그에 따른 屬院이 경영되어 이들 승려의 이동 편의를 도왔다. 그리고 이규보의 시에서 살핀 바와 같이 商船이 왕래한 사실을 보면 상인들도 水路를 이용하였다. 각 사원에서 필요한 승려 용품과 사원 장엄용품은 고가의 귀중품이며 중국에서 수입품도 많았다.[203] 이를 상인들이 공급하였을 것이다.

202 『신증동국여지승람』 권29, 선산 고적 고일선.

203 각 사지 조사보고서에 보이는 중국 자기편은 이러한 사실의 일면을 방증한다. 국립대구박물관 특별전 도록, 『우리 문화속의 中國 陶磁器』, 2004 참조.

원흥사는 바로 낙동강을 통한 수로 교통의 편의를 제공하는 기능을 해왔을 것으로 짐작된다. 또 수로 교통의 안녕을 비는 신앙적 기능도 하였을 것이다. 이규보 시에서 언급된 원흥사 앞 江中의 鸕鷥石은 수로 교통의 장해물일 가능성이 크다. 大東輿地圖에 상주, 선산 부근의 낙동강에 大灘, 鸕鷥石이라 명기하였고 읍지의 선산지도에도 노자석이 강중에 표시되어 있어 수로 교통의 위험을 표시한 것으로 보아 노자석은 배가 다닐 때 주의해야 할 강중 암초임이 틀림없다. 견탄[204] 역시 수심이 깊지 않고 물살이 급한 여울이므로 수로 교통의 위험 지역이다. 따라서 원흥사는 그 안전을 기원하는 기능이 있었던 것으로 짐작된다. 海路의 안녕을 기원했던 비보사사 知靈山 安波寺나 莞島의 法華寺의 예에[205] 비견될 수 있을 것이다.

고려시기 낙동강의 수로 교통 기능을 보여 주는 직접적인 자료는 많지 않다. 주로 육로 교통에 관한 연구가 진행된[206] 결과 수로 교통에 대한 이해는 부족한 편이다. 낙동강이 水運으로 이용되었을 것이라는 기록은 다음과 같다. 이규보의 남유시에 나타난 1196년 상주 일원의 사원을 다닌 旅程은 상주에서 낙동강을 이용하여 견탄으로 다시 원흥사로 그리고 낙동강을 이용하여 龍巖寺와 大谷寺, 그리고 하풍강을 이용하여 長安寺 등으로 간 것이었다.[207] 낙동강이 수로로 이용되었던 사실을 보여 준다. "玄風縣 사람들이 난리를 피하여 40여 척의 배를 타고 가다가 그 고을 강가에 정박하였더니 몽골 군사

204 『新增東國輿地勝覽』 卷29, 善山 山川 犬灘, "在府北三十四里 尙州洛東江下流".
205 韓基汶, 「高麗時代 裨補寺社의 成立과 運用」, 『한국중세사연구』 21, 2006.
206 정요근, 「高麗前期 驛制의 整備와 22驛道」, 『韓國史論』 45, 서울대, 2001.
한정훈, 「고려전기 驛道의 형성과 기능」, 『한국중세사연구』 12, 2002.
207 韓基汶, 「高麗中期 李奎報의 南遊詩에 나타난 尙州牧」, 『歷史敎育論集』 23·24합집, 1999.

가 쫓아와서 남녀와 재물을 약탈하고 勸農使 金宗敘를 죽였다.”라 하였다.[208] 몽골 침입기에 낙동강 수운과 연계된 현풍현 사람들의 배를 이용한 피난 사실을 보여 주는 사례이다. 몽골의 압제기 충렬왕이 金方慶의 왜구 동정군을 전송하기 위해 金海府에 갔다가 돌아오는 길에 상주 勝長寺에 머물렀다는 사실을 보면[209] 낙동강 수계를 이용했을 가능성이 크다. 승장사는 낙동강과 인접하여 위치한 절이기 때문이다.[210]

낙동강은 가항 수로가 길어 김해 하구에서 상주 낙동까지 대소의 선운이 가능했다. 고려초기 이래 漕運水路로 이용되었다. 경상도의 중앙부를 관류하였기 때문에, 상하의 列邑으로부터 조세와 공물을 가까운 강변에 모아 위로 올라가서 육로로 운송하든 아래로 내려와 해운으로 운송하든 낙동강을 이용하기 마련이었다. 낙동강 본류에서 많은 지류가 파생되어 각 열읍이 존재하기 때문에 낙동강을 이용한 수운은 중요한 역할을 하였다. 조선초『慶尙道地理志』道總 조에서 낙동강을 평하여 “연해의 漕運과 島夷(일본)의 왕래도 모두 이곳에 모여 이 강을 경유, 京城에 도달하며 상선 어염선의 왕래와 무역이 활발하여 그 이익이 실로 무궁하다. 이 강이야말로 영남의 紀樞이다.”라 하였다.[211] 이러한 평가는 고려시기 이래의 낙동강의 기능을 말하는 것이라 하겠다.

208『高麗史』卷24, 世家, 高宗 43年 4月 戊辰.

209『新增東國輿地勝覽』卷18, 尙州 佛宇 勝長寺.

210 현재 상주시 洛東面 升谷里 절골에 위치하는 것으로 추정한다(『古代沙伐國關聯文化遺蹟地表調査報告書』, 상주시·상주문화연구소, 1996, p.381).

211『慶尙道地理志』道總, “合流於尙州 東流于慶尙之中 達于海 沿海漕運島夷朝宗 咸由於此以達京城 商船貿遷 其利無窮 乃嶺南之紀也”.

원흥사와 같이 대강변에 성립된 사원으로는 남한강변의 驪州 神勒寺가 있다. 남한강 역시 내륙 수로상 충주에서 한강으로 이어지는 중요한 역할을 했다. 고려의 조운제는 정종대 전국 12개 倉이 세워졌는데 그중 두 개가 남한강변의 충주(덕흥창)와 원주(흥덕창)에 있었다. 德興倉에는 200석을 싣는 조선 20척, 興原倉에는 조선 21척과 평저선 1척이 배치되었다.[212]

고려말에서 조선초까지는 왜구의 피해 때문에 해로가 막혀 영남 60읍 전세를 새재와 죽령의 험준한 영로를 통해 충주까지 수송하였다. 폭주하는 전세를 분산 처리하기 위해 조정에서는 충주, 원주, 여주, 양근 등지에 8개의 수조처를 설치하였다.[213] 따라서 낙동강은 남한강과 연계된 조운의 중요한 수운 기능이 강화되었다. 남한강 상류에서 마재까지 하안을 따라 수많은 사지와 불적, 신당 및 제단이 분포하여 하천을 따라 문화의 회랑지대가 형성되어 있었으리라 짐작된다.[214] 사찰지의 대부분은 신라, 고려시기의 것으로 오늘날 신륵사 외에는 남아 있는 것이 드물다.

神勒寺는 1376년(우왕 2)에 懶翁 惠勤이 밀양 瑩源寺 주지로 가는 도중 이 절에서 입적하였다.[215] 혜근의 부도가 세워졌고 이때 중창이 이루어졌다.[216] 1382년(우왕 8)에는 大藏閣을 건립하여 대장경 1부를 봉안하였다.[217] 고려의 유적으로 한강을 굽어보는 東岩 岩頭

---

212 『高麗史』 卷79, 食貨2, 漕運.
213 中村榮孝, 「漢江と洛東江」, 『青丘學叢』 12, 天理大, 1933.
214 최영준, 「남한강의 수로와 수운」, 『국토와 민족생활사』, 한길사, 1997.
215 「檜巖寺禪覺王師碑」, 『韓國金石全文』, p.1197.
216 「神勒寺普濟禪師舍利石鐘碑」, 『韓國金石全文』, p.1208.
217 「神勒寺大藏閣記」, 『韓國金石全文』, p.1214.

에 벽돌로 이루어진 다층전탑이 있다. 현재의 탑은 1726년(영조 2)에 수리된 것이어서 원형이 어떠했는지는 알 수 없다.[218] 신륵사는 고려시기 조계종 사원으로 남한강 본류의 강변에 위치하고 있다. 경내의 東塔이 강에서 잘 볼 수 있는 위치에 건립되어 있어서 이 탑은 남한강 수로를 이용하는 조운선의 안녕을 기원하는 원탑과 표지 기능을 하였을 것으로 추측된다. 낙동강의 원흥사와 같이 강변의 수로 교통의 중간 기착지와 수로 안녕을 기원하는 신앙지의 역할을 짐작할 수 있다.

평양 대동강변에 위치한 永明寺는 『고려사』 지리지 평양부 조에 따르면 "乙密臺 아래의 층층 낭떠러지 곁에 있는데, 동명왕의 九梯宮으로 안에 麒麟窟이 있고 굴의 남쪽에 白銀灘이 있으며 바위가 조수에 출몰함이 있는데 이름을 朝天石이라 하였다."[219]라고 하였다. 『고려사』에도 선종, 숙종, 예종, 인종, 의종이 각각 여기에 이르러 龍船을 타고 대동강에서 연회를 열고, 시를 짓고, 觀潮하였던 사실을 기록하였다.[220] 李仁老는 『破閑集』에서 "西京의 영명사의 南軒은 천하의 절경이라 하고 남쪽은 대동강에 다다르고 강 밖에는 넓은 들이 아득하여 경계가 보이지 않는데 오직 동으로 한쪽만 멀리 산봉우리들이 보일 듯 말 듯 벌려 있다."라고 하였다.[221] 이에 따르면 영명사 앞의 백은탄과 조천석은 이곳이 수로상 위험 지역임을 보

---

218 진홍섭 편저, 『국보』 6, 탑파, 웅진출판주식회사, 1992, p.249.

219 『高麗史』 卷58, 地理 12, 北界 西京留守官 平壤府, 乙密臺.

220 『高麗史』 卷10, 世家, 宣宗 4年 10月 丁亥; 『高麗史』 卷11, 世家, 肅宗 7年 8月 甲子; 『高麗史』 卷14, 世家, 睿宗 11年 4月 庚午; 『高麗史』 卷14, 世家 睿宗 15年 8月 丁酉; 『高麗史』 卷16, 世家, 仁宗 10年 3月 辛丑; 『高麗史』 卷18, 世家 毅宗 22年 4月 甲辰; 『高麗史』 卷19, 世家, 毅宗 23年 3月 己卯.

221 『破閑集』 卷中.

여 준다. 이곳에 영명사를 세워 수로 안녕을 기원하고 배가 기착할 수 있는 시설을 하였음을 알 수 있다.

고려시기 수로 교통과 사원의 사례로 낙동강의 元興寺, 남한강의 神勒寺, 대동강의 永明寺를 제시하였다. 대강변에는 이들 사원 외에도 많은 사원이 존재하여 수로 교통과 관련되어 있을 것이나 현재 사지 조사나 문헌 조사가 되어 있지 않은 상태이다. 이들 사원은 大江에 인접하여 배가 기착할 수 있고, 수로 교통과 경관의 중요성이 컸음을 알 수 있었다. 그리고 원흥사 앞의 鸕鶿石, 신륵사의 강에서 잘 보이는 곳에 건립된 塼塔, 영명사 앞의 白銀灘이라는 여울, 朝天石 암초 등은 수로상 위험 지역에 이들 사원이 건립되었음을 알 수 있다. 여기서 수운의 안녕을 기원하였음을 보여 준다.

4. 원흥사와 유가종단

이규보의 시 외에 원흥사 자료는 금석문 자료에서 찾을 수 있다. 慈淨國尊으로 추증된 彌授(1239~1327)의 비문에 보인다. 미수는 고려 후기 유가종단이 중앙에서 대두하는 데 기여하여 國師에 오른 세 명의 고승 중 한 명이다. 그는 13세에(1252) 元興寺 宗然 堂下에 나아가 머리 깎고 구족계를 받고 경론을 익혔다고 한다.[222]

이 절이 선산 원흥사가 아닌가 한다. 미수의 속성은 김씨이고 一善郡에서 系出하였다고 한다. 그의 父는 漢碑인데 奉順大夫典客으

222 「法住寺慈淨國尊普明塔碑」, 『韓國金石全文』, p.1154, “十三投 元興寺宗然堂下 剃度受具習經論”.

로 추봉되고 母는 文氏로 公進의 딸인데 和義郡夫人으로 추봉되었다. 부모는 모두 미수가 국존이 됨에 따라 추봉된 것이며 부는 관인으로 나가지 못한 호장층이 아닌가 한다. 그러하다면 미수의 출가는 그의 본관지인 善山이었을 것이다. 출가 사찰인 원흥사는 미수의 본관지에 있고 이규보가 방문한 선산의 원흥사가 아닌가 한다.

또 다른 원흥사 관련 기록으로는 역시 같은 彌授碑의 말미에 미수의 입적에 따라 충혜왕 원년(1331) 행장자료를 모아 행적비를 세우도록 간청한 문인 314명 명단 중 첫 번째로 거명된 元興寺 住持 都僧統 大師 居玄이 있다.[223] 도승통의 승계를 소지하고 문인의 대표격의 지위에 있는 거현이 주지한 사원이 원흥사임을 알 수 있다. 이 원흥사도 미수가 출가한 원흥사일 것이다.

조선초 사원의 대폭 정리는 太宗 6년 3월 禪敎各宗合流寺社를 정하였는데 사사전 지급이 되는 242사를 공인 사원으로 하였다.[224] 나머지 많은 사원은 경제기반이 박탈되었기 때문에 유지될 가능성이 크게 줄었다. 이 조치에 따라 대가람이 도리어 汰去되거나 亡廢된 사원에 주지가 파견되는 일이 발생하여 승도의 원망을 달래기 위해 諸州 資福寺는 名刹 88寺로 대체하였다. 이 명찰 88寺 속의 慈恩宗 17寺 중에 '善州 元興寺'가 나온다.[225] 이 절은 바로 선산 원흥사가 틀림없다. 그 소속 종파명 慈恩宗은 瑜伽宗, 法相宗의 다른 이름이다. 따라서 이규보 시에 나온 원흥사와 미수비에 보이는 원흥사가 모두 선주 원흥사를 말하는 것임을 알 수 있다.

---

223 앞의 비문, 앞의 책, p.1156, "門人慈恩敎觀元興寺住持 都僧統大師居玄".

224 『太宗實錄』 卷11, 太宗 6年 3月 丁巳.

225 『太宗實錄』 卷14, 太宗 7年 12月 辛巳, "諸州資福寺 皆代以名刹…慈恩宗…善州元興寺".

원흥사는 12세기 말과 미수가 출가하고 활동한 13세기 중반에서 14세기 초, 그리고 명찰 88寺의 하나로서 조선초 태종대에 이르기까지 瑜伽宗의 宗風을 지닌 지방 사원으로 그 존재가 확인된다. 고려후기 지방 사원의 중요성이 커지는 분위기에서 원흥사를 비롯한 지방 유가종 사원을 찾아보면 그 분포 양상을 알 수 있다.

고려후기 국사에 오른 혜영과 미수의 비문에 나오는 유가종 사원을 정리하면 다음과 같다. 먼저 惠永(1228~1294)은 1239년 南白月寺 冲淵 문하에 출가하고 승과 합격후 興德寺, 俗離寺, 瑜伽寺, 佛國寺, 桐華寺에 주지하였다. 成道寺 主法으로 초청되기도 했다. 重興寺, 崇教寺 別院에도 거주하였다.[226] 혜영의 문인이 주석한 金山寺가 있다. 彌授는 元興寺에 출가하고 승과 합격후 國寧寺, 熊神寺, 莊義寺, 俗離山 法住寺, 重興寺, 瑜伽寺, 桐華寺 등의 사원에 주지하였다. 역시 崇教院에서 教學으로도 있었다. 미수의 문인이 주석한 사원으로는 元興寺, 祗林寺, 天神寺, 玄化寺 등이 있다. 이로 보면 혜영과 미수는 활동이 중복되는 면이 많다. 당시 즉 13세기 초에서 14세기 초에 이르기까지 유가종 사원의 존재 양상을 알 수 있다.

중앙의 崇教寺, 지방의 重興寺, 法住寺, 瑜伽寺, 桐華寺는 혜영, 미수가 공히 주석한 중요한 유가종 사원임이 확인된다. 개경의 玄化寺가 고려전기에 중심사원의 위상을 가졌는데 고려후기에 와서 崇教寺에 그 지위를 내준 것으로 보인다. 그 분포는 크게 중부권의 사원 곧 양주 장의사·중흥사, 청주 흥덕사, 보은 법주사 등과 남부권의 사원 곧 선산 원흥사, 현풍 유가사, 팔공산 동화사, 경주 불국사·기

---

226 「桐華寺弘眞國尊眞應塔碑」, 『韓國金石全文』, p.1078.

림사, 창원 남백월사 등으로 나눌 수 있다. 그 가운데 원흥사는 낙동강 水系에 위치하며 중부권 유가종 사원과 남부권 유가종 사원과 연계상의 고리에 위치한다.

또 1315년에 內殿 懺悔師로 봉해져서 懺悔府를 세우고 僧政을 전관하여 五敎二宗의 共議寺舍의 주지를 차견하였던 미수가 사거하자 그 추모 사업을 주도한 문인 중에 첫 번째로 거명된 居玄이 주석한 사원이 원흥사였다는 점은 당시 원흥사가 유가종단에서 중요시된 사원임을 보여 준다. 이처럼 유가종단상 중요한 위상을 가져 조선초까지 명찰 88사 중의 하나로 존속된 것이 아닌가 한다.

Ⅵ. 고려 선봉사지 출토 명문 기와 검토

사지에 산견되는 기와편은 사지의 중심 연대와 그 사원의 역사를 알 수 있는 중요 자료이다. 기와의 제작 연대는 양식의 상대 편년으로 접근할 수 있다. 어골문, 혹은 귀목문 등의 특징이나 기와 제작에서의 특징이 고려된다. 기와에 새겨진 문자 내용에 그 사명이나 시기를 가늠할 수 있는 연호 등이 나오는 때에는 그 문자를 열쇠로 사원의 역사성 곧 사원의 소속 종단의 동향까지 접근할 수 있다.

고려 사원이 현재까지 원형 그대로 보존된 경우는 전무하고 폐사된 경우가 대부분이다. 고려 사원에 대해서는 유적과 유물 자료로도 접근해야 하는 이유이다. 고려 불교사에 대한 문헌 정리가 전하지 않는다. 조선시기에 많이 인멸되었다. 기와에 문자가 있는 사례는 고려 사원의 역사를 이해하는 데 소중하다. 여기서는 선봉사지 조사를 통해 수습한 기와의 명문을 판독하고 해석하여 사지의 현황과 선봉사의 역사성을 고찰하고자 한다.

1. 기와 명문 판독 내용과 선봉사지

명문이 있는 기와편들은 경북대학교 박물관에서 2018년 4월 숭오리 절터를 조사하면서 수습한 것이다. 이 기와편은 고려건국 1100주년 기념 특별전에 전시되었다. 경북대학교 박물관에서는 1962년 4월 15일에 이미 이 절터를 지표 조사하면서 명문 기와편을 수습하여 수장고에 두고 있었다. 이 글에서 함께 검토한다. 발견 명문 기와 사진을 제시하면 다음과 같다.

사진 28 명문 상단 부분

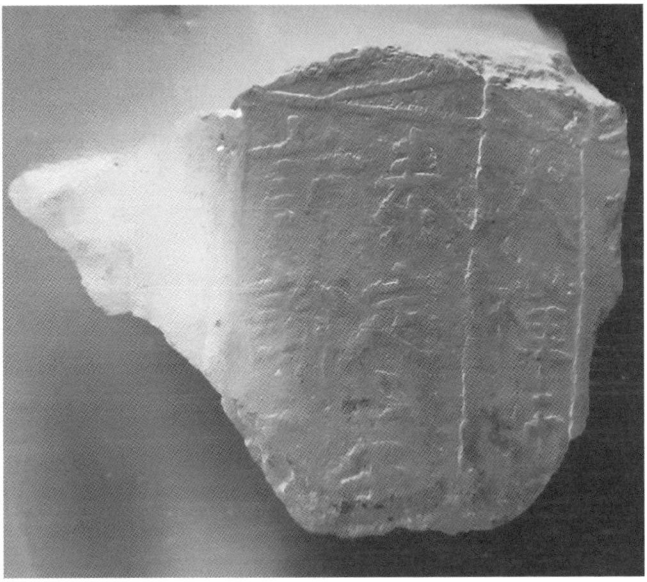

사진 29 명문 상단 부분 반전

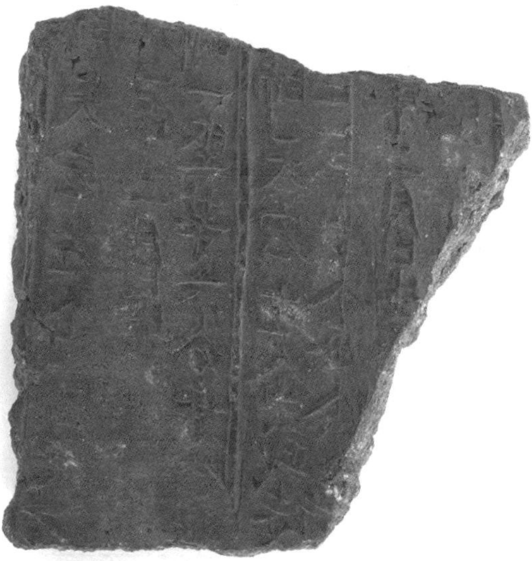

사진 30 명문 하단 부분

사진 31 명문 하단 부분 반전

사진 32 명문 중간줄 부분 반전

문자가 보이는 기와편은 크게 5조각이다. 나무로 만든 판틀에 글자를 음각하고 기와 태토에 누름으로써 좌우가 반전된 돋을새김의 글자가 되도록 하였다. 글자체는 비슷하다. 이러한 형태의 기와 명문은 고려시기 일반적인 것이다. 각 조각은 그 판틀을 두드리는 정도에 따라 그 새김의 선명도가 차이가 난다. 각 조각을 중복해서 복원하면 종서로 3줄 정도 명문 판틀의 복원이 가능하다. 각 줄은 세로로 돋을새김으로 줄을 표시하였다.

앞의 기와 사진 <사진 28>, <사진 29>, <사진 30>, <사진 31>, <사진 32>를 바탕으로 판독안을 활자로 종좌서[세로 좌서]를 편의상 횡우서[가로 우서]로 제시하면 다음과 같다.

A 판독
[1] 詣謙一堅等六分寺住持
[2] 泰定二年二月日崇山造天
[3] 大禪師天宏左厽武陵

위와 같은 방식의 명문 기와편이 발견되었다. 이는 유일 조각으로, 앞의 기와명문의 글자체와는 다르며, 크기 또한 더 작다. 이를 <사진 33>으로 제시한다.

판독문은 종좌서를 편의상 횡우서로 제시한다.

B 판독
[1] 山?王?韓
[2] 崇山寺

사진 33 숭산사명 기와편

A 판독을 살피면 다음과 같다. 전체적으로 從左書로 내용을 쓴 것으로 보면, [1]행은 기와 불사에 협력한 사원의 주지 명을 기재한 것으로 생각된다. '詣僉一堅等'은 2인의 주지승의 법휘일 가능성이 크다. '等'이 들어가면서 나머지 4인의 주지승 인명은 생략된 듯하다. '六分寺住持'는 선봉사를 본사로 하는 6개 소의 말사를 의미하거나, 천태종 전체 지방 6개 산문 곧 '天台六山'의 다른 표현일 수도 있다. 여기서는 선봉사가 천태시조비 곧 대각국사 의천의 비문을 건립한 1137년에 '天台六法眷' 곧 6개 사원의 으뜸 사원이 되었기 때문에, 선봉사를 포함한 지방 천태종 6개 사원을 의미하는 것으로 생각한다. 선봉사 대각국사비에 居頓, 神▨, 靈巖, 高達, 智谷 등 五門과 僊鳳寺를 포함한 6개소 사원 곧 '六門'이 되며 다시 말하면 '六法眷'

으로 6개의 사원을 거점으로 한 승려집단을 말한다. 이들은 지방 사원에 근거하여 개경의 국청사를 근본으로 하는 천태종 전체의 상징적 표현이다.

[2]행의 '泰定二年'은 1325년(충숙왕 12)이다. 태정은 원 진종대의 연호이다. '이월일'은 불사 시기를 말한다. 2월은 부처님 출가일과 열반일이 있어 대개 불사일로 많이 잡는 시기이다. 연간지, 월간지, 일간지 등이 쓰이지 않았다. '崇山造天'은 숭산에서 기와를 조성하였다는 뜻으로 보인다. '崇山'은 선봉사가 위치한 산명이다. 다른 기와편에 숭산사 사명이 발견된 바 있고, 선봉사 대각국사비의 내용과 음기에도 '南崇山寺'로 선봉사의 同寺異稱이기 때문이다. 이상은 기와를 제작 중창 불사한 시기와 이 절이 있는 산명을 말한 것으로 생각된다.

[3]행의 대선사 天宏은 이 기와 불사를 주관한 棟梁僧일 가능성이 크다. 동량승은 보시를 권하여 불사를 주관하는 승을 의미한다.[227] 그런데 '左忝武陵'은 무슨 의미인지 알기 어렵다. 추측건대 좌선, 무릉 등 법휘를 의미할 수 있다. 하지만 도가적 색채가 강하여 고승 법휘로 보기 어렵다. 대선사 천굉이 신선이 되어 무릉[무릉도원]으로 간 것을 의미할 수도 있다. '무릉'은 『고려사』에 나오는 능호[현종의 부왕 안종의 능호임]로 보기보다는 '무릉도원'을 의미하는 도교식 이상향·별천지·극락세계를 의미할지도 모른다. 그러면 대선사 천굉의 입적을 말하는 것이 아닌가 한다.

---

227 이규보, 「王輪寺丈六尊像靈驗收拾記」, 『東國李相國集』 권25, "所謂棟梁者 凡浮屠之勸人布施 營作佛事者之稱也".

대선사 천굉은 일연 비음기 문도조 山林에 보인다.[228] 산림은 승계를 소지하지 않은 도력이 높은 승려를 의미하는 것으로 보인다. 일연비 음기의 작성은 1295년(충렬왕 21)에 山立이 작성하였다. 기와 명문의 '천굉'[1325년 작성]이 일연비 음기의 '천굉'과 동일인일 가능성이 크다. 1295년 승계를 소지하지 않은 천굉이 30년 뒤 세속의 재상급인 대선사의 지위에 오를 수 있기 때문이다. 일연은 선종 가지산문 승려이지만, 그의 문도는 집사제자의 부류로 여러 종파에서 기재될 수 있기 때문이다. 여기서 '執事'는 승정 관여를 의미하기 때문이다.[229] 곧 일연이 국사의 지위에 오르고 승정에 관여하면서 문도로 들어온 자들이 집사제자로 분류될 수 있다. 따라서 천굉은 천태종 선봉사의 기와불사를 주관한 천태종승으로서 가지산문 일연의 집사제자로 기재될 수가 있다.

위의 기와 명문에서 알 수 있는 것은 1325년에 기와를 제작하여 선봉사가 대규모로 중창되었다는 것이다. 선봉사 대각국사비가 건립된 1137년(인종 15) 이후 선봉사의 역사는 알려지지 않는다. 다만 천태종의 중앙 거점 사원인 국청사가 선교각종 산문도반 총섭조제의 지위에서 공의사를 맡은 丁午가 국청사에 머물렀다. 천태종에서는 승려 인사권을 장악한 고승이 천태종 창립시의 중심 사원인 국청

---

228 한기문, 「고려 후기 일연 주관 인각사 구산문도회의 성격-일연비 음기 문도의 분석을 중심으로-」, 『일연과 삼국유사』, 신서원, 2007, p.154.

229 집사제자는 고승의 승정에 참여하여 형성된 문도 제자를 의미한다(한기문, 「고려 고승비 음기의 문도 검토」, 『대구사학』 144, 2021). 예컨대 승려대회를 주관하여 토론과정을 거친 참여자에게 직명을 부여하면 곧 승정에 관여한 셈이다. 일연은 구산대회를 열었기 때문에 문도조에 기재한 여러 직명의 승려들 중 사법제자가 아닌 경우는 다수가 집사제자가 될 수 있다. 현재 단편적 탁본으로 복원된 비음기 문도조는 부법제덕[사법제자]과 집사제자가 구분되지 않는다. '집사'는 승려대회 주관과 같이 넓은 의미에서 승정 관여로 볼 수 있다.

사진 34 선봉사대각국사비

사에 주석하여 천태종세를 크게 일으킬 기반을 마련한 것이다.

1315년에 국청사 금당의 석가불이 완공되자 '六山名德'을 3,000여 명 초집하여 낙성회를 열었다. 스스로 지은 『法華禮懺儀』를 행하였다고 하였다. 천태종의 교의에 맞는 석가불 주존과 예참의례를 통한 승려대회로서 종단을 결속한 것이다. '六山' 속에는 선봉사가 포함되었을 것이다.

중앙의 국청사 금당 주불이 성립되고 이어 지방의 '六山' 사원에 대한 중창도 있었을 것이다. 이번 발견의 기와 조성 시기로 기와명에 보이는 '泰定二年二月日崇山造' 구절은 곧 선봉사가 이때 중창되었음을 보여 준다.

B 판독 '숭산사'는 A 판독 [2]행에 보이는 '숭산'과 같이 이곳 사지의 사명을 말하는 것으로 보인다. 그런데 글자체가 달라 그 제작 시

기는 다르다. 글자체가 작고 기와편도 얇기 때문이다. 첫 번째 판독안의 기와보다 앞선 것으로 생각된다. 적어도 이 사지의 기와 불사가 두 차례 있었다. 이로 보아 두 번의 사원 중창이 있었음을 알 수 있다. 대각국사비가 성립되던 1137년과 연호가 나온 기와명문 작성 시기인 1325년이 그 중창 시기일 가능성이 크다. 후자의 '崇山寺'는 1137년 대각국사비가 건립되어 산문이 결집하던 시기로 생각된다.

이상의 명문 기와가 발견된 곳이 선봉사지로 볼 수 있다. 그런데 지금까지 '칠곡 숭오리 전 선봉사지'로 알려져 있다. 선봉사 대각국사비가 건립된 곳은 현재 금오산 자락의 장산제에서 북동쪽으로 1km 정도 떨어진 산 정상 쪽에 위치한다. 이곳에 '대각사'가 암자의 형태로 있다. 대각사 주지 성수 스님의 말에 따르면, 1922년경 일제의 승인을 받아 이 절을 지었고, 이곳의 대각국사비가 1942년 6월 보물로 지정되었으며, 1952년에는 대각국사비각을 완성하였다고 한다.[230] 대각사는 넓은 공간이 확보되지 못하고 있어 사원이 들어선 흔적은 없다. 따라서 대각국사비만 있던 곳으로 생각된다. 대각사의 건립은 매몰되었던 대각국사비의 출현과 관련된 현몽이 계기가 되었다는 전언도 이를 뒷받침한다.

신라말부터 승탑의 건립 장소는 사원의 북쪽, 서북쪽에 설치하는 예가 있었다.[231] 고승의 입적은 곧 승탑의 건립이 있은 뒤에 그 승탑의 비명은 문도가 작성한 행장을 바탕으로 국왕의 칙명을 받은 문한관

---

230 2012년 6월 27일 수요일 대각사 현지조사 시 주지 성수 스님으로부터 전해 들음.

231 玄暉의 승탑은 北峯(『한국금석전문』, p.324), 璨幽의 승탑은 西北岡(『한국금석전문』, p.397), 탄문의 승탑은 伽耶山西岡(『한국금석전문』, p.418) 등지에 정하였다. 사원의 지형에 따라 승탑이 세워졌으므로 동, 남 등에 세운 예도 있다.

이 지었다. 그런데 대각국사 의천의 입적 후, 영통사 서북 모퉁이에 墓室을 만들어 모시고, 묘의 남쪽에 祭堂 3간을 영건하였다. 묘 아래에 집을 지어 백정 4인을 거주하게 하여 의식을 제공하고 守墓 하도록 하였다.[232] 의천의 유해는 승탑이 아닌 묘실에 모시고 제당, 수묘인을 두어 관리하는 형태였다. 다른 고승들과 달리 사원에 묘실로 모신 것이다. 왕족의 예를 갖춘 것으로 보인다. 그리고 묘지명의 제작이 바로 이루어졌는데 묘지명의 표제는 '興王寺故國師'를 표방하였다. 교장사업이 열린 흥왕사를 의천의 주 활동 사원으로 묘지명에 반영한 것이다. 영통사비는 묘지명 제작 후 10여 년이 지나 1126년에 영통사의 서북쪽에 세워졌다. 영통사의 동북에는 묘실, 서북에는 비를 건립한 것이다.

1137년에 건립된 선봉사 대각국사비는 선봉사에 세워졌는데 이는 의천 입적 후 36년 정도 지난 후이다. 선봉사 대각국사비는 승탑이 없이 비만 존재하였다. 고려초 고승비에 보이는 영정제작과 영당도 보이지 않는다.[233] 묘실과 묘지명, 비까지 건립된 뒤에 천태종 창립시 선종에서 직투한 계열의 근거지로서 건립되었기 때문에, 비만 건립되고 비의 제액은 '天台始祖大覺國師碑銘'으로 한 것이다. 영통사비는 의천의 출가 소속 종단인 화엄종의 영통사 중심 문도 결집을 보여 주고, 선봉사비는 천태종의 선봉사에서의 문도 결집을 상징하는 것이다.

이상에서 선봉사 대각국사비가 건립된 곳의 현재 대각사는 선봉사 사역의 중심부가 될 수가 없다. 이 비의 남서쪽의 축대와 기와편

---

232 「영통사대각국사비」, 『한국금석전문』, p.583, "國師墓室在靈通寺東北隅…營祭堂三間于墓南…又造家墓下 引白丁四人居之 給衣食 使守墓…大覺國師碑在寺西北".

233 장례에 진영을 만들었던 예는 璨幽, 坦文의 사례가 있다(『한국금석전문』, p.397, p.418).

이 산재하고 주초석도 보이는 일대를 사지로 생각할 수 있다. 앞서 살핀 바와 같이 고승비는 사역의 중심부에서 북쪽 산정 가까이 세웠던 사례와도 부합한다. 이곳은 초기 사지를 조사한 보고에는 그곳 지명을 따라 '숭오리사지'라 하였다.

1977년 문화재관리국에서 종합 조사한 『문화유적총람』에서 이곳을 사지로 추정하였으나 선봉사지로 특정하지는 않았다.[234] 2005년 『문화유적분포지도』에서도 선봉사의 원래 터일 가능성만 제시하였다.[235] 2012년 『한국의 사지』 현황 조사보고서에서 사지 현황을 다음과 같이 설명하였다.[236]

숭오리 숭산마을에서 대각사로 올라가다 보면 산길 좌측에 민가 1채가 있는데, 그 뒤의 완만한 평지 일대가 숭오리사지인 것으로 추정하였다. 대각사로 오르는 임로가 개설되는 과정에서 사역을 임로가 관통한 것으로 보았다. 추정 사역의 동쪽에는 계곡이 근접한다. 사역은 2단의 석축과 평탄지로 구성되어 있다. 상단 평탄지는 경작으로 사지 유구가 멸실된 것 같으며 석축도 붕괴되어 흔적만 확인된다. 하단 평탄지도 경작활동으로 지표상에는 유구가 확인되지 않는다. 잔존 석축의 상태는 양호하여 길이 약 30m, 높이 약 2m로 허튼층쌓기하였다. 붕괴면에서 보이는 내부는 토석혼축으로 확인되었다. 유물은 주로 하단 평탄지에서 보이는데 어골문, 집선문, 종선문 와편 등이다. 지표조사만으로는 선봉사 구지로 확언할 수 없고 발굴

234 문화공보부 문화재관리국, 『문화유적총람』 중, 1977, p.311.
235 경상북도문화재연구원, 『문화유적분포지도-칠곡군』, 2005, p.154.
236 문화재청·불교문화재연구소, 『한국의 사지 현황조사 보고서 경상북도III』, 2012 하, pp.250~251.

사진 35 선봉사지 석축

사진 36 선봉사지 주초석

사진 37 선봉사지 와편

조사로 유구의 해석이 필요하다고 하였다.

2018년 숭오리 사역과 대각사 일대를 조사한 연구에는 다음과 같이 설명하였다.[237] 금오산 자락의 금곡마을 깊은 골에는 정상에서 흐르는 능선을 사이에 두고 넓게 골짜기가 남서향으로 형성되었는데 맑은 냇물이 흐른다. 현재 조성된 장산제 저수지 뒤로 '영매사'라는 작은 사찰이 있다. 이 뒤쪽 서북향에 넓은 골짜기가 형성되는데 초석으로 보이는 석재와 상당량의 기와 편들이 산재한다. 여기에는 최소 5~6단 정도 축차적으로 석축 단이 형성되고 다양한 건물이 조영된 것으로 보았다. 1964년에 여기서 발견·출토된 7층석탑과 금동불

237 엄기표, 「칠곡 선봉사지의 사적과 원위치에 대한 시론」, 『문화사학』 49, 2018, pp.172~178.

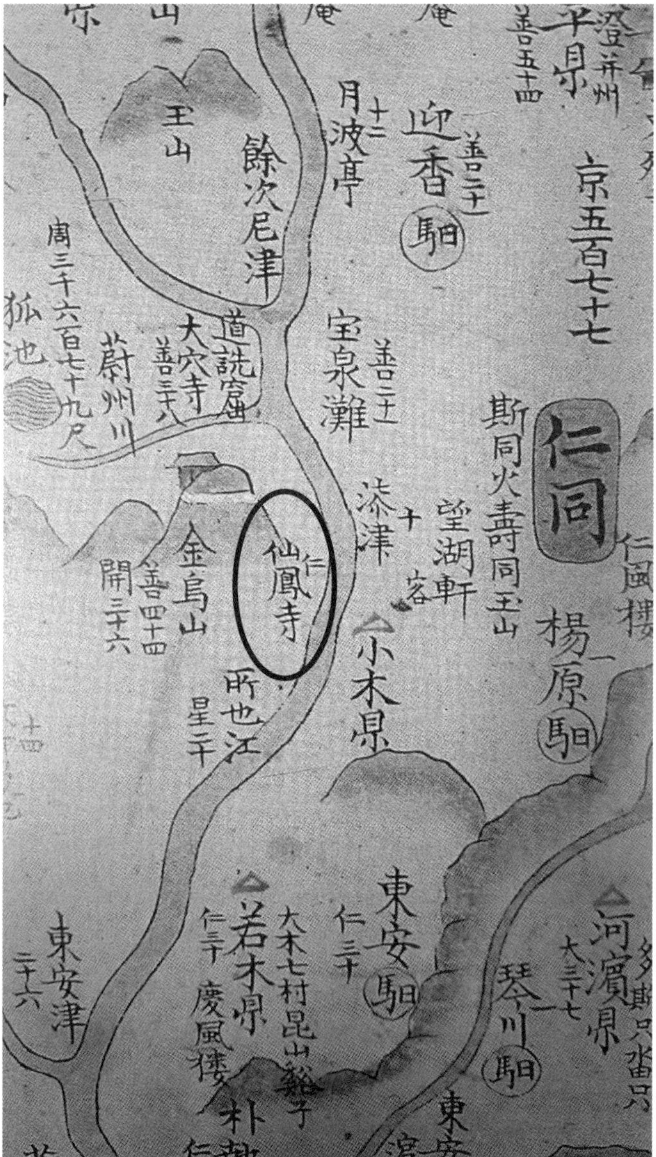

사진 38 『동여비고』 선봉사

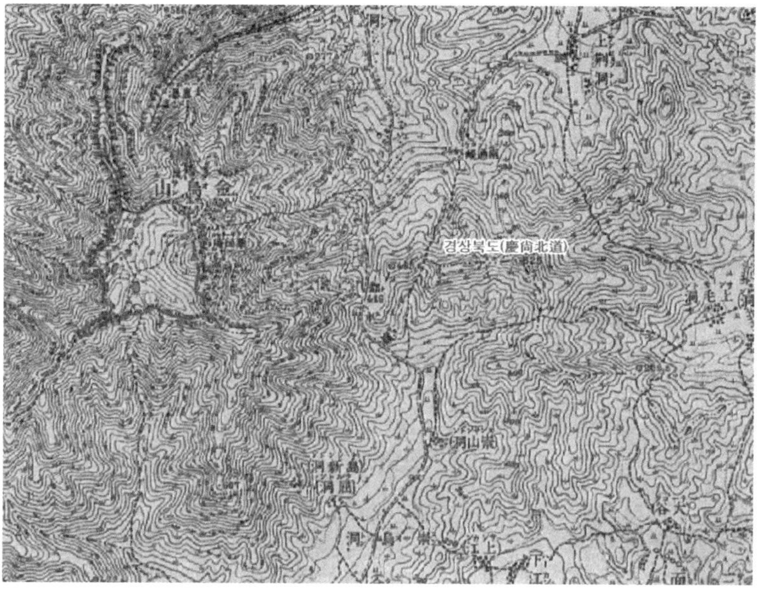

사진 39 근대지도 선봉사지 일대

상으로 보아 고려 선봉사지의 원위치로 확신하였다.

이상의 사지 조사를 살펴보면 숭오리 일대를 사지로 보고 있는 데는 공통이다. 2012년 조사에는 2단의 석축으로 구성된 사지로 보았으나, 2018년 조사에서는 최소 5~6단의 석축단으로 조성된 사역으로 보고 7층석탑과 금동보살좌상의 출토를[238] 선봉사지로 보는 결정적 단서로 보았다.

필자는 고승비가 대개 사역의 북동 혹은 북서에 건립되는 관행으로 보아 선봉사의 중심 사역은 숭오리사지가 맞을 것으로 보았다.

238 7층탑과 금동보살좌상은 현재 개인이 소장하고 있다. 탑이 있던 탑지나 금동보살좌상의 출토지는 특정하지 못하였다.

이곳에서 수집한 기와의 명문 '崇山造'에서 선봉사지임을 확인할 수 있다. 앞으로 여기에서 기와를 제작한 요지의 발견과 발굴도 필요하다. '崇山'은 오늘날 금오산을 고려시기에 지칭한 것이다. 선봉사 대각국사비에 선봉사의 이칭으로 '南崇山寺'를 두 번 언급하였다. 곧 줄이면 '崇山寺'이다. 즉 이는 기와명의 '崇山'과 '崇山寺' 등은 숭산사를 지칭하며 곧 僊鳳寺이다. 따라서 숭오리 일대의 사지는 선봉사지임이 분명하다.

2. 기와 명문으로 본 천태종의 동향과 선봉사

1325년 선봉사의 중창 사실과 선봉사지의 위치 확인을 바탕으로 고려후기 선봉사의 소속 종단인 천태종의 동향과 선봉사의 위상을 살펴본다.

천태종의 성립은 의천의 제종의 겸학에서 비롯하여 이 땅에 천태종이 성립하지 않아 학자가 끊어졌다고 생각하여 창립한다는 동기를 가졌다. 이어 문도를 모으고, 태후의 대원을 바탕으로 국청사를 창건하여 천태일종의 학자를 결집하였다. 1101년 승과에서 천태종 경론 120권으로 고시하여 승려를 선발함으로서 제도적으로 조계, 화엄, 유가 등과 함께 4대업[4대종파]을 이루었다.[239]

이 해 의천의 입적으로 현실의 승려 근거 문제가 발생하자 선종에서 '國師下' 곧 의천 문하로 직투한 익종 계열이 위기에 처하였다.

239 「선봉사대각국사비」, 『한국금석전문』, p.601, "乾統元年辛巳 大覺始擧宏綱 抄學優者一百人 坐奉恩寺 以宗經論一百二十卷 試取賢良四十人 而與先國初大行曺溪華嚴瑜伽 軌範齊等 世謂之四大業也".

1104년 숙종의 판으로 이들을 '천태육법권'의 으뜸으로 인정하여 유지할 수 있었다. 익종의 입적으로 다시 그 제자들은 해산하였으나 익종의 제자이면서 승과에서 으뜸을 한 교웅은 익종 문도임을 고수하자 유력 문파 宗匠의 견제로 홍주 백암사로 좌천되는 등 어려워졌다.[240]

하지만 1115년(예종 10) 의천의 제자 화엄종 징엄의 추천으로 예종의 측근에 나아가고, 1120년(예종 16) 선사가 되었으며, 인종 즉위후 외제석원에 머물렀다가 1135년(인종 13) 천태종의 근본 국청사에 주지하면서 대선사에 올랐다. 이때 지지부진하던 천태시조비문의 칙찬을 1132년(인종 10)에 시행하여 1137년(인종 15) 완성한 것을 계기로 선봉사를 근거로 익종-교웅 계열은 다시 결집하여 남숭산문의 주류를 형성할 수 있었다. 비문 음기에 법손문도직명에 절반 이상이 익종계열임이 밝혀진다.[241]

선봉사에 근거한 남숭산문은 의종, 명종대까지 천태육법권의 주도적 위치에 있었다. 교웅의 제자 德素가 의종을 隨駕할 때 의종이 師에게 종석학 비직자 추천을 명하자 추천자가 모두 公望에 부합했다. 대선사가 되어 1171년(명종 1)에 왕사에 책봉되었다. 자씨산 영원사, 지륵산 영국사 등도 덕소의 영향력으로 주지 혹은 하산소로서 굴산문에서 천태종으로 소속되었다. 덕소는 1174년(명종 4)에 입적하였고, 영국사 국사비는 1180년(명종 10)에 건립되었다.

고종대 최씨정권하에서는 혜심의 비문 건립을 계기로 천태종의 월남사가 굴산문으로 소속이 바뀐 적이 있다. 선종 굴산문 계열의

240 교웅의 행적에 대한 연도별 근거자료는 「국청사묘응대선사교웅묘지」, 『한국금석전문』, pp.634~636 참조.

241 한기문, 「고려시기 천태종 남숭산문의 성립과 사상적 경향」, 『역사교육논집』 50, 2013.

순천 修禪社가 강도에 禪源社를 근거로 부각되었다. 반면 천태종 백련사는 요세, 천인 등의 강진 만덕산 백련사, 천책의 상주 공덕산 동백련사 등으로 확산되었으나 중앙에서의 활동 고승이나 주지한 사원 등의 기반은 보이지 않는다.[242]

충렬왕은 최씨 정권기부터 주도적 굴산문 계열 수선사를 대체하는 종단을 지원하였다. 종단 개편은 가지산문, 유가종, 천태종 등을 부각하여 불교계의 중심으로 하는 것이었다. 먼저, 1283년(충렬왕 9) 가지산문의 일연을 국존으로 책봉하였다. 1284년(충렬왕 10) 인각사로 하산하여 1289년(충렬왕 15) 입적할 때까지 구산문도회를 열어 선종계를 주도하였다. 1295년(충렬왕 21) 보각국존비명이 건립되었다.[243] 그리고 유가종 惠永은 1290년(충렬왕 16) 사경승 100원을 이끌고 원 대도에서 금니로 대장경을 사경하는 일을 마치고 귀국하였다. 1292년(충렬왕 18) 그를 국존으로 책봉하고 오교도승통직을 내려 桐華寺에 주석하도록 하였다.[244] 한편, 1284년(충렬왕 10) 충렬왕은 천태종의 근본 국청사의 金塔을 수리하여 불아를 금탑내에 매납하였고,[245] 그해 묘련사를 창건하여 원 황제의 원당으로 삼았다.[246] 妙蓮社의

242 한기문, 「고려후기 백련사 신앙결사의 배경과 전개 양상」, 『남도문화연구』 37, 2019.

243 「인각사보각국존비」, 『한국금석전문』, p.1067.

244 「동화사홍진국존비」, 『한국금석전문』, p.1078.

245 『삼국유사』 권3 탑상4 전후소장사리, "二十一年甲申[1284(충렬왕 10)] 修補國淸寺金塔 國主與莊穆王后 幸妙覺寺 集衆慶讚訖 右佛牙與洛山水精念珠如意珠 君臣與大衆 皆瞻奉頂戴 後幷納金塔內 予亦預斯會 而親見所謂佛牙者 長三寸許 而無舍利焉 無極記". 이 내용은 일연이 쓴 것이 아니라 무극이 썼다. 무극은 곧 청분, 혼구 등과 동일인인데 일연의 제자였다. 가지산문 소속으로서 혼구는 내원당에 있을 때 충렬왕의 국청사 금탑 수보와 불아, 낙산사 수정염주, 여의보주 등을 매납하는 행사에 참여한 것으로 생각된다. 이 무렵 혼구는 내원당 승이었다.

246 「묘련사중흥비」, 『익제난고』 권6.

개산 승은 사자암의 洪恕였다. 그는 뒤에 국존이 된 景宜가 結社할 때 차석이었다. 圓慧國師 경의는 묘련사의 초대 주지였다.[247] 국청사와 묘련사는 모두 천태종의 중앙 사원이었다. 『선문보장록』 서문에 따르면 1293년(충렬왕 19)에 천태종승 천책은 內願堂 승이었다.[248] 1295년(충렬왕 21)에 천태종 경의를 국존으로 책봉하였다.[249] 충렬왕은 1302년 정오를 묘련사 주법으로 하였고, 1307년(충렬왕 32)에 왕사로 책봉하고 金藏寺를 하산소로 삼게 하였다.[250]

충선왕은 1308년(충선왕 즉위) 왕사 정오에게 선교각종 산문도반 총섭조제의 호를 올리고 공의사를 전관하도록 하였다. 그해 가지산문의 混丘를 양가도승통에 제수하였다.[251] 왕사 정오에게 총섭조제의 비상직을 올려 승정권을 행사하게 하고, 혼구에게 양가도승통의 승정 실무직을 제수하였다. 1309년(충선왕 1) 정오를 국청사에 주석하게 하고 五臺, 水岩, 槽淵, 安樂, 碼瑠 등 5사를 이 절에 下院으로[252] 삼게 하였다.

충숙왕은 1313년(충숙왕 즉위) 11월에 정오를 國統으로 삼았다. 한편 이해에 가지산문의 혼구를 王師로 책명하였고,[253] 유가종의 彌授

247 원혜국사가 경의이고 그가 묘련사 초대 주석이었다는 것에 대한 고증은 채상식, 「묘련사의 창건과 그 성격」, 『고려후기불교사연구』, 일조각, 1991, pp.188~189 참조.

248 「禪門寶藏錄序」, 『한국불교전서』 6, 동국대학교출판부, 1984, p.469, "海東沙門內願堂眞靜大禪師天頙蒙且序 至元三十年癸巳十一月日也".

249 『고려사』 권31 충렬왕 21년 5월 신사.

250 이하 정오의 행적에 대해서는 박전지, 「영봉산용암사중창기」, 『동문선』 권68 참조.

251 이하 혼구의 연대별 행적에 대한 근거는 이제현, 「자씨산영원사보감국사비명」, 『익제난고』 권7 참조.

252 이들 사원은 국청사의 재정 기반으로서 의미가 있을 것이다.

253 이제현, 「자씨산영원사보감국사비명」, 『익제난고』 권7.

를 양가도승통으로 삼았다.[254] 대각국사 당시 있던 천태종 중심 국청사가 중간에 비색하여 없어지게 되었던 것을 1315년(충숙왕 2) 정오는 국청사에 석가여래와 두 보살상을 만들고 만금으로 장식하였다. 이때 10월 14일부터 시작하여 3일간 '六山名德' 3,000여 명을 불러 모아 경석을 베풀고 처음으로 새로 스스로 지은 法華禮懺儀를 행하여 낙성하였다.[255] 이 무렵 혼구는 1310년부터 정오가 주지하여 천태종 소속이던 영원사로 하산하여 천태종 소유가 되었던 영원사를 본래대로 복구하였다.[256] 대신 정오는 1315년부터 1318년까지 제찰사를 매년 파견해 계속 수리한 靈鳳山 龍巖寺로 하산하였다.

충숙왕에 전위하고 태위왕으로서 상왕이 된 충선왕은 傳旨 정치로 국내 불교 기반으로 유가종을 집중 지원하였다. 유가종의 미수는 양가도승통이면서 1315년(충숙왕 2) 內殿懺悔師로서 懺悔府를 세우고 승정 곧 五教二宗 共議寺社[각 종파의 사원 주지인사]를 전관하게 되었다. 원의 승관을 관료제화한 제도를 도입하여 승정의 관료체계를 더욱 강화하였다. 내전참회사는 內願堂의 이칭으로 생각된다. 곧 양가도승통이면서 내원당으로서 세속 관료와 같은 일품계, 봉군, 봉록 등을 받으면서 승정 전관을 한 셈이다. 모든 소속 종단 사원에 대한 인사권을 행사하였다. 유가종 미수의 급부상은 충숙왕의 지원이 아니고 충선왕이 상왕으로서 실질적으로 지지한 것이다. 충선왕이 원의 중앙 정치무대에서 배제된 1319년에서 1323년 사이에는 미수의

---

254 「법주사자정국존비」, 『한국금석전문』, p.1155.

255 민지, 「국청사금당주불석가여래사리영이기」, 『동문선』 권68, "王弟大覺國師入唐求法 始立天台六山 因卜地於松山西南麓創寺 亦曰國淸 爲六山根本".

256 이제현, 「자씨산영원사보감국사비명」, 『익제난고』 권7, "因命住 瑩原寺本禪院 元貞中爲智者宗所有 以師故 始復其舊焉".

영향력이 없었던 것으로 보인다. 1323년 충선왕이 원 대도로 복귀한 후 1325년 죽을 때까지 미수는 국존에 임명되어 법주사로 하산하였는데 이 시기에 다시 영향력이 잠시 회복되었을 것으로 보인다.[257]

이상의 원간섭기 왕대별로 각 종파를 대표하거나 승정을 통해 영향력을 행사한 중앙 승직자의 활동을 중심으로 종단의 동향을 살펴보았다. 충렬왕대에는 최씨정권기 부각된 수선사계통에 대한 견제로 가지산문의 일연, 유가종의 혜영, 천태종의 정오 등이 왕사의 지위에 오르면서 3종파가 부각되었다. 이러한 기조는 충숙왕대까지 이어졌다.

충선왕대에는 정오가 共議事[사원주지 인사]를 전관하고 천태종의 근본 국청사를 중건하고 주불과 두 보살을 만금으로 장식하여 천태육산을 결집하는 승려대회를 열었다. '천태육산'은 居頓, 神▨,[258] 靈巖, 智谷, 高達, 僊鳳 등을 의미한다. 국청사는 천태육산의 '根本'인 것이다.[259] 정오는 1280년대 상주 공덕산 백련사에 머물렀고, 공덕산 백련사에서 1240년대 동백사를 주법한 천책이 남긴 『호산록』에 발문을 1307년에 작성하였다.[260] 천책은 만덕산 백련사를 결사한 요세의 제자였다. 따라서 정오는 백련사 결사의 전통을 계승하였다. 원간섭기 충렬왕대부터 중앙에서 천태종 재건의 중심으로서 역할을

---

257 한기문, 「고려시대 자정국존 미수의 생애와 활동」, 『선주논총』 23, 2020.

258 북숭산 신광사로 추정된다. 『삼국유사』 권3 탑상4 전후소장사리, "後唐同光元年 癸未本朝太祖卽位六年 入朝使尹質所藏五百羅漢像 今在北嵩山神光寺" 참조.

259 민지는 국청사가 '육산근본'이라 하였다. 사자산문, 봉림산문 등에서 합류한 '천태오문'과 사자산문계 익종계가 중심인 선봉사를 본산으로 한 남숭산문을 합쳐 '천태육산'이 되며, 국청사는 천태육산의 근본으로 인식한 것이다.

260 정오, 「庵居日月記」, 『동문선』 권68; 「跋眞靜湖山錄」, 『萬德寺誌』(허흥식, 『진정국사와 호산록』, 민족사, 1995, p.323), "大德十一年十月日 王師佛日普照淨慧妙圓眞鑑大禪師丁午跋".

한 것이다. 의천의 문도를 결집하고 국청사를 중심 도량으로 하여 승정권을 전관하면서 주도하였다. 따라서 천태 육산의 사찰들 역시 서로 연대하여 재건에 착수하였을 것이다.

하지만 국청사가 완공되어 천태종이 결속하던 무렵, 충선왕은 충숙왕에게 양위하고 원 대도에서 傳旨로서 국내 정치에 간여하였다.[261] 충선왕은 1298년 첫 번째로 즉위하였다가 그해 강제 퇴위되어 원에서 마음을 추스를 때, 미수에게 요청하여 풀이한 大般若經 難信解品과 心地觀經記를 읽으면서 마음을 달랜 인연으로 미수를 양가도승통 내전참회사로서 참회부를 세워 승정권을 실무적으로 전결하는 권한을 가지게 하여 불교계 세력을 장악하려 하였다.[262] 이로써 유가종의 세력 확산이 뒤따랐다. 국청사를 근본으로 지방의 천태육산의 재흥은 잠시 중단되었을 가능성이 크다. 정오는 영봉산 용암사로 하산하였기 때문이다.

1325년 충선왕의 죽음과 미수의 국존으로서 법주사로 하산하여 유가종 미수의 승정에 대한 영향력은 끝난 셈이다. 이 무렵 선봉사 기와가 조성되고 '육분사주지'의 협력을 뜻하는 명문 내용은 의미가 심장하다.

다시 관련 부분만 인용하면 다음과 같다. A 판독 [1], [2]행은 '詣諭一堅等六分寺住持 泰定二年二月日崇山造天…'으로 '예유, 일견 등 '六分寺'의 주지들이 (협력하여) 태정 2년(1325) 2월에 숭산(숭산사)에서 천을(기와를) 만들었다'로 해석된다. '육분사'는 '天台六本

---

261 『고려사절요』 권24, 충숙왕 5년 5월, "時 上王在元 凡國家事 遙傳旨施行".
262 한기문, 「고려시대 경주 기림사의 위상과 소속변화」, 『한국사연구』 194, 2021.

山寺'를 의미하고, 천태종의 '六法眷', '六門', '六山門', '六山' 등과 같은 뜻으로 해석된다. 1315년 천태종 근본 국청사만 중건된 것이 아니라 시차를 두고 육산의 6개 사찰의 중건도 예상되는데, 그중 선봉사의 기와 불사 명문은 1325년에 이 사원이 대대적으로 중창되었음을 입증하는 것이다.

원간섭기 몽골과의 전쟁으로 민생이 피폐화된 데다 충렬왕대 동정군 징발과 대대적 군비조달에 따른 물력 박탈로 종단의 유지에도 큰 타격을 입었을 것이다.[263] 이때 지방 사회의 결사 운동으로 중앙 무대에서 배제되었던 천태종이 다시 부상하여 중앙의 국청사의 재건과 지방의 천태육산 중에서 의천의 직투계열의 '本山寺'가[264] 된 선봉사의 중창에 육분사 주지가 협력하였다는 사실은 이 선봉사지 명문 기와가 증거한다. 이때에도 선봉사는 육산 중에서 으뜸임을 짐작할 수 있고 천태종은 의천계가 주도한 것으로 생각된다.

종래 원간섭기 요세 백련사계열과 의천계열로 구분하여 인식하였다. 정오계열은 백련사계열이므로 의천계의 행방과 위상을 짐작할 자료가 없어 궁금하였다. 선봉사지 발견 기와 명문 내용으로 의천계열의 주류인 선봉사 곧 남숭산계열의 존재가 이 시기에 확인되었다. 정오의 국청사 재건과 공의사 전관, 그리고 천태육산 결속은 의천을 시조로 한 천태종의 재건이었다. 정오가 1309년 국청사로 이주하기 전에 1302년 묘련사의 3세주법이 된 적이 있지만, 묘련사 계통은 경

263 이 시기 동정군 징발에 따른 민생의 어려움에 대해서는 충지의 시에 절절히 표현되었다(冲止, 「嶺南艱苦狀二十四韻 庚辰年造東征戰艦時作」, 『圓鑑國師集』 詩).

264 「선봉사대각국사비」, 『한국금석전문』, p.601, "大覺歸寂 嚮之五門 各有資蔭本山寺 唯國師門下 無所依怙".

의의 적사이며 조인규의 4자인 의선에 의해 주도된 것이다. 정오가 국청사로 옮겨 주석하여 천태종을 재흥한 결과 선봉사가 1325년에 육산주지가 협력한 중창이 가능했다. 다만 1315년부터 유가종 미수의 강력한 승정권 행사로 지방 천태종 재건 문제는 유보된 듯하다. 미수의 영향력과 그를 후원한 충선왕의 죽음으로 1325년에야 선봉사의 중건이 가능했다. '泰定二年'[1325년]명 선봉사지 기와명의 출현은 이러한 사실을 뒷받침하는 고고문자자료라는 점에서 의미가 크다.

제4장

문헌상 금석문의 의의

I. 고려 태조 친제 흥법사 진공대사비 복원·교감과 의의

고려 태조대에 건립된 7개소의 고승비가 전하는데 이는 고승의 일대기는 물론 태조와의 관계, 나아가 고려 태조대의 상황을 이해하는 중요한 자료이다. 그중에서 흥법사 진공대사비는 고려 태조의 친찬이라는 점과 당 태종의 글씨를 집자한 비라는 점에서 주목을 받았다.

현전하는 비의 모습은 크게 두 부분으로 절단되어 상단과 하단 부분으로 나누어지는데 중간 부분은 망실된 상태이다. 현전하는 탁본과 각종 문헌 자료로 복원하고 교감할 필요가 있다. 가장 많은 자수를 제시한 허흥식 판독문이 있지만, 현존 탁본으로 밝혀지지 않은 부분을 많이 제시하여 그 근거에 대한 교감의 필요성이 크다.

이 장에서는 진공대사비에 대해 고려 당대부터 근대에 이르기까지 관심을 두고 살핀 과정을 통해 현상과 유래를 정리한다. 이를 토대로 비문의 내용을 최대한 복원하는데, 현존 비에 결실된 부분을 각종 문헌과 탁본을 통해 구체적으로 제시하고자 한다. 마지막으로 복원된 비문 내용을 가지고 이 비에 관한 기존 연구를 검토하여, 태조가 친찬한 배경, 진공대사 충담과 태조의 관계 등을 새롭게 살펴본다.

1. 비의 유래와 현상

고려 당대에 흥법사비에 관해 관심을 보인 이는 13세기에 생애를 보낸 진정국사 천책이다. 그가 쓴 『禪門寶藏錄』에서 이 비문을 인용·제시하였다.[1] 이 책의 서문은 해동사문 내원당 진정대선사 天頙蒙且가 1293년에 썼고, 발문은 蒙庵居士 李混이 1294년에 작성하였다. 천책은 『선문보장록』 서문에서 크게 3문으로 나누었는데 선과 교가 혼동되고 있기에 禪敎對辨門을, 강사들이 선을 비난하고 있기에 諸德歸伏門을, 선을 유통시키는 일은 군신의 몫이기에 君臣崇信門을 세웠다고 하였다. 흥법사비를 인용한 부분은 군신숭신문 33칙 중 제12칙이다. 내용은 크게 3부분을 발췌하여 선의 유래와 한 명제, 양 무제가 향화 인연을 맺은 것 등이다. 명제나 무제와 같이 태조가 진공대사를 모신 것을 강조한 부분이다. 진공대사에 관한 내용은 부분 발췌지만 비문이 온전할 때의 내용을 옮긴 것으로 보인다 (<사진 1>, <사진 2> 참조).

이제현은 『역옹패설』에서 흥법사비문에 대해 언급하였다. "북원의 흥법사비는 우리 태조가 비문을 짓고 최광윤이 당 태종 황제의 글씨를 모아 돌에 모각한 것인데, 辭意가 웅장하고 깊고 거룩하고

1 「君臣崇信門」, 『禪門寶藏錄』 卷下(『한국불교전서』 6, 동국대학교출판부, 1984; 1611년 能仁庵 古刊本 『禪門寶藏錄』은 『萬德寺誌』 아세아문화사 영인, 1977, pp.220~284 참조). 고려태조신성대왕에서 3구절을 인용하였는데 각 구절 인용 끝에는 '云云'이라 하였고, 3개 구절 인용 끝에는 '海東興法寺碑'라 하여 3구절의 인용 근거가 태조가 친찬한 흥법사 진공대사비임을 제시하였다.

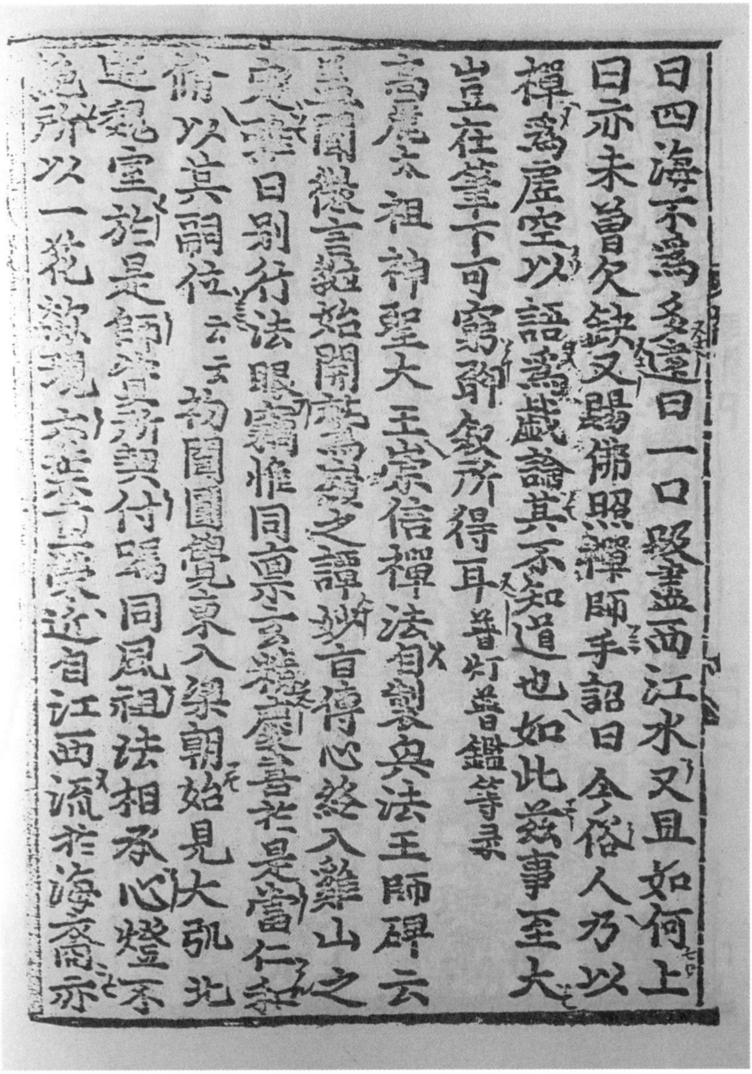
日四海不爲多邉曰一口吸盡西江水又且如何上
曰亦未曾欠缺又賜佛照禪師手詔曰今俗人乃以
禪爲屋空以語爲戲論其不知道也如此茲事至大
豈在筆下可窮乎叙所得耳 晉灯晉鑑等录
高麗太祖神聖大王崇信禪法自製與法王師碑云
曇聞從言教始聞[illegible]之譚妙旨傳心終入雞山之
見[illegible]日別付法眼窮惟同[illegible]一[illegible]是當仁[illegible]
請以真嗣位 云云 豹聞圓覺泉入梁朝始見大弘北
道魏室於是師資契付囑同風祖法相承心燈一[illegible]
[illegible]所以一花[illegible]述自江西流於海[illegible]亦

사진 1『선문보장록』 태조 부분1

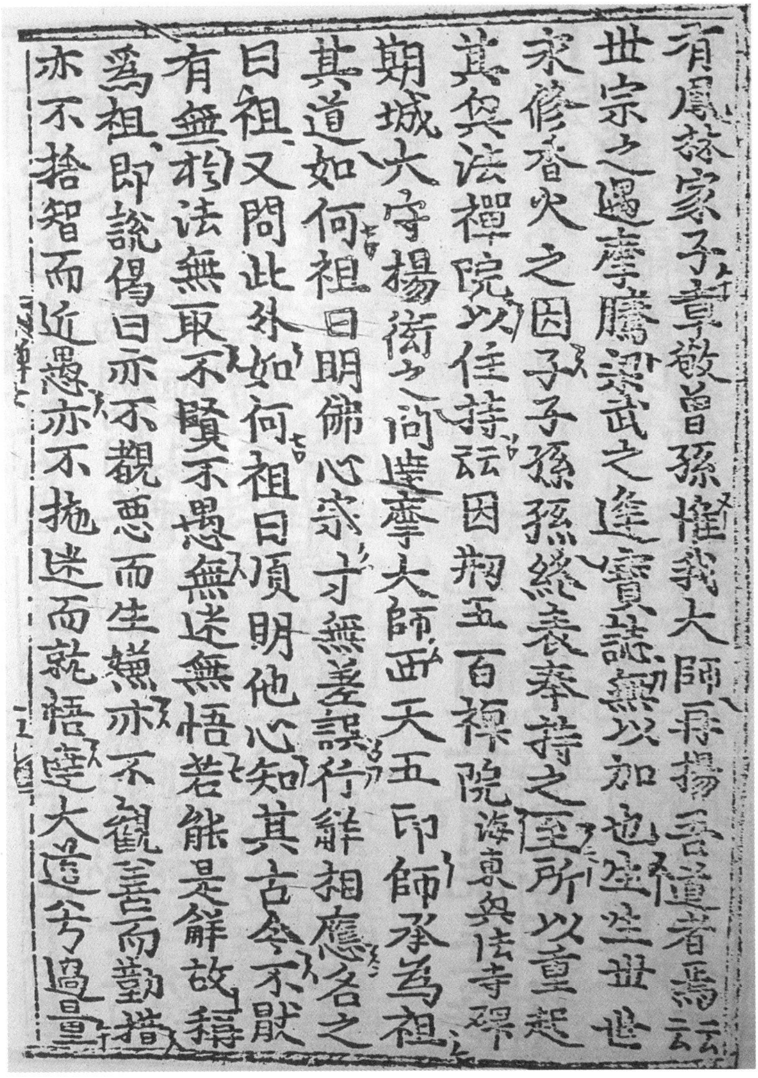
有鳳林家子章敬曾孫權我大師居揚吾道者焉云
世宗之遇達摩梁武之逢寶誌無以加也世世
求修香火之因子子孫孫繼奉持之匡所以重起
其與法禪院以住持云因捌五百禪院海東與法寺碑
朔城大守揚衍之問達摩大師西天五印師承爲祖
其道如何祖曰明佛心宗寸無差誤行解相應名之
曰祖又問此外如何祖曰須明他心知其古今不厭
有無於法無取不賢不愚無迷無悟若能是解故稱
爲祖即說偈曰亦不覩惡而生嫌亦不觀善而勤措
亦不捨智而近愚亦不拋迷而就悟達大道兮過量

사진 2 『선문보장록』 태조 부분2

아름다워 玄圭에 赤舃을 신고 조정에서 읍양하는 것 같으며, 크고 작은 글자와 해서와 행서가 서로 알맞게 배열되어 난새와 봉새가 물 위에 떠서 초연한 기상을 머금고 있는 듯하니, 참으로 천하의 보물이라 하겠다"라 하였다.[2] 흥법사비문의 상태에 대한 것보다 글과 글씨에 대한 총괄적 품평이다. 비문 자체는 이제현 당시까지 온전했던 것으로 짐작된다.

조선초 서거정(1420~1488)의 시에 "법천사 뜰에서는 탑을 시로 읊고, 흥법사의 대 앞에서 비석을 탁본하네"라 하였다.[3] 1481년에 서거정이 찬진한 『동국여지승람』 원주 불우조에 흥법사는 "건등산에 있다. 절에 고비가 있는데 고려 태조가 친히 글을 짓고 최광윤에게 명하여 당 태종의 글씨를 모아 모각하였다."라 하였다.[4] 이 당시까지 흥법사는 폐사되지 않았고 진공대사비도 그 절에 손상되지 않은 채로 있었다.

성현(1439~1504)은 그의 문집 『허백당집』에서 흥법사 진공대사비명에 대해 다음과 같이 기록하였다.[5] 史局에 근무할 때 고려 『태조실

---

2 『櫟翁稗說後一』, "北原興法寺碑 我太祖親製其文 而崔光胤集 唐太宗皇帝書 模刻于石 辭義雄深偉麗 如玄圭赤舃揖讓厠廟 而字大小眞行相間 鸞漂鳳泊氣呑象外 眞天下之寶也".

3 「送閔貞赴任原州」, 『四佳集補遺』 권3, "法泉庭下詩題塔 興法臺前墨打碑".

4 『신증동국여지승람』 권46 원주목 불우 興法寺, "在建登山 寺有碑 高麗太祖親製其文 命崔光胤集唐太宗書模刻".

5 「題興法寺 眞空大師碑銘」, 『虛白堂文集』 권9, "余曩在史局 閱高麗太祖實錄 王製興法寺碑文 集唐太宗所書爲字 讀卒 謂同僚曰此是絶代奇寶 若或見之 可以攄懷古不盡之意 後二十載 按轡到原城 簿牒之隙 登樓望北郊 有破屋三間 曰觀音寺 伻小僕往覘其中有何物 僕云只有泥狄七八體及半部豐碑而已 傳摸而觀之 則文勢浩汗 字體遒勁 如翔鸞翥鳳軒擧乎九霄之外 非英雄大手 莫可爲也 書云原州 靈鳳山 興法寺王師眞空之塔 御製 崔光胤奉敎集太宗 文皇帝書 師以咸通十年誕生 天祐十五年 求法於中國 以時考之 咸通天祐皆晩唐年號 而王氏建國於五季之初 則太祖所製而唐 太宗之書無疑 問諸吏則曰興法寺在今安昌南五里餘 碑必此寺所立 不知何代移實州中 其傳而護之者已久 近有一牧公見之 曰敗寺之物 藏之不祥 遂舁而棄之 雨淋日炙 婦擣衣而牛礪角 宇刓畫缺 瓜分玉碎 橫道側而莫之收

록』에서 왕이 흥법사비문을 짓고 당 태종이 쓴 글자를 집자하여 새겼다는 사실을 알고 만일 이것을 본다면 한없는 회고의 감회를 펴볼 수 있을 것으로 생각하였다. 그런 뒤 20년이 지나 원주 감사로 부임하여 누각에 올랐는데, 북쪽 교외에 3칸 집 한 채가 보여 그곳에 무슨 물건이 있는지 살펴보게 하였더니 불상 7, 8구가 있고 반 토막이 난 큰 비석이 있다고 하였다. 비문을 탁본하여 오게 하여 보니 문세가 호한하고 글씨체가 힘이 있어 영웅의 솜씨가 아니면 지을 수 없는 것이라 하였다. 글에 "原州 靈鳳山 興法寺王師眞空之塔 御製 崔光胤奉敎集太宗 文皇帝書"라 하였다. 사는 '咸通十年' 탄생, 중국 구법은 '天祐十五年'이라 하여 고려 태조의 글임과 당 태종의 글씨임을 확신하였다(<사진 3> 참조).

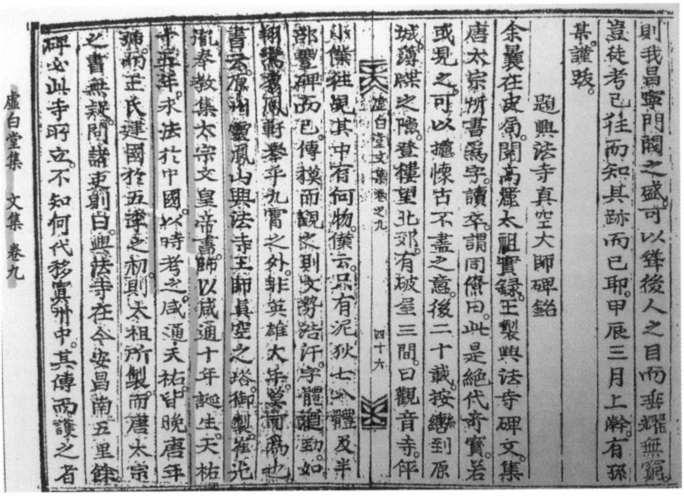
則我昌寧門閥之盛。可以聳後人之目而垂耀無窮。
豈徒考已往而知其跡而已耶。甲辰三月上澣。有孫
某謹跋。
題興法寺真空大師碑銘
余曩在史局。閱高麗太祖實錄。王製興法寺碑文。集
唐太宗所書爲字。讀卒。謂同僚曰。此是絶代奇寶。若
或見之。可以攄懷古不盡之意。後二十載。按節到原
城。薄牒之隙。登樓望北郊。有破屋三間。曰觀音寺。俾
虛白堂文集卷之九　四十六
小僕往見其中有何物。僕云。只有泥狄七八體及半
部豐碑而已。傳模而觀之。則文勢浩汗。字體遒勁。如
翔鸞翥鳳。軒拳乎九霄之外。非英雄大手莫能爲也。
書云。原州靈鳳山興法寺王師眞空之塔。御製崔光
胤奉敎集太宗文皇帝書。師以咸通十年誕生。天祐
十五年。求法於中國。以時考之。咸通天祐。皆晩唐年
號。而王氏建國。在五季之初。則太祖所製而唐太宗
之書無疑。問諸吏則曰。興法寺在今安昌南五里。餘
碑必此寺所立。不知何代移寘州中。其傳而護之者
虛白堂集　文集　卷九

사진 3『허백당집』흥법비

焉耳 余聞而歎之曰書法之妙 古人爭寶之 或有千金而購之者 或有發塚者 或有嘔血而死者 彼何心而此亦何心 其陳鄙無稽 有甚於爨琴烹鶴者 非徒有愧於當時 抑亦傳笑於千載 後人如有昌黎博雅之才 則其摩挲感慨 不啻如石鼓也 噫".

이 비가 왜 여기에 있는지를 물어보니 "흥법사는 지금 안창 남쪽 5리쯤에 있어 비석은 그 절에서 세운 것일 텐데 어느 시대 고을 안으로 옮겨 놓았는지 알 수 없으나, 전해 내려오면서 보호한 지 오래되었습니다. 근래 한 목사가 망한 사찰의 물건을 보관하는 것은 상서롭지 못하다고 내다 버렸고 그래서 비에 젖고 햇볕에 노출되는 한편 부녀자들이 옷을 다듬질하고 소들이 뿔을 비비고 하여 글자가 닳고 획이 떨어져 나가 비석이 갈라지고 부서져 도로에 방치되었는데도 수습하는 자가 없었을 따름입니다."라고 하였다. 성현이 강원도 관찰사로 재임한 때는 『성종실록』에 따르면 1483년(성종 14)이다. 그 무렵에 흥법사비는 흥법사지에서 벗어나 원주 관아로 이동 보관되었다가 방치되어 반 토막 나고 글씨가 일부 마멸된 것이다.

조선초에 비를 흥법사에서 원주목으로 옮겨 보관하여 오다가 어느 목사가 망한 절의 것이라 상서롭지 못하다고 버려두어 부서졌다는 사실을 알 수 있다. 비가 옮겨 온 배경은 흥법사의 폐사였고, 비의 파손은 어느 목사가 내다 버렸기 때문이라는 것이다. 그런데 성현의 기록과 『동국여지승람』의 기록 및 서거정의 시구에 나타난 흥법사비의 상태는 차이가 있는 듯하다. 서거정이 인식한 기록이 앞선 것이고 성현의 기록은 서거정보다 뒤의 상태로 생각된다. 따라서 조선초에 흥법사가 폐사되고 그곳에 있던 진공대사비가 원주로 이동된 것으로 짐작된다.

이민구(1589~1670)는 『동주집』 흥법비가병서에서, "어떤 한 관리가 탁본하러 왕래하는 것을 힘들게 여겨, 이 비석을 고을 관아에 옮겨 놓았다. 근년에 무인이 이 고을 진영의 營將이 되어 옆에 대장간을 설치하고, 비석 위에 쇠를 대고 두들기는 바람에 비석이 부서져 조각나고 글자가 닳아서 온전하지 못하게 되었다고 한다. 을해년(1635, 인조13) 가을에 내가 강원도 관찰사가 되어 이 비석을 찾으니, 혹은 주춧돌이나 담장의 밑돌, 그리고 비단을 두드리던 다듬잇돌에서 얻어 크고 작은 덩어리가 모두 여덟 개였는데, 대략 한 자쯤 되는 중앙의 몇 조각은 끝내 얻지 못하였다. 이에 공인에게 단을 따라 탁본하여 비석의 모양을 모아 이루니, 그 글을 또한 대략 읽을 수 있었다. 나는 세월이 더 흐르면 더더욱 흩어져 없어질까 염려하여 객관 모퉁이에 작은 집을 지어 비각을 세우고, 또 그 내력을 기록하여 후대에 보는 자들이 이 비석의 이루어짐과 훼손됨과 존망을 알아 오래도록 보전할 수 있게 하였다. 때는 崇禎 9년 병자년(1636, 인조 14) 4월 어느 날에 쓴다."라고 하였다.[6]

이민구가 들은 바 어떤 관리가 탁본하러 왕래하는 것을 힘들게 여겨 고을 관아에 옮겨 놓았다는 사실은 성현이 알아본 고을 관아로 비를 옮겨온 것과 일치한다. 1635년에 이민구는 강원도 관찰사로 부임하여 근년에 대장간에서 쇠를 단련하는 돌로 사용하여 비가 부서졌다는 사실을 알았다. 그렇지만 성현이 어떤 목사가 관아에 탁본의 편의를 위해 둔 비가 상서롭지 못하다고 여겨 밖으로 버려 두어 파손된 것으로 이해한 것과 차이가 있다.

이민구는 당시 조각난 흥법사비를 수습한 결과 크고 작은 덩어리

6 「興法寺碑歌 幷序」, 『東州集 前集』 권7, "有一官吏病其工役往來 移置州廨 近歲武人爲營將是州 設冶于旁 鍛鐵其上 石碎爲片段 字又刓缺不全 嶧山民火燒秦刻 俱爲斯文遺恨 乙亥秋 余按東節 購求是石 或得諸柱礎墻址及擣帛之碪 凡大小八段 中央數片約一尺許 終不可得 乃令工人隨段搨印 集成碑樣 其文亦略可讀 余懼其歲久而愈益散佚 就客館隅創小屋閣之 且記其數 庶幾後之覽者 知斯石之成毁存亡 而有以葆傳之久遠也 時崇禎九年丙子四月日".

8개 정도를 모아 객관 모퉁이에 비각을 세워 보전하고 단을 따라 탁본하여 비석 모양을 이루니 대략 읽을 수 있었다는 기록을 남겼다. 한 자쯤 되는 중앙의 몇 조각은 끝내 얻지 못했지만, 비의 대략적인 모습은 갖추었던 것으로 보인다.

조속(1596~1668)은 비의 앞면 2행~13행까지 탁본하고 뒷면 2행~5행까지 상단 부분을 탁본하여 『금석청완』 법첩으로 남겼다. 이우는 비 앞면 25행~30행까지 일부와 비 뒷면 1행에서 5행까지 상단 부분을 탁본하여 『대동금석서』 법첩을 만들었다[1668]. 이는 모두 현존하는 비편의 내용과 일치한다. 그런데 『금석청완』과 『대동금석서』 법첩의 비문 일부 탁본은 서로 중복되는 글자가 없다. 하지만, 이들 법첩으로는 비문의 상황을 짐작할 수 없다.

성대중(1732~1812)은 『청성집』에서 흥법사비에 대해 기록하였다. "임진란 때 왜장 중에 글을 읽을 수 있는 자가 있어서 비를 실어 돌아가는데 조령에 이르러 운반할 수 없다는 것을 알고 비의 허리를 철퇴로 부수고 갔다. 강원도 관찰사가 마침 다시 운반하여 聽政所 우측에 두었다. 그러나 노처에 이백여 년 있으면서 글자가 우수에 떨어져 나가고 이끼가 갉아 먹은 것이 심하고 탁본하는 아이가 석면을 마멸하여, 난봉의 광휘가 사라졌다."라고 하였다.[7]

18세기 후반에 활동한 성대중은 흥법사비의 파손은 임진란 때 왜장의 소행으로 정리하였다. 앞서 17세기 초반에 이민구가 기록한 대장간의 쇠 단조 받침으로 사용하여 부서졌다는 기록과는 다르다.

7 「書興法碑」, 『青城集』 권8, "壬辰之亂 倭將有解書者 載碑以歸 至鳥嶺南 知不可運 鎚折其腰而去 江原觀察使適有好事者 復運之來置聽政所之右 然露處二百餘年 雨剝苔蝕甚 或印童磨朱於石面 鸞鳳之輝泯".

그런데 홍양호(1724~1802)는 『이계집』에서 원주 반절비로 기록하여 성대중의 설을 잇고 있다. "만력 임진란 때 왜노가 수레에 싣고 가다가 죽령에 이르러 비가 끊어져 둘로 되고 그 반을 가져갔다. 난이 끝나고 관동수가 원주로 되돌렸는데 반절비로 칭하였다."라고 하였다.[8] 다만 부서진 장소가 조령과 죽령으로 다르고, 부서지자 두고 간 것과 반은 가져간 것으로 다르게 서술되어 있다.

앞서 이민구가 기록한 대장장이가 쇠 단조 받침으로 사용하여 부서졌다는 것과 임란 시 왜장이 가져가려다 부서졌다는 것으로 크게 다르다. 기록을 남긴 이민구, 성대중, 홍양호 등은 임란 이후에 기록을 남겼지만 비의 파손 경위를 이같이 조금 다르게 남겼다. 어느 견해가 맞는지는 알 수 없다. 현재 남겨진 비편은 크게 상단과 하단 두 부분만 남아 있고, 중간 부분은 존재하지 않는다. 하지만 원주 관아에 옮겨 놓고 탁본할 정도로 탁본 요구가 많아서 탁본하는 자들이 많은 노역에 시달린 것은 사실인 것 같다.

정조의 문집 『홍재전서』에 실린 梵宇攷 원주흥법사 조에 따르면 비의 파손 경위를 다음과 같이 기술하였다.[9] "임진년에 倭酋가 그 비가 보배임을 알아 주둔지로 옮겨두었다. 그 후 원주 객관에 있었다. 인조 시에 한 營將이 鐵甲을 만들려고 석비에 대고 緻煉하여 파쇄되어 지금 다만 양편으로 깨져 문장을 읽을 수가 없고, 오직 글자를 인식할 수 있는 것만 있어 애석하다."라고 하였다. 이 기록은 앞

8 「題原州半折碑」, 『耳溪集』 권16, "萬曆壬辰之亂 倭奴車載以東 到竹嶺 碑斷爲二 乃挐其半而去 亂定 關東守臣曳還于原州 遂稱半折碑".

9 「原州興法寺」, 『梵宇攷』, "壬辰倭酋見之 知其爲寶 輦移屯所 其後仍在州內客館中 仁祖時 有一營將造鐵甲 以石碑堅 緻煉於此石 盡破碎 今只餘破溪兩片 文不可續者 畵惟奇識字 惜之".

의 이민구와 성대중, 그리고 홍양호의 기록을 종합한 것으로 보이는데, 합리적 내용으로 생각된다. 조선시대 유자들은 흥법사비문의 서법에만 관심이 있었다. 흥법사비를 잘 보존한 이민구는 내용은 쓸데없는 말이라 하고[10] 오직 여기에 쓰인 글씨에만 관심을 두었다. 당시 유자들의 흥법사비문에 대한 공통의 인식이었다고 생각한다.

이덕무(1741~1793)는 『청장관전서』 興法寺碑後에서 흥법사비는 당 태종자의 글자를 모은 것인데, 비후는 태종의 자가 아닌데 나열된 글에 모두 팔인의 인명 중에 상대등은 신라의 방언이라 언급하였다.[11] 그런데 여기에 통현 상좌, 광휴 장로, 혜태 장로 등 3인은 현존 비편에는 보이지 않는다(<사진 4> 참조).

청의 고증학자 유연정은 김정희, 조인영, 김명희 등에 의해 중국으로 넘어온 해동의 탁본을 정리하여 1832년경에 『해동금석원』 초고를 완성하였다. 1860년 도문지변으로 원고가 흩어졌고, 1922년 유승간의 노력으로 간행되었다. 여기에 따르면 흥법사비문은 3개 비편으로 나뉘어져 있는 것으로 보인다. 1832년 이전 탁본으로 보면 현재 남아 있는 비편보다 9행의 1석이 더 있다.[12]

오경석(1831~1879)은 『삼한금석록』에서 비의 상태를 다음과 같이 기록하였다. “병진년(1856)에 비를 탐방하려고 흥법사지를 찾으니 절

---

10 「興法寺碑歌 幷序」, 『東州集 前集』 권7, “夫麗祖以開統之辟 不思用民彝物則啓牖方來者 而首先發揮禪旨 又以虛僞示人 揭之壽石 將以率一代後世 雖其遺訓所載本不外是 而五百年卑陋之俗 固有以開之矣”.

11 「興法寺碑後」, 『青莊館全書』 권55, “興法寺碑集唐太宗字 碑後非太宗字 而列書通玄上坐 廣休長老 惠泰長老 州官郎中昱會朶 侍郎興林奈 上柰信希柰 金舜朶 秀英奈 凡八人 而上柰與侍郎同列 則似是官名 朶奈柰等字 不可究 似是新羅方言”.

12 「晉高麗興法寺眞空大師忠湛碑銘」, 『海東金石苑』 上, “第三石 高一尺三寸 廣一尺一寸 九行 行存四字至十字 不等”.

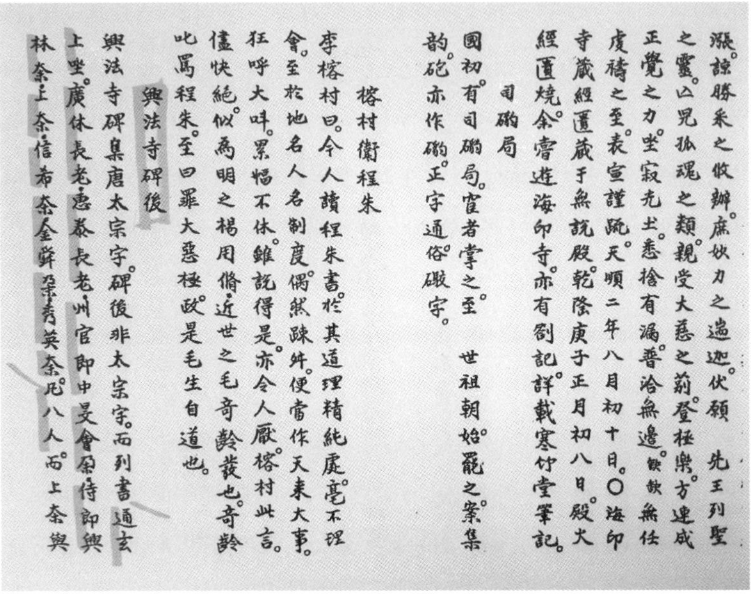
漑諒勝乘之攸辦。庶奴力之遄迦。伏願 先王列聖
之靈。亾兒孤魂之類。親受大慈之蔭。登極樂。方連成
正覺之力。坐寂光土。悉捨有漏。普洽無邊。欽欽無任
虔禱之至。表宣謹疏。天順二年八月初十日。○海印
寺藏經匱藏于無說殿。乾隆庚子正月初八日。殿火
經匱燒。余嘗遊海印寺。亦有劄記。詳載寒竹堂筆記。

司硇局

國初。有司硇局。宦者掌之。至 世祖朝。始罷之。案集
韵。砲亦作硇。正字通。俗礮字。

榕村衛程朱

李榕村曰。今人讀程朱書。於其道理精純處。毫不理
會。至於地名人名制度。偶然蹉跌。便當作天來大事。
狂呼大吽。累幅不休。雖說得是。亦令人厭。榕村此言。
儘快絶。似爲明之楊用脩。近世之毛奇齡發也。奇齡
叱罵程朱。至曰罪大惡極。歐是毛生自道也。

興法寺碑後

興法寺碑集唐太宗字。碑後非太宗字。而列書通玄
上坐。廣休長老。惠恭長老。州官郎中旻會。系侍郎與
林柰上柰。信希柰。金舜柰。秀英柰。尼八人。而上柰與

사진 4 『청장관전서』 흥법사비후

은 폐사되었고 그 터는 도천서원이 되어 있었다. 흥법사지에는[13] 비의 이수와 귀부가 있었는데 비신이 없었다. 서원의 老吏가 말해 준 바에 따르면 비신은 임진지변에 왜구가 수레에 싣고 동으로 갔는데 지금 원주에 잔석 두 편이 남아 있다고 하였다. 다음 날 원주목치에 이르러 단석 두 편이 학성관 동쪽에 있는 것을 보았다. 또 일 소편을 보았는데 居民의 빨랫돌로 삼아 마멸된 것이 많아 애석하였다. 한

13 사찰 중심곽에는 중문지, 삼층석탑, 금당지, 귀부 이수만 있는 진공대사 탑비가 있다. 사지의 서북쪽 에 진공대사탑 및 석관이 있었다. 승탑과 석관은 1920년대에 파헤쳐져서 서울 탑동공원에 옮겼다가 1931년 경복궁 뜰로 이건하였다. 지금은 용산 박물관 뜰에 있다. 진공대사 비신은 원주군청에 있다가 1913년 조선총독부에 인계되어 경복궁 근정전에 전시되었다. 지금은 용산 박물관 수장고에 있다(원주시, 『흥법사지 석물실측 및 지표조사보고서』, 2000).

고을 장관이 비를 애호하지 못한 것에 개탄하였다."라고 하였다.[14]

오경석은 1856년에 비편 3개 석을 발견하였다. 유연정에게 건넨 탁본에서 알 수 있는 바와 같이 3개 비편임을 알 수 있다. 1832년 이전에 비편은 3개 조각으로 나뉘어 있었다. 다만 그렇게 된 것이 언제부터인지는 알 수 없다. 『해동금석원』의 판독문과 『삼한금석록』의 흥법사비문 판독문이 거의 같다. 현존 탁본은 청명선생 소장본, 김명성 소장본, 국립중앙박물관 소장본 두 종 등 총 4종이 전한다.[15] (<사진 5> 참조) 1972년 7월 말 성균관대 조동원 교수가 작성한 탁본은 현존 4부분으로 깨어진 비의 현 상태를 가장 잘 보여 준다.[16] 『해동금석원』과 『삼한금석록』의 판독문의 근거가 된 탁본은 현재 알려진 바가 없다. 이들 탁본보다 더 나은 것은 없었던 셈이다. 이로 보면 중단부가 망실된 비의 탁본과 판독문만 현전하고 있는 셈이다. 오경석이 조사할 때만 하여도 비편이 3석이었는데, 1913년 조선총독부에서 수습하여 경복궁 근정전 회랑으로 옮길 때 크게 두 편만 남고, 오경석이 찾은 소편은 망실한 것 같다.

1814년에 완성된 『흠정전당문』에 실린 고려국원주영봉산흥법사

---

14 「흥법사진공대사비」, 『三韓金石錄』, "按興法寺在原州牧西三十五里靈鳳山 丙辰之夏 余訪碑關東至興法寺 寺久廢 其趾今爲陶川書院 佛像經幢尙在階砌榛莽之間 遍索龜趺螭頭 矮然獨立 剔去苔蘚 篆額宛然可見…終不可覓其碑之所在 書院老吏爲余言此碑壬辰之變 倭寇車載以東 今原州存殘石二片云 翌日至原州牧治 見斷石二片在鶴城館之東 又覓一小片爲居民浣衣之石 已多磨滅 惜一府官長幷不知愛護 甚可慨也".

15 이준성·이현경, 「흥법사비 교감본(양기 및 음기)」, 『원주금석문집』 제2권, 원주시, 2009, pp.89~93. 탁본 중 김명성 탁본이 가장 많은 글자수를 반영하고 있으며 대략 『해동금석원』 판독문과 비슷하다.

16 「흥법사 진공대사탑비」, 『고려시대 금석문 탁본전: 돌에 새겨진 고려시대 선사(禪師)들의 삶』, 성균관대학교 박물관, 2005.

사진 5 김명성 탁본

충담대사탑명 판독문은[17] 『해동금석원』, 『삼한금석록』 등과 거의 같으나 3번째 비편 판독과 음기 판독이 없다(<사진 6> 참조). 1919년 간행된 『조선금석총람』의 판독문은[18] 앞면 상단부, 하단부의 판독문과 음기의 상단, 하단 판독문뿐이다. 『해동금석원』과 『삼한금석록』에 보이는 제3석 판독은 없다. 갈성말치는 『조선금석고』에서 1913년 원주 군치에 있던 단석 4편을 조선총독부에서 수습하여 경복궁 근정전 낭무에 진열하였다고 하였다.[19] 그 단석은 비신의 상부와 하부에 해당하고 중부는 상실한 것이라고 하였다. 실제 하부는 세 조각으로 나뉘는데 합치면 글자의 결실이 거의 없이 이어진다. 그래서 비신을 4편이라 한 것으로 생각된다(<사진 7> 참조).

진공대사비는 조선초 흥법사에서 원주 관아로 옮겨졌다가 방치된 적이 있지만, 인조연간에 크게 파손되어 8개 덩어리로 나뉘었다. 이를 이민구 감사가 수습하여 객관 옆 비각에 보호하였다. 이후 다시 방치되면서 크게 상단, 하단, 그리고 중단 소편만 남게 되었고 이때 탁본한 것을 바탕으로 한 판독문과 탁본 두 종이 현전하고 있다. 1913년 조선총독부에서 수습할 때는 크게 상단, 하단의 두 편이 되어 중단부가 없는 상태였다. 이는 지금 국립중앙박물관 수장고에 보관되어 있다.

---

17 「高麗國原州靈鳳山興法寺忠湛大師塔銘」, 『欽定全唐文』 권1000, 1814(淸 嘉慶 19年).
18 「興法寺眞空大師塔碑」, 『朝鮮金石總覽』, 朝鮮總督府, 1919.
19 葛城末治, 『朝鮮金石攷』, 1935, pp.301~305.

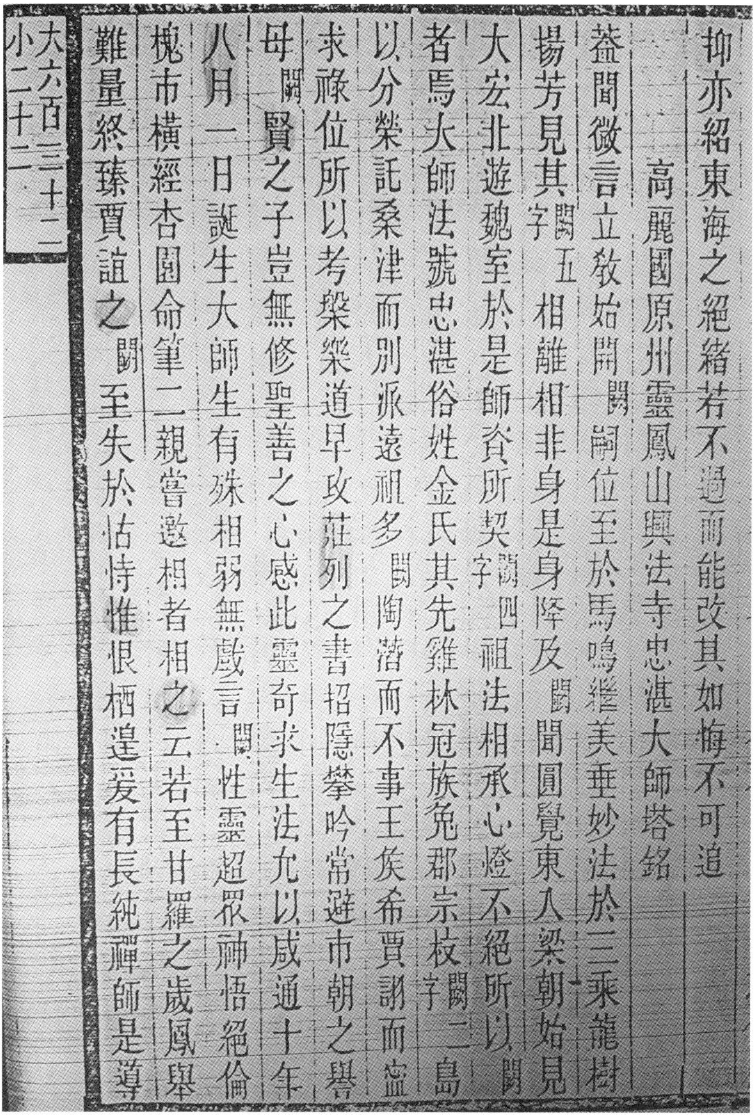
大六百三十二
小二十二

抑亦紹東海之絕緒若不過而能改其如悔不可追
高麗國原州靈鳳山興法寺忠湛大師塔銘
蓋聞微言立敎始開 闕 嗣位至於馬鳴繼美垂妙法於三乘龍樹
揚芳見其字 闕五 相離相非身是身降及 闕 聞圓覺東入梁朝始見
大宏北遊魏室於是師資所契字 闕四 祖法相承心燈不絕所以 闕
者焉大師法號忠湛俗姓金氏其先雞林冠族免郡宗枝字 闕二 島
以分榮託桑津而別派遠祖多 闕 陶潛而不事王侯希賈誼而盛
求祿位所以考槃樂道早攻莊列之書招隱攀吟常避市朝之譽
母 闕 賢之子豈無修聖善之心感此靈奇求生法允以咸通十年
八月一日誕生大師生有殊相弱無戲言 闕 性靈超衆神悟絕倫
槐市横經杏園命筆二親嘗邀相者相之云若至甘羅之歲鳳擧
難量終臻賈誼之 闕 至失於怙恃惟恨栖遑爰有長純禪師是導

사진 6『흠정전당문』 충담비명 부분

사진 7 조동원 탁본 흥법비

2. 비문의 복원과 교감

비신의 앞면과 음기를 『한국금석전문』의 판독문을 바탕으로 각종 문헌과 판독문, 그리고 탁본으로 교감하여 현재 가능한 善本을 만들고자 한다. 행별로 판독문을 제시하고 각행별 교감을 하겠다.

[이수제액] 眞空大師

앞면

[01] 高麗國原州靈鳳山興法寺王師眞空之塔　御製　臣崔光胤奉教集　太宗文皇帝書

[02] 盖聞微言立教始開鷲嶺之譚妙旨傳心終雞山之定雖曰別行法眼竊惟同禀玄精慶喜於是當仁和修以其嗣位至於馬鳴繼美垂妙法於三乘龍樹揚芳見其▨▨▨▨▨

[03] 相離相非身是身降乃▨▨▨▨▨▨▨▨▨▨▨▨▨▨▨▨▨▨▨▨▨▨▨▨▨▨▨▨▨▨▨▨▨▨初 聞圓覺東入梁朝始見大弘北遊魏室於是師資所契付囑同風

[04] 祖法相承心燈不絶所以一花欻現六葉重榮近自江西流於海裔亦有鳳林家子章敬曾孫惟我大師再揚吾道者焉　大師法諱忠湛俗姓金氏其先鷄林冠族兎郡宗枝▨▨

[05] 島以分榮託桑津而別派遠祖多▨▨▨▨▨▨▨▨▨▨▨▨▨▨▨▨▨▨▨▨▨▨▨▨▨▨▨▨▨▨▨陶潛而不事王侯希賈誼而寧求祿位所以考盤樂道早攻莊列

[06] 之書招隱攀吟常避市朝之譽母於▨▨▨▨▨▨▨▨▨▨▨▨▨▨▨▨▨▨▨▨▨▨▨▨▨▨▨▨▨▨賢 之子豈無修聖善之心感此靈奇求生法胤以咸通十年正月

[07] 一日誕生　大師生有殊相弱無戲言▨▨▨▨▨▨▨▨▨▨▨
▨▨▨▨▨▨▨▨▨▨▨▨▨▨▨性靈超衆神悟絶倫槐市横
經杏園命筆二親甞邀相者相之

[08] 云若至甘羅之歲鳳擧難量終臻賈誼之▨▨▨▨▨▨▨▨▨▨
▨▨▨▨▨▨▨▨▨▨▨▨▨▨至失於怙恃唯恨栖遑爰有長
純禪師是導師修度世之緣當

[09] 亡父結空門之友　大師隨其長老得居▨▨▨▨▨▨▨▨▨▨
▨▨▨▨▨▨▨▨▨▨▨▨▨▨▨俗塵方登僧位尋令昇堂覩
奧入室鉤深迅足駸駸後發先至

[10] 覺枝脉脉前開晩成所以偃仰禪林優游▨▨▨▨▨▨▨▨▨▨
▨▨▨▨▨▨▨▨▨▨▨▨▨▨▨▨認印度重光終至相傳窺
楞伽再闡迺於龍紀元年受具戒

[11] 於武州靈神寺旣而習其相部精究毗尼捧▨▨▨▨▨▨▨▨▨
▨▨▨▨▨▨▨▨▨▨▨▨▨▨▨宗論道謂學人曰淺溜穿石
同心斷金鑽燧之勤寫甁之易皆

[12] 由積微不已跬步遄征俄成學海之功永就▨▨▨▨▨▨▨▨▨
▨▨▨▨▨▨▨▨▨▨▨▨▨▨▨釋子忝曰禪僧此間觀曝骨
之墟見殭屍之處他山靜境豈無

[13] 避地之方此地危邦終絶居山之計▨▨▨辶華▨▨▨▨▨▨▨
▨▨▨▨▨▨▨▨▨▨▨▨▨▨▨▨者同載而征達于彼岸此
時徑登雲葢禪宇虔禮淨圓大師

[14] 大師是栖雲壑之居佩石霜之印知 大師遠離▨▨▨▨▨▨▨▨
▨▨▨▨▨▨▨▨▨▨▨▨▨▨圖南逈奮垂雲之翼豫章向上
高揮拂日之枝大師謂曰汝

[15] 還認其到此階梯預呈其遷喬所以不離寶所▨▨▨▨▨▨▨▨
▨▨▨▨▨▨▨▨▨▨▨▨▨▨▨▨河東叅禪門於紫嶽故能
初窺聖典久栖禹穴之旁始覽靈

[16] 蹤方到燕臺之畔迺於天祐十五年六月中得達于▨▨▨▨▨▨
▨▨▨▨▨▨▨▨▨▨▨▨▨▨▨▨▨學俱於問訊慶抃交深
數月論禪周年問法惟彌天發口乃

[17]]離日搖脣量語路之端酌言▨之▨此日揣於兩地心▨▨▨▨▨
▨▨▨▨▨▨▨▨▨▨▨▨▨▨▨▨之光愁見甲兵之色所以
便辭金海遙指玉京行道遲遲於

[18] 爲入境不唯摩勒重敷兼亦優曇一現奉迎內殿尋以▨▨▨▨▨
▨▨▨▨▨▨▨▨▨▨▨▨▨▨▨▨仕遙屢吐象王之說重重
避席恭披弟子之儀一一書紳待

[19] 以王師之禮翌日請移▨▨▨▨之水淨精廬永云▨▨▨▨▨▨
▨▨▨▨▨▨▨▨▨▨▨▨▨▨▨術　大師遠從丹慊再到京
畿所以別飾玉堂令昇繩榻問

[20] 大師曰　寡人少尙威武未精學不曉先王之典寧▨▨▨▨▨▨
▨▨▨▨▨▨▨▨▨▨▨▨▨▨▨存亡之志所喜不勞漢夢仍
覩秦星世宗之遇摩騰梁武之

[21] 逢寶誌無以加也生生世世永修香火之因子子孫孫終表奉持之
至所以重起其興法禪院以住持▨▨▨吉祥之地尙論往美更知
延福之庭志有終焉心無悔矣然

[22] 則遂於此地高敞禪扃來者如雲學人似霧依舊瑠璃▨▨▨▨▨
▨▨▨▨▨▨▨▨▨於國▨▨▨▨▨聞興法之談不受　大師
之誨者處處精舍其徒擯之終日

[23] 了無與言一宵堅不留宿豈期 大師素無疾疹富有▨▨異於庶品
之▨▨▨▨▨▨▨▨▨▨▨▨▨天福五年七月十八日詰旦告
門人曰萬濃皆空吾將去矣一心

[24] 爲本汝等勉旃顏皃如常寂然坐▨俗年七十有二僧臘五十有二
▨▨地動山崩雲愁日慘▨▨▨▨▨▨▨悲盈四部天人增絶學
之哀寧惟慟徹諸方士庶泣亡師之

[25] 痛　寡人忽聆遷化尤慟于懷追切泥洹不能已已特▨▨宗林禪伯季葉古皇朝▨▨▨▨▨▨▨▨▨▨萬壽之遐長乖羣情之敬仰今則果雖核矣室可修焉然則先

[26] 忻於水積魚歸後恨於林傾鳥散所冀早儀明禮正當▨▨贈諡眞空大師塔号▨▨▨▨▨▨▨▨▨▨影之塔惟　大師雪山成道煙洞證心傳十八代之祖宗統

[27] 三千年之禪教則知浹洽浮世舉其廣則誰曰黃輿周▨▨香散馥便牽胡蝶之心水▨▨▨▨▨▨▨▨▨忘機仍引狎鷗之興幾多盻蠁無限昭彰可謂闡揚身毒之

[28] 風敷演竺乾之法者矣門徒弟子五百▨▨▨▨▨▨▨身之贖切恐蒼山變谷渤▨▨▨▨▨▨▨▨▨成田陳情而特請龜文瀝懇而頻干鳳德所冀顯無爲之化留衆

[29] 在水雲期不朽之緣刻於金石▨▨恤之慟措詞黹臼慰門人閔▨▨▨▨▨▨▨▨▨▨▨▨▨▨▨▨之心歸美栢臺旌國士追攀之志乃爲銘曰

[30] ▨▨▨▨▨▨▨▨▨▨▨▨▨▨流雍袂賢佐褰裳▨▨▨▨▨▨▨▨▨▨▨▨▨▨▨▨▨▨蘇認已藏寶知印慈航沒浪慧炬沉光銀燈石塔

뒷면

[01] 靈鳳山故 王師眞空大師碑陰

[02] 盖聞湯王滅夏終敷開網之仁武帝 (中缺) 西陲之教親窺寶誌爰談東夏之風由 是大集朝臣車

[03] 馬以奉迎僧會出遊東菀輦輿而同 (中缺) 我國家三韓角立未知彼此之僞眞一國

[04] 雄飛忽辯戰爭之優劣遐霑聖德廣 (中缺) 大師奏表曰 殿下精同

四乳眼耀雙瞳以此梨察

[05] 在元皇之座圖澄逢趙主之憐然猶 (中缺) 僧憚於來往志在登臨山家之欝欝森森道人旣住海

[06] 國之幽幽秩秩君子攸寧伏乞憐其 (中缺) 大師今辭樂土欲入深山高飛一軸之文聊送

[07] 九重之闕 寡人與 大師情深膠桼義 (中缺) 東化所誓其興法禪院縱爲古寺尙在仁方

[08] 和尙生前永作栖遑之處 大師 (缺)

[09] (中缺) 州官

[10] 通玄上坐 郎中 旻會朶 金舜朶

[11] 廣休長老 侍郞 興林柰 秀英柰

[12] 惠泰長老 上柰 信希大柰

위의 판독문은 판독 인용 문헌, 혹은 판독문 등과 문맥에 따른 추독 등을 바탕으로 성립되었으며 아래와 같이 교감한다.[20] [ ]의 숫자는 비신의 행을 나타낸다.

앞면 [01] 高~州, 臣~皇까지 판독은『삼』,『해』판독과 일치한다. 靈~製까지 14자와 '帝書' 부분은 성현이 강원감사로 원주에 부임(1481)하여 비를 살피면서 인용한 것이다. 전체적인 비문의 표제로서

20 교감에 인용한 판독문, 탁본에 대해서는 약호를 사용한다.『삼』(삼한금석록),『해』(해동금석원),『흠』(흠정전당문),『총』(조선금석총람),『전』(한국금석전문),『고탁』(청명선생소장탁본),『명』(김명성소장탁본),『조』(조동원탁본),『대』(대동금석서),『청』(금석청완),『이』(청장관전서 흥법사비후).

인용한 것이기 때문에 정밀한 판독은 아니라 할 수 있다. 왕사 앞에 '故'가 생략된 부분이 그러하다. 그러나 표제 부분은 대략 복원이 가능하다. 특히 '御製'는 진경대사비에 경명왕이 친제하면서 '余製'라 한 것과 비교된다.

[02] 盖~開까지는 비첩 『청』, 『삼』, 『해』, 『흠』 판독과 일치한다. 盖~位까지 46자는 천책이 『선문보장록』 군신숭신문을 작성하기 위해 흥법사비 내용을 발췌·인용한 부분이다. 『전』의 내용과 일치한다.[21] 현재 비편은 상·하단만 남아 있고 중간 비편은 존재하지 않는다. 이 인용 부분으로 실제 비문 [02]행 복원이 가능하다. 상단 비편 盖~開까지와 하단 비편 시작 부분 '嗣位'와 겹치기 때문에 천책이 축약이나 취지 인용이 아닌 정확한 판독에 따라 직접 인용한 것이다.

[03] 相~降까지 8자는 비첩 『청』, 『삼』, 『해』, 『흠』 등의 판독과 일치한다. 初~風까지 26자는 천책의 『선문보장록』 군신숭신문의 인용 부분이다. 『전』의 판독과 일치한다.

[04] 祖~所까지 9자는 비첩 『청』, 『삼』, 『해』, 『흠』의 판독과 일치한다. 祖~一까지 11자는 『삼』, 『해』, 『흠』, 『총』의 판독과 일치한다. 다만 『해』에서는 一자를 판독하지 못했다. 祖~焉까지 46자는 천책의 『선문보장록』 군신숭신문 인용 부분이다. 『전』의 내용과 일치한다.

[05] 島~多까지 13자는 『삼』, 『해』, 『흠』, 『총』의 판독과 일치한다. 다만 비첩 『청』에서는 島~別까지만 탁본하였다. 陶~攻까지 23자는

21 이로써 『전』의 비문은 편저자 허흥식 교수가 1984년에 『선문보장록』의 해동흥법비의 인용구를 보완한 것임을 알 수 있다. 다만 교감 근거를 밝히지는 않았다. 西口芳男은 『선문보장록』을 역주하면서 흥법사비문 인용구로 흥법사비문을 교감한 바 있다(西口芳男編, 『『禪門寶藏錄』의 基礎的研究』, 花園大學國際禪學研究所, 2000, pp.404~407).

『삼』, 『해』, 『흠』, 『총』의 판독과 일치한다. 莊列 2자는 『흠』에서 더 읽은 것이다. 『해』에서도 莊을 더 읽었는데 『흠』의 판독과 같다.

[06] 之~母까지 13자는 『삼』, 『해』, 『흠』, 『총』의 판독과 일치한다. 『삼』에서는 母 다음에 於를 더 읽었다. 비첩 『청』에서는 之~避까지 8자만 탁본하였다. 之~年까지 22자는 『삼』, 『해』, 『흠』, 『총』의 판독과 일치한다. 그런데 之 앞에 賢 자가 『해』와 『흠』의 판독에서 복원된다. 그리고 咸通十年은 성현이 읽은 바도 있는데, 그다음 부분은 『삼』과 『총』에서는 '正▨'로 판독하였다. 반면 『흠』에서는 八月로 읽었다. 『전』은 '正八月'로 읽었으나 '正月'이 맞는 것 같다.

[07] 一~言까지 14자는 『삼』, 『해』, 『흠』, 『총』의 판독과 같다. 그중 一~有까지 8자는 『청』의 탁본에도 있다. 性~相까지 23자는 『삼』, 『해』, 『흠』, 『총』의 판독과 같다. 相 자 아래에 之를 더 읽은 판독은 『흠』에서와 같다.

[08] 云~誼까지 15자는 『삼』, 『해』, 『흠』, 『총』의 판독과 같다. 云~擧까지 9자는 『청』의 탁본 자와 같다. 『흠』에서는 誼 다음에 之를 더 판독하였다. 至~緣까지 23자는 『삼』, 『해』, 『흠』, 『총』의 판독과 일치한다. 『흠』에서는 緣 다음에 當 자를 더 읽었다.

[09] 亡~得까지 14자는 『삼』, 『해』, 『흠』, 『총』의 판독과 같다. 亡~大까지 8자는 『청』의 탁본에도 있다. 得 다음에 居 자는 『삼』과 『흠』, 그리고 탁본 『조』에서 더 판독되었다. 俗~至까지 24자는 『삼』, 『해』, 『흠』, 『총』의 판독과 일치한다.

[10] 覺~游까지 16자는 『삼』, 『해』, 『흠』, 『총』의 판독과 같다. 『총』은 游 자를 판독하지 못했다. 認~戒까지 23자는 『삼』, 『해』, 『흠』, 『총』의 판독이다.

[11] 於~毗까지 15자는 『삼』, 『해』, 『흠』, 『총』의 판독과 같다. 毗 다음의 尼 자는 『삼』, 『해』, 『흠』에서 더 판독된 것이다. 尼 다음의 捀은 『흠』에서 판독하였다. 論~皆까지 23자는 『삼』, 『해』, 『흠』, 『총』의 판독인데 論 앞에 1자 더 읽힌다. 『삼』은 尋으로, 『흠』은 宗으로 다르게 판독하였다. 『전』에서는 宗을 선택하였다. 문맥상 尋이 더 타당해 보인다.

[12] 由~功까지 15자는 『삼』, 『해』, 『흠』, 『총』의 판독과 같다. 『청』에서는 由~征까지 9자를 탁본으로 남겼고, 『삼』, 『해』, 『흠』에서는 功 다음에 永就 두 자를 더 판독하였다. 子~無까지 23자는 『삼』, 『해』, 『흠』, 『총』의 판독과 같다. 子 앞에 釋으로 더 읽은 판독문은 『해』, 『흠』이다. 『총』에서는 參曰, 『흠』과 『전』에서는 天日로 읽었으나, 탁본 『명』, 『고탁』, 『조』, 그리고 『삼』, 『해』 등에서는 忝曰로 판독하였다.

[13] 避~計까지 14자는 『삼』, 『해』, 『흠』, 『총』의 판독과 같다. 『청』은 避~終까지 9자를 탁본으로 남겼다. 計 다음 3자 건너 辶華 두 글자 중 辶은 『삼』, 『해』에서 판독한 것이며, 華는 『흠』에서 읽은 것이다. 者~登까지 13자는 『삼』, 『해』, 『흠』, 『총』의 판독과 같다. 『전』에서는 達於로 읽었으나 『조』에는 達于로 보인다. 雲~師까지 10자는 『삼』, 『해』, 『흠』에서 판독한 것이다.

[14] 大~離까지 18자는 『삼』, 『해』, 『흠』, 『총』 판독과 같다. 『총』은 이 중 '知 大師遠' 4자를 읽지 못했다. 圖~汝까지 22자는 『삼』, 『해』, 『흠』, 『총』 판독과 같다. 그중 『총』에서는 高를 판독하지 않았다.

[15] 還~所까지 18자는 『삼』, 『해』, 『흠』, 『총』 판독과 같다. 『총』은 呈 다음 자 其, 遷 다음의 喬所以不, 寶 다음의 所 등은 판독하지

못했다. 河~靈까지 23자는 『삼』, 『해』, 『흠』, 『총』 판독과 같다. 다만 『삼』에서는 覽靈을 覺靈으로 판독하였다. 『명』, 『고탁』, 『조』에는 覽靈이다.

[16] 蹤~祐까지 11자는 『삼』, 『해』, 『흠』, 『총』 판독과 같다. '十五年六月中'에서 '十五年'은 성현이 읽었고, '十'은 『삼』과 『해』에서 판독하였으며, '年六月中'은 『삼』, 『해』, 『흠』에서 판독하였다. '得達于'는 『삼』, 『해』, 『흠』, 『총』 판독과 같다. 『전』은 於로 읽었으나 『조』에는 于가 맞다. 學~乃까지 23자는 『삼』, 『해』, 『흠』, 『총』 판독과 같다. 『전』은 發▨로 읽었으나 發口가 맞다. 『조』에도 그러하다. 마지막 글자 乃는 『해』, 『흠』에서는 及으로 판독하였다. 탁본 『명』, 『조』에서는 乃로 나온다.

[17] 離~酌까지 10자는 『삼』, 『해』, 『흠』, 『총』 판독과 같다. 다음은 『해』에서는 4자 판독 불가로 보았고 『총』에서는 3자 판독 불가로 보았다. 『흠』에서는 '言▨之▨'로 판독하였다. '言'은 『삼』에서도 읽었고 탁본 『조』에도 있다. 此~心까지 7자는 『삼』, 『해』, 『흠』, 『총』 판독과 같다. 之~遲까지 22자는 『삼』, 『해』, 『흠』, 『총』 판독과 같다. 『흠』에서만 마지막 글자를 於로 더 읽었다.

[18] 焉~兼까지 10자는 『삼』, 『해』, 『흠』, 『총』 판독과 같다. 다만 『총』은 象을 衆으로 읽었으나 문맥상 象이 맞다. 『고탁』에도 象이 있다. '亦優曇一現'은 『흠』에서 판독하였고, 亦은 『삼』과 『해』에서도 판독하였으며 現은 『삼』에서도 판독하였고 現 다음에 立을 더 읽었다. 『고탁』에도 現이 있다. 奉~以까지 6자는 『삼』, 『해』, 『흠』, 『총』 판독과 같다. 遙~待까지 22자는 『삼』, 『해』, 『흠』, 『총』 판독과 같다. 遙 앞의 任자는 『삼』에서 더 읽은 것이다. 『흠』에서는 紳 다음

자는 結로 읽었다. 문맥상 待가 타당하다.

[19] 以~請까지 8자는 『삼』, 『해』, 『흠』, 『총』 판독과 같다. 『삼』, 『해』, 『흠』에서는 請 다음에 移를 더 읽었다. '之水淨精廬永元'에서 '之水'는 『삼』과 『흠』에서 판독한 것이고 '淨精廬'는 『삼』, 『해』, 『흠』, 『총』 판독과 같다. '永元'에서 永은 『삼』, 『해』, 『흠』에서 판독하고 元은 『흠』에서만 읽었다. 탁본 『조』에는 云으로 읽힌다. 여기서는 云으로 판독한다. 大~問까지 21자는 『삼』, 『해』, 『흠』, 『총』 판독과 같다. 『해』와 『흠』에서는 大 앞에 術을 더 읽었다. 『전』에서 丹縑으로 읽었으나 『명』과 『고탁』, 그리고 『조』에는 丹慊으로 판독하였다. 후자가 맞는 것 같다.

[20] 大~尙까지 7자는 『삼』, 『해』, 『흠』, 『총』 판독과 같다. '威武未精學不曉先'은 『삼』, 『흠』에서 판독한 것이며, 『해』에서는 威만 판독했다. 『고탁』에는 '不曉先'이 있다. '王之典寧'은 『삼』, 『해』, 『흠』, 『총』 판독과 같다. 存~之까지 23자는 『삼』, 『해』, 『흠』, 『총』 판독과 같다. 이 중 世~之까지 9자는 천책이 인용한 글귀와 일치한다.

[21] 逢~世까지 11자는 『삼』, 『해』, 『흠』, 『총』, 그리고 천책의 판독과 같다. '永修香火之因'은 천책이 읽었고, 『흠』에서도 판독하였다. 『삼』은 修자만 빼고 다 판독하였다. 『해』는 之因만 읽었다. '子子孫孫'은 『삼』, 『해』, 『흠』, 『총』, 그리고 천책의 판독과 같다. 終~持까지 18자는 천책이 읽었다. 이 중 '重起其興法禪院'은 『고탁』에도 보인다. 천책이 읽은 부분은 이어서 '因創五百禪院'이 보이는데 구절이 이어지는 것으로 볼 수 있는지 아니면 다른 부분에 들어갈 구절인지 가늠할 수 없다. 여기서는 일단 제외하였다. 吉~然까지 23자는 『삼』, 『해』, 『흠』, 『총』 판독과 같다.

[22] 則~扃까지 9자는 『삼』, 『해』, 『흠』, 『총』 판독과 같다. '來者如雲學人似霧依'에서 來者, 似는 『삼』에서만 판독하였다. 『해』에서는 雲, 霧依 등을 판독하였다. 『흠』은 '如雲學人如霧依'로 판독하였다. 『고탁』에는 '似霧依'가 있다. 『전』에서는 '學如人'으로 읽었으나 잘못이다. '舊瑠璃'는 『삼』, 『해』, 『흠』, 『총』 판독과 같다. '於國'은 『삼』에서 읽었다. 『해』 3석에서 於를 판독하였다. 聞~日까지 22자는 『삼』, 『해』, 『흠』, 『총』 판독과 같다.

[23] 了~宿까지 10자는 『삼』, 『해』, 『흠』, 『총』 판독과 같다. 『흠』에서만 語로 판독하였으나 탁본 『조』에는 與가 분명하다. '豈期 大師素無疾'은 『삼』, 『해』, 『흠』에서 판독하였고 '素無疾'은 『고탁』에서도 보인다. '疹富有'는 『삼』, 『해』, 『흠』, 『총』 판독과 같다. '異於庶品之'는 『삼』에서 읽었고, 『해』 3석에서는 '庶品之'를 판독하였으며 『명』, 『고탁』에 모두 보인다. 五~心까지 23자는 『삼』, 『해』, 『흠』, 『총』 판독과 같다. 五 앞의 天福은 출생과 속년 나이를 계산하여 추독한 연호이다.

[24] 爲~常까지 10자는 『삼』, 『해』, 『흠』, 『총』 판독과 같다. '寂然坐▨俗年'에서 寂然坐는 『삼』, 『해』, 『흠』에서 판독하였고, 俗年은 『삼』과 『흠』에서 읽었다. '七十有二僧'은 『삼』, 『해』, 『흠』, 『총』 판독과 같다. 僧 다음은 '臘五十二'로 추독된다. '地動山崩雲愁日慘'은 『삼』, 『해』에서 판독하였다. 중간 비편이다. '動山崩雲愁日慘'은 『고탁』에도 보인다. 悲~之까지 23자는 『삼』, 『해』, 『흠』, 『총』 판독과 같다. 悲~絶까지 8자는 『대』 법첩에도 보인다.

[25] 痛~追까지 12자는 『삼』, 『해』, 『흠』, 『총』 판독과 같다. 첫 글자를 賢으로 읽은 『흠』, 『전』의 판독은 오류로 보인다. 문맥상 痛이

맞기도 하고 『삼』, 『해』, 『총』에서 痛으로 판독하였기 때문이다. 人~化까지 5자는 『대』 법첩에 보인다. '切泥洹不能已'는 『해』에서 '切泥洹不'만 판독하였고 다음 2자는 판독 못 한 것으로 표시하였다. '洹不'은 『고탁』에도 보인다. 『흠』에서는 '切洪德不能已已'로 판독하였다. 『흠』, 『전』의 '洪德'은 추독 같아 『해』의 泥洹 판독이 정확한 것 같다. 已特은 『삼』, 『해』, 『흠』, 『총』 판독과 같다. '宗林禪伯季葉古皇朝'는 『삼』에서 판독하였다. 『해』에서는 林, 季葉 등을 판독하였다. 『고탁』에는 林~朝까지 8자가 있다. 壽~先까지 23자는 『삼』, 『해』, 『흠』, 『총』 판독과 같다. 壽 앞은 『해』와 『흠』에서는 萬으로 판독하였으나 『삼』에서는 內로 판독하였다. 萬이 맞는 것 같다. 壽~之까지 8자는 『대』 법첩에도 있다.

[26] 忻~所까지 14자는 『삼』, 『해』, 『흠』, 『총』 판독과 같다. '冀早儀明禮正當'은 『삼』, 『해』, 『흠』의 판독과 같다. 早는 『삼』에서 擧로 읽었다. '謚眞空大師塔号'는 『삼』, 『해』, 『흠』의 판독과 같다. 謚 앞의 贈은 『삼』에서 판독하였다. 之~統까지 21자는 『삼』, 『해』, 『흠』, 『총』 판독과 같다. 之 앞의 影은 『삼』에서 판독한 것이다. 之~山까지 7자는 『대』 법첩에 있다.

[27] 三~廣까지 15자는 『삼』, 『해』, 『흠』, 『총』 판독과 같다. 三~知까지 8자는 『대』 법첩에 있다. '則誰曰黃輿周'는 『삼』, 『해』, 『흠』의 판독과 같다. 『총』은 '黃輿'만 판독하였다. '香散馥便牽胡蝶之心'은 『삼』, 『해』의 판독이며 『고탁』에도 있다. 忘~之까지 22자는 『삼』, 『해』, 『흠』, 『총』 판독과 같다. 謂 앞에 可는 『해』와 『흠』의 판독에 더 있다. 機~興까지 7자는 『대』 법첩에 있다.

[28] 風~五까지 14자는 『삼』, 『해』, 『흠』, 『총』 판독과 같다.

『삼』, 『해』, 『흠』에서는 五 다음에 百을 더 판독하였다. 風~者까지 8자는 『대』 법첩에 있다. '身之贖切恐蒼山變谷渤'은 『삼』, 『해』, 『고탁』에서 판독하였다. 成~留까지 24자는 『삼』, 『해』, 『흠』, 『총』 판독과 같다.

[29] 在~緣까지 8자는 『삼』, 『해』, 『흠』, 『총』 판독과 같다. '刻於金石'은 『해』, 『흠』에서 판독하였고 탁본 『조』에도 있다. '恤之慟措詞猗臼慰門人閔'에서 恤은 『삼』에서 판독하였고 그 이하 10자는 『삼』, 『해』의 판독과 같다. 慟~門까지 7자는 『고탁』에 보인다. 之~曰까지 17자는 『삼』, 『해』, 『흠』, 『총』 판독과 같다. 그중 之~臺까지 6자는 『대』 법첩에 있다. 『흠』, 『전』에서는 百臺로 판독하였으나 『삼』, 『해』, 『총』, 『명』, 『고탁』, 『조』 등에서는 柏臺로 판독하였다.

[30] '流雍袟賢佐褰裳'은 『삼』, 『해』의 판독이다. 流를 제외한 6자는 『고탁』에도 보인다. 認~石까지 17자는 『삼』, 『해』, 『흠』, 『총』 판독과 같다. 認 앞의 珠는 『삼』, 『해』에서 판독한 것이다. 『흠』, 『전』, 탁본 『명』에서는 蘇로 판독하였다. 浪~石까지 7자는 『대』 법첩에도 보인다. 마지막 塔은 『총』, 탁본 『명』, 『조』에서 판독한 것이다.

뒷면을 행별로 교감한다.

[01] 靈~陰까지 12자는 『삼』, 『해』, 『총』 판독과 같다. 법첩 『청』, 『대』에도 있다.

[02] 盖~帝까지 14자는 『삼』, 『해』, 『총』 판독과 같다. 盖~終까지 7자는 법첩 『청』, 『대』에도 있다. 敷~帝까지 7자는 『대』에만 보인다. 西~車까지 21자는 『삼』, 『해』, 『총』 판독과 같다.

[03] 馬~同까지 14자는 『삼』, 『해』, 『총』 판독과 같다. 馬~出까지

7자는 『청』 법첩에 보인다. 馬~同까지 14자는 『대』 법첩에 있다. 我~國까지 16자는 『삼』, 『해』, 『총』 판독과 같다. 다만 二는 『해』에서 三으로 판독하였는데 三이 맞는 것 같다.

[04] 雄~廣까지 14자는 『삼』, 『해』, 『총』 판독과 같다. 雄~之까지 7자는 『청』 법첩에 있다. 大~察까지 19자는 『삼』, 『해』, 『총』 판독과 같다. 『해』에서는 奏表라 하지 않고 表奏라 하였다.

[05] 在~猶까지 14자는 『삼』, 『해』, 『총』 판독과 같다. 在~澄까지 7자는 『청』 법첩에 있고, 趙~猶까지 6자는 『대』 법첩에 있다. 僧~海까지 21자는 『삼』, 『해』, 『총』 판독과 같다.

[06] 國~其까지 14자는 『삼』, 『해』, 『총』 판독과 같다. 大~送까지 18자는 『삼』, 『해』, 『총』 판독과 같다.

[07] 九~義까지 14자는 『삼』, 『해』, 『총』 판독과 같다. 東~方까지 17자는 『삼』, 『해』, 『총』 판독과 같다.

[08] 和~師까지 12자는 『삼』, 『해』, 『총』 판독과 같다.

[09] 州官 2자는 『삼』, 『해』, 『총』 판독과 같다. 다만 『총』에서는 '在家弟子'를 더 판독하였는데 여기서는 오류로 판단한다. 『삼』, 『해』에서는 판독하지 않았고, 현존 탁본에도 보이지 않는다.

[10] 通~朶까지 12자는 『삼』, 『해』, 『이』의 판독과 같다. 『총』은 通玄上坐를 판독하지 못했다.

[11] 廣~桼까지 12자는 『삼』, 『해』, 『이』의 판독과 같다. 『총』은 廣休長老를 판독하지 못했다.

[12] 惠~桼까지 10자는 『삼』, 『해』, 『이』의 판독과 같다. 『총』은 惠泰長老를 판독하지 못했다.

이상에서 판독문과 탁본, 그리고 문헌자료에서 인용 구절을 종합·검토하여 비문의 앞면과 뒷면의 비문을 복원하였다. 『삼한금석록』과 『해동금석원』의 판독은 비의 3개 석[중간석 일부 포함]을 판독한 것인데 많은 글자를 읽었고 현존 탁본으로도 뒷받침될 수 있었다. 『흠정전당문』에 실린 판독문, 『조선금석총람』 판독은 비의 중간 부분 비석을 망실한 단계의 탁본을 근거로 하였다. 『흠정전당문』의 판독은 결락 부분에서 한두 자 정도 더 읽은 부분이 있고, 문맥에 따라 추독도 한 것 같다.

앞의 판독문 중 2~4행, 20~21행의 밑줄 친 부분은 천책의 『선문보장록』에서 인용한 것이다. 그 인용 부분은 『삼한금석록』, 『해동금석원』, 그리고 『조선금석총람』 등에 판독된 내용과 일치하는 구절이 있어서 천책이 비문에서 축약 인용한 것이 아니라 정확히 판독한 것이라고 생각한다.

『한국금석전문』의 흥법사 진공대사비문을 교감한 부분은 [01], [23], [24]행의 '…' 부분, 그리고 [06], [12], [13], [16], [18], [19], [22], [23], [25], [29]행의 '__' 부분이다.

21행은 현존 비의 중단 부분을 잇는 유일한 행이 된다. 글자 수는 결락 3자 포함 65자이다. 각 행의 자수는 당 태종의 글씨를 집자하여 글자의 크기가 조금 다르고 행·초서가 섞여 있지만 65자가 기본이었을 것이다. 전체 30행에 각 행 약 65자가 비문의 전체적 자수 규모가 된다.

3. 비문 내용과 의의

비 앞면은 중간 부분 결락이 심하여 상세한 내용은 알 수 없다. 하지만 교감 비문을 바탕으로 비문의 내용 구성에 따라 새롭게 주목한 부분을 검토·제시하여 비문의 내용과 의의를 고찰한다.

1행은 비문의 표제, 찬자, 집자자를 적었다. 찬자는 성현이 '御製'라 지칭한 것인지, 비명에도 적혀 있는 것인지는 알 수 없다. 당 태종의 晋祠銘에는 '御製 御書'라 하였으므로 '어제'라 하였을 것으로 생각한다. 『고려사』에 親製碑文이라 하였기 때문에[22] 고려 태조의 찬임에는 의심의 여지가 없다. 비문 내용에 앞면 20행, 25행, 그리고 뒷면 7행에서 '寡人'이라 하여 찬자 자신을 칭하고 있어 태조의 친찬임을 알 수 있다.

비의 글씨는 최언위의 아들인 최광윤이 국왕의 교서를 받들어 '태종문황제서'를 집자하였음을 밝혀 두었다. '태종문황제'는 당 태종을 지칭한다. 당 태종이 당 왕조의 기초를 확립하기 위한 문화정책으로 추진한 것이 남북문화의 통일이었다. 태종은 북조 출신이지만 학문과 예술 분야에는 남조의 그것을 채용하여 남북의 문화를 통일하려는 방침을 세웠다. 태종은 공영달에게 칙명으로 오경정의를 찬술하게 하였는데 주로 남학의 입장에 의거하여 남북 경학을 통일하였다. 태종의 문화정책의 기본정신을 상징한다.

태종은 왕희지를 숭배하여 그의 진적을 수집하고 진위를 감정한 후 부본을 만들어 나누어 주기도 하였다. 왕희지의 蘭亭書 卷物을

---

22 『고려사』 세가 권2 태조 23년 7월, "王師忠湛死 樹塔于原州靈鳳山興法寺 親製碑文".

태종의 陵 내에 순장하였다는 이야기도 전한다. 태종 개인 취미의 발로이지만 남조문화를 숭상하여 그것으로써 남북문화를 통일하려는 정책의 일환이기도 하였다. 그의 글씨는 왕희지풍이었고 그 글씨로는 진사명과 온천명 등 두 석각이 있다. 온천명은 원비를 잃어버렸지만 돈황석실에서 발견된 당 탁본이 있어 마멸되지 않은 탁본으로 그 서법을 볼 수 있다.[23] 두 석각 글씨는 행서체로 알려졌다.[24]

당 태종 당대에 그의 글씨가 신라에 전한 사실은 금석문과 『삼국사기』에 전한다. 성주사 낭혜화상비에는 무열왕이 진덕왕의 명을 받들어 당 태종을 뵙고 떠날 때 태종이 자신이 짓고 쓴 온탕비와 진사비 두 비문과 직접 찬한 晉書 한 질을 하사하였다고 하였다. 『삼국사기』 진덕왕 2년 조에도 그 기사가 전한다.[25]

진공대사비문을 당 태종의 글씨로 집자하자는 제안은 최언위가 하였을 것이다. 최언위는 낭혜화상비를 찬술한 최치원의 종제로서 그 비문을 썼으며,[26] 태종의 글씨를 집자한 최광윤은 최언위의 아들이었다.[27] 중국 문화 사조와 정신에 정통하고 글씨에도 조예가 있었던 최언위가 7세기 중엽에 전래된 당 태종의 글씨로 집자한 고려 태조의 어제 비를 세워 10세기 초 고려 통일의 완성에 당 태종의 남북문화통일 정신을 반영하려는 의도가 아니었을까 한다.

---

23 下中邦彦 編輯, 『書道全集』 7 中國7 隋 唐 I, 平凡社, 1967, pp.7~8 참조.

24 이동국, 「흥법사진공대사탑비 서체고」, 『원주금석문집』 2, 원주시, 2009.

25 「성주사낭혜화상비」, 『한국금석전문』, pp.221~222, "文皇目送而歎曰 國器 及其行也 以御製幷書溫湯 晉祠二碑 暨御撰晉書一部 齎之時 蓬閣寫是書 裁竟二本上 一錫儲君 一爲我賜"; 『삼국사기』 권5 신라본기 진덕왕 2년, "太宗許之 仍賜御製溫湯及晉祠碑幷書新撰晉書".

26 「성주사낭혜화상비」, 『한국금석전문』, p.223, "從弟朝請大夫前執事侍郎賜紫金魚袋臣崔仁渷奉敎書".

27 『고려사』 권92 열전5 최언위, "初名愼之 慶州人…始還新羅 拜執事省侍郎瑞書院學士…謚文英 子光胤行歸光遠行宗".

2~4행은 도입부이다. 비의 주인공 충담의 불교 사상사에서의 위치를 가늠하는 서술로 구성된다. 부처님의 최초 법화경 설법지 鷲嶺, 가섭에 선정을 전한 雞足山, 경전 결집의 慶喜[아난]와 和修 등이 언급되며, 三乘에 妙法을 드리운 馬鳴이 거명되었다. 龍樹도 언급되었지만, 비문 결락으로 어떤 맥락인지 알 수 없다. 圓覺[달마], 大弘[혜가]으로 법맥이 이어지고 남조의 양 武帝와 북조의 孝明帝를 만난 사실, 그리고 선종 6대를 언급하고 江西[마조도일]의 법맥이 우리나라에 들어온 사실을 언급하였다. 충담은 鳳林家子[봉림산문의 제자]이며 章敬[회휘]의 증손임을 밝히며 마무리하였다.

위의 도입부 서술은 불교 법맥의 교선, 중국 남북조 등 균형 잡힌 서술의 특징이 보인다. 특히 『법화경』이 강조된 것을 알 수 있다. '鷲嶺之譚', '垂妙法於三乘' 등이 그러하다. 충담의 법맥에 대해 심희의 제자라는 견해와[28] 현존 비문에서 충담과 심희가 사제 관계라는 증거는 어디에도 없다는 주장이 있다.[29] 충담 사후 그 문하와 찬자 태조가 신라에서 중시된 봉림산문의 수용의도를 반영하였다는 견해가 있다.[30] 비문의 '봉림가자'는 봉림산문의 제자라는 의미로 보인다. 이 부분은 현존 비문에는 결락되어 있지만, 천책이 흥법사비문을 판독하여 인용한 부분이다. 천책은 고려후기 천태종 승려로서 법화신앙을 강조하였고 흥법사비문을 인용한 『선문보장록』의 편찬자이며, 시문집 『호산록』을 남긴 고승이었다. 만년에는 왕궁 내의 內願堂에

28 정동락, 「진공 충담(869~940)의 선택과 태조 왕건」, 『신라하대 선승의 현실인식과 대응』, 선인, 2021.

29 이인재, 「선사 충담(869~940)의 생애와 충담비 마멸자 보완 수용 문제」, 『원주금석문집』 2, 2009, pp.50~53.

30 김용선, 「승려 충담과 고려 태조」, 『고려·사회·사람들』, 일조각, 2018.

서 국왕 측근으로 활동한 승려였다.[31] 천책이 법화경을 강조한 비문을 인용한 배경과 봉림산문의 고달사가 천태종단의 핵심이 된 배경을 짐작할 수 있다.[32]

최언위가 이 흥법사비 건립 시기와 같은 940년에 건립된 개청비문의 도입부와[33] 유사한 면을 볼 수 있다. 첫머리에서 취령, 계족산을 짧게나마 언급하였다. 개청의 입적은 930년이고 비의 건립은 940년이기 때문에 비문 작성은 940년에 가까운 시기일 것이다. 따라서 흥법사비문은 고려 태조의 어제지만, 신라 진경대사비를 경명왕의 대작으로 하는 것을 비롯하여, 고려 태조대의 고승비문 대부분을 찬술한 최언위의 대작이 아닌가 한다.

4~6행은 가계 부분이다. 속성은 김씨이고, 鷄林의 冠族이며 兎郡의 宗枝라 한 것으로 보아 왕족이었다. 중간 결락이 많아 알 수 없지만 아버지대에는 莊子와 列子를 공부하고 市朝의 명예를 피하였던 것, 불교 승려 친구가 있었던 점, 아들이 槐市에서 경서를 독파하고, 杏苑에서 글을 쓰라는 명을 받은 것, 어머니는 불심이 깊어 法胤 낳기를 원하였던 것 등, 이상의 가계로 미루어 왕족 출신의 육두품이

31 『선문보장록』 서문을 보면 '海東沙門內願堂眞靜大禪師天頙蒙且序'라 하여 찬자 천책이 내원당 승으로 국왕 측근에 있었다. 『선문보장록』 찬자와 『호산록』 찬자가 같다는 주장은 이영자, 허흥식 등이 하였고, 불일치 주장은 고익진, 채상식 등이 하였다. 西口芳男은 『선문보장록』 찬자는 천책, 『호산록』 찬자는 진정국사로 보았다. 『선문보장록』은 선을 최고로 주장하고, 『호산록』은 천태종 승려의 저술이므로 동일 찬자가 될 수 없다고 하였다(西口芳男編, 『『禪門寶藏錄』의 基礎的研究』, 花園大學國際禪學研究所, 2000). 강석근은 충지가 '寄眞靜通奧大禪書'의 분석을 통해 『선문보장록』, 『호산록』의 찬자가 동일인이라는 주장을 제기하였다(『韓國佛教詩研究』, 이회, 2002). 『선문보장록』에 군신숭신문을 두고 충담비문 내용을 인용하고, 충담비 도론부에 법화경이 강조된 내용을 감안하고, 충지가 진정통오대선에 보낸 편지 내용을 고려하면, 『선문보장록』과 『호산록』 찬자는 동일인이라 생각한다.

32 한기문, 「고려 혜목산 고달사의 소속종단 변천과 배경」, 『불교연구』 57, 2022.

33 「지장선원낭원대사비」, 『한국금석전문』, p.303.

었을 것으로 짐작된다.

6~13행까지는 출생, 출가, 수계, 수행과정 부분이다. 대사의 출생일은 咸通 10년[869] 정월 1일이었다. 부모를 잃고 아버지의 친구였던 長純禪師를 따라 출가하였다. 龍紀 원년[889]에 武州 靈神寺에서 구족계를 받았다. 相部를 익히고 毗尼를 탐구하였다. 같은 마음과 부지런함으로 이루지 못함이 없을 것이라는 수행의지를 보였다. 뼈가 드러나는 폐허와 시체가 널리는 곳을 보고 산에 머무는 것을 단념하였다. 중국으로 유학하여 雲蓋禪宇에 이르러 淨圓大師[운개 지원]를 뵈었다. 그는 石霜[석상경제]의 인가를 받은 선사였다. 여러 곳을 유력하였다.

16~22행은 귀국, 고려 태조와의 만남, 흥법선원 주석, 제자 양성 등의 활동 부분이다. 天祐 15년[918]에 귀국은 짐작되지만, 어디인지는 알 수 없다. 하지만 甲兵之色을 보고 김해를 떠나 玉京으로 향하였는데 가는 길이 지체되었다고 하였다. 김해를 떠난 시기와 나아간 옥경이 어디인지는 분명하지 않다. '갑병지색'은 920년 10월 견훤이 신라에 침입하여 大良·仇史 二郡을 취하고 進禮郡에 이르자 신라에서 아찬 金律을 사신으로 보내 고려에 구원을 청하였고 태조가 병을 보내자 견훤이 알고 퇴각한 것을[34] 말하는 것으로 볼 수 있다. 다른 예는 925년부터 926년에 이르는 시기에 태조와 견훤 간의 인질 교환을 통한 화맹이 성립되었다가 파기되었다.[35] 927년 견훤의 금성

34 『고려사절요』 권1 태조 3년 10월; 『삼국사기』 권12 경명왕 4년 10월. 이 점 정동락의 지적이 있었다(앞의 책, 2021, pp.343~344).

35 『고려사절요』 권1 태조 8년 10월; 태조 9년 4월.

으로의 갑작스러운 진출, 공산전투 등에 따라,[36] 경주와 김해 등에서도 전투 분위기가 고조된 상황을 말하는 것일 가능성도 있다.

그런데 利嚴이 911년 나주 회진으로 귀국하여 김해에 이르러 김해부 지군사 소공 율희의 귀의를 받고 승광산에 머물렀다. 적굴에 인접하여 안심하고 수도할 수 없어 그곳에 머문 지 12년 만에 移錫하여 沙火를 거쳐 遵岑에 도착하였다.[37] 이로 보면 김해를 떠난 시기가 922년경임을 짐작할 수 있다. 이엄이 적굴에 인접하였다고 한 것은 견훤이 대량·구사 이군을 취한 920년 이후부터라 생각된다. 따라서 충담이 김해를 떠난 것도 이 무렵으로 생각된다.

玉京은 경주를 의미할 수도 있지만, 개경을 말하는 것으로 생각된다. 입경하니 불교가 흥성하는 분위기가 있고 왕사의 예를 받은 구절이 이어지며 다시 경기에 이르러 문답 시에는 '과인'으로 칭하면서 어려서부터 威武를 숭상하여 先王의 정치에 밝지 못함을 말하고 있어서 과인은 고려 태조가 분명하기에 옥경은 개경을 의미한다.

충담이 태조와 만난 것은 두 번이었다. 첫 번째는 王師禮를 받고 다음 날 태조의 요청하에 精廬로 옮겨 머물렀다. 두 번째는 태조의 편지를 받고 다시 경기에 이르러 玉堂에서 태조와 대담하였으며, 태조가 興法禪院을 중창하여 주지하기를 요청받았다.

태조와 충담의 두 번째 만남에 대해 의미를 부여한 내용은 천책이 주목하고 이 부분을 판독하여 『선문보장록』에 남아 있어 비문에서

---

36 『고려사절요』 권1 태조10년 9월.

37 「광조사진철대사비」, 『한국금석전문』, p.282, "天祐八年…達於羅州之會津…爰有金海府知軍事蘇公律熙 選勝光山 仍修堂宇 傾誠願海請住…而地連賊窟 圖身莫安…於是乎在十二季 途出沙火 得到遵岑".

교감·복원된다. 태조는 어려서부터 위무를 숭상하여 선왕의 가르침에 정밀하게 배우지 못했다고 하였다. 다음 비문 결락이 있지만, 충담을 만난 것은 世宗이 摩騰을 만나고 양무제가 寶誌를 만난 만큼의 의미가 있다는 구절이 있다. 세종은 한의 孝明帝 묘호인 顯宗을 잘못 기재한 것으로 본다. 마등은 『四十二章經』을 번역하고 후한 효명제가 金人을 꿈에서 보고 서역으로 불법을 찾은바, 마등이 漢地에 이르렀고 명제가 白馬寺를 건립하여 머물게 하였다. 이는 『양고승전』 攝摩騰 조에 보인다.[38] 황제가 고승을 우대하여 불교가 중국에 처음 들어온 사례를 제시한 것이다.

양 무제는 齊 和帝의 禪讓으로 梁朝를 세웠다. 39세에 제위에 올라 48년의 치세 동안 내정을 정비하고 남조 귀족문화의 최성기를 현출하였다. 무제는 유교와 문학을 닦고, 깊이 불법에 경도하였다. 많은 승을 보호하고, 많은 사원을 건조하여 도읍 建康에는 大寺가 700여 소였다. 스스로 『열반경』, 『반야경』을 강하고 주석서도 지었다. 보지는 속성이 朱이고 금성 사람이다. 금릉 道林寺에서 禪業을 닦았다. 송말 제초에 奇行·神異를 하기 시작하여 민중을 혹하게 한다고 옥에 가두었지만, 양 무제는 "행적은 塵垢에 있지만, 정신은 冥寂에 노닌다. 水火로 거슬리거나 물들게 하지 못하며 蛇虎도 위협하지 못한다. 佛理를 말하면 聲聞 이상이 되고, 隱淪을 말하면 神仙이 되는데 어찌 俗士의 常情으로 헛되이 규제하랴"라 하여 禁을 해제하고 가르침을 청하였다.[39] 보지의 교화력이 뛰어남을 보여 준다.

38 西口芳男編, 『『禪門寶藏錄』의 基礎的研究』, 花園大學國際禪學研究所, 2000, p.403.
39 西口芳男編, 앞의 책, 2000, p.404.

무제와 기행·신이 스님과의 만남 그리고 고려 태조와 대사의 만남을 비유한 셈이다.

태조는 영원토록 香火의 공덕을 닦고 자자손손 끝까지 받드는 지극함을 표하였다. 흥법선원을 다시 수리하고 대사에게 주지하게 하니 吉祥의 땅, 延福의 터임을 알게 되었다. 선원의 문이 열리니 오는 자는 구름 같고 배우려는 사람은 안개와 같았다. 그런데 대사의 가르침을 받아들이지 않은 자들은 곳곳의 정사에서 배척되었다는 구절이 보인다. 대사에게 오백 제자가 있었지만, 대사의 가르침을 받아들이지 않은 제자도 있었음이 특기되었다. 태조가 흥법선원에 대사를 머물게 하여 이 지역을 교화의 범위에 넣고자 한 의도를 보였다.

23~30행은 대사의 입적과 비문 건립, 銘에 관한 내용이다. 940년(태조 23) 문인에게 '萬法皆空, 一心爲本'의 법어를 남기고 입적하니 속년은 72세이고 승랍은 52세였다. 태조가 시호를 진공대사로 하고 탑호를 내렸으나 비문 결락으로 알 수 없다. 태조는 대사의 '無爲之化'를 세상에 드러내고, 썩지 않는 인연을 금석에 새기기를 바랐다. 명은 많은 구절이 결락되었다.

비의 뒷면 내용은 대사가 태조에게 올린 표문과 그에 대한 비답일 가능성이 크다. 4행에 '大師奏表曰'이 있고 7행에 '寡人'이라는 자칭이 있기 때문이다. 7~8행에 "동쪽 교화를 서약한바, 그 흥법선원은 비록 古寺이지만 일찍이 仁方에 있어 화상께서 생전에 栖遑之處로 삼았다."라는 구절을 주목하면 흥법사가 태조가 대사를 위해 지정하여 머물도록 한 사원임을 증빙하기 위한 인용문으로 보인다. 대사의 문도가 머무는 사원임을 강조한 것이다. 앞면의 내용과 일부 겹치는 것이 있는 데서 짐작된다. 경청선원비문의 뒷면에 사원 건립을 승인한 도평성의 첩문이 인용된 것이라든지[40] 광종대의 국왕 칙서로 부동사원을 지정한 내용을 인용한 비음기도[41] 이와 같은 의미에서 국왕과의 대화나 중앙 부서의 첩문을 인용한 것으로 보인다.

그리고 글씨체는 해서이며 태종의 글씨는 아닌 것 같다. 최치원의 진감선사비나 최언위의 성주사비 등에서 보는 서풍과 같은 계통으로 당 초기의 구양순 계통과 밀접한 서풍을 구사하고 있다.[42] 이는 앞면이 태조의 어제인 것과는 달리 대사와 태조의 표문과 비답의 인용으로 태조의 어제는 아니라고 생각된다.

1행은 표제이며, 2~4행까지는 중간 결락이 있지만, 湯王이 夏나라를 멸하고 仁政을 베풀었음과 양 武帝가 寶誌 스님과 중국 풍속을 이야기하고, 朝臣들이 僧會 스님을 맞아 같이 수레를 탔다는 내용이 보인다. 그리고 삼한이 各立 一國으로 웅비하여 성덕이 널리 퍼졌다는 것이다. 통일되어 군왕의 仁政과 스님의 敎化, 조신과 고승이 함께하는 정치를 강조한 것 같다.

4~8행은 대사가 올린 글이 인용되었는데 태조가 주 문왕과 같은 인정을 베풀고, 순임금과 같은 성덕을 베풀기를 바라고, 佛圖澄이 조나라 군주를 만나 교화하는 일이 되기를 기대한 내용으로 보인다. 그리고 무성한 숲으로 돌아가기를 바라는 내용으로 짐작된다. 태조가 이에 대해 과인과 대사의 정이 아교와 옻보다 깊다 하고, 흥법선원에 머물기를 권하였고 실제로 머물렀다. 앞면의 내용과 중복된 것이 있지만, 대사의 표문과 이에 대한 태조의 비답으로 보인다.

---

40 「경청선원자적선사비」, 『한국금석전문』, p.317.

41 「고달사원종대사비」, 『한국금석전문』, p.399.

42 이동국, 앞의 논문, 2009, p.18.

9~12행은 주관과 흥법사의 거주 제자 명단으로 생각된다. 이덕무는 8인의 인명을 판독 제시하고 枽, 柰, 朩 등에 대해서는 '羅方言' 곧 신라의 방언이라 하였다. 鮎貝 房之進은 枽은 『삼국사기』 직관 신라 관호 奈麻 一云 奈末로, 柰은 大奈麻 一云 大奈末을 柰로 略한 大末 2자를 합한 俗字로 보았다. 朩의 木은 等자의 省文으로 大木 2자를 합한 속자로 생각하였다.[43]

이상에서 교감 비문의 내용을 살펴보았다. 충담이 태조의 왕사례로 대우받았고 그의 비문 음기에도 '故王師'라 하여 실제 태조의 왕사였음을 알 수 있다. 따라서 태조가 제자로서 스승의 비문을 친제하였을 것으로 보인다.[44] 흥법사비문과 같은 해에 친제한 개태사화엄법회소문의 첫머리에 菩薩戒弟子임을 나타냈다. 태조의 보살계 수지는 왕사 충담으로부터 수계하였을 가능성이 크다. 태조의 왕사로는 즉위년 무렵 왕사였던 慶猷가 있지만[45] 921년 입적하여 충담만큼 긴 시간 동안 왕사 역할을 하지는 못했다. 충담이 경유를 이어 왕사가 된 시점은 경유가 입적한 이후인 922년 무렵으로 추정된다.

---

43 鮎貝 房之進, 『俗文攷』 附 雜攷 第六輯 上編, 興法寺眞空大師塔碑陰記.

44 고려 태조가 흥법사비문을 친제한 이유에 대한 제견해는 다음과 같다. 이인재는 충담만이 인도 불교사를 정리했다는 업적을 기념하기 위해, 전국 사서층이 등장하기를 대망하여, 당 태종 집자를 통해 그 업적을 문화 상징으로 삼기 위해서 등으로 정리하였다(앞의 논문, 2009). 정동락은 선종 세력과 화엄종의 교종 세력을 배려하여 종파간의 견제와 균형을 유도하기 위해서라고 하였다(「충담의 생애와 활동」, 『신라사학보』 18, 2010). 정성권은 미술사적 시각에서 고려 통일 기념비적 성격으로 이해하였다(「태조 왕건 친제 원주 흥법사지 진공대사탑비의 조성배경」, 『국학연구』 31, 2016). 김용선은 신라에서 국사로 예우받은 봉림산문 심희의 비문을 경명왕이 친찬한 것을 의식하여 봉림산문을 이은 것으로 생각하여 충담을 왕사로 하고 사후 비문을 친제한 것으로 추정하였다(앞의 논문, 2018). 충담비를 태조가 친제한 배경은 태조가 충담을 왕사로 모신 배경과 그 보살계 제자로서의 정치사상 실현이라는 시각에서 모색할 수 있다고 생각한다.

45 「오룡사법경대사비」, 『한국금석전문』, pp.328~331. 태조가 摳衣之禮를 하고, 一國慈父라 했다는 구절도 보인다. 경유비음에 在學弟子에 '神聖大王'을 올렸다.

충담은 구족계 수계 후 相部와 毗尼[계율]를 탐구하였다는 사실이 비문에 보인다. 군왕으로서 보살계의 수지에 대한 의의를 잘 알고 있었을 것이다.

보살계는 재가자가 받는 계였다. 국왕이 利他行의 보살로서의 지위를 가짐으로써 중생을 구제하고 불국토를 건설하려는 통치사상의 실현자가 되는 것이다. 이는 신라 때부터 연구된 『梵網經』에 따른 보살계였다고 생각된다. 이 경에는 "만약 불자가 국왕위나 전륜성왕위, 백관위 등에 나아갈 때 먼저 보살계를 받아야 하며 계를 받으면 효순심·효경심을 가져야 한다. 또 보살계를 받으면 모든 귀신이 왕과 백관을 구호하고 제불이 환희한다."라는[46] 조목이 맨 처음 나온다.

신성왕친제개태사화엄법회소에는 태조 자신의 지위를 '보살계제자 고려국왕'이라 명시하고 있다. 이 소에서는 발원 내용을 4가지로 들고 있다. 먼저 개태사 법회가 영원히 지속하여 지혜와 자비가 우리나라에 빛나기 바라는 것이다. 두 번째는 태조 자신이 오래 살고 자자손손 불교계의 檀越이 되는 것이다. 세 번째는 佛威의 庇護로 삼한 내의 兵革이 소멸하고 農桑이 잘되며, 邊境이 편안하고, 가정과 나라에 孝悌와 忠貞이 있어 囹圄가 비고 關防이 닫히지 않기를 바라는 것이다. 마지막으로 子孫이 창성하여 宮院이 康和하고 災厄이 일어나지 않기를 바라는 것이다.[47]

---

46 「梵網經盧舍那佛說菩薩心地戒品第十卷下」, 『大正新修大藏經』 24, 律部3, p.1005.

47 「神聖王親製開泰寺華嚴法會疏」, 『東人之文四六』 권8 불소(『고려명현집』 5, 성균관대대동문화연구원, 1980), "所願 爰從今日 無量劫中 四海英賢 十方學者 冬夏不虧於講習 朝昏勿怠於勤修 日有所加 時無虛度 慧炬轉明於困野 慈燈永耀於桑津 所冀 諱鶴壽千春 鴻基百代 伏願生生世世 終攀般若之慈航 子子孫孫 永作法門之檀越 後願 佛威庇護 天力扶持 庶使百郡之中 三韓之內 兵革永消於千祀 農桑常給於四方 禾稼豐登 封疆寧逸 州士庶處處黎珉 於家懷孝悌之心 於國罄忠貞之節 市無二價 道不拾遺 囹圄長空 關防不閉 契丹醜類 獵

위의 세 번째는 이타행의 보살계제자 고려국왕으로서 발원의 핵심 내용으로 생각된다. 불교정치 사상의 이상을 제시한 것이며, 고려 태조의 통일에 따른 정치실현 방향이었다.[48] 개태사화엄법회와 충담비의 친제는 화엄법회를 통한 화합과, 선종의 왕사 충담의 제자로서의 지위를 통해 불교계의 전폭적인 지지를 받기 위한 선언이었다.

그런데 태조는 924년경 玄暉를 國師로 대우한 사실이 보인다. 비문에 따르면 현휘는 무염의 제자 靈覺山寺 沈光大師에게 나아가 득도하였는데 그는 崇嚴[무염]의 子였다. 현휘는 무염의 손제자에 해당하여 성주산문계열승이었다. 906년 西學하여 924년 舊國으로 귀국하여 거의 20년 가까이 국내 상황과는 무관하였다. 태조는 사신을 보내 교외에서 맞아 궁궐에 들게 하고 세 계단을 내려와 國師로 대우하였다.[49] 중주 淨土寺에 주지하게 한바 좌승 劉權說, 中原士, 朝庭士流 등이 선문에 출입하였다. 제자는 말세에 法王의 교화를 편 사람이라 인식하였고, 비문 찬자 최언위는 온 나라가 仁으로 돌아가게 하고, 실로 帝王의 교화를 도왔다는 말을 하였다.[50]

고려 태조가 현휘를 국사로 대우한 시점은 경애왕 원년으로, 신라의 국사 심희가 입적하고 경명왕이 친히 비명을 지은 비를 세웠던 때이다. 경애왕도 경명왕의 예에 따라 開淸에게 국사례를 표하였으나

猶凶奴 終無窺窬之心 永釐猖狂之勢 諱凡有隱求顯望 莫不稱意遂心 復願 子孫昌盛 宮院康和 禎祥雨集於一邦 災厄咸消於九有 兼所現星宿災變 天地怪妖 悉逐雲飛 咸隨電滅”.

48 한기문, 「고려전기 수계와 계단」, 『고려사원의 구조와 기능』, 민족사, 1998, p.355; 남동신, 「나말려초 국왕과 불교」, 『역사와 현실』 56, 2005 참조.

49 「정토사법경대사비」, 『한국금석전문』, p.322, “同光二年 來歸舊國 國人相慶…迎入九重 降於三等 虔心鑽仰 待以國師”.

50 「정토사법경대사비」, 『한국금석전문』, pp.323~325, “澆季法王之化者也…一國歸仁 實助帝王之化”.

신라 수도로 모시지는 못하고 멀리 개청이 주석한 사원에 중사의 조서로 하고 大匡이 요좌를 이끌고 선관에 나가 하례하고 개청은 郡城[명주]에 나아가는 방식을 취하였다.[51] 경애왕의 국사례는 王道의 위태로움을 극복하려는 의도였지만 궁성에서 제대로 실현하지 못하였다.

이에 비해 태조는 고려에서 처음으로 玄暉를 국사례로 모신 셈이다. 심희가 국사로 될 때, 태조는 경유를 왕사로 하였고 이어 충담을 왕사로 하여 신라의 국사 권위를 인정하였지만, 924년에는 현휘를 국사례로 대우하여, 선승을 우대하여 교화의 권위로 내세우는 점에서 고려가 신라보다 우위에 나서게 되었다. 왕사 충담과 국사 현휘의 지위가 성립된 것이다. 태조가 현휘를 국사로 대우한 의도와 배경은 비문에 기록되어 있는 태조와 현휘의 대화에서 짐작된다. "태조가 法은 나라로 말미암아 흥한다는 것은 실로 헛된 말이 아니므로 대사가 편안히 道에 전념하여 生靈을 오래 보호하면 제자는 法城을 지켜 금성탕지로 하겠다고 하자, 대사가 菩薩의 弘誓로 護法을 마음에 두고 慈悲를 베푸는 것을 일삼으면 聖朝를 볼 것이라고 하였다."[52] 태조는 보살계제자로서 후삼국시기의 민의 진휼을 통해 통일을 주도하겠다는 의도를 보였다. 선승의 교화력의 도움을 받는 과정에서 왕사, 국사를 추앙한 것이다. 자신은 보살의 큰 서원을 실현하는 군주임을 자처하였다. 태조 즉위 이래 경유, 충담을 왕사로 하였지만, 924년 현휘를 국사로 내세워서 전란에 지친 민을 교화하는 데 주도권을 가져왔다. 당시 봉림산문에서 충담을 왕사로 하고, 성주산

---

51 「지장선원낭원대사비」, 『한국금석전문』, pp.305~306.

52 「정토사법경대사비」, 『한국금석전문』, p.324, "上答曰 法由國興…大師安心道念久護生靈 弟子牆塹法城金湯祇樹 大師對曰 菩薩弘誓 上乘發言 護法爲心 流慈是務 正應如是 今窺聖朝".

문에서 현휘를 국사로 내세워서,[53] 신라 왕실에서 중시한 두 산문을 고려로 연결하여 이념적 주도도 가능하게 되었다.

충담 비문의 찬술과 건립은 태조가 민에게 자비를 베푸는 교화의 상징으로서 선승을 왕사, 국사례로 추앙하고 자신은 제자로서 菩薩의 서원을 실천하려는 과정에서 비롯한다. 특히 즉위 초부터 통일을 이룬 시점까지 그 상징적 역할을 한 충담에 대해 제자로서 그 비문을 친제하고 당 남북문화의 융화 기틀을 마련한 당 태종의 글씨를 집자하여 그 상징성을 높였다는 데서 진공대사비문의 의의를 찾을 수 있다고 생각한다.

Ⅱ. 법흥사비의 건립과 의의

순안 法興寺碑文을 소개하고 내용상의 의의를 제시하겠다. 비문의 실물이 현재 알려지지 않은 채 문헌에서만 전하는 비문을 소개하여 비문으로서 자료적으로 신빙할 만한 것인지를 가늠하고 내용을 분석하여 그 의의를 찾는다.

---

53 채상식교수는 현휘가 구족계 받은 가야산사를 화엄종 해인사로 이해하고 무염의 제자 심광을 만난 시점이 불명확한 점 등을 들어 성주산문과의 관련에 대해 의구심을 제기하고, 20여 년 중국에서 선법을 받고 귀국하면서 자신의 국내 선맥을 성주산문에 연결하고자 한 것이 비문에 반영된 것으로 보았다(「정토사지 법경대사비음기의 분석-고려초 지방사회와 선문의 구조와 관련하여」, 『한국사연구』 36, 1982). 가야산사는 화엄종 해인사로 단정하기 어렵고(가야산사는 현휘의 출생지와 가까운 덕산현 가야산의 가야사를 말하는 것일 수도 있다(『신증동국여지승람』 권19 덕산 산천·불우)), 국내 법맥은 구족계 수계보다 득도사가 더 중시된 점을 고려하면, 성주산문 계열로 보아도 무방하다고 생각된다. 또 중원지사로서 慕德의 무리를 이루고 조정사류 역시 출입을 자랑스럽게 여겼다는 점으로 보아, 성주산문의 영향이 미치는 이 지역에서 자연스럽게 그 계열 승려로 추앙되어 비문에 반영되었을 수도 있는 것으로 생각된다.

1. 법흥사비의 존재와 소재

『신증동국여지승람』 권52 순안현 산천 법홍산조와 불우 법흥사조에 따르면, 순안현에서 북으로 47리에 있는 법홍산에 법흥사가 있는데 이 절에 관한 기록으로 '김부식기'가 있고 그 내용이 소개되어 있어서 김부식기가 곧 법흥사비문임을 짐작할 수 있다. 김부식기가 전문이 아닌 것은 내용 마지막에 '云云'이라 하여 발췌임을 표현한 데서 알 수 있다.

고유섭은 이 기록을 중시하고 『조선금석학초고』에서[54] 사찰기적비로 분류하였다. 사찰기적비는 사찰의 창개, 연기, 중보, 수탑, 조상 등 기타 각종의 사찰에 관계되는 사실을 기각한 비갈류라 하고 이에 관한 목록을 열거하였다. 신라시기 경주와 지역의 10개를 목록에 올리고 이어 고려시기 개성과 지방의 24개와 부록으로 개성흥왕사비, 흥천사비 등도 소개하였다. 법흥사비는 '순안법흥사비 김부식 찬. 미상'으로 적어 두었다.

고유섭이 『조선금석학초고』를 쓴 시기는 1933년~1943년 사이 개성부립박물관장으로 재직할 때로 보고 있다.[55] 목록에는 직접 답사하여 실물을 확인한 경우에는 지금 이 절터에 있다거나 지금은 없다고 적어 두었지만, 그 존재 여부를 알 수 없는 경우는 미상으로 적었다. 이로 보아 고유섭은 고려시기 사찰기적비를 현장 답사를 통해 존재 여부를 확인하였지만, 문헌자료도 섭렵하여 사찰기적비의 존재

54 고유섭, 『우현 고유섭 전집 10 조선금석학초고』, 열화당, 2013, pp.101~109.
55 정영호, 「해제 한국금석학연구의 첫걸음」, 『우현 고유섭 전집 10 조선금석학 초고』, 열화당, 2013.

를 찾았음을 알 수 있다. 법흥사비는 『신증동국여지승람』 순안 불우조에서 찾았지만, 附로 붙인 흥왕사비, 흥천사비 등은 『고려사』 기록에서 본 것이 분명하다. 문집, 연대기 등의 자료를 보았을 것으로 생각된다. 하지만 상주 용암사기는 『신증동국여지승람』에 소개되어 있으나 목록에 올리지 않은 것을 보면 누락도 있는 것 같다. 순안 법흥사도 답사·조사하였으나 그 비편 등의 존재는 확인하지 못하여 '미상'으로 정리한 것으로 생각된다.

그런데 19세기 전반에 금석학 연구에 몰두한 김정희(1786~1856)가 曺匡振(1772~1840)에게 보낸 3·4번째 편지에 따르면, 각기 '順安法興寺摹書', '順安法興寺記文摹本'을 빨리 보내 달라는 내용이 있다.[56] '모서' 혹은 '모본'으로 표현은 약간 다르지만 둘 다 법흥사비 탁본을 말하는 것으로 생각된다. 조광진은 본관은 昌寧, 자는 正甫, 호는 訥人·口訥이다. 李匡師의 글씨를 배우고 만년에는 顏眞卿의 서체를 터득하였다. '快哉亭' 扁額의 글씨가 그의 예서였는데 중국 사신이 보고 크게 놀라 한번 만나보기를 청하였고, 그가 죽었다고 하자 섭섭히 여겨 100본을 찍어 갔다고 한다. 申緯, 金正喜 등과 교분이 두터웠다.[57] 순안법흥사모서, 순안법흥사기문모본 등으로 지칭한 것은 『신증동국여지승람』 법흥사 김부식기를 말하는 것으로 보인다. 김부식기는 법흥사에 건비된 비문이며 '摹書', '摹本'등의 표현은 그 글씨를 탁본한 것을 의미한다고 짐작된다.

---

56 「與曺訥人匡振 其三·其四·其六」, 『阮堂先生全集』 卷4 書牘, "順安法興寺摹書 曾有見諾矣 何不付示歟 幸於速便寄惠"; "順安法興寺記文摹本 必於速褫寄示專企 並候文佳 不備"; "今來碑拓 東方五百年 恐無有似此神妙 此非爲左右夸飾 作不佳之說 左右亦當自知之 但李進士 未知爲何人 而得此妙筆 賁其幽竁 垂之無窮耶 此亦一身後之大福分也".

57 吳世昌, 『槿域書畫徵』 卷5 鮮代編 曺匡振 참조.

김정희가 조광진에게 보낸 6번째 편지에는 "지금 보내온 비의 탁본은 우리 동방 오백 년에 이와 같이 神妙한 것은 없을 것이요. 이는 좌우를 위해 과장하느라 아름답지 못한 말을 만든 게 아니니, 좌우도 응당 스스로 알 것입니다. 다만 이진사라는 사람은 어떤 사람이기에 이런 妙筆을 얻어서 그 선대 무덤을 빛내어 무궁한 세대에 남기게 되는지요. 이 또한 身後의 큰 福分의 하나가 아니겠소."라 하였다. 이 비탁본은 법흥사비탁이 아닌가 한다. 그렇다면 김정희가 이미 법흥사비의 글씨가 뛰어나다는 것을 알고 직접 보고 싶어서 평양 출신 조광진에게 보내 달라고 두 차례[3번째, 4번째 편지]나 재촉한 것이다. 6번째 편지는 받은 탁본에 대한 글씨 품평과 소감을 적어 보낸 것이며, 조광진이 소장한 것은 아니고 이진사가 소장한 것을 빌려서 보낸 것으로 생각된다. 그런데 김정희가 조선의 탁본을 대거 넘겨주어 활자화한 『해동금석원』에는 법흥사비가 없다. 아마 자신이 소유한 탁본이 아니어서 중국에 넘겨주지 못한 것 같다. 하지만 김정희가 순안법흥사기문모본을 구하여 보고 품평한 점으로 보아 19세기 전반 그 당시에 법흥사비가 존재했던 것은 분명하다.

법흥사에 관한 기록을 살펴보면 다음과 같다. 고려말 金九容은 '寄法興寺長老'시를 남겼는데 순화 법흥사를 말하는 것 같다.[58] 조선시기 임란 시인 1593년 1월 병인일에 보고된 기록에 따르면 순안 법흥사에 주차한 본도 좌방어사 鄭希雲의 군사 2천 명 내에 사수 2백23명, 포수 50명, 의병장 李柱의 군사 3백 명 내에 사수 70명, 소모관

58 「寄法興寺長老」, 『惕若齋先生學吟集』 卷上. 시구에 '花山洛水'라는 표현이 있어서 안동부 법흥사일 가능성도 있다.

曺好益의 군사 3백 명 등이 있었다고 한다.[59] 休靜大師碑에 따르면, 선조가 대사를 팔도십육종도총섭에 임명하고 지방관에 유시하여 예우하자 惟政은 7백여 명의 승려를 거느리고 관동에서 일어났으며, 處英은 1천여 명의 승려를 거느리고 호남에서 일어났으며, 스님은 문도와 스스로 모인 승려 1천5백 명을 거느렸다. 도합 5천여 명의 승군이 순안 법흥사에 모여 명나라의 군사와 선후하여 聲勢를 도왔으며 모란봉 전투에서 죽이고 사로잡은 적이 많았다고 하였다.[60] 이로 보아 법흥사는 임란 시 조선 관군과 승병의 집합소였다. 법흥사는 관군과 승병을 수용할 만큼 규모가 크고 방어시설이 있었던 것이다.

1709년(숙종 35)에 작성된 「法弘山法興寺重興寺跡兼佛券田沓序」에는[61] 법흥사가 箕子願堂으로서 기능을 유지하고 있어서 중수하고 전답을 지원하는 내용이 있다. 부가하여 절의 시작을 정리하였지만, 『신증동국여지승람』에 소재한 김부식기는 참고하지 않았다. 다만 공민왕 때 나옹존자, 조선 태조 때 무학존자가 명을 받아 주지한 것만 적고 조선시기에 선종 사원으로 계속되었음을 기록하였다.

18세기 영조, 정조 시기 기록인 『가람고』, 『범우고』 등의 사찰 관련 기록은 모두 『신증동국여지승람』의 기록을 따르고 있다. 사원 기능이 당시 계속된 것으로 나온다. 일제하에서는 1918년 당시 30개

---

59 『宣祖實錄』卷34 , 宣祖 26年 1月 丙寅, "法興寺駐箚本道左防禦使鄭希雲兵二千內 射手二百二十三 砲手五十 義兵將李柱兵三百內 射手七十 召募官曹好益兵三百".

60 「休靜大師碑銘」, 『月沙先生集』 卷45 碑, "命拜八道十六宗都摠攝 諭方岳 禮遇之 於是休靜弟子惟政 自關東起僧軍七百 處英率一千餘僧起湖南 師率門徒及自募僧一千五百 合五千餘名 會于順安法興寺 與天兵爲後先 以助聲勢 戰牧丹峯 斬獲甚多 天兵遂克平壤".

61 「法弘山法興寺重興寺跡兼佛券田沓序」, 『朝鮮寺刹史料』 下, 平安南道之部, 朝鮮總督府內務部, 1911, p.132, "玆寺也者 箕子之願堂…我前朝恭愍之時 王師懶翁尊者 受命而住此 我朝太祖之時 王師無學尊者 亦受命而繼住於此".

본산의 하나로 순안 법흥사가 올라 있다.[62] 1935년 31개 본사 체제에도 28개 사찰을 말사로 거느린 본사였다.[63] 법흥사는 고려 인종대 이후 조선시기를 거쳐 근대로 이행되는 과정에서 폐사되지 않고 존속한 것으로 보인다.

법흥사가 있는 순안 지역에 대해 고려시기 지방 행정체제에서의 위상을 찾는다. 『고려사』 지리지에는 북계 서경유수관 평양부 속현으로 강동현, 강서현, 중화현, 순화현 등 4현이 있다. 그런데 속현 순화현은 인종 14년 경기가 6개 현으로[64] 나뉘었을 때 楸子島·櫻遷村·龍坤村·禾山村이 합쳐져 현이 되었다가, 곧 서경의 속현이 되었다. 뒤에 상원현에 소속되었다. 충혜왕 2년 삼화현으로 소속이 바뀌었다. 순안현은 조선전기 지명으로 조선 태조 5년에 현의 치소를 평양부의 安定站으로 옮기고 순화현과 안정참을 합하여 순안현으로 고친 것이다.[65] 고려시기 순화현의 성립은 묘청의 난을 진압한 그해 서경 지방 행정 개편에 따른 것이다. '順和'라는 이름은 서경 반란 진압 시에 이 현의 협조를 따랐음을 반영한다. 법흥사의 소재는 『신증동국여지승람』의 기록대로 평양부 경내[계수관]의 法弘山이었다.

법홍산은 『신증동국여지승람』 순안 산천조에 따르면 현의 북쪽 47리에 있다고 하였다. 고지도 중에서 가장 일찍 작성된 『東輿備攷』에는 순안 법홍산 법흥사가 건물 그림과 함께 표시되어 있다.[66]

---

62 李能和, 『朝鮮佛教通史』, 신문관, 1918, 朝鮮寺刹禪教兩宗三十本寺幷其所屬末寺.

63 中吉 功, 『海東佛教』, 國書刊行會, 東京, 1972, 附錄 海東寺刹一覽表(1935年現在) 참조.

64 『고려사절요』 권10, 인종 14년, "又分京畿四道 置江東 江西 中和 順化 三登 三和 六縣".

65 『고려사』 지 권12, 지리3 북계, 서경유수관 평양부 순화현, "順和縣仁宗十四年 分京畿爲六縣 以楸子島·櫻遷村·龍坤村·禾山村 合爲本縣 置令 仍爲屬縣 後屬於祥原 忠惠王二年 移屬三和"; 박종기,『고려사 지리지 역주』, 한국학중앙연구원출판부, 2016, p.553.

66 경북대학교출판부, 『동여비고』, 1998.

(<사진 8> 참조). 『동여비고』의 작성시기는 1682년으로 추정되었으나, 최근 연구에는 1699년에서 숙종이 승하한 1720년 사이로 보고 있다.[67] 법홍사는 17세기 말과 19세기 초에는 존재한 것으로 보인다. 대동여지도에도 순안 북쪽에 법홍산이 보인다(<사진 9> 참조). 근대지도에는 법흥리 지명이 남아 있고 법흥사가 표시되어 근대까지 사원이 존재하였음을 알 수 있다(<사진 10> 참조).

사진 8 『동여비고』의 법흥사

67 홍성익·김근태, 「동여비고에 수록된 사찰 자료에 대한 검토」, 『동여비고의 학술적 재조명』, 집문당, 2021, pp.69~71.

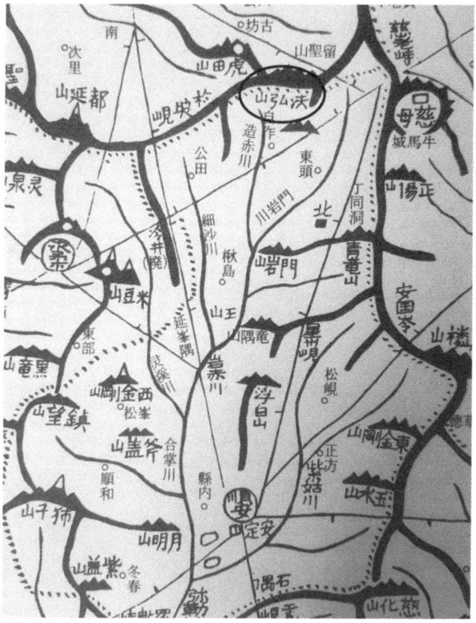

사진 9 대동여지도의 법홍산

사진 10 근대지도의 법흥사

2. 법흥사비문의 내용 구성

비문의 형태를 알 수 없으므로 내용에 따라 문단을 나누어 원문과 해석문을 제시한다.

<원문>

[1] 法興古寺 但不知創之之時 或云昔有僧名法興者肇基之 是以號焉 厥後道茀而園荒 垣夷而屋圮 人莫得而居之

[2] 山僧澄悟好學識道理 名高乎當世者也 欲重修詣闕下 願奏請而不能自達 於是臣上書以聞 時近臣鄭襲明從事西京 則教曰 向者此京人爲妖僧妙淸所詿誤 負固不服 干周官之法 以臣召君 犯春秋之義 遂命元戎攻城致討 不唯兇徒自投羅網 抑我士卒殞命矢石 積日累月 逝川寖遠 猶恐浮魂落魄受苦長夜 擬憑佛事 以資津濟 可與澄悟相地 宜作新之 以稱我哀矜之意
襲明承制 官給其費 命下官執事移古寺北十步許地經營之 始於癸卯年春三月 至乙巳年春 工旣訖功 自佛堂僧寢以至庖廚庫廄 凡八十間 繚垣無慮長一百五十餘丈 上送齋文香物 俾梵唄重修 十日以落之

[3] 昔唐太宗皇帝詔於擧義已來交兵之處立寺刹 仍命虞世南 褚遂良等七學士爲碑銘 以紀功德 則今玆之事 亦太宗皇帝之用心也 宜備書之 以示厥後 云云

<해석문>

[1] 법흥사는 오래된 절이나 지은 때를 모른다. 누가 말하기를, "옛날에 이름이 법흥이라는 중이 지었다 하여 이로써 이름 지었다." 한다. 그 뒤 길엔 풀이 우거지고 뜰은 황폐하고 담이나 집이 다 무너져 사람이 거처할 수 없었다.

[2] 山僧 澄悟가 배우기를 좋아하여 도리를 알아 명성이 당세에 뛰어났는데 중수할 양으로 궐에 나아가 주청하였으나 뜻을 펴지 못하였다. 이에 신이 글을 올려 보고했더니, 이때 近臣 鄭襲明이 西京에 종사하고 있었기 때문에 교서 내리기를, "전번에 서경 사람들이 요망스러운 중 妙淸의 꾀임을 당하여 城의 견고함만 믿고 복종하지 않아 周官의 법도에 관련되고, 신하로서 임금을 불렀으니 春秋의 의리를 범하는 것이라, 결국 元戎[대장]을 명하여 성을 공격하여 토벌하도록 하였다. 흉한 무리만 그물에 걸린 것이 아니라 우리 사졸도 矢石에 맞아 죽었고, 日月이 감에 냇물처럼 점점 멀어지니, 오직 浮魂落魄이 긴 밤에 고생할까 두려웠다. 佛事에 의하여 구제하려 하니 澄悟와 함께 가서 땅을 자세히 보고 새롭게 하여 나의 슬퍼하고 불쌍히 여기는 마음에 합당케 하라." 하였다.

정습명이 명을 받들어 그 비용을 받게 하고 하관 執事에게 명하여 옛날 절의 북쪽 10여 보쯤 되는 곳에 옮겨 경영하도록 하였다. 계묘년 봄 3월에 시작하여 을사년 봄에 공사를 끝냈다. 佛堂·僧寢으로부터 庖廚·庫廐에 이르기까지 모두 80칸이었는데 빙 두른 담의 길이가 무려 1백 50여 장이었다. 임금이 齋文과 香物을 보내어 梵唄로 중수하고 10일 동안 낙성 잔치를 하게 하였다.

[3] 일찍이 당 태종 황제가 義擧한 이래 전투한 곳에 절을 짓고 이내 虞世南·褚遂良 등 일곱 학사에게 명하여 비석에 공덕을 새겼으니 이번의 일도 역시 황제의 마음 씀과 같은 것이다. 의당 갖추어 기록해서 이후에 보여 주기 위함이다.

'김부식기'라고만 하여 '법흥사중창기' 형식 곧 비의 제액, 표제, 찬자, 서자, 글씨, 불사 참여 명단, 음기 여부 등은 확인할 수 없다. 이우의 『대동금석서』나 조속의 『금석청완』 등에도 부분 탁본은 전하는 것이 없다. 정밀답사로 비석의 비좌, 이수 등과 비문편의 발견을 기대하는 수밖에 없다.

하지만 『신증동국여지승람』의 작성은 현지 자료를 수합하여 편찬하는 과정을[68] 생각하면, 순안현에서 법흥사비문을 읽고 내용을 일부 보고한 것으로 짐작된다. 앞서 언급한 바와 같이 김정희가 순안 법흥사비모본을 간절히 구하고자 한 사실로 보아 비의 형태로 존재하였다.

법흥사비문이 실재한 것은 판독의 오류에서도 짐작된다. 비문 판독으로 보고된 내용임을 짐작할 수 있는 부분은 법흥사의 중창 기간을 말해주는 부분 '始於癸卯年春三月 至乙巳年春 工旣訖功'의 간지이다. 계묘는 1123년에 해당하고 을사는 1125년이다. 이 시기는 妙淸, 柳昆 등이 서경에서 반하는 1135년보다[69] 10여 년 앞선다. 이 비문은 서경난의 희생자 위령이므로 서경난 진압 후에 이루어진 것이다. 따라서 비문을 직접 읽으면서 계묘는 계해[1143]를, 을사는 을축[1145]을 잘못 판독하여 보고한 것으로 판단된다. 癸와 乙은 분명하지만, 卯와 亥, 巳와 丑은 비의 탁본이나 비를 직접 보고 읽을 때 구분이 쉽지 않을 수 있다. 김부식기는 조선시기 순안현에서 법흥사비문을 직접 판독한 내용을 보고한 것을 방증한다. 따라서 법흥사기는 김부식이 찬하여 법흥사에 건립된 비문으로 생각된다.

『신증동국여지승람』에서 발췌된 내용을 검토하면 비의 건립 시기, 법흥사의 중창 과정, 목적, 배경, 주관자 등을 알 수 있다. 먼저 비문의 찬자는 '김부식기'라 하여 김부식의 찬술이 확실한 것 같다. 순안현 보고자가 비문에서 찬자명을 확인한 것으로 보인다. 김부식

68 서인원, 『조선초기 지리지 연구-『동국여지승람』을 중심으로』, 혜안, 2002, pp.127~128.
69 『고려사절요』 권10, 인종 13년 정월.

은 인종대에서 의종 초까지 公禮에 의한 군권 중심의 정치사상을 폈고, 서경난을 진압할 때 인종으로부터 부월을 받는 총책임을 맡아 임무를 완수하였으며, 그의 정치사상과 역사의식을 드러낸 저술 『삼국사기』를 남겼다.

『고려사』 열전에는 그의 저술로 문집 20권이 있다고 기록하고 있으나 문집으로 현전하지 않는다. 최해의 『東人之文四六』에는 김부식의 글을 소개하면서 '集無'라는 협주가 있어서 최해가 『동인지문사육』 편집 당시까지는 김부식의 문집이 전해 왔음을 짐작할 수 있다.[70]

복원 문집에서 사원 신창 혹은 중수기는 두 건만 알려졌다. 혜음사신창기와 법흥사기가 그것이다. 혜음사신창기는 『동문선』에 전해오고, 혜음사지 발굴결과에서도 지금까지 비의 흔적이 확인되지 않았다. 『동문선』에 전하는 혜음사신창기는 내용 말미에 "위에서[국왕, 왕비] 내린 경비와 신도의 보시 내역은 이름과 목록을 갖추어 陰記에 기록한 바와 같다"라 하였다. 『동문선』에는 음기 내용이 전하지 않지만, 앞·뒷면에 각자한 비문으로 건립된 사실은 알 수 있다. 김부식이 "甲子 春 2月에 記한다"라 하였으니 비문이 완성된 시기는 1144년(인종 22)이다. 혜음사 신창과 유지·시납 등은 인종 초의 일이었지만, 비문은 서경난 이후 민의 위무가 필요한 시점에 건립한 것으로 생각된다. 법흥사비가 중수된 시기가 1143~1145년이므로 비문 작성은 적어도 1145년 이후라 할 수 있다. 김부식은 혜음사신창기와 법흥사비를 거의 비슷한 시기에 작성하고 건비하였다.

70 김부식의 문집 복원을 시도한 논고는 채상식, 「『동인지문사육』의 사료가치와 전산화-특히 『김부식문집』의 복원 시도-」, 『고려시대연구Ⅱ』, 한국정신문화연구원, 2000 참조.

법흥사비의 규모는 혜음사신창기 비양의 전체 내용 구성을 통해 짐작할 수 있다. 김부식이 비슷한 시기에 사원 신창과 중창 관련 두 비문을 지었기 때문에 그 내용 구성이 비슷할 것이라는 전제하에 살펴본다. 혜음사신창기의 내용 구성은 다음과 같다.[71]

[Ⅰ] 먼저 사원의 유래와 역할을 소개하였다. [Ⅱ] 다음으로 중수하게 된 계기와 과정을 적었다. 예종의 측근 신하 소천과 주지 혜관,

71 김부식, 「혜음사신창기」, 『동문선』 권64 기, "[Ⅰ]峯城縣南二十許里 有一小寺 弛廢已久 而鄕人猶稱其地爲石寺洞 自東南百郡趣京都 與夫自上流而下者 無不取道於此 故人磨肩馬接跡 憧憧然未甞絶 而山丘幽遠 草木蒙翳 虎狼類聚 自以爲安室利處 潛伏而傍睨 時出而爲害 非止此而已 閒或有寇賊敓攘之徒 便其地荒而易隱 人畏而易劫 爰來爰處 以濟其奸二邊行者 躊躇莫之敢前 相戒以盛徒侶 挾兵刃而後過焉 而猶或不免以死焉者 歲數百人 [Ⅱ]先王睿王在宥十五年己亥秋八月 近臣少千奉使南地迴 上問若此行也 有所聞民之疾苦乎 則以是聞之 上惻然哀之曰 如之何可以除害而安人 奏曰 殿下幸聽臣 臣有一計 不費國財 不勞民力 但募浮圖人 新其廢寺 以集淸衆 又爲之屋廬於其側 以著閒民 則禽獸盜賊之害自遠 行路之難平矣 上曰可 汝其圖之 於是 以公事 抵妙香山寺 告於衆中曰 某所有巨害 上不忍動民以土木營造之事 先師見遘難者 必施無畏 疇克從我 有事於彼乎 寺主比丘惠觀隨喜之 其徒欲從者一百人 惠觀老不能行 擇勤恪有技能者證如等十六人 資送之以冬十一月到其所 作草舍以次之 上命比丘應濟 主典其事 弟子敏淸副之 利器械鳩材瓦 經始於庚子春二月 至壬寅春二月 工旣告畢 齋祠息宿 以至廚庫 咸各有所 又謂若乘輿南巡 則不可知其不一幸而駐蹕於此 宜其有以待之 遂營別院一區 此亦嘉麗可觀 至今上卽位 賜額爲惠陰寺 [Ⅲ]噫變深榛爲精舍 化畏途爲平路 其於利也 不其博哉 又倂以米穀 擧之取利 設粥以施行人 至今幾於息焉 少千意欲繼之於無窮 精誠有感 檀施荐來 上聞之 惠捨頗厚 王妃任氏亦聞而悅之曰 凡其施事 我其尸之 增其委積之將盡者 補其什物之就缺者 然後事無不備者矣 或曰 孟子言堯之時 洪水橫流 使禹治之 鳥獸之害人者消 然後人得平土而居之 使益烈山澤而焚之 鳥獸逃匿 周公相武王 驅虎豹犀象而遠之 天下大悅 其或春秋時鄭國多盜 取人於萑符之澤 子大叔除之 漢時渤海民飢 弄兵於潢池之中 龔遂安之 其他以盜賊課寄名於史傳者 無代無之 則逐虎豹除盜賊 亦公卿大夫之任也 而少千下官也 應濟敏淸開士也 非所謂官治其職 人憂其事 乃無所陵者也 其可記之 以話於後乎 又釋氏之施貴於無住相 莊周亦云施於人而不忘 非天布也 則區區小惠 亦宜若不足書 答曰 不然 唐貞元季年夏大水 人物蔽流而東 若木柹然 有僧愀焉 援溺救沉 致之生地者數十百 劉夢得志之 宋熙寧中 陳述古知杭州 問民之所病 皆曰六井不治 民不給於水 乃命僧仲文子珪辨其事 蘇子瞻記之 君子樂道人之善如此 豈可以廢乎 而又人之爲善 自忘可也 不有傳者 何以勸善 其經論所言 不可縷敍 至若唐僧代病 作施食道場 前後八會 通慧師載之僧傳 至於儒書亦有之 如禮記云 衛公叔文子爲粥 與國之餓者 不亦惠乎 則此又不可不書者也 [Ⅳ]少千姓李氏 父晟 善屬文登科爲左拾遺知制誥卒 少千仕至七品官 公事餘閒 事佛尤謹 今則麻衣蔬食 自號爲居士 勤苦其行 爲上所知 故有所立如此 應濟住持日淺 敏淸繼之 訖用有成 可謂能矣 [Ⅴ]其所資用 皆出於上所賜及諸信施 其名目具如陰記云爾 時甲子春二月日 記".

그리고 국왕의 파견 승 응제와 그 제자 등이 1120~1122년에 완성하였는데 행궁도 1개소 완공하였고, 인종대에 혜음사라 사액하였다. [III] 그다음에는 혜음사의 민생 기능 유지를 위한 시납과 그 사상적 근거, 그리고 기록하여 남길 필요성을 기술하였다. 맹자의 말을 인용하여 요임금대 홍수를 우임금이 다스린 사실, 주공이 무왕을 보좌하여 사나운 짐승을 몰아낸 일을 소개하였다. 춘추시대 정나라에서 숲을 없애 도둑이 없도록 한 일, 한대 발해 지역 흉년의 반란을 龔遂가 평정한 일 등을 열거하고 하급관리 少千과 승려 應濟와 敏淸이 짐승을 몰아내고 도둑을 막아낸 일을 기록해야 함을 서술하였다. 당 정원 말에 승려가 홍수 시에 구한 사람이 수십 수백에 달한 일을 劉夢得이 기록하였고, 송 熙寧 연간에 항주 지방관 陳述古가 우물을 수리하여 민간의 고통을 해결한 일을 蘇子瞻이 기록으로 남긴 사례를 들면서 선한 일은 전하여야 권장할 수 있다는 논리를 적었다. 당 승려 代病이 시식도량을 설치한 일을 通慧 대사가 僧傳에 남긴 일, 禮記에 위 나라 公叔文子가 죽을 쑤어 굶주린 사람에게 준 일이 있다는 것을 적었다. 혜음사를 창건하여 이 지역에 도둑이 발붙일 수 없게 하고, 여행객에게 음식을 제공한 선행을 官과 僧侶가 함께하였다는 사실을 기록하였다. [IV] 다음은 혜음사 신창과 기능 유지에 공이 큰 소천과 승려 응제, 민청의 품행과 업적을 소개하였다. [V] 마지막으로 기를 작성한 시기와 국왕이 내린 것과 신자들의 시납 명목을 음기에 갖추어 적은 내용으로 구성하였다. 이상 혜음사신창기는 5부분으로 구성되어 있었다.

법흥사비문 곧 김부식기의 내용은 [1] 먼저 법흥사의 유래와 현황이 적혀 있다. [2] 다음은 법흥사의 중수 과정을 기술하였다. 곧 산승 징오의 법흥사 중창 주청이 이루어지지 않자, 김부식이 나서서 국왕에게 보고하였다. 국왕이 서경에 종사한 정습명에 교서를 내려 징오와 함께 서경 토벌 시에 희생된 사졸의 혼백을 불사로 구제하라고 하였다. 이에 정습명이 명을 받아 비용을 받고 옛 절에서 10여 보 되는 곳으로 옮겨 1143년에 시작하여 1145년에 공사를 마쳤는데 80칸 건물에 150여 장의 담을 둘렀다. 국왕의 재문과 향물로 낙성회를 열었다. [3] 그다음은 비문을 작성하는 이유를 적었다. 당 태종이 의거한 전투지에 절을 짓고 공덕을 적은 사례를 제시하여 이번 일[서경난 진압]에 당 태종의 마음 씀에 대해 그 공덕을 기록하여 후대에 알리기 위함이라는 내용이다. '운운'이라 하여 나머지는 생략하였음을 표시하였다.

법흥사의 유래와 현황, 중수 과정, 비문의 작성 이유 등 세 부분은 혜음사신창기와 구성상 비슷하다. 그런데 비문의 작성 이유는 당 태종의 전투 공적 사례만 제시하여 국내 사례 등이 더 서술되었을 가능성이 있다. 예컨대 태조가 일리천, 연산 전투 승리 후에 창건한 용암사와 용암사기, 개태사와 화엄법회소 등을 거론했을 것이다. 그리고 국왕 인종의 서경난 진압의 공덕을 나타냈을 것으로 짐작된다. [Ⅳ] 혜음사신창의 주도 인물 소천과 승려 응제, 민청에 대해 서술한 내용과 같이, 법흥사 중창 주체인 징오와 정습명의 생애와 품성, 능력, 그리고 김부식과의 관계 등에 관한 내용이 서술되었을 것이다. 또 [Ⅴ] 혜음사비음기에 시납 내역 명목과 명단이 서술되었을 것인바, 법흥사비에도 있었을 가능성이 크다. 따라서 혜음사비의 내용 [Ⅲ], [Ⅳ], [Ⅴ] 등과 같은 형식의 내용이 더 있었을 것이다. 이로써 현전하는 법흥사비의 내용은 혜음사비의 절반 정도만 전하는 것으로 생각된다.

위의 법흥사비의 구성과 내용으로 보아, 법흥사는 국왕의 명에 따라 중창되었으며, 비문은 국왕의 명을 받들어 김부식이 찬술하였다. 김정희가 이 비문의 탁본을 보고 신묘하다고 품평한 것으로 미루어 볼 때 비문의 글씨는 당대 명필이 썼을 것이다. 법흥사 중창의 실무적인 일은 서북면병마부사로 부임한 정습명과[72] 그 속료, 승록사 승려들이 시행하고 그 명단을 남겼을 것이다. 법흥사 중창에 든 명목과 시납자 명단이 음기에 기재되었을 것이다.

법흥사 중창을 주도한 승려 澄悟에 대한 이력은 확인되지 않는다. 다만 김부식과는 관계가 있었을 것으로 생각된다. 김부식은 화엄종과 관계가 깊었다. 인종대에 영통사대각국사비문, 묘향산보현사기, 혜음사신창기 등을 지었는데 모두 화엄종 의천 계열 관련 사원의 비문이다. 혜음사를 신창할 때 보현사 사주 慧觀이 승려를 동원하여 지원하였다. 혜관은 보현사기 법손 주지 명단에 올라 있고, 영통사 대각국사 문도 명단에도 보인다. 이러한 정황으로 보아 법흥사 중창에 나선 산승 징오는 화엄종 의천계 승려이며 김부식과 깊은 관계를 맺었을 것으로 생각된다.

72 정습명은 1141년(인종 20)에 국자사업기거주로 있을 때 김부식의 별제에 우거하여 간관의 예를 잃었다고 탄핵되어 낙직하였으나 이후 서북면병마부사로 임명되어 물품을 하사받고 사례하는 표를 올린 사실이 있고, 1144년(인종 23)에 우승선이 된 것으로 보아 법흥사 중창을 준비하고 시작한 시기인 1142~1143년에는 서북면병마부사였다. 그리고 정습명은 서경난 진압, 시폐복합 상서, 『삼국사기』 편찬 등도 김부식과 함께하였으며 정치 이념에도 동조하였다(한기문, 「고려시대 정습명 묘지명의 검토」, 『목간과문자』 9, 2012 참조).

3. 법흥사비의 의의

법흥사비는, 앞 장에서 내용을 살핀 바와 같이, 서경 사람들이 묘청의 꾀임에 빠져 신하로서 임금을 부르는 춘추의리를 범하여 토벌하는 과정에서 흉한 무리뿐만 아니라 우리 사졸이 시석에 죽어 이들의 원혼을 불사로써 구제하려는 배경으로 건립한 것이다. 이는 인종의 교서에 나온바, 仁政을 강조하는 내용이다. 곧 군왕의 권위와 인정을 강조하는 김부식의 정치사상이 불교를 통해서도 나타난 것으로 보인다.

묘청파는 1126년 이자겸난을 겪으면서 궁궐이 불타는 등 국왕의 위상이 크게 흔들린 인종에게 서경에 대화궁을 짓고 행행을 강청하는 등 천인감응설과 풍수도참설을 결합한 논리를 제시하여 나라 운명을 논하였으며 그 운명을 개선할 비전적 법술과 정치방략을 제시하여 정치를 주도하려 하였다.[73] 이에 김부식은 유교적 합리주의 정치 지향으로 풍수도참설을 정치에 이용하기보다 민생을 위하는 인정과 덕치를 펴야 한다고 주장하였다.[74]

1131년부터 오히려 재이가 빈발하자 묘청을 비판하는 임원애, 문공유, 이중 등의 글이 올라오고 묘청에 대한 인종의 신망이 줄어들

73 혜음원지에서 발견된 '戊申'명 기와는 1128년(인종 6)으로 판단되어 혜음원 행궁이 이때 완성된 것으로 본다(단국대 매장문화재연구소·파주시, 『파주 혜음원지 발굴조사 중간보고서』, 2003, p.173). 개경에서 남경으로 가는 험지 길목에 행궁을 건립한 만큼 인종은 이 시기 서경뿐만 아니라 남경으로의 순행도 고려한 것으로 생각된다.

74 이와 같은 묘청파와 김부식파의 정치사상의 개념화와 차이에 대해서는 채웅석, 「유신정국의 갈등과 서경 반란: 묘청파의 종교·풍수도참적 혁신책과 김부식파의 유교정치론」, 『고려중기 정치사의 재조명』, 일조각, 2021 참조.

자 묘청이 1135년 서경에서 반란을 일으켰다.[75] 1년여에 걸쳐 진압되었는데, 인종은 김부식에게 부월을 주어 진압에 대한 전권을 행사하게 하였다. 김부식은 서경민도 적자이니 인명을 아끼라는 인종의 당부에 따라, 지구전으로 진압 작전을 전개하였다. 속전에 대한 논의가 일어나자, 변방에 대한 경계[금국에 대한 경계], 사졸을 상하지 않을 것, 국위를 꺾지 않는 방책은 지구전뿐임을 강조하였다.[76]

실제 진압은 서경세력의 배후지 장악과 서경성 포위압축으로서, 서경성 배후우회로로 진군하였다. 김부식은 군사를 이끌고 平州로부터 管山驛에 나아갔다. 김부식의 중군은 射岩驛, 新城部曲을 거쳐 成州에 이르러 여러 성에 격서를 보내 어명을 받들어 적을 치자는 뜻을 밝혔다.[77] 서북 여러 성과 서경성과의 연계를 차단하는 것이었다. 다시 군사를 이끌고 漣州를 거쳐 安北府에 이르렀다. 전군을 다섯으로 나누어 서경성을 포위하는 형태를 취하고 서경성 외의 많은 민호들이 산곡으로 이동하였는데 이들을 위무하여 서경성과 통하지 못하게 하였다.[78] 또 수군을 동원하여 대동강을 제압하고 김부식의 육군을 도왔다.[79] 서경 포위 지구전을 위해 五軍에 각각 성을 쌓게 하고, 順化縣 王城江에도 각각 작은 성을 쌓았다. 이 성들은 군사를 모으고, 곡식을 쌓아 두며, 군사를 쉬게 하는 역할을 하였다.[80] 김부식은 1136년 서경 진압을 완수하고 輸忠定難靖國功臣의

---

75 『고려사』 권127, 열전40 반역1 묘청.
76 『고려사』 권98, 열전11 김부식.
77 『고려사』 권98, 열전11 김부식.
78 『고려사』 권98 열전11 김부식.
79 『고려사절요』 권10 인종 13년 정월 계축.
80 『고려사절요』 권10 인종 13년 2월.

호와 門下侍中 判尙書吏部事 監修國史 太子太保의 직을 받아[81] 정치적 위상이 높았다.

1142년(인종 20) 김부식은 치사를 강청하여[82] 사제에서 『삼국사기』 편찬에 몰두하였다. 이때 참여한 參考職은 모두 김부식과 任元敱를 門主로 한 김부식의 정치사상에 공감한 부류였을 것이다. 그의 정치사상은 『삼국사기』 곳곳에 있는 사론 30여 편에 잘 반영되어 있다. 『삼국사기』는 1145년 인종에게 찬진되었다.[83]

한편으로 김부식은 1141년(인종 19) 묘향산 보현사기를[84] 왕명으로 찬술하고, 1144년(인종 22)에는 혜음사신창기를 지었다. 보현사기는 探密, 宏廓이 보현사를 이루어 화엄교관을 전한 사적을 적고 제자가 상속 주지하도록 현종 이후 역대왕의 지원 사실을 기록하고, 음기에는 법계 없는 道人으로 통칭한 다수의 문도 명단이 있다. 承稟敎訓相繼住持者[12인]와 助揚法化者[315인], 募集衆緣助成大事者[7인] 등의 분류였다. 이 비문은 서경난 討平 최고 공신인 김부식이 찬술하였다. 제액은 인종의 어필로 이루어졌고, 비 앞면과 뒷면은 당대 명필 文公裕의 글씨로 작성되었다.[85] 각자는 개경 왕륜사 대사 慧參이

81 『고려사절요』 권10 인종 14년 3월.

82 『고려사절요』 권10 인종 20년 3월.

83 『고려사절요』 권10 인종 23년 12월.

84 「묘향산보현사기」, 『한국금석전문』, pp.626~631.

85 인종은 태자 시절 첨사부녹사 문공유로부터 『논어』, 『맹자』, 『상서』를 강독함과 아울러 글씨 쓰는 법을 배웠다. 문공유가 1132년 겨울 시어사가 되었을 때 서경의 승려 묘청이 邪道를 행하면서 정치에 간여하려 하였다. 이에 인종에 간언하였으나 임금의 뜻에 거슬려 좌천되었다. 문공유는 인종이 서경에 새 궁궐을 짓고 태화궁이라 하고 그 현판을 쓰라고 명하였으나 지난번 묘청을 좇아야 한다고 하였으므로 사양하였다. 특히 예서를 잘 썼다고 한다(「문공유 묘지명」, 『고려묘지명집성』, pp.172~175). 문공유는 당시 명필로 알려졌고 인종이 태자 시절에 서법을 가르친 만큼, 묘향산 보현사기 전액[인종 글씨]과 본문의 필체[문공유 글씨]가 비슷한 면이 보인다. 그리고 문공유는 묘청의 정치 간여를 비판한 바 있어 묘청파와 대립하

하였다. 이로써 보현사의 위상을 높이고 많은 문도명을 소개·예우하였음이 짐작된다.

이상의 비문의 특징과 성격을 감안하면, 이 비문의 건립 배경은 5년 전 서경 반란 진압 과정에서의 도움에 따른 보상이 아닌가 한다. 김부식이 서경 배후지 확보를 위해 우회 진군 시 이른 곳이 연주였고, 인근 성에 격문을 보내 지원을 요청하였는데 보현사에도 도움을 청하였을 것이다. 실제 서경 공성을 위한 토산을 쌓는 데 僧徒 550인이 동원되었고, 선봉에서 무공 능력을 보인 尙崇, 응모에 종군한 冠宣 등의 승려 장수의 활약도 보인다.[86] 이들이 모두 보현사 승이라고는 할 수 없지만, 관련성은 배제하기 어렵다.

그런데 이 비문에서는 지금 사람들이 악행, 탐욕, 인색, 사치 등이 심하고 더욱이 가난한 자들에게 이식행위가 가혹하여 내생에도 용서받지 못할 것이라는 표현을 하였다. 그래서 이 절의 창건자 탐밀과 굉학의 덕행을 기리지 않을 수 없다고 하였다.[87] 김부식은 민생을 반영하는 인정과 수덕을 보현사 창사 고승의 덕행 추모로 강조하였다.

보현사의 위상과 역할은 혜음사의 신창 과정에도 보인다. 혜음사 신창에 민을 동원하여 토목 영조의 일을 차마 하지 못하여 묘향산사의 주지 慧觀에게[88] 도움을 청하여 證如 등 16인을 동원해 진행하였

여 김부식과 정치이념을 같이한 것으로 생각된다.

86 『고려사』 권98 열전11 김부식.

87 「묘향산보현사기」, 『한국금석전문』, p.628, "今之人 種種惡無不爲 已其善於此者 或貪吝以多藏 凡諸資其與世俗無異 其侈靡則過之 然猶以不足 舉物以取利於窮民 剝肉刻骨 死而後已者 往往有之 設▨▨▨佛 後生必不能容 則如探密宏廓者 豈可不尊而進之與".

88 전영준은 惠觀[혜음사신창기]과 慧觀[보현사기] 글자가 달라 동일인인지 의심스럽다고 하였다(「고려 예종대의 사찰 창건과 승도 동원-「혜음사신창기」를 중심으로」, 『진단학보』 97, 2004). 그러나 여기서는 인명 표기에서 同音異字로 표시되는 사례가 다수 있어 동일인으로 본다. 묘향산사는 곧 묘향산 보현사와 동일 사찰일 것이다. 혜관은 영통사비음기의 문도 중

다. 이들은 사원조영의 전문 기술승이 아닌가 한다.[89] 혜관은 당시 보현사 사주였고 그는 영통사대각국사비 음기 문도 중대사 법계조에 보인다.[90] 화엄종단 소속이며 보현사의 사세를 알 수 있다.

혜음사신창기에서 김부식은 혜음사가 위치한 지역이 교통의 요지이나 여행자에게 짐승과 도적의 피해가 심하여 '除害安人'에 대해 요순시대의 사례, 佛教와 莊周의 시주·베풂 등을 들어서 민생을 편하게 하는 인정을 강조하였다. 그리고 '제해안인'의 방법으로 혜음사 신창도 민력을 수고롭게 하지 않고 묘향산사의 지원 곧 불교 기반으로 이루는 것을 특기하였다.

법흥사비문은 위의 두 비문과 비슷한 시기에 유사한 동기로 작성되었다. 인종과 김부식이 사원기문을 작성하여 세워준 배경과 이념을 바탕으로 법흥사비의 건립 배경과 의도를 추론한다. 법흥사는 당시 폐사되어 사원 기능이 중지된 상태였다. 비문에 법흥사를 옛터에서 10여 보 옮겨 새로 건축하였다는 것으로 보아 거의 신창이라 하여도 좋을 것 같다. 김부식은 인종에 보고하고, 인종은 교서로 중건과 그 역할을 나타내었다.

법흥사가 소재한 순화현은 서경난 진압 후 서경 4도를 분할하여 6개 현으로 재편성한 한 개 현에 해당한다. 서경난 진압 직후 순화현으로 개명된 이 지역의 역할이 몇 가지 있었다. 먼저 김부식의 육군

대사 慧觀과도 동일인이다. 혜관은 1129년(인종 7) 법수사 현판을 작성하였는데 그때 가야산 新興寺 주지 중대사였고, 1132년(인종 10) 이후 간행된 大覺國師外集第四의 書者일 때는 法性寺 주지 賜紫沙門이었다(윤용진, 「法水寺址의 高麗懸板」, 『한국문화의 제문제』, 시사영어사, 1982). 이로 보아 혜관의 소속종파는 화엄종의 의천 계열이었다.

89 전영준은 관청수공업상 조직될 수 있는 건축 관련 직종 10종과 사찰 창건 6개 직종을 더한 16분야 기술자로 추정하였다(앞의 논문, 2004).

90 「대각국사문도직명개좌이음여좌」, 『한국금석전문』, p.586.

을 지원하기 위해 내시지후 정습명이 병선판관으로 수군을 이끌고 먼저 도착한 곳이 순화현 南江이었다.[91] 그리고 서경성을 포위하여 지구전을 펼 때 五軍에 각기 성을 쌓게 하였고, 순화현 王城江 가에도 작은 성을 쌓아 후방 기지 역할을 하게 한 점을 들 수 있다. 마지막으로 서경 토평 후 포로와 항복한 자들 모두를 순화현으로 보내 음식을 먹였다.[92] 이처럼 순화현 지역은 서경 공성 과정에서 진압군의 배후 기지로서 역할을 하였다.

이와 같은 순화현의 역할에 따라 지명에도 '순화'명을 지정한 것으로 생각된다. 이 지역이 서경진압에 관한 공덕과 희생자 위령을 위한 비를 건립할 장소로 적합하다고 판단되어 지정된 것으로 생각된다. 나아가 이 지역에서 큰 사원 세력과 많은 문도를 수용하고 있는 묘향산 보현사의 영향력이 미쳤던 것으로 보이며, 법흥사 중창 주도승 징오는 보현사 계열 화엄승으로 추정된다.

김부식은 불교계와의 관계는 의천 계열의 화엄종과 깊이 연결되었던 것 같다. 영통사대각국사비문을 찬술하였고, 의천의 嫡嗣 戒膺의 비문과 의천의 뒤를 이어 흥왕사 주지였던 澄儼이 머물렀던 귀신사비, 흥왕사홍교원화엄법회소 등을 찬술하였다. 서경천도를 주도한 승 妙淸은 음양비술로 표현되는 신비사상가였고 토착신앙과 관련되는 균여 계통 화엄사상의 맥을 이었다는 견해가 있다.[93] 따라서 묘청과 김부식은 화엄종단에서 사원과 인맥의 기반과 사상적 경향 등에서 대립하였다.

---

91 『고려사절요』 권10 인종 13년 정월.

92 『고려사절요』 권10 인종 14년 2월.

93 허흥식, 「화엄종의 계승과 소속사원」, 『고려불교사연구』, 일조각, 1986, pp.196~197.

묘청파는 日者 백수한과 정지상, 김안, 홍이서, 이중부, 문공인, 임경청 등이 정치 행보에서 동조자들이며, 김부식은 임원애, 이지저, 문공유, 정습명 등과 함께 묘청파와 대립적 입장을 견지하였다. 김부식은 인종에 대한 사론에서 “인종은 오로지 덕과 은혜로써 백성을 편하게 하기 위하여 노력하였고, 군사를 일으켜 일을 만들려고 하지 않았다. … 묘호를 인이라 함이 또한 마땅하지 않은가”라 하였다.[94] 김부식은 인종에게 군권 중심의 인정과 수덕론을 강조하였으며, 묘청파의 음양비술론과는 달랐다.

김부식은 민생의 안정에 중점을 둔 정치사상 전개에서 유학을 바탕으로 하는 과거 출신 관인으로서 인정과 수덕을 강조하는 한편, 불교 기반을 통해서도 민생을 보듬는 보시와 安人, 鎭魂 등을 강조하였다. 보현사기, 혜음사신창기 등에서 유교의 인정과 같은 흐름을 살필 수 있다. 법흥사비 찬술과 건립은 인종과 김부식의 민생 안정 정치사상이 불교 기반과 사상 맥락에서 나온 것이다.

94 『고려사절요』 권10, 인종 24년 김부식 사론.

결론

결론

1

고승의 위상을 이해하기 위해 통진대사비편, 자정국존비, 고승비음기 등을 검토하였다. 고려초 내원당 양경의 생애와 굴산문 재편 과정, 원간섭기 미수의 승정전관과 참회사상의 의의, 그리고 고승의 학덕과 종단에서의 위상을 보여주는 문도의 형성과 구성 성격을 고찰하였다.

새로 발견된 비편 내용과 낭공대사비와 그 후기에 보이는 기록 등을 종합하여, 양경의 行蹟과 역할을 정리하였다. 이로써 신라말 굴산문이 고려 광종대에 태자사를 중심으로 재결집되는 과정을 검토하였다.

양경의 비편은 1012년에서 1014년 사이에 작성된 것으로 추정하였다. 父祖의 직위를 살펴보면, 양경은 신라 왕손 출신의 육두품이었다. 이런 신분적인 한계에서 출가의 뜻이 생겼을 수도 있다. 양경은 879년 정월 3일 경주 숭효리에서 태어났다. 893년 15세에 출가의 뜻이 생겼다. 관인 생활을 하면서도 출가인 못지않은 금욕 생활을 하고 동료들과 어울리지 않았다. 20세 초반경에 양경과 비슷한 출신으로 태자산사에 머물던 行寂에게 출가하였다. 행적의 입실제자가 되고, 907년 행적이 국사가 되어 왕궁에 나아갈 때 친종하였다. 행적이 입적한 917년 이전에 서학하여 조계, 호계 등지에서 수행하였는데, 남종선 선맥을 이은 것으로 보인다. 928년 귀국하여 936년 후백제와의 최종 전투에 태조를 수행하고 왕명으로 청량사에 주지하였다. 광종대에는 국주사의 승두이며 건승원 화상이 되었다. 국왕의 불교계에 대한 귀와 눈이 되는 내원당의 지위였다.

양경은 광종대 내원당 고승으로서 신라 경명왕이 세우지 못한 행적의 비를 954년(광종 5)에 승탑이 있는 석남사가 아닌 태자사에 독자적으로 건립하였다. 태자사는 양경이 협조한 태조가 후삼국 쟁패의 대세를 잡은 고창전투지에 있고, 행적이 수행하고 자신이 출가한 곳이다. 고려 광종대에는 태자사를 여러 사찰에 자리 잡은 법형제들을 결집하는 중심사원으로 삼았다. 양경 자신의 입적 후에 탑비가 이곳에 세워졌다. 신라말 명주 굴산사에서 개창된 굴산문의 행적계열이 고려에서는 태자사를 중심으로 더욱 재결집하였다.

고려 충숙왕대 승정권을 전관한 고승 미수의 생애와 활동을 살펴보았다. 자정국존비명을 다시 판독하여 생애사 복원의 자료로 삼았다. 출신지 일선현에서 성장하고 출가할 수 있었던 시대배경을 고려한 생애사를 정리하고, 내전참회사로 발탁되어 승정권을 행사할 수 있었던 정국상황과 그의 사상적 성격을 이해하고자 하였다.

미수는 일선현 호장층의 자제로 1240년에 출생하였다. 무신정권이 강도로 천도하여 항몽하던 시기이며 몽골 3차 침입이 휩쓸고 지난 시점이었다. 일선현에서 시서를 공부하고 일선 관내 원흥사에 출가 승과 공부를 하고 상상과에 합격하여 출신지를 떠났다. 재조대장경 보판 사업이 진행되던 무렵으로 장소 정리와 찬술 분위기가 고조되던 시기였다. 법상종 승려로서 그의 천재성이 발휘되어 젊어서부터 법상종 종장으로 불리었고 강론과 유식 관련 장소 저술에 몰두하였다. 충선왕의 대반야경장소 요청에 응한 계기로 충선왕에 의해 발탁되고 그와 함께 부침하였다. 국존으로 봉해지고 법주사에서 좌서하였다.

그의 교단에서의 활동은 법상종 여러 사원에서 주지하였는데, 서경 중흥사에서 가장 긴 시간을 보냈다. 당시 중흥사는 법상종 중심 사원이었으며 법상종 종사로 대표 승려로서의 위상을 보였다. 충선왕에 의해 양가도승통으로서 승록사 고위직에 나아가고, 내전참회사로서 참회부를 설치하여 승정권을 행사하는 지위로 격상되었다가 국존의 지위에서 입적하였다. 그의 문인은 314인인데 수제자는 거현으로 비명이 작성되던 시기에는 일선군 원흥사의 주지였다.

미수는 92권의 장소를 남겼는데 알려진 저술은 『대반야경난신해품기』, 『신지관경기』, 『자비도량참법술해』 등인데 모두 전해지지 않는다. 다만 후자는 새로 발견된 『자비도량참법집해』에 100여 곳 인용되어 그 내용의 일부를 알 수 있다.

특히 『자비도량참법』에 대한 이해가 깊어 이를 풀이한 술해를 남긴 만큼, 그는 참법을 깊이 연구하고 이를 실천하였다. 개인 천도와 관련된 자비도량참법을 정치 사회사상으로까지 확산하여 당시 정치계와 교단에서의 갈등과 분열을 극복하려 하였다. 그의 지위는 내전참회사였고 승정을 행사하는 관부는 참회부였던 데서 알 수 있다.

미수의 참회에 대한 사상사에서의 의의는 법상종의 진표 이래의 참법과 인종대의 수정결사에서 부각, 그리고 미수에 앞서 국존이 되었던 법상종 혜영의 『백의해』 관음예참의 전통을 이은 미륵에 대한 예참이었다. 당시 천태종 정오의 『법화예참의』와 선종에서의 조사예참, 『현행서방경』에 보이는 아미타신앙을 바탕으로 한 참법 등의 경향성을 반영한다.

고려 고승의 문도 형성과 성격을 이해하고자 고승비 음기를 살폈다. 고려 전 시기의 사례를 살펴 문도 기재를 전후 시기에 비교할 수 있고, 최근 정밀 탁본 조사한 보고서가 있으며, 문도 다수 직명이 보이는 음기를 대상으로 분석하였다.

선봉사대각국사비 음기, 운문사원응국사비 음기, 중수용문사기 음기, 인각사보각국존비 음기 등 네 사례의 문도 직명을 살펴본 결과, 대사 승계 이상 법손만 기재된 예, 비직자, 법리주지중대사, 법리명공, 가계명공, 가계, 참학, 명직, 도관 등의 직명 예, 사법제자, 집사제자 등으로 분류하고 중대사, 대사, 입선, 참학, 중직 등이 나타난 예, 대선사, 선사, 수좌, 산림, 입선, 참학 등 부법제덕, 집사제자, 수법유공경대부 예 등을 확인하였다. 크게 법자손, 집사제자, 세속제자 등의 부류가 있었다.

이들 직명의 유래를 추적한 바, 고승의 강회, 담선 활동 및 승정제도, 승록사, 결사 등과 연관하여 그 고승의 문도가 형성되는 과정을 살펴보았다. 고려 승정제도와 깊이 연관되어 문도 형성이 이루어진 것은 집사제자로 보았다. 승정제도가 성립된 靖宗代를 기점으로 이러한 문도의 분열 이동이 많아지면서 사원 소속이 명시되는 등 종파

분쟁의 조짐이 보였다. 승단이 확장되면서 결사운동과 관련하여 세속제자도 문도로 기재되었다. 문도 중에서 법손주지는 수법제자의 학풍을 유지하면서 문도 형성에서 중심을 이루었다.

고승 사후 문도들에 의해 작성되고 당시 국왕과 집권세력의 영향 아래에 입비된 문도 직명이므로 실상을 반영하는 데는 한계가 있다. 하지만 문도 직명을 통해 승정과 연관하여 문도 분열과 이동을 설명할 수 있을 것이다.

2

고려중기 사원의 동향을 살피기 위해 용수사개창기와 용문사중수기 두 비문의 판독문을 보완하고 검토하였다. 이를 바탕으로 화엄종의 확산과 종풍의 성격, 그리고 굴산문 사원의 중창과 다른 종파와의 교류 양상을 고찰하였다.

고려전기 화엄종은 의천 사후 오히려 분파되었다. 의천의 화엄학 문도들 중 한 갈래는 계응을 중심으로 태백산으로 퇴거하여 각화사를 창건하고 법해용문을 형성하여 화엄교단을 확장하고자 하였다.

법해용문의 확장 방법으로 문도 차원에서 용두산 용수사를 개창하였다. 문도 廓心이 명종의 명을 받아 사원 재정을 확정하고 이를 공증하는 일면에서 용수사개창비를 건립하였다. 탁본첩으로 전해 오는 개창비문은 18세기 초 유자가 전문을 판독한 『龍山志』 고적조 최선비문과 대교하여 보완하였다. 이에 따르면 개창된 용수사의 구조는 인근 의상계 부석사와 차이가 확인된다. 부석사는 보처불과 영탑이 없는 일승사상을 강조한 전통이 원융국사가 주석한 시기까지 이어졌다. 개창한 용수사는 관음보살상과 청석탑이 조성된 구조였다.

주지한 확심의 『원종문류집해』 권중의 내용을 분석한 바에 따르면 용수사의 종풍은 대체로 의천이 원효를 중시한 화엄사상을 계승하였다. 13세기 중반 최우집권기에도 용수사의 종풍이 지속되었음은 용수사 비구 玄揆가 주장이 되어 『대방광불화엄경소』를 출판한 데서 알 수 있었다. 이 화엄경소는 의천 화엄사상의 성격을 잘 반영하고 있다. 하지만 의천이 비판한 균여계열의 사상을 이은 체원의 저술은 14세기 각화사 주지 性之가 교감하는 활동을 볼 때 태백산 계열의 법해용문의 사상경향이 변화된 것을 확인할 수 있었다.

龍門寺 중수기 음기의 판독문을 소개하여 그 내용과 구성을 검토하고 중수기와의 관계를 바탕으로 고려 중기 선종계의 흐름과 성격을 이해하고자 하였다.

비문의 파손으로 음기의 마지막 한 단은 파실된 것으로 추측된다. 따라서 전문은 알 수 없다. 중수기의 『海東金石苑』, 『朝鮮金石總覽』 작성처럼 탁본을 통한 보완도 불가능하다. 당시 음기의 탁본과 판독은 없었기 때문이다. 嗣法弟子와 執事弟子로 구성되어 있고 職名에 重大師, 大師, 入選, 參學, 重職 등이 보이고, 특히 사법제자에 '須弥山下'의 주기를 가진 인명이 4인 있으며, 집사제자에 '華嚴', '疏子'의 주기를 가진 인명이 있어 주목되었다.

중수기는 중간 부분이 파손되어 176자나 되는 많은 글자가 결실되었으나 『해동금석원』, 『조선금석총람』, 『경상도읍지』의 판독을 종합한 『韓國金石全文』의 판독문으로 그 내용의 전부를 알 수 있다. 하지만 비문과 대조한 결과 30자에 걸쳐 수정·보완할 수 있었다. 유리건판 사진 전탁으로 보완이 가능하였다. 비문 앞면에 용문사를 중수한 祖膺의 이력과 활동이 소개되어 있어서 음기의 문도는 조응의 제자였다. 중수기 입석을 주도한 문인 冲默과 조응이 손수 삭발해 준 제자이며 중수를 주도한 資嚴이 음기의 사법제자 명단에 나오므로 음기의 사법제자, 집사제자 명단은 조응의 문도였다. 중수기가 완성된 1185년 이후 3년 뒤인 1188년에 음기가 작성된 것으로 보아 조응의 사후 제자 명단이 추각된 것이었다. 중수기 입비의 배경은 명종이 즉위하자 태자의 태장소로 이곳이 지정되었던 것과 혜조국사 법맥을 이은 조응이 불사를 통한 명종의 왕권을 지원했기 때문이었다.

유가종·화엄종이 주도한 상황에서 의천이 출현하여 천태종으로 선종을 통합하려다 사거한 후, 曇眞이 예종대에 국사가 됨으로써, 고려 전기 법안종의 智宗이 국사가 된 이래 국사로서는 처음으로 선종계 승려가 국사에 올라 선종이 주도하는 변화가 나타났다. 이후 慧照國師의 선풍이 坦然, 祖膺으로 이어졌으나 명종의 폐위로 위축되었다. 혜조국사의 선풍은 여러 시각에서 연구되었지만 그의 손제자에 해당하는 조응의 단계와 그의 문도의 구성에 나타나는 성격을 정리한 결과, 사법제자에 수미산하 출신의 제자 重大師 元正, 重大師 曇著, 重大師 道辯, 入選 宣惠 등 4명이나 포함되었다는 점은 혜조국사가 입송하여 얻어 온 이른바 '淨因髓' 속에 曹洞宗風도 있었기 때문이었다. 이로써 혜조국사의 선풍은 사굴산파이나 수미산파도 포용하는 탄력성을 지녔다. 수미산파 4인이 사법제자로 온 것은 1179년 조응이 용문사 낙성 시 연 九山學徒 50일 談禪會를 통해 감화되어 사법제자가 된 것으로 생각하였다.

또한, 조응의 집사제자 중에 華嚴宗과 天台宗 출신 그리고 疏字宗 출신 곧 重大師 永忠, 大師 存正, 重大師 恃山 등이 참여한 점을 미루어 그의 선풍은 교종과 천태종까지도 교류하였음을 알 수 있었다. 그리고 조응의 용문사 輪大藏의 낙성 시에 개태사 승 頴緇를 초청하여 강연한 사실로 화엄종과도 교류한 사실을 알 수 있었다. 그리고 혜조국사는 의천과 함께 송에 간 사실도 있어 천태종과의 교류도 조응대까지 계속된 사실을 짐작하였다.

普照國師가 용문사와 가까운 普門寺에 와서 화엄경을 읽고 크게 깨달아 그의 사상이 형성된 것은 이러한 혜조국사 이래의 선풍의 영향을 받았을 가능성이 크다고 추측하였다. 하지만, 굴산파인 知訥과 慧諶은 혜조국사의 선풍을 계승하였다고 언급하지 않은 것은 최충헌이 집권하면서 명종과 연결되었던 龍壽寺, 龍門寺 등의 불교 기반을 제거·단절하고 명종마저 폐위함으로써 위축되었기 때문이라 짐작하였다. 이후 무인정권이 끝나고 충렬왕대 굴산파의 冲止에 의해 다시 혜조국사의 선풍이 추모될 때까지 침묵하게 된 이유라고 생각하였다.

3

새로 발견되는 불상명과 불교의식구명, 그리고 기와명문 등을 검토하였다. 사원의 종풍, 구성원의 불사, 사원의 입지와 중창 성격 등을 고찰하였다.

삼화사 철불의 명문의 판독과 해석을 시도하고 鐵佛 造像의 시대적 의미를 찾아보았다. 선행 연구에 의하면, 이 명문의 작성시기를 決言이라는 인명이 나오는 것에 주목하여 결언이 9세기 후반에 활동한 것을 들어 9세기 말로 추정한 견해가 있었고, 梵日의 三和寺 창건시기가 9세기 후반이라는 것과 寶林寺 鐵佛(858)과 到彼岸寺 鐵佛(865)의 양식을 검토하고, 삼화사의 삼층석탑의 양식을 참조하여 명문의 작성 곧 철불의 조성시기를 860년으로 추정한 견해가 있었다. 또 철불의 명문이 초기 이두의 모습을 띠고 있다고 하여 6세기나 7세기 전반으로 추정한 견해도 있었다.

그러나 명문의 판독과 전체적인 문맥을 살펴본 결과 위에 제시된 견해와는 달리 다음의 몇 가지 근거에 의해 작성시기를 신라말 혹은 삼국시대로 추정할 수 없다고 보았다. 첫째, 決言은 명문에서 삽입구로 등장할 뿐 명문의 주인공이 아니라는 점이다. 둘째, 華嚴業이라는 표현이다. 이는 고려시대의 각종 금석문에 나타나고 있고 신라시기 자료에 발견된 바가 없다는 것이다. 셋째, 이 명문 자료에 신라의 관등명이 전혀 보이지 않는다는 것이다. 넷째, 이 철불이 양식상 고려초라는 견해가 있고, 철불과 같은 시기에 만들어진 것으로 추정되는 三層石塔은 고려시대로 추정되는 北地藏寺탑과 유사하다는 점 등이다. 이러한 근거에 의해 명문의 작성시기는 고려초 특히 광종초에 작성된 것으로 추정하였다.

명문에 확인되는 내용에 철불이 盧舍那佛이라는 점, 華嚴僧 決言, 華嚴業, 華嚴經 등의 구절로 보아 화엄사상이 강조되고 있다는 점, '當來下生彌勒尊'이라는 구절이 나온다는 점, 발원의 주체가 승려들인 점 등을 근거해서 조상 배경은 梵日에 의해 三和寺가 창건되었으나 화엄종 사원으로 정착되는 시기 곧 고려 태조 말에서 광종초의 시대적 상황을 보여주는 것으로 보았다.

삼화사는 三陟 頭陀山에 있는데 이 지역은 五臺山 지역 불교사상의 영향을 많이 받았다. 오대산 지역은 慈藏에 의해 오대산신앙으로 전개되었고, 義相의 활약이 있었으나 선종이 도입된 뒤에는 梵日이 활동하면서 屈山門의 활동 영역을 확대하고 화엄사상을 흡수하는 사상적 전개가 있었다. 고려초 태조에 의해 범일의 제자인 開淸과 연결되고 그 후원세력인 王順式과도 군사적으로 깊은 관계를 맺었다. 그러나 태조말기 곧 통일후에는 선종에서 점차 화엄종풍에 대한 관심을 표방하는 변화와 함께 이 명주지역의 굴산문과 왕순식세력에 대한 견제가 있었을 것으로 추측된다. 이는 삼화사에 관한 연혁에 삼화사가 범일에 의해 창건되었지만, 통일 후 태조가 새로이 공인하고 있고 또한 사명도 삼화사로 사액된 것과 함께 철불이 조상되고 그 명문에도 화엄종을 강조하는 점 등을 볼 때 고려말부터 광종초에 삼화사의 종풍이 화엄종으로 변화하였던 것으로 생각하였다.

1995년 11월에 발견된 오어사 종명의 판독과 내용에 대해 살펴보았다. 명문의 상태가 좋고 비교적 큰 규모의 종이었으며 발원의 주체, 모연 방법, 종의 규모, 발원 내용, 제작 일시와 제작자가 잘 나타나 있다.

종의 상태와 일차적 판독과 내용이 소개되었으나 판독에 있어 잘못 판독되거나 새롭게 읽을 수 있는 것도 있어 이를 종합하여 새로운 판독안을 제시하였다. 내용 역시 당시의 시대적 분위기를 고려한 해석이 아쉬웠고, 동화사와 오어사의 관계 그리고 도감에 대해 천착

할 여지가 있었다. 그리고 이미 발견된 유명종과 전체적으로 비교하여 본 종이 가지는 위치를 정확히 자리매김할 필요가 있었다.

본 종명에 반영된 점 중에서 특징으로 먼저 들 수 있는 것은 세 명의 고위 승려가 발원의 주체가 된 것이다. 또 동화사 도감 소속의 승려가 오어사에 시납한 점이다. 특정 사원에서 다른 사원에 시납한 예도 특이하였다. 동화사의 도감은 동화사를 관리하는 기구로 생각되었다. 따라서 동화사는 비교적 사격이 높았던 사원이고 오어사는 동화사에 말사로 연결되고 있었던 것으로 추측하였다. 종의 제작 시기는 1216년으로 최충헌의 집권 말기였다. 최충헌은 교종에 대한 탄압을 시종한 시책을 폈다. 이러한 시대적 상황을 고려할 때 동화사를 중심으로 한 유가종 세력이 교단 자체의 불사를 주도하여 사원의 단결을 공고히 하였던 사례로 생각하였다. 종의 규모는 무게가 알려진 종 중에는 비교적 큰 종에 속하는 규모였다.

백련사에서 출토된 청동 유물의 명문을 분석하여 고려시기 尙州 白蓮結社의 意義를 이해하고자 하였다. 이 청동유물은 국립대구박물관이 수장하고 있다.

이 유물이 반출되었던 문경시 산북면 소야리 산 92번지는 米麵寺址로 알려졌다. 현장을 조사하고 문헌을 조사한 바로는 이곳은 고려시기 백련결사였던 곳으로 추측되었는데, 본 청동유물의 명문을 통해 백련결사임이 분명해졌다. 구체적으로 이 청동유물 중 청동반자는 백련사지 입구의 積石에서 반출한 것으로 확인되었다.

명문이 있는 청동유물은 半子 1점과 燭臺 2점이었다. 반자의 형태는 지름이 33.4cm이고 후면 구경이 20.3cm의 크기이며 촉대는 높이 34.5cm, 대경 16.5cm였다. 반자는 양식상 13세기 중·후반의 것으로 추측되었고 촉대는 반자와 동반되었음을 보아 반자와 같은 시기의 것으로 추정되었다.

이들 청동유물이 매납된 것은 몽골침입기로 추측되었다. 당시 청동의 불교의식구는 귀금속에 해당하였고 피난 시 지참하고 가기가 힘들었기 때문에 땅에 묻어두고 난리를 피하였다. 이러한 예는 청주 사직동 思惱寺銘 반자와 415점이나 되는 그 일괄 유물이 매납된 채로 발견된 것이나 상주 서곡동 사지에서 청동종과 바라, 그릇 등이 일괄적으로 발견된 것 등을 들 수 있다. 모두 몽골 침입기에 제작되었고 매납시기도 침입한 시기와 연관되었다.

반자 명문은 43자가 확인되었고, 1쌍의 촉대는 8자씩 같은 글자가 새겨져 있었다. 반자명문은 "高麗國의 金用 처 只未가 죽자 그 딸이 먼저 돌아가신 부모가 淨土에 往生하시기를 원하여 功德山 白蓮結社에 만들어 바친다. 大匠은 銀先이고 妻 仍比哀의 딸이 시주이며 棟梁은 師頤이다"로 해석되었다. 촉대 명문은 "시납자는 尙州 別將 金得玄이다" 로 해석되었다.

반자의 제작 시기는 양식상의 편년은 13세기 중후기로 추정되었다. 백련사의 성립기와 기년명이 사용되지 않은 것이나, '고려국'의 사용 여부 및 백련사의 중수와 이에 따른 동량의 계기 등을 고려하고 반자가 매납된 사정을 감안하면, 최자에 의해 백련사가 중수된 1241년에서 몽골의 침입이 있었던 1247년 사이에 제작된 것으로 추정하였다.

반자의 제작 시기와 청동유물의 명문에 반영된 사실을 통해 당시 백련결사의 參與層과 信仰을 알 수 있었다. 김용과 그의 처 및 딸들은 상주지역의 호장층이거나 혹은 사족층으로 추측하였다. 촉대를 시납한 상주 별장 김득현은 호장층과 같거나 더 높은 州縣軍 正七品의 장교로서 백련결사에 적극 참여했음을 확인할 수 있었다. 그는 大藏經의 刻成者 명단에도 확인되어 대장경의 각성자로서 당시 대장경 조성에도 참여하였음을 알 수 있었다. 이로써 佛事를 통한 국난극복과 지방민의 항몽의지를 결집하는 상황을 알 수 있었다.

백련결사에는 金用의 처 只未의 딸이나 처 仍比哀의 딸이 부모의 왕생정토를 비는 시납을 한 것으로 보아 당시 제사 관념에 여성도 주도적인 역할을 했음을 알 수 있었다. 또한 백련결사가 당시 淨土信仰을 강조하여 결사의 사회적 기반을 확보해 나갔던 것도 알 수 있었다. 그리고 김용은 두 명의 처가 있었는데 이는 先妻 仍比哀, 後妻 只未로 생각되었으며 그 딸들이 함께 부모의 추선에 참여한 것으로 당시 불교적 제사관념의 일면을 확인할 수 있었다. 지미, 잉비애 등의 여성 인명을 금석 자료로 구체적으로 볼 수 있었던 점에서도 당시 여성의 활동과 지위를 짐작할 수 있었다.

경북대학교 박물관 소장 무자명 광명대 2점의 명문을 판독하고 그 내용을 분석하였다. 다수의 무자명 불교의식구가 있어 같이 검토한 결과 모두 법천사지에서 출토된 것으로 보았다.

경북대학교 소장 광명대는 한 쌍이며 법천사 미타전의 현로, 향완, 번 등의 여러 불교의식구와 함께 무자년 2월에 신회 등 5인의 동량승에 의해 조납된 것이었다. 무자년은 1228년(고종 15) 東晉의 침입이 고조되던 때로 추측하였다. 동진 침입의 위기에 북계지역과 가까운 법천사에서 신라 이래 태현계 법상종에서 중시한 아미타 신앙을 고양하기 위한 불사로서 조납된 것으로 보았다. 신회 등 5인은 법천사 승려로서 이러한 불사를 담당하였다. 명문의 무게로 보아 광명대 큰 것 3쌍 중의 비교적 작은 한 쌍으로 추정하였다.

'元興寺' 銘文瓦의 발견을 통해 원흥사 관련 각종 기록의 현장 곧 원흥사지를 확정할 수 있었다. 이를 바탕으로 李奎報 시에 나타난 원흥사의 모습과 낙동강 변에 입지한 水路 교통의 기능, 그리고 고려후기 國師이고 한때 僧政權을 행사한 彌授가 출가하고 그 수제자가 주석한 원흥사의 宗團上 위상을 추정하였다. 邑基 이외의 교통상의 요지에 입지한 사원의 部曲 支配 양상과 수로 교통상의 기능, 그리고 종단 사원의 분포상의 위상 등을 알아볼 수 있는 사례로 주목하였다.

'元興寺' 銘文瓦가 발견된 원흥사지는 현재 구미시 도개면 가산 2리에 있다. 구수봉을 배경으로 낙동강을 서남향으로 바라보며 인접한 곳에 입지하였다. 명문와는 고려 기와로 추정되고 함께 발견된 막새와 3점은 나말여초로 추정되었다. 따라서 사원의 창건 시기도 이와 같을 것으로 짐작되었다.

李奎報는 원흥사 관련 시를 12수 남겼다. 이들 시에 따르면 원흥사는 강변에 위치하고 많은 돛배가 모여들고 절 밖이 시끄러웠다고 한다. 사원의 교통 요지로서 번성한 모습을 보여주었다. 원흥사 앞 낙동강중의 鸕鶿石에 대해서도 소상히 알려 주었다. 그리고 원흥사 인근의 靈山部曲이 이 절의 지배를 받았음을 시 내용에서 짐작할 수 있었다. 사원이 입지한 加德部曲도 아울러 지배하였음을 알 수 있었다. 교통 요지에 입지한 궁벽한 곳의 사원은 그러한 곳에 설치된 部

曲을 지배하여 寺莊을 형성했던 사례로서 주목하였다.

원흥사는 일선 읍치가 낙동강 서안 깊숙이 옮겨 가기 전에는 같은 낙동강 동안 강변 여차니진에 있어 자복사 역할을 하였다. 원흥사의 水路 교통의 기능은 낙동강중의 鸕鷲石과 인근의 大灘이라는 수로 교통의 위험물 때문에 중간 기착과 안녕을 기원하는 것으로 추측할 수 있었다. 남한강의 神勒寺와 대동강의 永明寺의 예도 이와 유사하여 확신하였다.

고려후기 瑜伽宗團이 배출한 國師 3명 중의 한 고승인 彌授의 碑文에 따르면, 원흥사는 미수가 출가하고 그의 첫째 문도가 주석한 사원으로 유가종단 소속임을 확인하였다. 또 이때 유가종단의 중요 사원인 중앙의 崇敎寺와 지방의 중부권 사원과 남부권 사원을 이어주는 낙동강 수계상의 사원으로서 要衝地 역할과 위상을 가졌다고 추측하였다.

숭오리사지에서 동북쪽 산정 가까이에는 선봉사대각국사비가 있다. 비문 표제에는 선봉사대각국사비로 나오며, 같은 비문 내용에 남숭산사의 칭명도 있다. 경북대학교 박물관에서는 숭오리사지를 1962년 4월과 2018년 4월경에 조사하면서 수습한 명문와를 판독·분석하였다.

1962년에 발견된 명문와는 3행의 명문이 복원된다. 첫 행에는 諧諭, 一堅 등 '六分寺住持' 구절이 보이는데 '天台六法眷'의 다른 표현으로 추정되고 지방 천태종 전체가 기와 제작에 협조한 것을 알 수 있었다. 2행에는 泰定 2년(1325) 2월 일에 '崇山造天'이라는 구절에서, 그 시기에 이 내용을 판틀에 새겨 남숭산 곧 숭산에서 많은 기와를 제작하였다. 3행에는 대선사 천굉이 보인바 선봉사에서 중창 불사를 주도한 고승 곧 棟梁僧으로 짐작하였다.

2018년 4월에 수습한 명문 기와에는'崇山寺' 명문이 확실한 기와편이 발견되었다. 이 기와는 1962년 발견 기와와는 태토가 다르고, 덜 경직되며 글자 크기가 좀 더 작아 제작 시기가 더 이른 것으로 짐작되었다. 僊鳳寺, 南崇山寺, 崇山寺 등은 同寺異稱임이 확실시 되었다.

두 종의 명문와를 발견한 전숭오리사지 혹은 전선봉사지로 알려진 사지는 선봉사지임을 분명히 알 수 있었다. 여기에는 석축과 주초석 일부도 보였으며 명문 와편 외에도 많은 기와편이 있었다. 동북산정의 대각국사비가 있는 곳은 사역으로 보기에 좁고, 비가 건립되는 곳은 중심사역에서 벗어난 산정 가까이에 두는 경우가 많기 때문이었다.

두 종의 기와 명문과 의천의 천태종 창립과 천태종에 문도로 합류한 고승 관련 기록을 검토한 결과, 선봉사는 1137년 천태시조비가 건립되는 시기에 사원의 중창이 있었을 것으로 추정되었다. 1325년 기와 제작 명문에 따라 원간섭기에 의천 계열의 천태종이 대대적 중창이 있어 그 존재가 굳건함을 보여주었다. 원간섭기 가지산문, 유가종, 천태종 등이 부각되었는데 1325년 선봉사 중건은 유가종과 천태종의 승정권 주도 경쟁이 천태종으로 기울어졌던 결과의 반영으로 생각하였다.

4

문헌자료로 교감·보완한 흥법사비와 문헌상 보이는 법흥사비를 분석하였다. 전자는 고려 태조의 친제 배경과 건립 의의를 통해 불교정치사상을, 후자는 서경난 수습을 위한 인종대 김부식의 불교정치사상을 고찰하였다.

흥법사 진공대사비는 고려 태조의 친제, 당 태종의 글씨를 집자한 것으로 널리 알려져 고려 당대는 물론 조선, 근대 금석학자에게도 주목되었다. 조선 인종대에 파손되어 중간 부분의 비석이 없음에도 글씨에 관심이 큰 유자들의 탁본 요구가 많고 그 탁본에 따른 판독문도 많이 전하였다.

따라서 현존 비문의 복원·교감이 필요한데 현존 탁본과 판독문은 물론 고려 당대부터 이 비문의 내용에 대한 인용과 언급 부분을 남긴 저술과 문집 등의 문헌 자료로도 일실된 글자의 복원이 가능하였다. 복원·교감에 가장 많은 글자 수를 보충할 수 있었던 문헌은 고려시기 천책이 『선문보장록』 군신숭신문을 작성하기 위해 흥법사비문의 내용을 발췌·인용한 것으로 2행과 21행을 거의 복원할 수 있었다. 특히 2행은 도론부 말미의 흥법사비 주인공 충담의 소속 종파를 밝힐 수 있어 그 중요성이 컸다. 조선초 성현은 그의 문집 『허백당집』에서 흥법사비를 직접 관찰하면서 표제 부분과 이 비의 연대를 파악하기 위해 충담의 탄생연도, 귀국한 연도의 연호가 있는 부분을 읽었다. 1행 16자, 6행 함통십년, 16행 천우십오년 부분이 보완될 수 있었다.

이후 유자들 다수의 관심은 비의 행방과 당 태종 글씨의 탁본 수

집에만 관심을 보였다. 『해동금석원』의 판독, 『삼한금석록』의 판독 근거가 된 탁본은 비의 중간석 판독이 추가되었다. 두 판독문은 천책, 성현 등의 판독 내용이 반영되지 않았지만, 가장 많은 글자와 행별로 파악하여 금석문 전체의 복원을 염두에 둔 금석학적 접근의 판독문이었다.

이상의 비문 내용을 바탕으로 태조의 친제 배경 곧 고승 충담을 왕사로 한 그의 불교정치사상의 일면을 살필 수 있었다. 흥법사비의 주인공 충담은 922년 무렵 태조의 왕사가 되어 940년 입적할 때까지 태조의 스승이었다. 태조는 불교정치사상을 펴기 위해 보살계제자를 표방하였다. 보살계수지는 계율을 연구한 왕사 충담에게서 수계한 것으로 보인다. 태조는 보살계제자로서 이타행의 국왕으로서 소원 곧 兵革消滅, 農桑常給, 封疆寧逸, 孝悌, 忠節, 囹圄長空 등의 보살 서원자임을 자임하였다. 충담의 제자임을 드러내기 위해 친제를 표방하고, 당의 남북문화 융화 기틀을 마련한 당 태종의 글씨를 집자하여 후삼국 통일 왕조 고려 국왕의 상징성을 높였다고 생각하였다.

법흥사비는 『신증동국여지승람』 법홍산 법흥사조에 '金富軾記'로 알려졌다. 이 비는 실물은 물론 탁본이 전래하지 않는다. 하지만 금석학과 글씨에 조예가 있는 김정희가 이 비문의 摹書를 구하고자 한 사실과 이를 살펴보고, 오백 년 내에는 이와 같은 신묘한 묘필은 보지 못했다는 조광진에 보낸 서신에서 비의 실재를 확인하였다.

이 비가 건립되었던 법흥사는 서경난 진압에서 배후 근거지로서 역할을 한 순화 지역에 세워졌다는 사실을 확인하였다. 법흥사는 조선

임난 때도 관병과 의병의 주둔지 역할을 한 사실을 통해 군사적 요충지이면서 많은 인원을 수용할 수 있는 사원임을 짐작할 수 있었다.

김부식기에 전하는 내용을 바탕으로 비문의 내용을 살핀 결과, 이 비는 서경난에 희생된 군사들에 대한 위령 불사로 세워진 것이고 김부식이 법흥사 중창 이후 비문을 지었을 것으로 보아 1145년 이후로 짐작하였다. 중창 기간에 대한 천간지지를 잘못 기재한 사실을 보고 이는 비문에서 직접 인용 과정에서 나타난 것으로 보아 『신증동국여지승람』 작성 당시까지 실물로 비가 존재한 것으로 짐작하였다. 비문의 규모를 비슷한 시기 김부식이 찬한 혜음사신창기와 비교하였다. 사의 유래, 중수 과정, 비문 작성 이유 등은 공통으로 나오지만, 그 이하 신창기에 보이는 비건립 주도 인물 소개, 시납 내역과 명단 등은 인용되지 않았다. 이로 보아 법흥사비는 혜음사비에 절반 정도만 인용·소개된 것으로 생각하였다.

법흥사비문과 이 비와 비슷한 시기에 작성된 보현사기, 혜음사신창기 등에서 이들 비문을 지은 김부식의 정치사상을 읽을 수 있었다. 그 작성 시기가 서경난 진압 이후이며 사론으로 유교적 정치사상을 피력한 『삼국사기』 찬진 시기와도 비슷하다. 김부식은 유학을 바탕으로 하는 과거 출신 관인으로서 군왕의 인정과 수덕을 강조하는 정치사상을 강조하는 한편으로 불교기반을 통해 민생을 살피는 布施, 安人, 鎭魂 등을 강조하였다. 김부식의 법흥사비 찬술과 건립 추진은 인종과 함께 민생 안정 정치사상이 유교의 인정과 흐름을 같이 하는 불교 기반과 사상 맥락에서 나온 것이었다.

5

새로 발견한 금석문 자료를 바탕으로 고승의 위상, 사원의 신창과 중창의 성격을 살폈다. 사원의 조상, 의식구, 기와 불사 과정에서 남긴 명문을 통해 사원 불사의 구성 주체와 사원의 사회적, 종단상의 역할 등을 살폈다. 그리고 고려 통일과 서경난 수습 관련 금석문을 통해 불교정치사상을 고찰하였다. 앞으로 새로운 금석문의 발견·검토와 기존 금석문의 재검토를 통해 고려불교사의 인식체계가 심화되기를 전망한다.

참고문헌

자료

天頙,『禪門寶藏錄』(1611년 能仁庵 古刊本)
李齊賢,『櫟翁稗說後一』
徐居正,『四佳集補遺』
成俔,『虛白堂文集』
李敏求,『東州集 前集』
李荇 等,『新增東國輿地勝覽』
成大中,『青城集』
洪良浩,『耳溪集』
李德懋,『青莊館全書』
李俁 編,『大東金石書』
趙涑 編,『金石清玩』
申景濬 編,『伽藍考』
正祖命 編,『梵宇攷』
韓在濂,『高麗古都徵』, 1834.
金正喜,『金石過眼錄』
『欽定全唐文』권1000, 1814(清 嘉慶 19年).
吳慶錫,『三韓金石錄』(亞細亞文化社 영인, 1981).
吳世昌,『槿域書畫徵』
劉燕庭,『海東金石苑』上·下, 1922(亞細亞文化社 영인, 1981)
편자 미상,『海東金石文字』
『石刻史料新編』(新文豊出版公司印行, 民國66)
편자 미상,『伽藍叢石』(국립중앙도서관 소장)
朝鮮總督府,『朝鮮寺刹史料』, 京城印刷所, 1911.
李能和,『朝鮮佛教通史』, 新文館, 1918.
朝鮮總督府,『朝鮮金石總覽』, 日韓印刷所, 1919.

『傳燈寺本末寺誌』, 1941(아세아문화사 영인, 1978).
『萬德寺志』(아세아문화사 영인, 1977)
이난영 편, 『韓國金石文追補』, 亞細亞文化社, 1976.
진홍섭, 『新羅北岳太白山遺蹟調査報告[一]~[七]』, 『韓國文化硏究院論叢』 34~40, 1979~1982.
한국정신문화연구원, 『普覺國師碑銘』, 1981.
趙東元 編著, 『韓國金石文大系』 1~6, 圓光大出版部, 1983.
許興植 編著, 『韓國金石全文』, 亞細亞文化社, 1984.
이기백 편저, 『第二版韓國上代古文書資料集成』, 一志社, 1993.
황수영 편저, 『第5版 韓國金石遺文』, 一志社, 1994.
문화재연구소, 『파주 서곡리 고려벽화묘 발굴조사 보고서』, 1993.
김용선 편저, 『高麗墓地銘集成』, 翰林大出版部, 1993.
김용선, 『역주 고려묘지명집성』상·하, 한림대학교출판부, 2001.
김용선 편저, 『일본에 있는 한국금석문자료』, 한림대학교출판부, 2010.
김용선 편저, 『(속) 고려묘지명집성』, 한림대학교출판부, 2016.
국립중앙박물관, 『다시 보는 역사 편지 高麗墓誌銘』, 2006.
국사편찬위원회, 『高麗·朝鮮墓誌 新資料』, 2006.
한국정신문화연구원, 『藏書閣所藏拓本資料集 I 古代·高麗編』, 1997.
성균관대학교 박물관, 『고려시대 금석문 탁본전-돌에 새겨진 선사들의 삶-』, 2005.
성균관대학교 박물관, 『신라 금석문 탁본전-돌에 새겨진 신라인의 삶-』, 2008.
한국국학진흥원·청명재단, 『韓國金石文集成』, 2010~2015.
예술의 전당, 『옛탁본의 아름다움, 그리고 우리 역사』, 1998.
예술의 전당, 『논문집 옛탁본의 아름다움, 그리고 우리 역사』, 1998.
예술의 전당, 『죽음을 노래하다』, 2017.
중앙승가대학교 불교사학연구소, 『麟角寺普覺國師碑帖』, 1992.
중앙승가대학교 불교사학연구소, 『麟角寺普覺國師碑帖(續集)』, 2000.
김남형, 『王羲之 集字 普覺國師碑』, 2001.
군위군, 『인각사 보각국사 재현 연구보고서』, 2004.
인각사, 『麟角寺普覺國師碑帖 影印 譯註』, 2008.
동국대학교 박물관, 『智異山斷俗寺 新羅神行禪師 高麗大鑑國師碑銘』, 1984.
동국대학교 박물관, 『보조선사·적연국사·현화사비명』, 1985.
한국정신문화연구원, 『光陽 白雞山 高麗雙碑』, 1987.
성환문화원, 『봉선홍경사지 학술조사보고서』, 1996.
徐守鏞 編, 『용두산(龍頭山) 용수사(龍壽寺)』, 동방미디어, 1997.
국립청주박물관, 『고려공예전』, 1999.
국립청주박물관, 『청주 사뇌사 금속공예』 I·II·III, 2014~2015.
원주시, 『흥법사지 석물실측 및 지표조사보고서』, 2000.
김혜완 편, 『원주금석문대관』, 연세대학교 원주박물관, 2004.
이인재, 主編, 『原州金石文集』 제2권, 2009.

강원도 원주시, 『보물 제463호 원주 흥법사지 진공대사탑비 정밀실측조사보고서』, 2019.
서울역사박물관, 『북한산 삼천사지 탑비구역 발굴조사 약보고서』, 2008.
서울역사박물관, 『북한산 삼천사지 발굴조사보고서』, 2011.
남동신 책임 편집, 『안성 칠장사와 혜소국사 정현』, 2011.
한성백제박물관, 『영국사와 도봉서원』, 2018.
노명호 외, 『한국고대중세 지방제도의 제문제』, 집문당, 2004.
세종문화재연구원, 『高麗時代 歷年代 資料集』, 2015.
李智冠, 『교감 역주 역대고승비문』, 1993~1999, 신라편, 고려편 1~4, 조선편 1.
한국역사연구회 편, 『역주 나말려초금석문(상)』, 혜안, 1996.
성균관대학교 박물관, 『고려시대 금석문 탁본전: 돌에 새겨진 고려시대 선사들의 삶』, 2005.
장충식 편, 『韓國金石總目』, 동국대학교출판부, 1984.
김동수 편저, 『金石文資料便覽』, 경인문화사, 1991.
국립문화재연구소, 『한국금석문자료집(상)(선사~고려)』, 2005.
下中邦彦 編輯, 『書道全集』 7 中國7 隋 唐 I, 平凡社, 1967.

大藏都監, 『高麗大藏經』, 1251.
高楠順次郎 等, 『大正新修大藏經』, 大正新修大藏經刊行會, 1928.
김윤곤, 『高麗大藏經 彫成名錄集』, 영남대학교출판부, 2001.
정승석 편저, 『고려대장경해제』 권1, 고려대장경연구소, 1998.
동국대학교 불교문화연구소 편, 『韓國佛教撰述文獻總錄』, 동국대학교출판부, 1976.
동국대불교전서편찬위원회, 『韓國佛教全書』 1~12, 동국대학교출판부, 1980~1995.
朴世敏 編, 『韓國佛教儀禮資料叢書』 第1輯, 三聖庵, 1993.
진성규 역, 『圓鑑國師集』, 아세아문화사, 1988.
성재헌 옮김, 『자비도량참법집해』, 동국대학교출판부, 2011.
西口芳男編, 『『禪門寶藏錄』의 基礎的研究』, 花園大學國際禪學研究所, 2000.
일연 지음, 이창섭·최철환 옮김, 『일연 스님의 중편조동오위』, 대한불교진흥원, 2002.
곽승훈 편저, 『고려시대 전적자료집성』, 혜안, 2021.
朝鮮總督府, 『朝鮮寶物古跡調査資料』, 1942.
權相老 編, 『韓國寺刹全書』 上·下, 동국대학교출판부, 1979.
문화공보부 문화재관리국, 『문화유적총람』 중, 1977.
한국향토사연구전국협의회, 『폐사지조사보고』, 1992.
대한불교조계종 총무원, 『佛教寺院址』 上·下, 1997·1998.
齋藤忠 編著, 『高麗寺院史料集成』, 大正大學綜合佛教研究所, 東京 第一書房, 1997.
문화재청·불교문화재연구소, 『한국사지총람』 상·하, 2010.
문화재청·불교문화재연구소, 『한국의 사지 현황조사 보고서 경상북도III』 하, 2012.
경북대학교출판부, 『東輿備考』, 1998.
朝鮮總督府製作 『一万分一朝鮮地形圖集成』, 景仁文化社 影印.
朝鮮總督府, 『舊韓國地方行政區域名稱一覽』, 1912.

저서

강석근, 『韓國佛敎詩硏究』, 이회, 2002.
國立文化財硏究所, 『韓國의 梵鐘』, 1996.
고유섭, 『松都의 古蹟』, 1946.
高裕燮, 『又玄 高裕燮 全集 10 朝鮮金石學草稿』, 悅話堂, 2013.
具山祐, 『高麗前期 鄕村支配體制硏究』, 혜안, 2003.
김기덕, 『고려시대 봉작제 연구』, 청년사, 1998.
金杜珍, 『均如華嚴思想硏究』, 一潮閣, 1983.
김두진, 『고려전기 선종과 교종의 교섭사상사 연구』, 일조각, 2006.
김두진, 『신라하대 선종사상사 연구』, 일조각, 2007.
김용선, 『고려금석문연구-돌에 새겨진 사회사』, 일조각, 2004.
김용선, 『고려·사회·사람들』, 일조각, 2018.
김창호, 『한국 고대 불교고고학의 연구』, 서경문화사, 2007.
김호귀, 『묵조선연구』, 민족사, 2001.
남권희, 『고려시대 기록문화 연구』, 청주고인쇄박물관, 2002.
남동신 외, 『대동금석서 연구』, 한국학중앙연구원출판부, 2020.
박용운, 『고려사』 백관지 역주』, 신서원, 2009.
박종기, 『고려사 지리지 역주』, 한국학중앙연구원출판부, 2016.
서인원, 『조선초기 지리지 연구-『동국여지승람』을 중심으로』, 혜안, 2002.
이기동, 『신라 골품제사회와 화랑도』, 한국연구원, 1980.
李基白, 『高麗兵制史硏究』, 一潮閣, 1968.
이병희, 『고려후기 사원경제 연구』, 경인문화사, 2008.
李相瑄, 『高麗時代 寺院의 社會經濟硏究』, 誠信女子大學校 出版部, 1998
이수건, 『한국중세사회사연구』, 일조각, 1984.
이승재, 『고려시대의 이두』, 태학사, 1992.
엄기표, 『신라와 고려시대 석조부도』, 학연문화사, 2003.
윤용혁, 『고려대몽항쟁사연구』, 일지사, 1991.
廉永夏, 『韓國의 鐘』, 서울大學校出版部, 1991.
정동락, 『신라하대 선승의 현실인식과 대응』, 선인, 2021.
진홍섭, 『한국미술외사 묵재한화』, 대원사, 1999.
조범환, 『나말려초 선종산문 개창 연구』, 경인문화사, 2008.
조범환, 『나말려초 남종선 연구』, 일조각, 2013.
추만호, 『나말려초 선종사상사연구』, 이론과실천, 1992.
蔡尙植, 『高麗後期佛敎史硏究』, 一潮閣, 1991.
채상식, 『일연 그의 생애와 사상』, 혜안, 2017.
채웅석, 『고려중기 정치사의 재조명』, 일조각, 2021.
최영준, 『국토와 민족생활사』, 한길사, 1997.
한기문, 『고려사원의 구조와 기능』, 민족사, 1998.

허흥식, 『고려불교사연구』, 일조각, 1986.
허흥식, 『한국의 古文書』, 民音社, 1988.
허흥식, 『진정국사와 호산록』, 민족사, 1995.
허흥식, 『한국금석학개론』, 려경출판사, 2020.
황인규, 『고려시대 불교계와 불교문화』, 국학자료원, 2011.
홍윤식, 『불교의식구』, 대원사, 1996.
藤田亮策, 『朝鮮金石瑣談』, 1926(아세아문화사 영인 1979).
鮎貝 房之進, 『雜攷 俗字攷·俗文攷·借字攷』(1933~1938)(민속원 반포, 1986)
關野貞, 『朝鮮美術史』, 朝鮮史學會, 1932.
葛城末治, 『朝鮮金石攷』, 1935.
中吉 功, 『海東佛教』, 國書刊行會, 東京, 1972.

논문

金相永, 「高麗 睿宗代 禪宗의 復興과 佛教界의 變化」, 『淸溪史學』 5, 1988.
金相永, 「高麗中期 禪僧 慧照國師와 修禪社」, 『불교와 역사-이기영박사 고희기념논총』, 한국불교연구원, 1991.
金永斗, 「羅末麗初의 曹洞禪」, 『韓國佛教學』 16, 1991.
김영수, 「五教兩宗에 對하야」, 『震檀學報』 8, 1937.
金映遂, 「曹溪禪宗에 就하야-五教兩宗의 一派, 朝鮮佛教의 根源」, 『震檀學報』 9, 1938.
김용우, 「吾魚寺 梵鐘考」, 『東大海文化研究』 2, 1996.
김재응, 「신라말 고려초 선종사원의 삼강전」, 『진단학보』 77, 1994.
김용선, 「高麗 前期의 法眼宗과 智宗」, 『江原佛教史研究』, 小花, 1996.
김용선, 「새 자료 고려묘지명 다섯 점 반」, 『歷史學報』 198, 2008.
金弘柱, 「淸州社稷洞出土 思惱寺銘半子」, 『美術資料』 52, 1993.
南權熙, 「興德寺字로 찍은 『慈悲道場懺法集解』의 撰者와 刊行에 관한 考察-새로 발견된 覆刻本의 卷首事項을 중심으로-」, 『書誌學研究』 7, 1990.
남동신, 「羅末麗初 華嚴宗團의 對應과 『(華嚴)神衆經』의 成立」, 『外大史學』 5, 1993.
남동신, 「려말선초의 僞經 연구-現行西方經의 분석을 중심으로-」, 『한국사상사학』 24, 2005.
남동신, 「나말려초 국왕과 불교」, 『역사와 현실』 56, 2005.
남동신, 「금석청완연구」, 『한국중세사연구』 34, 2012.
남동신, 「고려 중기 法相宗[慈恩宗]과 海麟」, 『韓國史論』 65, 서울대국사학과, 2020.
閔賢九, 「月南寺址 眞覺國師碑의 陰記에 대한 一考」, 『震檀學報』 36, 1973.
文明大, 「新羅下代 毘盧遮那佛像彫刻의 研究(一)」, 『美術資料』 21, 1977.
文明大, 「新羅下代 毘盧遮那佛像彫刻의 研究(續)」, 『美術資料』 22, 1978.
朴方龍, 「尙州 西谷洞 出土 一括遺物」, 『美術資料』 49, 1992.
박용진, 「의천의 『圓宗文類』 編纂과 그 의의」, 『史學研究』 82, 2006.
朴鎔辰, 「고려중기 華嚴文類의 편찬과 그 사상적 전승-『圓宗文類』와 『圓宗文類集解』-」,

『震檀學報』 101, 2006.
박정주, 「신라말·고려초 사자산문과 정치세력」, 『진단학보』 77, 1994.
朴宗基, 「13세기 초엽의 村落과 部曲」, 『韓國史研究』 33, 1981.
변동명, 「忠宣王과 萬僧會」, 『민족문화논총』 27, 2003.
史文卿, 「高麗末·朝鮮初 佛教機關 研究」, 충남대 박사학위논문, 2001.
申千湜, 「韓國佛教史上에서 본 梵日의 위치와 屈山寺의 歷史性 검토」, 『嶺東文化』 1, 1980.
沈奉謹, 「高麗 青銅飯子 研究」, 『考古歷史學志』 2, 1986.
소재구, 「신라하대와 고려시대 승탑 연구」, 한국정신문화연구원 한국학대학원 박사학위논문, 2001.
李萬, 「高麗 彌授의 唯識思想-祖丘의 『慈悲道場懺法集解』를 중심으로-」, 『韓國佛教學』 20, 1995.
이병희, 「고려중기 사원의 조성과 경제운영」, 『이원순교수정년기념 역사학논총』, 서울대학교 사범대학 역사과, 1991.
이병희, 「高麗時期 僧侶의 緣化活動」, 『李樹健教授停年紀念 韓國中世史論叢』, 2000.
李成浩, 「安林洞出土 義林寺銘 青銅半子에 대하여」, 『蘂城文化』 11, 蘂城同好會, 1990.
이정훈, 「고려후기 승려에 대한 봉군(封君)과 그 의미」, 『역사와 현실』 80, 2011.
이준성·이현경, 「흥법사비 교감본(양기 및 음기)」, 『원주금석문집』 제2권, 원주시, 2009.
이태진, 「예천 개심사 오층석탑기의 분석-고려전기 향도의 일례」, 『역사학보』 53·54, 1972.
李弘稙, 「桐華寺 金堂庵 西塔 舍利裝置」, 『韓國古代史의 研究』, 新丘文化社, 1971.
엄기표, 「칠곡 선봉사지의 사적과 원위치에 대한 시론」, 『문화사학』 49, 2018.
임기영, 「해인사 사간판전 소장목판연구」, 경북대학교 박사학위논문, 2009.
윤용진, 「법수사지의 고려현판」, 『한국문화의 제문제』, 시사영어사, 1982.
전영준, 「고려 예종대의 사찰 창건과 승도 동원-「혜음사신창기」를 중심으로」, 『진단학보』 97, 2004.
정병삼, 「일연선사비의 복원과 고려 승려 비문의 문도 구성」, 『韓國史研究』 133, 2006.
정성권, 「태조 왕건 친제 원주 흥법사지 진공대사탑비의 조성배경」, 『국학연구』 31, 2016.
鄭修芽, 「慧照國師 曇眞과 '淨因髓'-北宋 禪風의 수용과 高麗中期 禪宗의 부흥을 중심으로-」, 『이기백선생 고희기념 한국사학논총』 상, 일조각, 1994.
趙明濟, 「高麗中期 居士禪의 사상적 경향과 看話禪 수용의 기반」, 『역사와 경계』 44, 부산사학회, 2002.
최병헌, 「신라하대 선종구산파의 성립-최치원의 사산비명을 중심으로-」, 『한국사연구』 7, 1972.
崔柄憲, 「高麗時代 華嚴學의 變遷-均如派와 義天派의 對立을 중심으로-」, 『韓國史研究』 30, 1980.
최병헌, 「고려중기 현화사의 창건과 법상종의 융성」, 『한우근박사정년기념사학논총』, 1981.
崔柄憲, 「高麗中期 李資玄의 禪과 居士佛教의 性格」, 『金哲埈博士華甲紀念史學論叢』,

1983.
崔柄憲,「高麗佛教界에서의 元曉理解-義天과 一然을 중심으로-」,『元曉研究論叢』, 국토통일원, 1987.
崔聖銀,「溟州地方의 高麗時代 石造菩薩像에 대한 研究」,『佛教美術』 51, 1980.
崔成烈,「高麗中期 水精結社와 瑜伽宗」,『韓國佛教學』 12, 1987.
최연식,「고려시대 고승의 승비와 문도」,『한국중세사연구』 35, 2013.
최연식,「고려초 도봉산 영국사 혜거의 행적과 사상경향-신발견 탑비명의 내용 검토를 중심으로」,『한국중세사연구』 54, 2018.
최연식,「신라 하대 철불 명문의 재검토」,『목간과문자』 28, 2022.
崔應天,「高麗時代 青銅金鼓의 研究-特히 鑄造方法과 銘文分析을 중심으로-」,『佛教美術』 9, 東國大學校博物館, 1988.
최태선,「신라 고려전기 가람의 조영 연구-경전의범과 공간조성을 중심으로-」, 부산대학교 박사학위논문, 2016.
채상식,「정토사지 법경대사비음기의 분석-고려초 지방사회와 선문의 구조와 관련하여」,『한국사연구』 36, 1982.
채웅석,「고려시대 향도의 사회적 성격과 변화」,『국사관논총』 2, 1989.
토니노 푸지오니,「高麗時代 法相宗教團의 推移」, 서울대 박사학위논문, 1996.
韓基斗,「禪을 개척한 慧炤國師」,『韓國禪思想研究』, 一志社, 1991.
韓基汶,「高麗後期 尙州 功德山 東白蓮社의 成立」,『尙州文化研究』 3, 1993.
韓基汶,「尙州 功德山 白蓮社址의 沿革과 現況」,『尙州文化研究』 9, 1999.
한기문,「佛教를 통해 본 통일신라 · 고려 왕조의 연속성-종단사상을 중심으로-」,『한국중세사연구』 29, 2010.
한기문,「고려시대 정습명 묘지명의 검토」,『목간과문자』 9, 2012
韓基汶,「高麗時代 寺院 轉藏儀禮의 成立과 性格」,『한국중세사연구』 35, 2013.
한기문,「고려시대 內願堂의 기능과 위상」,『한국중세사연구』 38, 2014.
한기문,「고려시대 경주 기림사의 위상과 소속변화」,『한국사연구』 194, 2021.
한기문,「고려 혜목산 고달사의 소속종단 변천과 배경」,『불교연구』 57, 2022.
許興植,「龍壽寺 開創記로 본 高麗中期 華嚴宗의 斷面」,『釋林』 18, 1984.
許興植,「義天의『圓宗文類』와 廓心의 集解」,『季刊書誌學報』 5, 1991.
洪庭植,「高麗佛教思想의 護國的 展開(1)」,『佛教學報』 14, 1977.
藤田亮策,「海印寺雜板攷」,『朝鮮學報』 138, 1991.
吉津宜英·柴崎照和,「廓心『圓宗文類集解』巻中について」,『駒澤大學佛教學部研究紀要』 52, 1994.
吉津宜英,「廓心『圓宗文類集解』巻中の研究-(二)『圓宗文類集解』巻中の教學の特色について-」,『印度學佛教學研究』 86(43-2), 1995.

사진 목록과 출처

제1장

<사진 1 통진대사 비편> 직접 촬영
<사진 2 통진대사 비편 탁본> 직접 촬영
<사진 3 자정국존비 전경> 윤태영 사진작가
<사진 4 자정국존비 세부> 윤태영 사진작가
<사진 5 자정국존비 탁본> 성균관대학교 박물관, 고려시대 금석문 탁본전, 2005, p.106.
<사진 6 선봉사 대각국사비 음기 탁본> 성균관대학교 박물관, 고려시대 금석문 탁본전, 2005, p.79.
<사진 7 원응국사비 음기 탁본> 성균관대학교 박물관, 고려시대 금석문 탁본전, 2005, p.84.
<사진 8 중수용문사기비 음기 탁본> 성균관대학교 박물관, 고려시대 금석문 탁본전, 2005, p.93.
<사진 9 인각사 보각국사비 복원음기 부분> 인각사, 인각사보각국사비첩 영인·역주, 2008, p.41.

제2장

<사진 1 용산지 최선비문 부분1> 용수사 소장 용산지 직접 촬영
<사진 2 용산지 최선비문 부분2> 용수사 소장 용산지 직접 촬영
<사진 3 용산지 최선비문 부분3> 용수사 소장 용산지 직접 촬영
<사진 4 용산지 최선비문 부분4> 용수사 소장 용산지 직접 촬영
<사진 5 용산지 최선비문 부분5> 용수사 소장 용산지 직접 촬영
<사진 6 용수사개창기 천리대 탁본 부분> 한국정심문화연구원, 장서각소장탁본자료집 I 고대·고려편, 1997, p.186.
<사진 7 비문 음기> 직접 촬영
<사진 8 비문 음기 부분> 직접 촬영
<사진 9 사법제자 1단> 직접 촬영
<사진 10 사법제자 2단> 직접 촬영
<사진 11 사법제자 3단> 직접 촬영
<사진 12 사법제자 4단> 직접 촬영
<사진 13 집사제자 1단> 직접 촬영
<사진 14 집사제자 2단> 직접 촬영
<사진 15 집사제자 3단> 직접 촬영
<사진 16 집사제자 4단> 직접 촬영
<사진 17 비문 음기 연도 부분> 직접 촬영
<사진 18 원정 주기 부분> 직접 촬영
<사진 19 담저 주기 부분> 직접 촬영
<사진 20 도변 주기 부분> 직접 촬영

<사진 21 선혜 주기 부분> 직접 촬영
<사진 22 혜지 주기 부분> 직접 촬영
<사진 23 영충 주기 부분> 직접 촬영
<사진 24 시산 주기 부분> 직접 촬영
<사진 25 중수기 앞면> 직접 촬영
<사진 26 중수기 탁본 유리건판 사진> 국립중앙박물관 소장 유리건판 사진 NO無 220097

제3장

<사진 1 철불 명문 탁본> 한국 문화유산의 위상 제고-삼화사 철불과 삼층석탑을 중심으로 발표문 부록
<사진 2 오어사 동종 모습> 국립경주문화재연구소, 연보 제8호, 1998, p.2.
<사진 3 오어사 동종 명문 부분> 국립경주문화재연구소, 연보 제8호, 1998, p.2.
<사진 4 오어사 동종 명문 탁본> 국립경주문화재연구소, 연보 제8호, 1998, p.256.
<사진 5 청동반자 앞면> 국립대구박물관 소장 직접 촬영
<사진 6 청동반자 뒷면> 국립대구박물관 소장 직접 촬영
<사진 7 청동 촉대> 국립대구박물관 소장 직접 촬영
<사진 8 청동반자 명문 부분> 국립대구박물관 소장 직접 촬영
<사진 9 청동반자 명문 부분> 국립대구박물관 소장 직접 촬영
<사진 10 청동반자 명문 부분> 국립대구박물관 소장 직접 촬영
<사진 11 청동반자 명문 부분> 국립대구박물관 소장 직접 촬영
<사진 12 청동촉대 명문 부분> 국립대구박물관 소장 직접 촬영
<사진 13 청동촉대 명문 부분> 국립대구박물관 소장 직접 촬영
<사진 14 광명대 전체 모습과 명문 세부> 경북대학교 박물관 제공
<사진 15 원흥사지 남쪽 전망> 직접 촬영
<사진 16 원흥사지 북쪽 전망> 직접 촬영
<사진 17 대동여지도 원흥사지 부근> 대동여지도
<사진 18 1915년 지도 원흥사지 부근> 근대지도
<사진 19 1975년 지도 원흥사지 부근> 현대지도
<사진 20 원흥사명 수키와편> 직접 촬영
<사진 21 원흥사명 수키와 탁본> 직접 촬영
<사진 22 흥사명 수키와편> 직접 촬영
<사진 23 흥사명 수키와 탁본> 직접 촬영
<사진 24 원흥사지 막새와편> 직접 촬영
<사진 25 보상화문 타원형막새편 탁본> 직접 촬영
<사진 26 연화문 원형막새편 탁본> 직접 촬영
<사진 27 당초문 암막새편 탁본> 직접 촬영
<사진 28 명문 상단 부분> 경북대학교 박물관 제공
<사진 29 명문 상단 부분 반전> 경북대학교 박물관 제공
<사진 30 명문 하단 부분> 경북대학교 박물관 제공
<사진 31 명문 하단 부분 반전> 경북대학교 박물관 제공

<사진 32 명문 중간줄 부분 반전> 경북대학교 박물관 제공
<사진 33 숭산사명 기와편> 경북대학교 박물관 제공
<사진 34 선봉사대각국사비> 직접 촬영
<사진 35 선봉사지 석축> 직접 촬영
<사진 36 선봉사지 주초석> 직접 촬영
<사진 37 선봉사지 와편> 직접 촬영
<사진 38 『동여비고』 선봉사> 경북대학교출판부, 동여비고, 1998.
<사진 39 근대지도 선봉사지 일대> 근대지도

제4장

<사진 1 『선문보장록』 태조 부분1> 아세아문화사, 만덕사지, 1977 영인, p.270.
<사진 2 『선문보장록』 태조 부분2> 아세아문화사, 만덕사지, 1977 영인, p.271.
<사진 3 『허백당집』 흥법비> 허백당집 권9.
<사진 4 『청장관전서』 흥법사비후> 청장관전서 권55.
<사진 5 김명성 탁본> 이인재 편, 원주금석문집 제2권, 2009, 김명성 소장 탁본 p.2.
<사진 6 『흠정전당문』 충담비명 부분> 흠정전당문 권1000(1814)
<사진 7 조동원 탁본 흥법비> 성균관대학교 박물관, 고려시대 금석문 탁본전, 2005, p.17.
<사진 8 『동여비고』의 법흥사> 경북대학교출판부, 동여비고, 1998.
<사진 9 대동여지도의 법홍산> 대동여지도
<사진 10 근대지도의 법흥사> 근대지도

색인

ㄱ

ㄴ

ㄷ

ㅁ

ㅂ

ㅅ

ㅇ

ㅈ

숫자